Guia de referência rápida do Microsoft Office 2000

Teclas de atalho que funcionam em todos os aplicativos do Office

Deixe seu mouse de lado e use o teclado para acionar comandos usuais dos aplicativos.

Para	Pressione
Selecionar todo o documento	Ctrl+T
Copiar uma seleção	Ctrl+C
Inserir quebra de página	Ctrl+Enter
Localizar texto ou formatação	Ctrl+L
Substituir texto	Ctrl+U
Inserir hyperlink (em uma página Web)	Ctrl+K
Criar novo arquivo	Ctrl+O
Abrir arquivo	Ctrl+A
Imprimir arquivo	Ctrl+P
Salvar arquivo	Ctrl+B
Copiar a formatação da seleção	Ctrl+Shift+C
Colar formatação	Ctrl+Shift+V
Colar seleção	Ctrl+V
Recortar a seleção	Ctrl+X
Repetir a última ação	Ctrl+R
Desfazer a última ação	Ctrl+Z
Excluir a seleção	Delete
Obter ajuda do Assistente Office	F1
Verificar ortografia	F7
Procurar palavra no Dicionário	Shift+F7
Ativar a barra de menu	F10
Comando Arquivo/Salvar como	F12
Inserir quebra de linha	Shift+Enter

Teclas do Microsoft Word

Há mais teclas de atalho no Word do que podemos relacionar aqui. No entanto, selecionamos algumas do total (a maior parte para a formatação de texto).

Para	Pressione
Modificar a fonte	Ctrl+Shift+F
Modificar o tamanho da fonte	Ctrl+Shift+P
Aumentar o tamanho da fonte	Ctrl+Shift+>
Diminuir o tamanho da fonte	Ctrl+Shift+<
Remover formatação do parágrafo	Ctrl+Q
Remover formatação de caractere	Ctrl+Barra de espaço
Abrir lista drop-down selecionada	Alt+Seta p/baixo
Letras em caixa alta/baixa	Shift+F3
Modificar estilo do texto para negrito	Ctrl+N
Sublinhar texto	Ctrl+S
Sublinhar texto mas não o espaço entre palavras	Ctrl+Shift+W

Teclas do Microsoft Word

Para	Pressione
Modificar estilo do texto para itálico	Ctrl+I
Remover formatação do texto (somente texto)	Ctrl+Shift+Z
Espaçamento simples entre linhas	Ctrl+1
Espaçamento duplo entre linhas	Ctrl+2
Centralizar o parágrafo	Ctrl+E
Mover o texto ou gráfico selecionado	F2, mova o ponto de inserção e pressione Enter
Inserir uma abreviação do AutoTexto	F3 depois de digitá-la

Teclas do Microsoft Excel

Ao ter muitas entradas para digitar, o mouse só servirá para atrapalhar. Em lugar dele, use as seguintes teclas.

Para	Pressione
Concluir uma entrada digitada	Enter (ou alguma seta)
Cancelar uma entrada digitada	Esc
Criar uma linha nova em uma célula	Alt+Enter
Editar uma entrada da célula	F2
Editar um comentário de célula	Shift+F2
Preencher uma entrada de célula nas células abaixo	Ctrl+D
Preencher uma entrada de célula nas células à direita	Ctrl+R
Finalizar a entrada de célula e mover para a próxima célula à direita	Tab
Selecionar uma coluna inteira	Ctrl+Barra de espaço
Selecionar uma linha inteira	Shift+Barra de espaço
Mover uma tela para a direita	Alt+Page Down
Mover uma tela para a esquerda	Alt+Page Up
Passar para a próxima planilha da pasta de trabalho	Ctrl+Page Down
Retornar a planilha anterior da pasta de trabalho	Ctrl+Page Up
Ir para uma célula específica ou uma determinada faixa	F5
Recalcular todas as fórmulas	F9
Colar uma função dentro de uma fórmula	Shift+F3
Inserir a fórmula AutoSoma	Alt+Sinal de igual (=)
Inserir data	Ctrl+Ponto e vírgula (;)

Teclas do Microsoft PowerPoint

As teclas de atalho variam dependendo do modo de visualização. Utilize a tabela abaixo como orientação.

Modos de estrutura de tópicos e slides

Para	Pressione
Promover um parágrafo	Alt+Shift+Seta à esquerda
Rebaixar um parágrafo	Alt+Shift+Seta à direita
Mover para cima os parágrafos selecionados	Alt+Shift+Seta acima
Mover para baixo os parágrafos selecionados	Alt+Shift+Seta abaixo
Exibir o título de nível 1	Alt+Shift+1
Exibir todo o texto ou títulos	Alt+Shift+A
Diminuir o texto abaixo de um título	Alt+Shift+ Subtração (-)
Ampliar o texto abaixo de um título	Alt+Shift+ Adição (+)

Controles do modo de apresentação de slides

Para	Pressione
Avançar para o slide seguinte	Enter
Retornar ao slide anterior	Backspace
Ir para o slide <número>	<número do slide>+Enter
Iniciar ou parar apresentação de slides	X ou +
Encerrar apresentação de slides	Esc
Definir novos intervalos ao testar	N
Usar os intervalos originais ao testar	O
Alterar o ponteiro do mouse	CTRL+C
Alterar o cursor de caneta para ponteiro do mouse	CTRL+S

Teclas do Microsoft Access

Sim, até mesmo o Access possui suas próprias teclas de atalho.

Para	Pressione
Mover para o próximo campo	Tab
Mover para o campo anterior	Shift+Tab
Inserir a data atual	Ctrl+Ponto e vírgula (;)
Inserir a hora atual	Ctrl+Shift+Ponto e vírgula (;)
Inserir uma entrada default de campo	Ctrl+Alt+Barra de espaço
Inserir o valor do mesmo campo no registro anterior	Ctrl+Apóstrofo (')

Teclas do Microsoft PowerPoint

Para	Pressione
Adicionar um novo registro	Ctrl+Sinal Adição (+)
Excluir o registro atual	Ctrl+Sinal Subtração (-)
Salvar alterações no registro atual	Shift+Enter
Selecionar a coluna à esquerda daquela atualmente selecionada no modo Planilha	Shift+Seta à esquerda
Selecionar a coluna à direita daquela atualmente selecionada no modo Planilha	Shift+Seta à direita
Abrir a lista drop-down em um campo	Alt+Seta abaixo
Mudar do modo estrutura para formulário	Ctrl+R

Teclas do Microsoft Outlook

Caso não queira gastar mais tempo administrando sua vida do que gozando dela, utilize as teclas a seguir para criar novas entradas no Outlook.

Para	Pressione
Criar nova mensagem de correio	Ctrl+Shift+M
Novo compromisso	Ctrl+Shift+A
Enviar uma solicitação de reunião	Ctrl+Shift+Q
Adicionar uma tarefa à lista de tarefas	Crtl+Shift+K
Enviar uma solicitação de tarefa	Ctrl+Shift+U
Adicionar um contato ao catálogo de endereços	Ctrl+Shift+C
Registrar uma entrada de diário	Ctrl+Shift+J
Postar uma nota para si mesmo	Ctrl+Shift+N
Postar uma ata de uma discussão	Ctrl+Shift+S
Criar um novo documento do Office	Ctrl+Shift+H
Criar uma nova pasta ou subpasta	Ctrl+Shift+E
Verificar se há novas mensagens eletrônicas	F5
Exibir catálogo de endereços	Ctrl+Shift+B
Localizar um item	Ctrl+Shift+L
Responder a uma mensagem de correio eletrônico	Ctrl+R
Responder a todos em uma mensagem de correio eletrônico	Ctrl+Shift+R
Encaminhar uma mensagem de correio eletrônico recebida	Ctrl+F

Joe Kraynak

Microsoft Office 2000

para LEIGOS passo a passo

Tradução
Jorge Luiz Pereira

EDITORA
CIÊNCIA MODERNA

Do original
The Complete Idiot's Guide to Microsoft Office 2000
Authorized translation from the English language edition published by Que Corporation
Copyrigth© 1999
All rights reserved. No part of this book may be reproduced or transmitted in any form or by any means, eletronic or mechanical, including photocopying, recording or by any information storage retrieval system, without permission from the Publisher.

Copyrigth© 1999
Todos os direitos para a língua portuguesa reservados pela EDITORA CIÊNCIA MODERNA LTDA.
Nenhuma parte deste livro poderá ser reproduzida, transmitida e gravada, por qualquer meio eletrônico, mecânico, por fotocópia e outros, sem a prévia autorização, por escrito, da Editora.

Editor: Paulo André P. Marques
Produção Editorial: Carlos Augusto L. Almeida
Capa e Layout: Renato Martins
Diagramação: Marcia Lips
Tradução: Jorge Luiz Pereira
Revisão: Francis Kastalski
Assistente editorial: Ana Paula de Azevedo

Várias **Marcas Registradas** aparecem no decorrer deste livro. Mais do que simplesmente listar esses nomes e informar quem possui seus direitos de exploração, ou ainda imprimir os logotipos das mesmas, o editor declara estar utilizando tais nomes apenas para fins editoriais, em benefício exclusivo do dono da Marca Registrada, sem intenção de infringir as regras de sua utilização.

FICHA CATALOGRÁFICA

Kraynak, Joe
Microsoft Office 2000 para leigos passo a passo
Rio de Janeiro: Editora Ciência Moderna Ltda., 1999.

Pacote de programas para microcomputadores
I — Título

ISBN: 85-7393-057-8   CDD 001642

Editora Ciência Moderna Ltda.
Rua Alice Figueiredo, 46
CEP: 20950-150, Riachuelo – Rio de Janeiro – Brasil
Tel: (021) 201-6662/201-6492/201-6511/201-6998
Fax: (021) 201-6896/281-5778
E-mail: lcm@novanet.com.br

Sumário

Introdução XI

Parte I: Microsoft Office 2000 superfácil 1

Capítulo 1 – Guia rápido para o Office 2000 profissional 3
Como executar os programas do Office? 3
A fuga para a Barra de atalho 4
Como ativar outras barras de atalhos 6
Como personalizar a Barra de atalhos 7
Como gravar, nomear e abrir seus arquivos 9
A interface dinâmica do novo Office 11
Movimentos não tão básicos do mouse 12

Capítulo 2 – Quando em dúvida, peça ajuda 15
O encontro com o Assistente do Office 15
Como localizar tópicos de ajuda no Índice 17
Como obter ajuda do Assistente de Resposta 19
Como procurar uma ajuda específica no Índice? 20

Parte II: Como preparar rapidamente documentos do Word 23

Capítulo 3 – Como fazer e editar documentos do Word 25
Para começar, um clichê especial 25
Inserção, digitação por cima e exclusão de texto 27
Que caneta vermelha é essa? 29
Nunca foi tão fácil digitar um texto 29
Role, role, role o documento 30
Alterando a visualização 31
Dez maneiras de selecionar um texto 32
Arrastar, recortar e colar 34
Como alternar entre dois ou mais documentos 35
O velho truque de localizar e substituir 35
Desfazer as alterações após pensar melhor 36

Capítulo 4 – Dê um novo visual ao seu texto 37
Formatação rápida e fácil usando a barra de ferramentas 37
Mais dois truques de formatação 39
Uma visita ao "self-service" de fontes 39
Formatação de parágrafos: espaçamento e recuos 40
Como manter textos e parágrafos alinhados? 42
Como fazer com que as marcas de tabulação atendam às suas necessidades? .. 43
A palavra desenhada: textos artísticos 44
Como inserir objetos da WordArt? 44
Textos e caixas de texto 46
Estilo(s) para dar e vender 47
Usando estilos de parágrafo e caractere 48
Como criar seus próprios estilos 48

Capítulo 5 – Alinhamento de texto usando colunas e tabelas ... 51
Criação de colunas ... 51
Dinamismo no uso de tabelas ... 53
   O botão de inserção de tabela ... 55
   Como desenhar uma tabela usando o mouse? ... 55
   Como transformar texto existente em tabela? ... 56
Como se mover dentro de uma tabela ... 57
A realização de uma cirurgia reparadora em uma tabela ... 58
   Como ajustar a altura de linha e largura de coluna ... 58
   Inserção e exclusão de colunas e linhas ... 59
Como dividir e mesclar células? ... 59
   Bordas e sombreamento para incrementar uma tabela ... 60
   Classificação e soma de dados da tabela ... 61

Capítulo 6 – Tempere o documento com gráficos, sons e vídeos ... 63
A inserção de figuras, sons e clipes de vídeo da Galeria ... 63
Como inserir rapidamente imagens digitalizadas ... 65
Importação de arquivos gráficos ... 65
Movimentação de figuras pela página ... 65
Redimensionamento e remodelagem de figuras ... 67
Retoques em uma figura usando a barra de ferramentas Figura ... 68
Esboço de ilustrações personalizadas ... 69
   Criação de desenhos usando linhas simples e formas ... 69
   O trabalho com camadas de objetos ... 71
   Como trabalhar com dois ou mais objetos agrupados? ... 71
   Edição de figuras existentes ... 73

Capítulo 7 – Como conferir a ortografia e a gramática ... 75
A busca de erros de ortografia ... 76
   Verificação ortográfica em constante movimento ... 76
   Correção exatamente antes de entregar ... 77
   Personalização do verificador ortográfico ... 79
Correção automática de erros de digitação ... 80
Redação perfeita usando o verificador gramatical ... 81
O vantajoso, prático e útil Dicionário de sinônimos do Word ... 82

Capítulo 8 – Criação de etiquetas de endereçamento e cartas modelo ... 83
Endereçamento de envelope ou etiqueta ... 83
   Endereçamento de envelopes ... 84
   Endereçamento de etiqueta ... 85
A fusão de uma lista de endereços com uma carta modelo ... 86
   Antes de tudo, alguns dados ... 86
   A seguir, uma carta modelo ... 87
   Agora, a fusão ... 87
   Como usar mala direta para gerar etiquetas de endereçamento ... 90

Capítulo 9 – Tudo o que você sempre quis saber sobre impressão de documentos ... 93
Configuração de páginas para impressão ... 94
   Ajuste das margens da página ... 94
   A escolha de um tamanho de papel e de sua orientação na impressão ... 95
   E a origem do papel? ... 95
   A disposição das páginas ... 96
   Adicionando números de página ... 96
Divisão do texto em páginas ... 97

Cabeçalhos que dão dor de cabeça e rodapés teimosos 98
Visualização das páginas antes de imprimi-las 100
Pronto, configurado, vá para a impressora 101

Parte III: Manipulação de números com planilhas do Excel 103

Capítulo 10 – Jornada da planilha 105
O Excel na estrada 106
Nem todas as entradas de dados são iguais 108
Entrada de dados 109
   O que fazer a respeito de valores monetários e porcentagens? 110
   Números tratados como texto 111
   Números tratados como datas e horas 111
Segredos dos mestres de entrada de dados 112
   Preenchimento 112
   Um preenchimento rápido 112
   Crie suas próprias séries de AutoPreenchimento 113
   Preenchimento de lacunas usando o recurso de AutoConclusão 113
A vida no bloco de célula: células selecionadas 114
Variando a faixa 114
Como trabalhar com planilhas? 115
Faz tudo isso, e também é um banco de dados? 116

Capítulo 11 – Cálculos usando fórmulas 119
Entenda as fórmulas e prepare a sua própria 119
   Organização dos operadores 120
   Diga-me já como introduzi-los! 121
Aceleração com funções 122
   A maravilhosa ferramenta AutoSoma 123
   Desmistificando as funções com o recurso Colar Função 124
   Veja uma função de investimento em ação 127
Controle de endereços de células ao se copiar ou mover fórmulas 128
Brincar de "adivinhação" com cenários 129
   A construção de um cenário 129
   Gerenciamento de cenários 130

Capítulo 12 – Uma aparência profissional para sua planilha 133
Ajuste fino da altura das linhas e largura das colunas 134
Separação e Fusão: mesclagem e divisão de células 135
Adicione algumas linhas e colunas 136
Detonando linhas, colunas e células 137
Incremente sua planilha em 10 minutos ou menos 138
   Formatação rápida usando AutoFormatação 138
   Não esqueça da barra de ferramentas Formatação 139
   Mais controle usando a caixa de diálogo de formatação de células 140
Aplique formatos com alguns toques do pincel 141
Colocação de alguns enfeites gráficos 142

Capítulo 13 – Dados gráficos para brincar e lucrar 143
Mapeando dados 144
Bem, chegou a hora da impressão 146
Mudanças no gráfico usando barra de ferramentas, menus e o botão direito do mouse 147
Gráficos de barras, de pizza e outros tipos 148
Formatação dos elementos que constituem um gráfico 148
Adição de texto, setas e outros objetos 150

Capítulo 14 – Impressão de planilhas extensas em páginas estreitas 153
  Impressão prévia: estabelecendo a base 153
    Retrato ou paisagem: como configurar a orientação da página 154
    Verificação e movimentação de quebras de páginas 154
    Repetição de títulos e rótulos de coluna 156
    Inserção de cabeçalhos e rodapés 157
    Configuração da ordem de página 158
  O que fazer quando ela simplesmente não se ajusta? 158
    Engane-a com o recurso de ajustar para imprimir 159
    Impressão seletiva usando o recurso de Área de impressão 159
    Colunas e linhas ocultas 159
  Finalmente! Imprima as planilhas 160

Parte IV: Apresentações rápidas de slides no PowerPoint 163

Capítulo 15 – Uma apresentação básica 165
  Começar do zero? Não! 165
    O uso do Assistente de AutoConteúdo 166
    Para começar, um modelo 167
  Alteração dos modos de visualização para editar e classificar os slides 168
    Como trabalhar com slides? 169
    Organização da apresentação 170
  Inserção e exclusão de slides 171
  Alteração do segundo plano, esquema de cores e layout 171
    Aplicação de um desenho diferente para a apresentação completa 172
    Alteração do segundo plano 172
    Seleção de um esquema de cores diferentes 173
  Controle através do slide mestre 174

Capítulo 16 – Inserção de texto, objetos gráficos e sonoros em um slide 177
  Mais texto? 178
  Como tornar seus slides mais interessantes usando clip art e outras figuras? ... 179
  Reforçar as argumentações com gráficos 180
  Como adicionar sons a slides? 182
    Como anexar um som gravado em um slide 182
    Narrando uma apresentação de slide inteira 183
  Atingindo a multimídia usando clipes de vídeo 184

Capítulo 17 – Mudança de posição e apresentação de slides 185
  Reorganização dos slides 186
  Como adicionar efeitos especiais? 187
    Efeitos especiais na barra de ferramentas Classificação de slides 187
    Transições animadas entre slides 188
    Estruturas animadas 189
    Como animar gráficos? 191
    Criação de uma apresentação interativa com botões de ação 191
  Chegou a hora da apresentação! 192

Parte V: O domínio da era da informação com o Access 195

Capítulo 18 – O primeiro banco de dados 197
  De qualquer maneira, o que é um banco de dados? 198
  A língua dos bancos de dados, não se pode viver sem ela 198
  Como produzir mecânica e rapidamente um banco de dados usando o Assistente ... 199

Sumário

Criação e personalização de tabelas 201
    Configuração de tabelas: selecione um tipo de visualização 201
    Alteração das propriedades de campo 203
    Criação de novas tabelas 205
Criação e personalização de formulários de entrada de dados 206
    Reestruturação de um formulário 206
    Modificação da origem e outras propriedades do controle 207
    Adição de controles em um formulário 207
    Criação de um novo formulário 209

Capítulo 19 – Entrada de dados: para o registro **211**
Diferença entre formulários, tabelas e folhas de dados 212
Preenchimento de formulários 212
Inserção de dados em uma tabela 214
Qual a utilidade dessas listas suspensas? 215

Capítulo 20 – Encontrar, classificar e selecionar registros **217**
Classificação dos registros por número, nome ou data 218
Filtragem de registros para aliviar a carga 218
    Modo fácil de filtragem 218
    Necessidade de maior complexidade na filtragem 219
O uso de consultas para classificar, selecionar e calcular 220
    Assistentes de consulta 221
    Criação de uma consulta sem um Assistente 223
    Gravação, abertura e edição de consultas 225

Capítulo 21 – Dando sentido aos dados através de relatórios **227**
O relatório que se precisa pode já existir! 227
Criação de relatórios usando o Assistente de relatórios 228
Personalização da aparência e conteúdo do relatório 230
    Trabalho com um relatório no modo Estrutura 231
    Alteração completa da aparência do relatório 232
    Seleção, movimentação e alinhamento de controles 233
    Alteração de estilos e tamanhos de fonte 234
    Adição de controles ao relatório 234
    Cálculo de totais, subtotais e médias 235
Salvar e imprimir relatórios 236

Parte VI: O uso do Outlook para gerenciar a própria vida **239**

Capítulo 22 – Manter-se a par de datas, colegas e tarefas a realizar **241**
Introdução ao Outlook 241
    A barra de ferramentas padrão 243
    Configuração da barra do Outlook 245
Manutenção de compromissos usando o Calendário 246
    Modos de visualização Diário, Semanal e Mensal 246
    Definição de datas e horários de compromissos 247
    Edição, movimentação e exclusão de compromissos 249
    Agendamento de compromisso semanal ou mensal periódico 250
Não esqueça os aniversários, bodas e outros eventos importantes 251
Ih! Há um índice telefônico giratório na tela! 252
    Acréscimo de cartões de visita à lista Contatos 252
    Discagem de números de telefone usando um modem 253
    Como enviar mensagens de e-mail para os Contatos 254
O que se tem para fazer hoje? 254

Capítulo 23 – Como administrar o correio eletrônico? 257
Viagem barata pela Caixa de entrada 257
Como adicionar contas de e-mail? 259
Criação de uma nova mensagem de e-mail 260
Recuperação e leitura de mensagens recebidas 261
Organização das mensagens em pastas 262
Envio de fax 263

Parte VII : Aumente sua produtividade com o Office 2000 267

Capítulo 24 – Compartilhamento de dados entre aplicativos 269
Compartilhamento dinâmico de dados com OLE 269
 Como incorporar um objeto usando Copiar e colar especial 271
 Criação de um vínculo entre dois arquivos 272
 Incorporar um novo objeto usando o recurso de Inserir objeto 274
Como transformar documentos do Word em apresentações e vice-versa 275
Divulgação de relatórios do Access no Word 276
Análise de um banco de dados do Access no Excel 277

Capítulo 25 – Criação e publicação de páginas pessoais na Web 279
Criação de páginas Web no Word 280
 Transformação de documentos existentes em páginas Web 280
 Criação de páginas Web a partir do nada usando o Assistente 281
 Formatação de páginas Web 282
 Associação de uma página a outras usando os hyperlinks 283
 Trabalho com molduras 285
Criação de uma apresentação on-line no PowerPoint 286
Publicação de páginas na Internet 287
 Como encontrar hospedagem para a página? 287
 Configuração de uma pasta Web 288
 Transferência de arquivos para um servidor FTP 289
Gerenciamento de um site na Web usando o FrontPage 290
 Criação de um novo site da Web 292
 Construção de páginas 292
 Verificação de hyperlinks 293
 Publicação da Web 294

Capítulo 26 – Macros para simples mortais 297
Gravação de uma macro 298
Execução de uma macro gravada 301
Atribuição de teclas de atalho para uma rápida execução 302
Construção de botões para macros 304
Gravação de macros 305

Capítulo 27 – Com o Microsoft Publisher, editoração é uma moleza 307
Faça surgir, como por encanto, rápidas publicações usando os Assistentes de página 308
O básico a respeito do qual se deve saber 310
 Construção de novas páginas 312
 Agilize o trabalho usando baixo nível de detalhamento (ou nenhum)na figura 312
Personalização de uma publicação já pronta 313
Ferramentas de layout de página sem as quais não se pode viver 314
Impressão de publicações de aparência profissional 316
 Verificação das opções da impressora 316

Sumário

    Faça sozinho usando a impressora pessoal 317
    Impressão em duas cores para um orçamento planejado 317
    Imprimir para arquivo para uma impressão externa 318

Glossário 321

Índice 331

O autor

Há dez anos **Joe Kraynak** tem escrito e publicado livros de informática e outros materiais técnicos. Sua lista extensa de livros de informática inclui *The Complete Idiot's Guide to PCs, The Big Basics Book of Windows 98, 10 Minute Guide to Excel, Easy Internet* e *Windows 95 Cheat Sheet*. O autor recebeu o título de Mestre em inglês pela Purdue University em 1984, assumindo o grande compromisso de tornar computadores e software facilmente acessíveis para o usuário médio.

Dedicatória

Ao meu filho, Nick, por formular todas as perguntas certas.

Agradecimentos

Um agradecimento especial a Jill Byus e Don Essig (editores executivos) por me escolherem para escrever o presente livro e por lidar tecnicamente com os detalhes contratuais e todas as outras coisas chatas; a Ben Milstead (redator), cujos comentários e perguntas perspicazes melhoraram de maneira significativa esse trabalho, e também a Kevin Laseau e Benjamin Berg por cuidarem do livro durante o processo de produção.

Don Roche (editor técnico) merece um crédito especial não somente por conferir as instruções passo a passo mas também por adicionar algumas dicas interessantes que tornaram este livro muito mais valioso do que o preço de venda sugerido pela editora. Uma especial salva de palmas aos ilustradores e à equipe de diagramação por transformarem um amontoado de arquivos soltos, figuras e listagens em um livro atrativo e encadernado.

Introdução

Seu escritório no ano 2000

Os computadores revolucionaram a maneira de ser do escritório tradicional. Já se passaram os dias de máquinas de escrever manuais, calculadoras, livros-razão e índices telefônicos giratórios de mesa. Nos escritórios atuais, essas ferramentas, tão familiares a nós, têm sido substituídas por programas de processamento de textos, planilhas eletrônicas, base de dados computadorizados e catálogos de endereços eletrônicos. Mesmo os desenhistas relativamente novos estão migrando para o PC.

Mas isso não é tudo. Atualmente, a revolução do computador também está mudando o modo de comunicação e colaboração entre as pessoas. Em vez de datilografar, imprimir, copiar e distribuir manualmente memorandos e outros documentos, enviamos e recebemos mensagens através de e-mail. Podemos colocar nossos relatórios em uma rede ou servidor Web em lugar de publicá-los. A comunicação digital nos permite até mesmo conduzir conferências virtuais e sessões de cooperação através de uma rede e conexões intranet.

O domínio da Nova Era através do Microsoft Office 2000

A fim de dominar essa nova era, aplicativos simples de editor de texto ou planilha não são mais suficientes. Precisamos de uma nova série de ferramentas — um pacote de programas que não apenas seja integrado, mas que também nos permita colaborar em projetos, trocar idéias e informações por e-mail e divulgar na Web nossa existência. Precisamos do Microsoft Office 2000.

O Office 2000 expande as possibilidades de suas versões anteriores pelo acréscimo de ferramentas que tornam ainda mais fáceis a colaboração em projetos através de uma rede, utilização das vantagens das intranets, trocas de e-mails dentro da empresa e pela Internet e edição de páginas Web. Com esse pacote e o treinamento correto sobre como usar seus componentes individualmente ou em grupo, você estará bem equipado para dominar esta era de informação e comunicação.

Seja bem-vindo ao *Microsoft Office 2000 para leigos passo a passo*

Este livro é sua chave para o sucesso com o Office 2000. Ele explicará as novas versões dos programas Microsoft Office: Word, Excel, PowerPoint, Access, Outlook e Publisher — incluindo todas as coisas legais que podem ser feitas com eles. Este livro inclui tudo desde a edição de textos à execução de cálculos em alta velocidade em planilhas eletrônicas; do gerenciamento de bancos de dados a gráficos e de apresentações de slides a agendas de compromissos. E não é tudo — em pouco tempo ensinaremos a trabalhar com todos os programas juntos para que você possa até mesmo executar tarefas maiores. Também mostraremos como manejar essas várias ferramentas através de e-mail e na Web.

Este livro o ajudará especificamente a realizar o seguinte:

- ➤ Entender bem as noções básicas do Office 2000 (e usar seu sistema de ajuda quando estiver em apuros).
- ➤ Dominar as particularidades do uso do Office 2000 para criar documentos de todos os tipos; desenhar apresentações gráficas cheias de vida; confeccionar planilhas eletrônicas usando fórmulas e funções; manter um calendário eletrônico e muito mais.
- ➤ Usar as aplicações do Office 2000 para fins práticos, domésticos e de escritório, tais como: criação de relatórios informativos, pagamento de contas e administração de orçamento.
- ➤ Obter o máximo do Office 2000 usando todos os produtos juntos. Nessa fase, aprenderá como transformar um documento do Word em uma apresentação do PowerPoint; inserir uma planilha ou gráfico do Excel em um documento do Word ou mesmo intercalar uma lista de endereços de um banco de dados do Access com uma mala direta criada no Word.
- ➤ Comunicar-se de forma mais eficaz com as pessoas de sua empresa e do mundo todo através do correio eletrônico. Você aprenderá como enviar mensagens, documentos e arquivos direto dos aplicativos do Office 2000 em vez de usar um programa de e-mail separado.
- ➤ Publicar páginas de aparência profissional na Web. Ensinaremos como transformar documentos do Word, planilhas do Excel e apresentações do PowerPoint em páginas magníficas da Web!

As convenções naturais

No intuito de tornar este livro mais fácil de usar, assumimos a responsabilidade de seguir algumas convenções. Qualquer coisa que seja preciso digitar aparecerá em negrito como se segue:

Digite **esta entrada**

Caso haja alguma informação variável para ser digitada, tais como seu próprio nome ou o nome de um arquivo, o mesmo aparecerá em itálico como a seguir:

Digite ***este número***

Além disso, serão encontradas caixas de informações (como as mostradas a seguir) espalhadas por todo o livro para ajudá-lo com a terminologia, conhecimento técnico chato, atalhos e outras dicas. Claro que não é preciso ler o conteúdo dessas caixinhas, apesar do trabalho duro que tive em reuni-las para você. Se desejar conhecer mais sobre um determinado tópico, talvez as ache úteis. Mas, caso contrário, elas foram dispostas em destaque para que possam ser rapidamente puladas.

Introdução XIII

Papo técnico
Essas caixas contêm trivialidades técnicas que vão cansá-lo. Leia apenas se estiver pretendendo participar de algum programa de certo ou errado na TV! Dê uma olhada nessas caixinhas sempre que quiser encontrar definições e explicações de palavras técnicas e operações.

Função Web!
Caso você veja uma caixa de Papo técnico com o título acima, prepare-se para aprender como usar um dos estimulantes (para não dizer novos) recursos da Web incluídos no Office 2000.

Confira!
Ei, você vai gostar dessas caixas. Elas contêm dicas, truques, atalhos e outras sugestões de como matar o tempo durante um procedimento longo e chato. Além disso, servirei petiscos deliciosos só para manter as coisas animadas.

Novidade! Office 2000
Deseja descobrir rapidamente as diferenças entre as versões 97 e 2000 do Office? Então, procure por esse ícone pelas margens do livro. Embora sua presença não indique *todas* as diferenças presentes na nova versão, evidenciará as características novas mais inovadoras e fascinantes.

Parte I

Microsoft Office 2000 superfácil

Ao sair de uma concessionária dirigindo um carro pela primeira vez, normalmente não se sabe muito a seu respeito. O vendedor perde alguns minutos de seu precioso tempo para lhe explicar como acender as luzes do farol e os limpadores de pára-brisa; procurar uma rádio FM e ainda fornece instruções confusas sobre como regular e cancelar o piloto automático do carro. Ainda vai demorar algumas semanas até descobrir todos os pequenos detalhes, como ligar o ar condicionado; abrir o porta-luvas e evitar que o airbag se transforme em uma arma mortífera.

O mesmo acontece com um programa novo. Precisa-se saber o que há de inovações, qual o motivo de colocar aquela barra de ferramentas a mais na área de trabalho e como navegar pelo sistema de ajuda quando confuso. Nessa parte, nós lhe ensinaremos isso tudo e um pouco mais, a fim de que você possa assumir o comando do Office 2000 com total confiança.

Capítulo 1

Guia rápido para o Office 2000 profissional

Neste capítulo
- Como executar os programas do Office 2000
- Como usar e configurar a Barra de atalhos
- Como gravar e abrir arquivos
- Dicas de movimentos avançados do mouse.

Sabemos que você não é bobo. Provavelmente, já mexeu em diversos programas para Windows e tem uma idéia geral de como funcionam sendo bem capaz de abrir menus suspensos e clicar em botões e não gastou seu dinheiro para aprender o que já sabe. Sendo assim, vou poupá-lo daquela instrução passo a passo enjoada a respeito do funcionamento do Windows ou de seus aplicativos. Em vez disso, você terá, nesse capítulo, uma breve visão geral sobre como executar os diversos aplicativos do pacote Office 2000, bem como dicas que podem ajudá-lo a realizar o básico um pouco mais rápido.

Como executar os programas do Office?

O procedimento de instalação põe ícones para os programas do Office 2000 no menu **Iniciar, Programas** do Windows. Simplesmente abra-o e clique no nome do programa que deseja executar. É possível também executar alguns deles usando a Barra de atalhos do Microsoft Office sobre a qual trataremos na próxima seção.

Caso use um determinado programa do Office 2000 com maior freqüência, considere a possibilidade de se colocar um atalho para ele na área de trabalho. Clique sobre o ícone, presente no menu Iniciar, Programas, usando o botão direito do mouse e arraste-o para uma parte livre da área de trabalho, solte o botão e clique na opção **Criar atalho(s)**. Uma cópia do ícone será colocada naquele local. Clique nele para executar o programa.

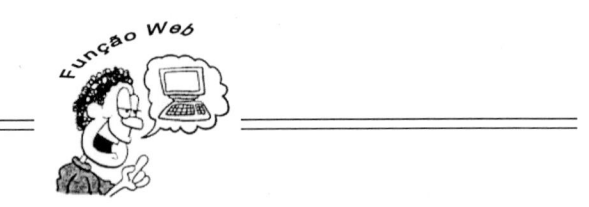

Produção na Web!

A instalação do Office 2000 instala no seu computador o Internet Explorer 5, navegador Web da Microsoft. Ela também adiciona um atalho, chamado de Connect to the Internet (Concectar à Internet), à área de trabalho do Windows. Clique nele e siga as instruções na tela para iniciar uma nova conta na Internet ou para acessar as configurações de sua conta atual.

A fuga para a Barra de atalhos

O Microsoft Office vem com sua própria Barra de ferramentas chamada de *Shortcut bar (Barra de atalhos)*, a qual surge tipicamente no lado direito ou na parte de cima da tela sempre na inicialização do Windows. A Barra de atalhos contém botões para a criação de novos documentos; composição de novas mensagens de e-mail; agendamento de compromissos e o desempenho de outras tarefas comuns.

Caso a Barra de atalhos não apareça, basta ativá-la, clicando em **Iniciar, Programas, Ferramentas do Office, Barra de atalhos do Microsoft Office**. Na primeira vez que for feita a opção pela exibição da Barra de atalhos, o programa de configuração do Office solicitará que ela seja instalada a partir do CD do Office; insira-o e clique no botão **OK** para instalá-la. A caixa de diálogo da Barra de atalhos do Microsoft Office, contendo a pergunta sobre o início automático dela quando da inicialização do sistema, aparece. Clique sobre o botão desejado — **Sim** ou **Não**. A figura seguinte mostra a Barra de atalhos ativada. A lista logo após a figura descreve os botões. Mais adiante, mostrarei como movimentá-la.

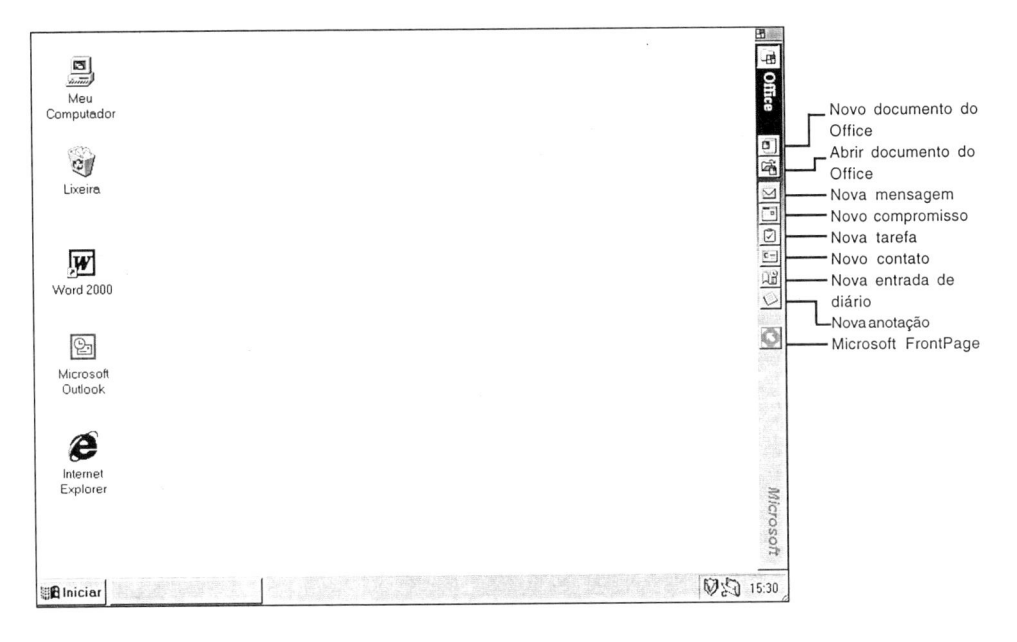

Capítulo 1 ➤ *Guia rápido para o Office 2000 profissional*

A Barra de atalhos é seu ponto de parada para tudo dentro do Office 2000.

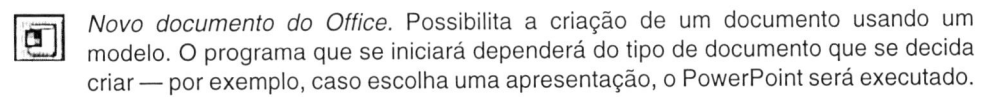

Novo documento do Office. Possibilita a criação de um documento usando um modelo. O programa que se iniciará dependerá do tipo de documento que se decida criar — por exemplo, caso escolha uma apresentação, o PowerPoint será executado.

Abrir documento do Office. Torna possível a abertura e edição de um documento previamente criado e armazenado no seu computador ou na rede. Por default, o Office procura documentos na pasta C:\ Meus documentos.

Nova mensagem. Exibe uma janela que pode ser usada para a criação e envio de uma mensagem de e-mail.

Novo compromisso. Torna possível o acréscimo de um compromisso à agenda. Caso você deseje, o Outlook pode exibir um lembrete antes da data e hora agendada.

Nova tarefa. Exibe uma caixa de diálogo que possibilita a adição de uma tarefa à sua lista de coisas a fazer (como se você não tivesse o bastante para fazer). Outra vez, esse botão executa o Outlook.

Novo contato. Torna possível adicionar o nome de alguém, seu telefone, endereço eletrônico e todo tipo de informações à sua agenda de endereços no Outlook.

Nova entrada de diário. Indica que deve ser inserida alguma informação sobre algo feito durante o dia, a respeito de uma mensagem de e-mail enviada, recebida ou acerca de algo mais que queira registrar no Outlook.

Nova anotação. Põe um "lembrete eletrônico adesivo" na sua tela, cumprimentos do Outlook.

Microsoft FrontPage. Executa o programa da Microsoft para criação e edição de páginas da Web, FrontPage. Maiores informações sobre como criar e publicar páginas na Web com seus programas do Office, incluindo o FrontPage, consulte o capítulo 25, "Como criar e publicar suas próprias páginas na Web".

Informação sobre dica de tela

Quando se posiciona o cursor do mouse sobre um botão na Barra de atalhos ou em qualquer barra de ferramenta, uma caixinha exibindo o nome do botão aparece. Esse recurso é chamado de *ScreenTip* (dica de tela). A fim de renomear o botão, clique sobre ele usando o botão direito do mouse, e escolha a opção **Renomear**. Caso queira desativar algum botão, siga o mesmo procedimento e escolha a opção **Ocultar botão**.

Como ativar outras barras de atalhos

Inicialmente, a Barra de atalhos exibe a Barra de ferramentas do Office que contém botões da maioria das funções do Outlook. É possível ativar outras barras de ferramentas para proporcionar um acesso mais rápido a outros arquivos e programas em seu computador. A fim de ativá-las ou desativá-las, clique no botão direito do mouse, em uma área vazia da Barra de atalhos e escolha uma das seguintes barras de ferramentas:

- ➤ *Favoritos.* Exibe ícones para páginas Web que você adicionou à sua lista de favoritos do Internet Explorer (supondo que se use o Internet Explorer para navegar pela Web).
- ➤ *Programas.* Ativa a barra de ferramenta equivalente ao menu Iniciar, Programas do Windows.
- ➤ *Acessórios.* Exibe ícones para os programas presentes no submenu Acessórios do menu Iniciar, Programas do Windows.
- ➤ *Área de trabalho.* Ativa uma barra de ferramenta que exibe todos os atalhos presentes na área de trabalho.

Sempre que uma barra de ferramenta é ativada, um ícone para ela aparece na Barra de atalhos e a respectiva barra aparece. Apenas um entre os botões de barra de ferramenta é exibido de cada vez. Você pode exibir os botões de outra barra (no caso de tê-la ativado antes) clicando sobre seu ícone (mostrado na figura seguinte).

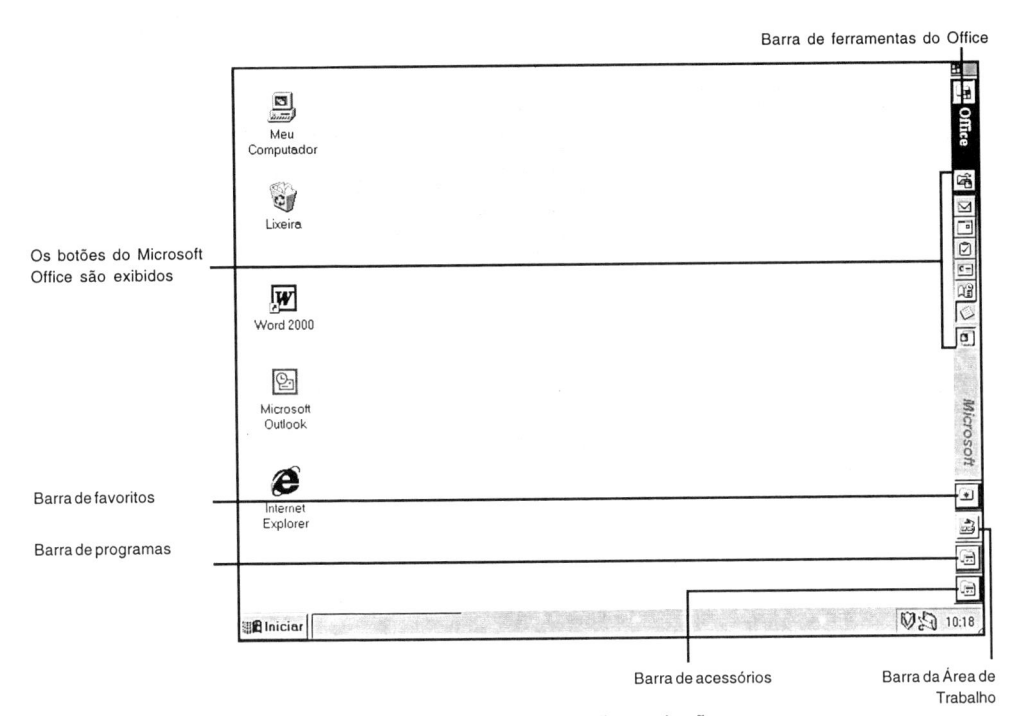

Capítulo 1 ➤ *Guia rápido para o Office 2000 profissional*　　　　　　　　　　　　7

Caso seja necessário mais botões ou botões diferentes dê um clique ligeiro na barra de ferramenta.

Como personalizar a Barra de atalhos

Talvez a primeira coisa que se queira saber sobre a Barra de atalhos é como fazer para movê-la. Posicione o cursor do mouse sobre qualquer área livre da Barra de atalhos e arraste-a para a posição desejada na tela: esquerda, superior, inferior ou sapeque-a no meio (para torná-la mais intrometida). Se quiser desativá-la, clique com o botão direito do mouse na sua Barra de título (que aparece no topo ou no canto inferior esquerdo da Barra de atalhos) e escolha a opção **Sair**.

Caso já tenha desenvolvido um afeto verdadeiro por ela e decidiu mantê-la, você pode personalizá-la de diversas maneiras. Minha opção preferida é o AutoOcultar que a faz sumir do caminho enquanto se trabalha em um programa. A fim de ativar esse mecanismo, posicione o cursor sobre uma área livre da Barra de atalhos, clique no botão direito do mouse e escolha a opção **AutoOcultar** no menu que se apresenta. Sempre que precisar dela, deslize o cursor do mouse para o lado direito da tela (ou para lugar onde a barra foi colocada) para exibi-la. Caso o título esteja cinza (inativo), o mecanismo AutoAjustar na área da Barra de título está ativado (leia a caixa Confira na página seguinte).

Outras opções de personalizações podem ser obtidas posicionando-se o cursor do mouse sobre uma área livre da Barra de atalhos e clicando em **Personalizar**. A guia **Exibir** surge na tela, dando-lhe as opções de mudança da aparência e de comportamento da Barra de atalhos. Não vou incomodá-lo com todos os detalhes. Apenas certifique- se de que, caso tenha mais de uma barra de ferramenta ativa, escolha aquela que deseja personalizar na lista drop-down da **Barra de ferramentas** antes de começar a modificar as configurações.

Uma outra guia que deve ser conferida é a de Botões. Ela contém uma lista de botões que podem ser ativados ou desativados. Uma caixinha marcada próxima a um botão indica que está ativado. Pode-se adicionar ícones para arquivos ou pastas mais usados, clicando-se no botão de **Adicionar Arquivo** ou **Adicionar Pasta**. É possível também mover ou alterar a posição dos botões, clicando sobre o mesmo e depois sobre a seta **Mover** para cima ou para baixo (ou simplesmente pressione a tecla **Alt** e arraste o botão da Barra de atalhos para o local desejado dentro da mesma).

Vamos melhorar

Já observou quanto espaço desperdiçado existe na Barra de título dos programas do Office? Saiba que é possível comprimir a Barra de atalhos nesse local. Para isso, dentro da caixa de diálogo, na guia Exibir, dentro de Opções, ative o mecanismo **AutoAjustar na barra de título**) e clique **OK**. Agora será possível arrastar a Barra de atalhos para dentro da Barra de título de seus programas do Office quando a janela estiver maximizada. Caso esteja de outra forma, a Barra de atalhos aparece no topo da área de trabalho do Windows.

Como obter ajuda dentro das caixas de diálogo

Normalmente, as caixas de diálogos estão repletas de opções indecifráveis. Para determinar o que é feito por cada uma delas, clique com o botão direito do mouse em seus nomes e selecione **O que é isso?** ou clique no ícone com o sinal de interrogação no canto superior direito da caixa de diálogo e, em seguida, clique na opção. Um caixinha de texto surge descrevendo sua função.

Como gravar, nomear e abrir seus arquivos

Seja qual for o programa do Office que se use, a primeira coisa que se precisa saber é como criar, gravar e abrir arquivos.

Na maioria dos programas do Office para criar um novo arquivo, clique sobre o botão **Novo** ou abra o menu **Arquivo** e escolha **Novo**. Esse botão, quando pressionado, joga um nova janela de documento na tela sem questionar nada. Já o caminho Arquivo, Novo abre uma caixa de diálogo contendo templates (modelos de documentos como uma carta comercial) onde se pode escolher aquele com o qual deseja começar. (Trataremos mais do assunto em outros capítulos.)

A fim de gravar arquivos em quaisquer programas do Office 2000, abra o menu **Arquivo** e escolha **Salvar** (ou clique sobre o botão **Salvar** na barra de ferramentas). Quando um arquivo é gravado pela primeira vez, o programa solicita que seja dado um nome e se determine o local onde se deseja guardá-lo. Selecione a pasta na qual pretende armazenar o arquivo, como mostrado na figura a seguir. Digite um nome para o arquivo na caixa de texto Nome do arquivo. (Não digite ponto ou uma extensão para o nome do arquivo. O próprio programa adiciona a extensão certa.)

Opções de gravação

Por default, todos os programas do Office (exceto quando mudados) gravam seus arquivos na pasta Meus documentos e os procura no mesmo lugar sempre que se utiliza o comando Abrir. A fim de usar uma pasta diferente como default para um dos programas do Office, acesse o menu **Ferramentas** e escolha **Opções**. Clique na guia Arquivos, **Documentos**, clique no botão **Modificar** e selecione a pasta desejada.

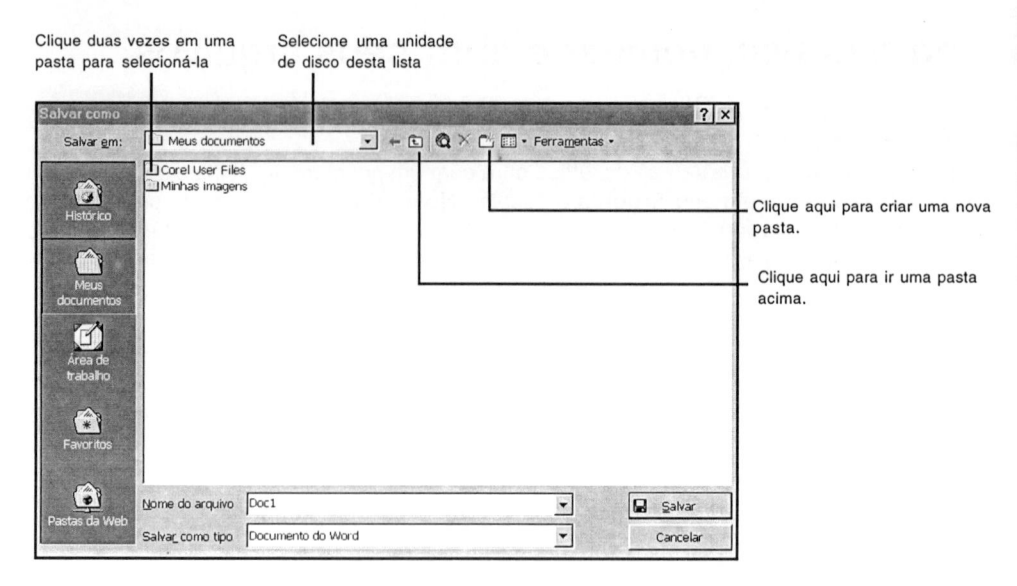

Quando um arquivo é salvo pela primeira vez, deve receber um nome.

Deve-se gravar o arquivo a cada dez minutos ou menos para proteger o trabalho no caso de falta de energia elétrica ou instabilidade do sistema. Após ter dado um nome a um arquivo, gravar as mudanças futuras no mesmo é fácil: simplesmente clique no botão **Salvar**. O programa recorda-se do nome e localização do arquivo e o regrava automaticamente.

➤ Caso queira trabalhar com um arquivo já criado, ele deve ser aberto no programa usado para criá-lo. Acesse o comando **Arquivo, Abrir** (ou clique no botão **Abrir**) e use sua caixa de diálogo para selecionar o arquivo; todavia, os seguintes métodos são mais fáceis:

- ➤ O menu **Iniciar, Documentos** do Windows contém uma lista dos 15 últimos documentos nos quais se trabalhou. Selecione o arquivo dessa lista.
- ➤ O menu **Arquivo** do programa Office exibe os nomes dos últimos poucos arquivos nos quais se trabalhou. Selecione o arquivo na parte de baixo do menu File.
- ➤ Clique no botão **Abrir documento do Office** na Barra de atalhos, localize e clique duas vezes no nome do arquivo que deseja abrir.
- ➤ Caso se edite o documento com muita freqüência, arraste o seu ícone da pasta Meus Documentos ou do Windows Explorer para a Barra de atalhos do Microsoft Office ou para área de trabalho. Clique no ícone para abrir o documento.

Instalação simplificada

A Microsoft não apenas simplificou a interface mas também diminuiu a instalação. Muitos recursos são omitidos para economizar espaço no disco rígido e serão instalados somente quando requisitados para uso. Assim, é uma boa idéia manter o CD do Office na sua unidade de CD-ROM quando estiver usando os programas do pacote.

A interface dinâmica do novo Office

Caso se tenha feito uma atualização de uma versão anterior do Office, provavelmente se notará uma completa renovação das caixas de diálogo Salvar e Abrir. Elas incluem agora uma barra de *Locais* no lado esquerdo que contém ícones para as pastas usadas com mais freqüência. Clique no ícone desejado para mudar rapidamente de pastas. A pasta Histórico contém ícones para os últimos cinqüenta arquivos abertos.

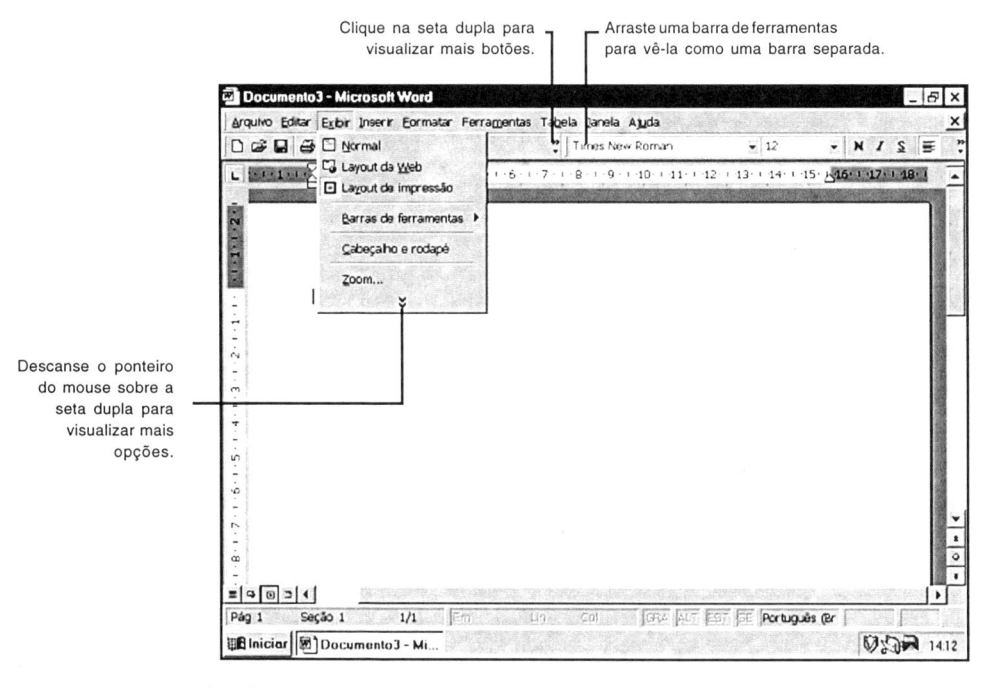

A interface simplificada exibe apenas os comandos mais usados.

A Microsoft também simplificou os menus, as barras de ferramentas do Office e lhes deu alguma inteligência. A princípio, listam somente os comandos usados com mais freqüência e exibem uma seta dupla para ampliação dos menus e barras de ferramentas. Clique na seta dupla para visualizar os comandos adicionais ou as opções. Enquanto se trabalha, os programas do Office acrescentam de forma automática os comandos que são usados com mais freqüência posicionando-os próximos ao topo do menu ou no lado esquerdo da barra de ferramenta.

Gostava mais como antes
Pode-se retornar à antiga interface bobinha, caso a simplificada não lhe tenha agradado. No programa Office, escolha **Ferramentas**, **Personalizar** e insira suas preferências na guia **Opções**.

Movimentos não tão básicos do mouse

Atualmente, os novos livros sobre bebês relacionam as habilidades com o mouse como um estágio do desenvolvimento humano que reside, em algum lugar, entre o caminhar e o pegar um trabalho de tempo integral. "Clique", "duplo clique" e "arrastar" são palavras normais no vocabulário escolar em qualquer nível. Contudo, alguns movimentos novos do mouse podem confundir até mesmo um adulto bem instruído:

➤ *Menus instantâneos ao clicar o botão direito*: algumas vezes, a maneira mais fácil de se agir sobre um texto existente (ou qualquer outro objeto dentro de um documento, incluindo gráficos) é selecioná-lo e clicar nele ou no objeto usando o botão direito do mouse para exibir um menu instantâneo. Eles são fantásticos porque apresentam opções que são usadas apenas para o texto selecionado ou objeto.

➤ *Mover o mouse pressionando o botão direito*: ao movimentar o mouse com o botão direito pressionado, um menu instantâneo aparece quando se solta o botão do mouse. Esse menu fornece opções de movimentação de um objeto selecionado, colando uma cópia dele ou criando um *hyperlink* para o mesmo.

➤ *Recortes*: é possível arrastar um texto selecionado para dentro de uma parte vazia da área de trabalho do Windows para criar um *recorte*. Depois, pode-se arrastar o recorte para dentro de um documento para colá-lo nele.

Hyperlink

Os hyperlinks são ícones ou frases de um texto que apontam para outros arquivos. Estes podem estar armazenados no seu disco rígido, em um drive de rede ou na internet. Ao se clicar em um hyperlink, o sistema encontra e executa a aplicação própria e o abre nesse programa. (Vide o capítulo 25: "Como criar e publicar suas próprias páginas Web" para maiores informações.)

➤ *Movimentos de seleção não convencionais*: todos sabemos que se pode marcar um texto arrastando sobre ele o cursor do mouse. Muitos programas, no entanto, oferecem outras maneiras de selecioná-lo usando a mesma ferramenta. No Word, por exemplo, pode-se clicar duas vezes numa palavra para selecioná-la ou três vezes dentro de um parágrafo para marcá-lo (Nos capítulos relacionados a cada aplicação, apontarei técnicas de seleção especiais).

➤ *Caixas de seleção*: caso se cole figuras ou outros objetos em uma página, a maioria dos aplicativos possibilita que se selecionem dois ou mais objetos traçando uma caixa ao seu redor.

Capítulo 2

Quando em dúvida, peça ajuda

Neste capítulo
- ➤ Faça o seu Assistente do Office procurar as informações.
- ➤ Desative o Assistente do Office quando ele começar a aborrecê-lo.
- ➤ Encontre um tópico no índice.
- ➤ Procure um índice na tela de tópicos da Ajuda.

Sistemas de Ajuda online: ame-os ou deixe-os. Eles são impossíveis de encontrar e navegar ou assemelham-se a alguns adeptos ultra zelosos da filantropia que não largam do seu pé.

No Office 97, a Microsoft finalmente encontrou um meio termo com o Assistente do Office, um personagem animado que responde suas perguntas e sabe o momento de sair fora dele. No Office 2000, a empresa fez alguns ajustes finos no recurso e construiu um sistema de ajuda ainda mais automatizado. Neste capítulo, mostraremos como obter a ajuda desejada.

O encontro com o Assistente do Office

Sempre que se inicia um programa do pacote do Office, um Assistente do Office aparece de modo instantâneo para deixá-lo saber que a ajuda está por perto. Enquanto se digita, edita, formata e acessa comandos, esse personagem animado observa o que se está fazendo e permanece à postos para dar uma mão.

Ao precisar de ajuda, tudo o que se tem a fazer é clicar no Assistente do Office ou no botão de ajuda e o Assistente entrará em ação, exibindo uma lista de quatro ou cinco tópicos de Ajuda relacionados ao que se está fazendo no momento (ou, pelo menos, ao que ele *pensa* que esteja sendo feito). Se você acaba de acessar o comando Arquivo, Imprimir, por exemplo, o Assistente exibe tópicos que tratam de impressão. Nesse ponto, tem-se as seguintes opções:

➤ Caso o tópico para o qual se precisa de ajuda consta da lista, clique nele para exibir as informações e instruções relacionadas a ele.

➤ Caso o tópico não conste da lista, clique em **Consultar mais** na parte inferior da lista a fim de exibir tópicos adicionais.

➤ Caso o Assistente não tenha sugestões para o tipo de ajuda que se precisa, digite sua pergunta na caixa de texto abaixo da lista e clique no botão Pesquisar. Assim que se inicia a digitação, ele apresenta imediatamente um bloco de notas e começa a tomar nota de sua dúvida. Quando se clica no botão Pesquisar, o Assistente lhe devolve uma lista de tópicos que devem responder sua pergunta. Clique no tópico desejado.

➤ A fim de desativar o Assistente, clique com o botão direito do mouse sobre ele e escolha a opção **Ocultar**. Para chamar o Assistente, pressione **F1** ou clique no botão **Ajuda** (aquele com um sinal de interrogação) no final do lado direito da barra de ferramenta padrão.

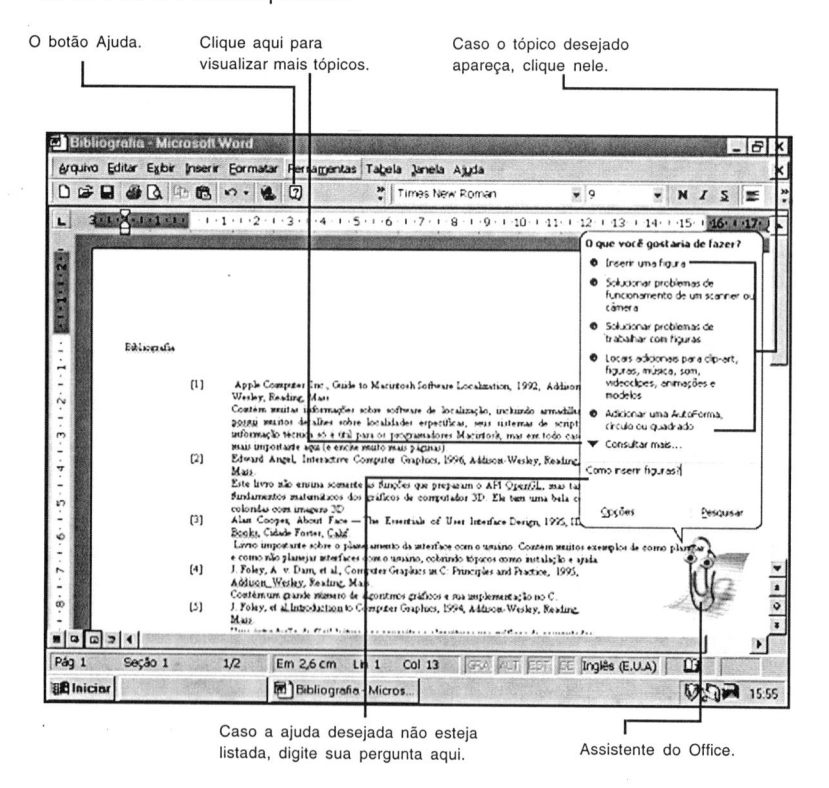

O Assistente do Office pode normalmente localizar a ajuda que se necessita.

Capítulo 2 ➤ *Quando em dúvida, peça ajuda* 17

Apesar do Assitente do Office ser quase perfeito, pode-se torná-lo melhor. A fim de inserir suas preferências, clique sobre o Assistente com o botão direito do mouse e selecione **Opções** ou **Escolher Assistente**. Ambos os comandos abrem a caixa de diálogo do Assistente do Office, a qual inclui as duas guias seguintes:

➤ A guia **Opções** permite especificar quando se deseja que o Assistente entre em ação e como deve realizar o seu trabalho. Para saber o efeito de uma opção, posicione o cursor sobre ela, clique com o botão direito do mouse e selecione **O que é isto?**

➤ A guia **Galeria** permite que se escolha um personagem animado diferente como Assistente do Office. Escolha o seu preferido e clique em **OK**. (Talvez você precise inserir o CD do Office para instalar o personagem.)

Devido ao fato de o Assistente do Office ser uma ferramenta compartilhada, quaisquer mudanças feitas controlam a aparência e o comportamento do mesmo em todos os programas do Office.

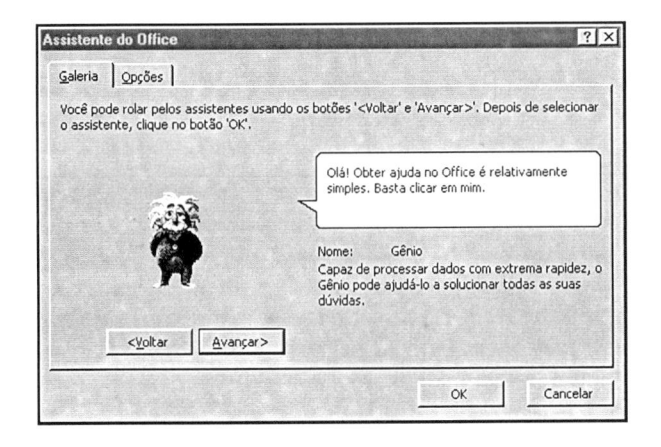

Pode-se substituir o Assistente por um outro personagem animado.

Como localizar tópicos de ajuda no índice

Se você acha pretensioso ter um personagem de desenho mostrando-lhe como usar seus programas, pode-se optar por um método mais tradicional e procurar a ajuda no índice. A fim de usar a janela padrão de **Ajuda**, desative primeiro o Assistente:

1. Posicione o cursor sobre o Assistente, clique no botão direito do mouse e escolha **Opções**.
2. Clique em **Usar o Assistente do Office**, para remover a marca na caixinha.
3. Clique em **OK**.

Parte I ➤ *Microsoft Office 2000 superfácil*

[?] Com o Assistente do Office desabilitado, pressione **F1** ou clique no botão **Salvar** na barra de ferramentas padrão. Isso exibe a janela de Ajuda. Caso a guia **Conteúdo** esteja escondida por trás, clique sobre ela para trazê-la para frente. Depois, clique ns ícones seguintes para visualizar a ajuda de que necessita:

➤ Um ícone de livro fechado próximo a um tópico significa que existe um lista de tópicos mais detalhada. Clique no sinal de adição próximo ao ícone para ampliar a lista de tópicos.

➤ Um ícone de livro aberto próximo a um tópico significa que o mesmo está selecionado. Pode-se fechar o livro e reduzir a lista de subtópicos, clicando no sinal de subtração próximo ao ícone do livro.

➤ Um ícone com sinal de interrogação próximo a um tópico significa que existe texto detalhado para ser visto a respeito do tópico. Clique sobre este ou aquele para exibir informações específicas no quadro à direita.

A fim de modificar o tamanho relativo dos quadros, arraste a barra que os separa para a direita ou esquerda. Para ocultar totalmente o quadro da esquerda e ganhar mais espaço para a exibição de informações, clique no botão **Ocultar** na Barra de ferramentas.

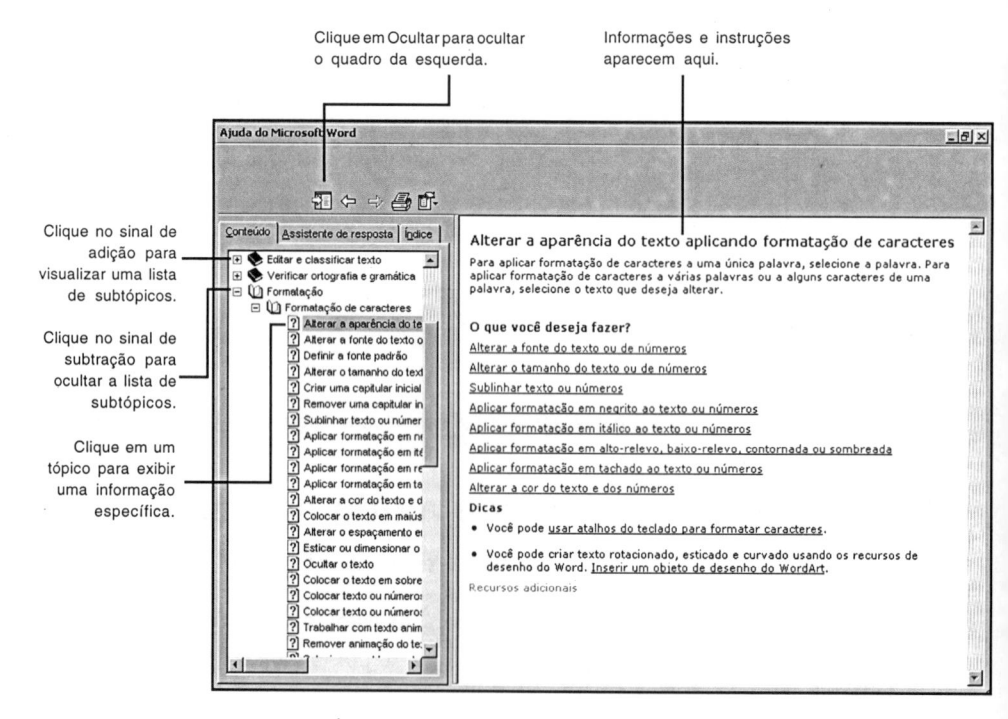

O Índice é um esboço do sistema de Ajuda.

Além de exibir informações e instruções passo a passo, o quadro da direita pode conter também texto em destaque, chamados de *links,* que aponta para uma informação relacionada ou chama uma caixa de definição. Clique nele para exibir informações adicionais. Para voltar à tela de ajuda anterior, clique no botão **Voltar**. Caso as instruções contenham um botão Mostre-me, clique nele para que o sistema de ajuda execute a tarefa por você.

Produção na Web!
Caso não localize a ajuda desejada, obtenha-a no site da Microsoft na Web. Se estiver conectado à internet e possuir um navegador Web instalado, abra o menu **Ajuda** e clique em **Office na Web**. Isso lhe conectará ao site mencionado que contém informações adicionais, assistência técnica, arquivos gratuitos e outras coisas interessantes.

Como obter ajuda do Assistente de Resposta

O Assistente de resposta é um cruzamento entre o Assistente do Office e uma janela de ajuda padrão. Permite que se faça uma pergunta simples sem ter que lidar com um Assistente intruso. A fim de obter ajuda do Assistente de resposta, siga os passos seguintes:

1. Clique no botão **Ajuda** na barra de ferramenta padrão ou pressione **F1**.
2. Clique na guia **Assistente de resposta**.
3. Digite sua pergunta.
4. Pressione **Enter** ou clique no botão **Pesquisar**. Uma lista de tópicos que coincida com a pergunta feita aparece no Selecionar tópico para a lista Exibir.
5. Clique duas vezes no tópico desejado.

O que é isto?

No início desse capítulo, ensinamos como obter ajuda em uma caixa de diálogo através do clique no botão direito de uma opção e na pergunta **O que é isto?**. Pode-se obter ajuda semelhante para qualquer botão na barra de ferramenta ou outro controle na janela do programa. Abra o menu **Ajuda** e selecione **O que é isso?** (ou pressione **Shift+F1**) e um sinal de interrogação anexa-se ao ponteiro do mouse. Agora clique no botão ou outro controle para o qual deseja ajuda. Uma caixa surge descrevendo o controle. Ao pressionar **Esc** ou clicar fora da caixa de ajuda, ela desaparece.

Como procurar uma ajuda específica no Índice?

Muitos usuários de documentação técnica classificam um índice completo e bem organizado como a parte mais importante da documentação. Tendo isso em mente, pode-se considerar o índice de sistema de Ajuda online uma ferramenta valiosa. A fim de usá-la, clique no botão **Ajuda** na barra de ferramentas padrão e depois na guia **Índice**. Na caixa de texto Digite palavras-chave na parte superior da guia **Índice**, digite algumas letras do tópico que está procurando. Enquanto se digita, a lista de palavras chaves movimenta-se para exibir os tópicos cujos nomes coincidam com o que foi digitado até agora. Clique duas vezes na palavra chave desejada. Movimente-se pela lista **Escolha um tópico** e clique duas vezes no item desejado.

Capítulo 2 ➤ *Quando em dúvida, peça ajuda*

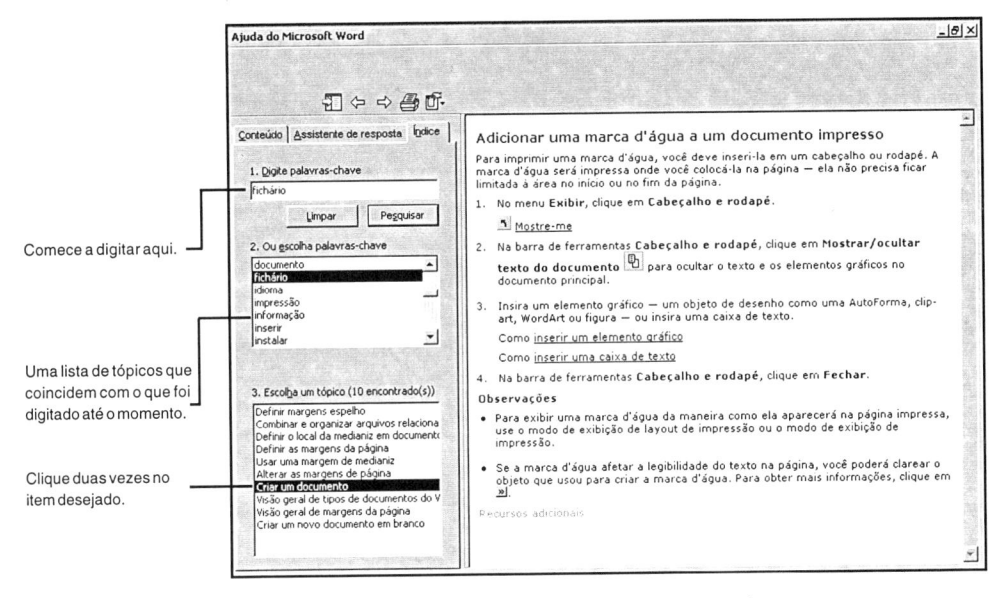

Pode-se procurar informações rapidamente usando o Índice

Parte II

Como preparar rapidamente documentos do Word

Todo escritório precisa ter um bom processador de texto e o Microsoft Word é um dos melhores. Suas ferramentas padrão de layoute de texto possibilitam o ajuste de margens, recuo de textos, inserção de figuras e gráficos em qualquer lugar da página com facilidade. O recurso Tabela fornece a facilidade do alinhamento de blocos de textos em colunas e linhas. Os verificadores de ortografia e gramática proporcionam um revisor profissional on-line capaz de detectar erros enquanto se digita.

Nesta parte, ensinaremos como usar as ferramentas mencionadas e outras para produção de documentos de alta qualidade com um mínimo de esforço. Além disso, você aprenderá como criar e imprimir seus próprios relatórios informativos e currículos fantásticos.

Parte II

Como praticar rapidamente recognitos no World

Capítulo 3

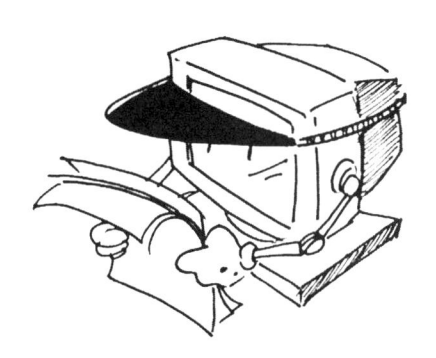

Como fazer e editar documentos do Word

Neste capítulo
- ➤ Como usar documentos prontos com assistentes e templates
- ➤ Como digitar, copiar e mover blocos de texto
- ➤ Como tornar-se um datilógrafo de 500 toques por minuto usando o AutoTexto
- ➤ Como localizar e substituir pequenos blocos de texto?

Há anos o Microsoft Word tem sido o super-herói entre os programas de processamento de texto, deixando para trás, na poeira, o gigante anterior, Word Perfect, e abatendo os recém-chegados como o WordPro. Seus recursos poderosos têm conquistado diversas gerações de usuários.

Apesar de todo esse poder, a Microsoft não esqueceu de tarefas simples que precisamos executar, tais como: digitar uma carta; imprimir endereços em envelopes e dispor um texto em colunas. Enquanto vitamina o Word com novos recursos, a empresa continua a torná-lo mais fácil para executar tais tarefas de rotina.

Nesse capítulo, veremos vários desses aperfeiçoamentos em ação enquanto aprenderemos o básico sobre criação e edição de documentos.

Para começar, um clichê especial

Caso se tenha pressa para criar um documento e não haja tempo para compor e formatar o seu próprio, utilize um dos *modelos* ou *assistentes*. Um *modelo* é um documento já pronto, tudo o que se tem a fazer é adicionar texto. Um *assistente* é constituído de uma série de caixas de diálogos com espaços para preenchimento que conduz um processo de criação de um documento personalizado, tornando possível a especificação de preferências de desenho e inserção de blocos de texto.

Os modelos e assistentes são encontrados na caixa de diálogo Novo mostrada na figura abaixo. A fim de acessá-la, abra o menu **Arquivo** e selecione **New** (clicar sobre o botão Novo da barra de ferramentas padrão não abrirá essa caixa, sendo necessário usar o menu Arquivo para isso). A caixa de diálogo citada contém diversas guias repletas de assistentes e modelos. Clique na guia que contém o tipo de documento que deseja criar e clique duas vezes no modelo ou assistente desejado.

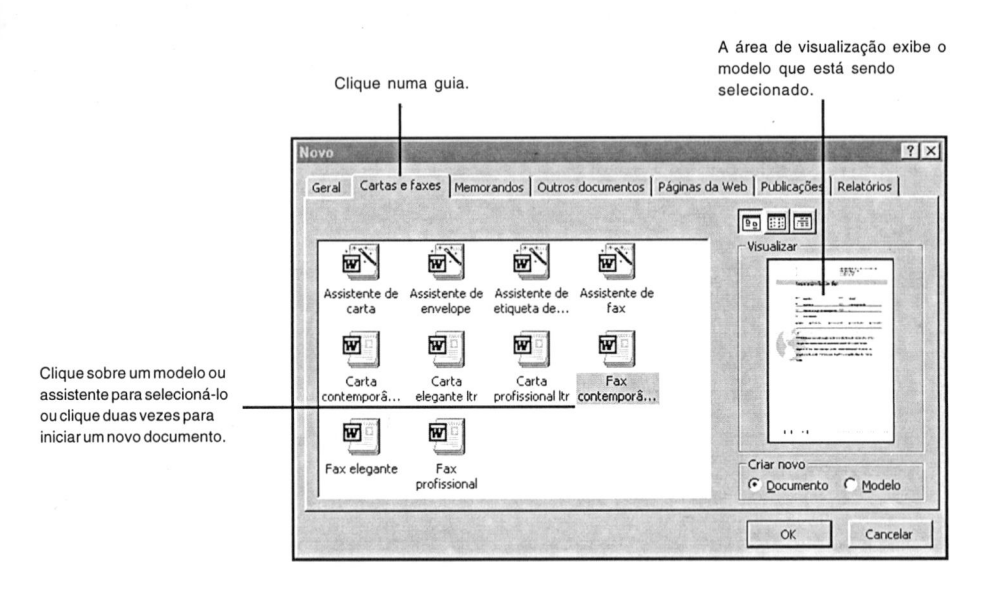

A caixa de diálogo Novo dá acesso aos assistentes e modelos de documento.

O que acontecerá a seguir depende da escolha feita. Caso tenha sido um assistente, uma caixa de diálogo aparece solicitando que seja feita uma seleção. Simplesmente siga as instruções do assistente, clicando sobre o botão Avançar até chegar à última caixa de diálogo, onde se clica em Concluir. O assistente cria o documento e retorna à janela do Word onde será possível personalizá-lo ainda mais ou imprimi-lo do jeito que estiver.

Caso a opção tenha sido um modelo, o programa o abre em uma janela própria, onde se pode começar a editá-lo. Muitos modelos possuem espaços reservados que indicam o tipo de informação que se deve inserir. Por exemplo, caso escolha um modelo de carta, aparecerá um campo próximo à saudação contendo o seguinte [Clique aqui e digite o endereço do destinatário]. Siga qualquer instrução dada nesses espaços. (Independente da opção por Assistente ou Documento, o Word cria um novo documento que deve receber um nome e ser gravado.)

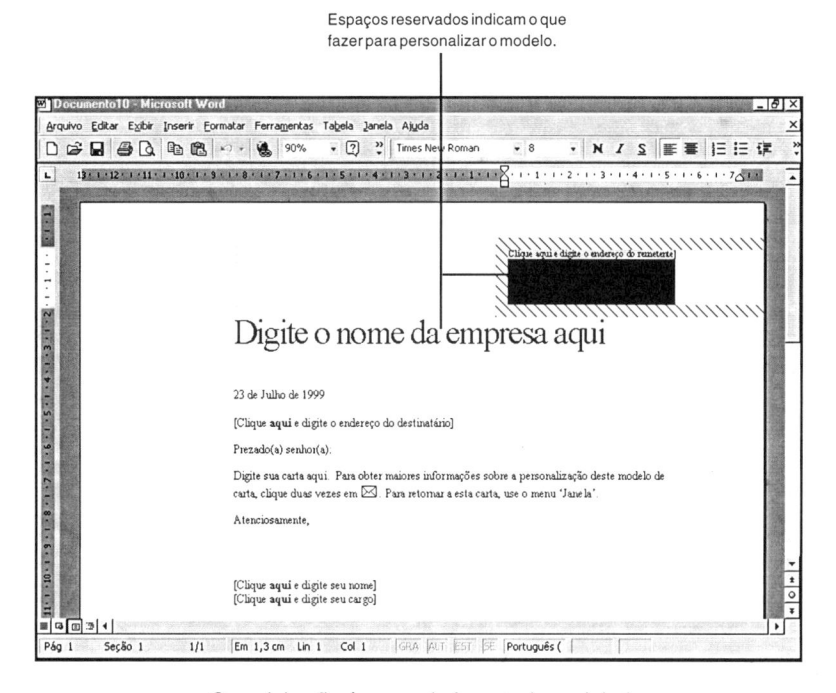

Capítulo 3 ➤ Como fazer e editar documentos do Word   27

O modelo não é capaz de fazer tudo sozinho!

Inserção, digitação por cima e exclusão de texto

Se você não é capaz de distinguir entre as teclas de uma máquina de escrever e as de um piano, provavelmente deve fazer um curso de datilografia. Uma vez tendo aprendido a datilografar, a digitação no Word é igualmente fácil. Seguem algumas dicas para facilitar a transição da máquina de escrever para o teclado do computador:

➤ Não pressione a tecla **Enter** ao final da linha. O Word cuida das linhas para você enquanto se digita. Caso o texto desapareça em um dos lados da janela, diminua a ampliação da tela (explicado em "Mudanças de Visualização", mais adiante neste capítulo).

➤ Uma barrinha vertical piscante, conhecida como *ponto de inserção*, indica onde o texto é inserido ao ser digitado.

➤ No fim do documento, uma linha horizontal curta marca o final do mesmo. Não é possível digitar ou inserir nada abaixo dessa linha. (Quando se digita, ela move-se automaticamente para baixo.)

Sem visualização?

Alguns modelos são instalados pelo Office somente quando precisam ser usados. Na primeira vez em que se escolhe um, o Word pode não exibi-lo, porque não foi instalado. Na próxima ocasião em que desejar utilizá-lo, ele aparecerá na área de visualização.

Movimente o cursor do mouse (aquele que parece um travessão vertical) para onde se deseja começar a digitar e então clique. O texto digitado é inserido e qualquer outro existente move-se para a direita para dar espaço ao que está sendo digitado.

➤ A fim de substituir um texto, marque-o e comece a digitar.
➤ Para apagar um texto à direita do ponto de inserção, pressione a tecla **Delete (Del)**. Se à esquerda, pressione a tecla **Backspace**.
➤ Não use muita tabulação para alinhar texto em colunas. (No capítulo 5: "Como alinhar o texto com colunas e tabelas", uma maneira muito mais fácil será explicada.)

Clicar e digitar

O Word exibe um novo recurso chamado Clicar e Digitar que permite digitar em qualquer lugar dentro do documento, proporcionando uma maneira fácil de controlar a posição do texto sem ter de pressionar a tecla Enter. Apenas clique duas vezes onde quer que deseje inserir um texto e comece a digitar. (Clicar e Digitar só funcionam em Visualização da Impresão. Veja em "Mudanças de Visualização" ainda neste capítulo.)

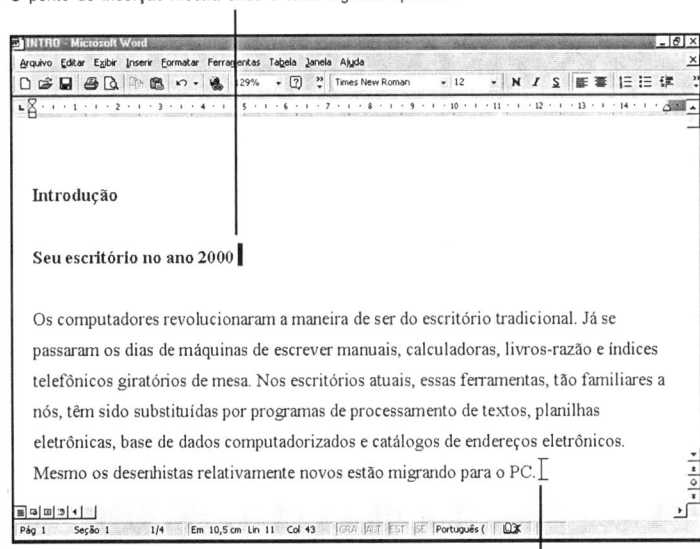

Capítulo 3 ➤ *Como fazer e editar documentos do Word* 29

O ponto de inserção mostra onde o texto digitado aparece.

O ponto de inserção mostra onde o texto digitado aparece.

Movimente o ponto de inserção e comece a digitar

Que caneta vermelha é essa?

Enquanto se digita, pode-se ter a estranha impressão de que sua professora de português da escola esteja dentro do computador, sublinhando os erros de ortografia cometidos. Sempre que se digita uma seqüência de caracteres que não coincida com uma palavra existente no dicionário do Word, o programa desenha uma linha vermelha ondulada sob o termo a fim de sinalizá-lo para que seja corrigido imediatamente. (É possível ativar ou desativar esse recurso sempre que quiser. Veja mais detalhes no capítulo 7: "Como conferir a ortografia e a gramática".)

Nunca foi tão fácil digitar um texto

No início desse capítulo, prometi ensinar como digitar 500 toques por minuto. O segredo é usar o AutoTexto. Com ele, pode-se estabelecer desde um termo, citação, parágrafo ou qualquer outro bloco de texto a um par de caracteres. Por exemplo, crie uma entrada de AutoTexto "Convenção Nacional Democrática" que será sempre inserida ao serem digitadas as letras **cnd**.

A fim de criar uma entrada de AutoTexto, digite o trecho de texto para o qual deseja criá-la e, então, marque o texto para selecioná-lo. Abra o menu **Inserir**, aponte para **AutoTexto** e clique em **Novo** (ou apenas pressione **Alt+F3**). A caixa de diálogo Criar AutoTexto solicita que seja dado um nome para a entrada. Digite um nome pequeno para a entrada e clique em **OK**. Para inserir o bloco de texto, digite o nome exclusivo que lhe foi atribuído e pressione F3 ou comece a digitá-lo e, quando uma dica de tela aparecer, mostrando a entrada completa, pressione **Barra de espaço** ou a tecla **Enter**.

Pode-se inserir ou apagar entradas de AutoTexto através da caixa de diálogo AutoCorreção. Para exibir essa caixa, abra o menu **Inserir**, aponte para **AutoTexto** e clique sobre ele. Para apagar uma entrada, escolha o nome dela e clique no botão **Excluir**.

Barra de Ferramentas AutoTexto
A barra de ferramentas Autotexto torna mais fácil criar e inserir entradas de Autotexto. Para ativá-la, clique com o botão direito do mouse sobre qualquer barra de ferramentas e selecione AutoTexto. Essa barra de ferramentas apresenta três botões: Autotexto, que exibe a caixa de diálogo AutoCorreção; todas as entradas, que exibe uma lista de entradas de Autotexto que você criou; New, que transforma o texto selecionado em uma nova entrada de Autotexto.

Role, role, role o documento

Ao se digitar, a tela se enche e o texto começa a se afastar do topo enquanto o Word "o abastece com mais papel". Eventualmente, precisa-se voltar atrás no texto para editá-lo ou, pelo menos, para lê-lo. A maneira mais fácil de retornar é apontar e clicar com o mouse. Caso queira ir mais longe, utilize um dos seguintes métodos referentes à barra de rolagem:

➤ Arraste a caixinha da barra de rolagem para cima ou para baixo. Ao fazer isso, uma caixa aparece mostrando o número de página que será exibido ao se soltar o botão do mouse.

➤ Clique sobre uma pequena seta nas extremidades da barra de rolagem para movimentar uma linha do texto na direção indicada por ela. Mantenha pressionado o botão do mouse para uma rolagem contínua.

➤ Clique dentro da barra de rolagem acima ou abaixo da caixinha para rolar o texto tela a tela.

➤ Clique sobre o botão **Página Anterior** ou **Página Seguinte** (localizados na parte inferior da barra de rolagem) para passar uma página de cada vez. A pequena marca redonda entre os botões mencionados fornece opções extras de rolagem através de notas do documento, gráficos ou edições. Ao "passar" as páginas, o ponto de inserção não se move, é preciso clicar no local onde se deseja colocá-lo. (É possível voltar rapidamente ao ponto de inserção, pressionando a tecla de seta à esquerda ou à direita.)

Capítulo 3 ➤ *Como fazer e editar documentos do Word* 31

Caixinha de rolagem   Setas

Quando se arrasta a Caixa de rolagem, o Word exibe o número da página de destino.

Barras de rolagem

Página anterior   Página seguinte

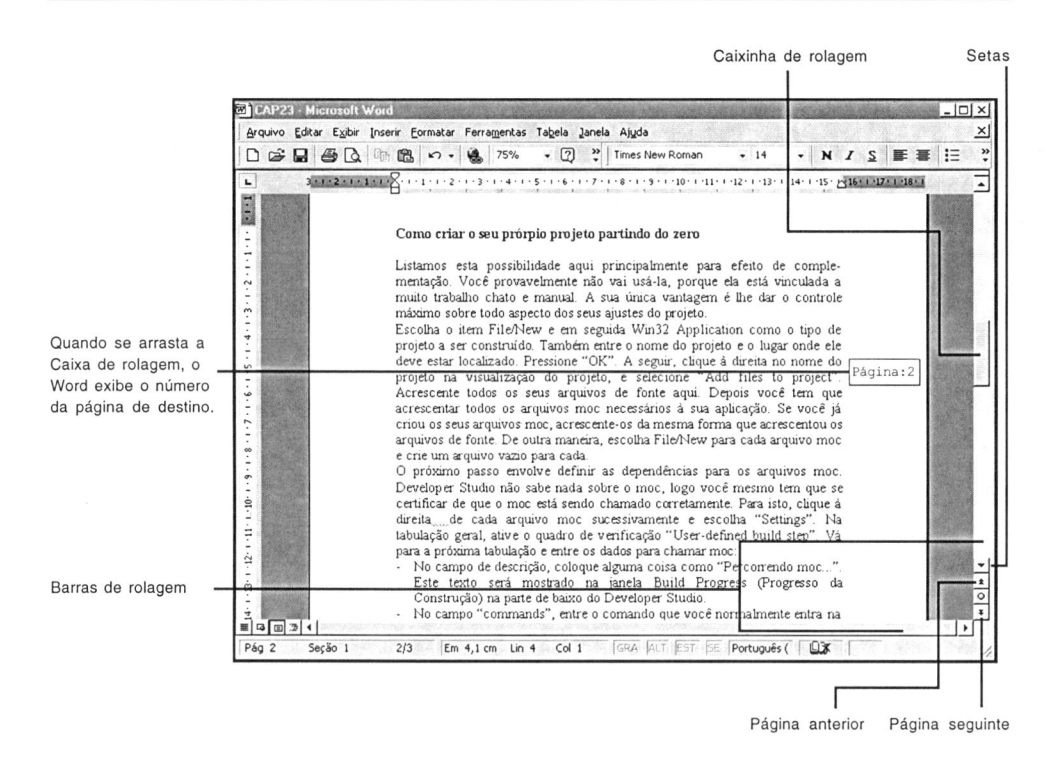

Utilize a barra de rolagem para se movimentar rapidamente pelo documento.

Alterando a vizualização

Ao começar a usar o Word, ele normalmente exibe páginas enormes que parecem mais cartazes em quadros de avisos do que páginas digitadas. Talvez você queira visualizar mais do texto (a fim de coordenar seus pensamentos) ou ampliá-lo quando está aplicando um estilo a ele. Nesse último caso, abra a lista suspensa **Zoom** localizada na barra de ferramentas padrão e escolha a porcentagem de zoom desejada. Caso essa lista não esteja aparecendo, clique sobre o botão **Mais Botões** no final da barra de ferramentas padrão como exemplificado na próxima figura. Pode-se clicar dentro da caixa de texto e digitar seu próprio ajuste (porcentagem de zoom).

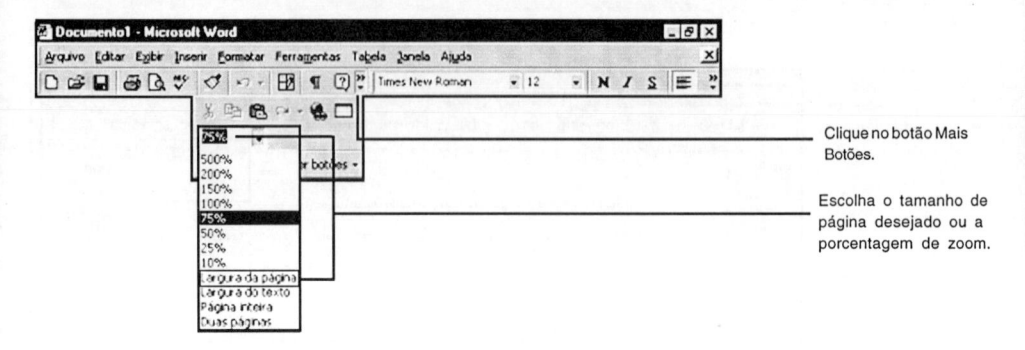

Através de uma lista suspensa de Zoom, pode-se ampliar ou reduziro tamanho do texto.

O Word também oferece diversos tipos de exibição de uma página, cada um destinado a ajudá-lo no desempenho de uma tarefa específica. Para mudar o modo de exibição, abra o menu **Exibir** e escolha uma das seguintes opções de exibição (os botões para cada uma delas estão também disponíveis no canto inferior esquerdo da janela do documento):

➤ *Normal* (**Ctrl+Alt+N**) exibe o documento de modo contínuo. Nesse tipo de exibição, o Word oculta formatações complexas de página, cabeçalhos, rodapés, objetos que envolvam textos com quebra automática de linha , gráficos flutuantes e fundos. A rolagem é suave porque utiliza um mínimo de memória.

➤ *Layout Web* exibe um documento da mesma forma em que ele aparecerá em um navegador Web. Esse modo de exibição, mostra fundos de páginas Web, ajusta o texto para encaixá-lo dentro de uma janela padrão do navegador e posiciona figuras do jeito que serão vistas on-line.

➤ *Layout de impressão* (**Ctrl+Alt+P**) (Modo de layout de impressão), anteriormente conhecido como layout de página, proporciona uma visão mais real de como as páginas sairão impressas. Esse modo exibe figuras, quebra de texto, cabeçalhos, rodapés, margens e objetos desenhados. Contudo, usa muita memória e pode tornar a rolagem um pouco lenta.

➤ *Estrutura de tópicos* (**Ctrl+Alt+O**) permite-lhe reorganizar rapidamente um documento, arrastando títulos de um lugar para outro dentro do mesmo.

Dez maneiras de selecionar um texto

Antes de se fazer qualquer coisa com o texto que se acabou de digitar, preciso selecioná-lo. É sempre possível simplesmente arrastar o cursor do mouse sobre o texto para selecioná-lo, contudo, existem várias outras maneiras mais rápidas de seleção de texto no Word. A seguinte tabela as resume:

Tabela 3.1 Seleção de texto com o mouse

Para selecionar	Faça
Palavra isolada	Duplo clique sobre a palavra.
Frase	Ctrl+um clique em qualquer ponto da frase.
Parágrafo	Clique triplo em qualquer parte do parágrafo. Uma alternativa é posicionar o cursor do mouse na margem esquerda do parágrafo até que ele se transforme em uma seta apontada para a direita, então, clique duas vezes.
Uma linha do texto	Posicione o cursor do mouse na margem esquerda, até que se transforme em uma seta apontada para a direita, e então clique. (Arraste a seta sobre o texto para selecionar linhas adicionais.)
Diversos parágrafos	Leve o cursor do mouse para a esquerda dos parágrafos até que ele assuma a forma de uma seta virada para a esquerda, clique duas vezes e arraste-o para cima ou para baixo.
Blocos grandes de texto	Clique no início do texto, role para o final e pressione Shift+click.
Documento inteiro	Posicione o cursor na margem esquerda de qualquer trecho de texto até que ele se transforme em uma seta para a direita. Logo depois, dê um clique triplo.
Atalho para documento inteiro	Pressione **Ctrl+A**.
Seleção ampla	Mantenha pressionada a tecla **Shift** enquanto usa as teclas de setas, Page Up, Page Down, Home ou End.

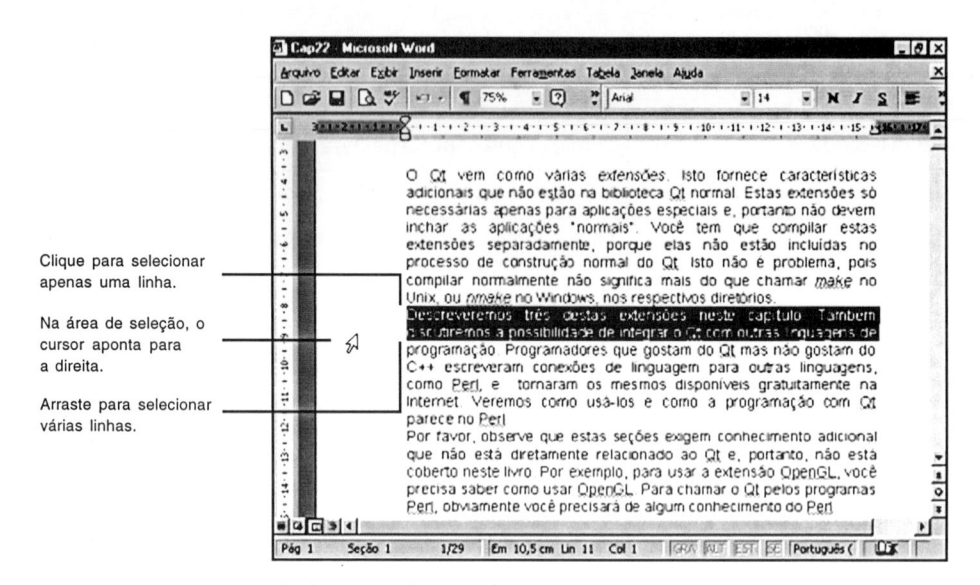

Clique para selecionar apenas uma linha.

Na área de seleção, o cursor aponta para a direita.

Arraste para selecionar várias linhas.

Pode-se selecionar rapidamente blocos de texto posicionando-se o cursor do mouse na área de seleção

Arrastar, recortar e colar

Não se seleciona um texto pelo puro prazer de vê-lo realçado. Normalmente se deseja fazer alguma coisa com ele como copiar ou mover. Dentro do Word, a maneira mais fácil de realizar essas ações é arrastando-o. Para movê-lo, posicione o cursor do mouse sobre qualquer parte do texto selecionado, pressione a tecla esquerda do mouse e arraste o texto para onde deseja inseri-lo. Já para copiar, pressione a tecla **Ctrl** enquanto o arrasta. Caso marque o texto com o botão direito do mouse pressionado, ao soltá-lo, um menu surgirá dando-lhe a opção de mover ou copiar o texto.

Embora o método arrastar-soltar seja o meio mais rápido de se copiar e mover pequenos blocos de texto em uma curta distância, pode-se achar complicada a operação quando se deseja trabalhar com blocos maiores; mover um texto de um documento para outro ou para mover em uma grande distância dentro de um mesmo documento. O programa oferece os comandos Recortar, Copiar e Colar que são melhores para lidar com as tarefas descritas.

Para cortar ou copiar texto, selecione-o e clique no botão **Recortar** ou no **Copiar** na barra de ferramentas. (Pode-se também acessar tais botões, abrindo-se o menu **Editar** ou clicando-se com o botão direito do mouse sobre o texto selecionado). Ao escolher o comando Cortar ou Copiar, o texto marcado é colocado na Área de Transferência do Windows. Pode-se, então, mover o ponto de inserção para onde se deseja que o texto seja inserido e usar o comando **Colar** (ou o botão) para colá-lo em um lugar diferente do documento atual; dentro de um outro ou em qualquer outro documento de aplicações Windows.

Área de transferência aperfeiçoada

O Office 2000 capacita a Área de Transferência do Windows a guardar mais de um pedaço de dados recortado ou copiado. Quando se realiza uma dessas ações para duas ou mais seleções, a barra de ferramentas da área mencionada aparece, exibindo um ícone para cada seleção copiada ou recortada. Para colar os dados, clique sobre seu ícone. A fim de colar todas as seleções cortadas ou copiadas, clique sobre o botão **Colar Tudo**. Caso a barra de ferramentas da Área de transferência não apareça, clique como botão direito do mouse sobre qualquer barra de ferramentas e escolha **Área de transferência**.

Como alternar entre dois ou mais documentos

O trabalho simultâneo com mais de um documento é possível dentro do Word. Sempre que um documento é aberto ou criado, o programa o abre em uma janela exclusiva dele. Todas as demais são omitidas por aquela que está sendo exibida no momento exatamente como em um baralho de cartas. A fim de alternar entre as elas, abra o menu **Janela** e escolha o documento desejado.

Um dos melhores recursos do Office 2000 é o que agora exibe um ícone para cada documento aberto na barra de tarefas do Windows. Assim, para mudar de documento, basta simplesmente clicar sobre seu botão na referida barra.

Caso se tenha dois documentos abertos, talvez você deseje exibi-los ao mesmo tempo para que possa facilmente arrastar e soltar entre eles. Para organizar as janelas abra o menu **Janela** e escolha **Organizar tudo**. Pode-se também fazer o mesmo com mais de duas janelas, mas nesse caso, sua tela começa a parecer um mosaico complexo.

O velho truque de localizar e substituir

Caso já tenha usado qualquer programa de processamento de texto, você sabe que ele pode procurar palavras isoladas e frases dentro do documento e substituí-los com outro texto. No Word, tanto o comando Localizar como o Substituir estão localizados no menu Editar.

Abra o menu **Editar** e escolha **Localizar** para procurar por um texto sem substitui-lo. Digite a palavra ou frase que deseja encontrar e clique sobre **Localizar próxima**. O Word encontra o texto especificado e o destacará. A fim de encontrar a próxima ocorrência do texto, clique em **Localizar próxima**. Ao terminar a pesquisa, pressione o botão **Cancelar** para fechar a caixa de diálogo Localizar e Substituir.

Para conseguir que o Word substitua um texto por outro, siga as instruções adiante:
1. Abra o menu **Editar** e escolha **Substituir**.
2. Na caixa de texto **Localizar**, digite a palavra ou frase que se deseja substituir e escreva a palavra ou frase de substituição na caixa **Substituir por**. (Clique sobre o botão **Mais** para opções adicionais de substituição.)
3. Pressione o botão **Localizar próxima** para começar a pesquisa e substituição.
4. O programa destaca a primeira ocorrência encontrada e permite a substituição da palavra ou passagem para a próxima ocorrência. Clique sobre um dos seguintes botões para instruir o Word a respeito do que você deseja:

   Localizar próxima. Ignora o texto encontrado e passa para a próxima ocorrência. (Pode-se fechar a caixa de diálogo Localizar e usar os botões de setas duplas que se encontram na parte inferior da barra de rolagem vertical para saltar rapidamente para a ocorrência anterior ou posterior da palavra ou frase.)

   Substituir. Substitui o texto e desloca-se para a ocorrência seguinte.

   Substituir tudo. Substitui todas as ocorrências do texto especificado com o de substituição e não solicita a sua confirmação.

   Cancelar. Abandona a operação.

Desfazer as alterações após pensar melhor

Caso você goste de encarar a edição de seus documentos de maneira devastadora e fria, pode apenas resolver conviver com quaisquer mudanças realizadas. Mas se é um pouco mais indeciso e sente profundamente sempre que apaga uma frase do texto, ficará aliviado em saber que o Word possui um recurso chamado Desfazer que o ajudará a retornar as últimas etapas de edição.

Para desfazer a última ação realizada, abra o menu **Editar** e escolha **Desfazer** ou clique sobre o botão de mesmo nome na barra de ferramentas padrão. A fim de outras ações, pode-se continuar a pressionar o botão mencionado.

Essa ferramenta desdobra-se em uma lista suspensa permitindo que se desfaça um grupo inteiro de ações. Para visualizar a lista, clique sobre a seta drop-down à direita do botão Desfazer e depois sobre a última ação que deseja desfazer. Seja cauteloso, pois o Word desfaz a última ação selecionada e todas as que estejam acima dela na lista. Não é possível selecionar uma ação isolada na lista.

Para se refazer a ação a partir de um desfazer acidental, use o botão Refazer (exatamente à direita de Desfazer). Ele funciona do mesmo jeito que o outro: clique nesse botão para restaurar uma ação recentemente desfeita ou na seta drop-down à direita do referido recurso e selecione uma ou mais ações incluídas na lista. (Talvez seja preciso clicar sobre o botão Mais botões para ter acesso ao botão Refazer.)

Capítulo 4

Dê um novo visual ao seu texto

> **Neste capítulo**
> ➤ Aumento e aplicação de negrito ao texto como nas revistas.
> ➤ Alinhamento à esquerda, à direita ou centralização do texto.
> ➤ Confecção de listas com marcadores e numeradores.
> ➤ Texto ornamentado com caixas de texto do WordArt.
> ➤ Uso de estilos para formatação automática.

Precisa colocar mais vida no seu documento, temperá-lo com alguns títulos grandes em negrito, inserir algumas listas com marcadores e, talvez, até mesmo um pouco de cor? (Há uma impressora colorida, não?) Neste capítulo, ensinaremos como usar as ferramentas de formatação do Word para fazer aquela plástica tão necessária no seu documento.

Formatação rápida e fácil usando a barra de ferramentas

A maneira mais fácil de se formatar um documento é usando a barra de ferramentas do Word. Caso ainda não a tenha percebido, procure por aquela que possui os botões B I U no meio. A tabela a seguir relaciona os botões e suas respectivas listas drop-down (suspensas) que aparecem como padrão na barra de ferramentas mencionada e ainda fornece uma breve descrição de cada uma delas. Para se conseguir outros botões, clique sobre o botão **Mais Botões** (a seta dupla) à direita da barra ou arraste a linha vertical, à esquerda da lista suspensa Font, para posicionar a barra na sua própria linha.

Tabela 4.1 Detalhes da Barra de Ferramentas de Formatação

Controle	Descrição
Estilo	Torna possível a seleção de um estilo que contenha diversas configurações de formatação. Por exemplo, no modelo Normal, o estilo Título 1 usa fonte Arial 14 em negrito para o texto. A fim de saber mais, dê um pulinho na parte "Estilo(s) para dar e vender" ainda dentro desse capítulo.
Fonte	Fornece estilos de fontes para serem escolhidos. Esse estilo corresponde ao desenho dos caracteres.
Tamanho da Fonte	Permite que se escolha o tamanho dos caracteres.
N Negrito	Aplica negrito ao texto.
I Itálico	Grifa o texto em itálico.
S Sublinhado	Aplica o texto sublinhado.
Alinhar à esquerda	Empurra o lado esquerdo do parágrafo para a margem esquerda.
Centralizar	Centraliza o parágrafo entre as margens esquerda e direita.
Alinhar à direita	Empurra o lado direito do parágrafo para a margem direita.
Justificar	Distribui o texto igualmente entre as margens esquerda e direita como nas colunas de jornais.
Numeração	Cria uma lista numerada.
Marcadores	Cria uma lista com marcadores.
Diminuir recuo	Diminui a distância de recuo entre o texto e a margem esquerda.
Aumentar recuo	Aumenta a distância de recuo entre o texto e a margem esquerda.
Bordas	Desenha uma caixa ao redor do parágrafo.
Realçar	Realça o texto (pode-se selecionar uma cor diferente a partir da lista suspensa).
Cor da fonte	Altera a cor do texto.

Capítulo 4 ➤ *Dê um novo visual ao seu texto*　　　　　　　　　　　　　　　39

Pode-se usar qualquer um dos botões da barra de ferramentas Formatação para formatar o texto antes ou depois de digitá-lo. A fim de formatá-lo em um piscar de olhos, utilize a barra referida para estabelecer suas preferências e comece a digitar. Caso já tenha digitado o texto, selecione-o conforme explicado no capítulo 3, "Como fazer e editar documentos do Word") e use as ferramentas para aplicar formatação ao texto.

Mais dois truques de formatação

A barra de ferramentas Formatação é "o máximo", contudo, existem outros poucos atalhos que podem ser usados para deslumbrar seus amigos e impressionar seu chefe. O primeiro consiste em posicionar o cursor sobre o texto selecionado, clicar no botão direito e escolher uma das opções de formatação apresentadas (Fonte, Parágrafo ou Marcadores e Numeração) no menu instantâneo. Essa ação exibe a caixa de diálogo para aplicação do formato desejado.

O segundo truque é muito melhor. Utilize o Pincel para copiar o formato sem copiar o texto propriamente dito. Antes de tudo, arraste o cursor sobre o texto cujo formato pretende usar. Em seguida, pressione o botão **Pincel**. (Talvez seja necessário clicar sobre o botão Mais Botões para ter acesso ao Pincel). E agora, o grande final: mova o mouse sobre o texto no qual deseja aplicar o que acabara de ser copiado e Voilà!

Uma visita ao "*self-service*" de fontes

As listas de fontes e seus respectivos tamanhos são fabulosas para uma pequena formatação de texto, porém não há como começar a editar sua própria revista com opções tão limitadas. É preciso mais poder! Necessita-se da caixa de diálogo de Fonte — uma caixa repleta de fontes, tamanhos e melhorias como tachado, sobrescrito e sublinhado duplo.

Usá-la é simples. Mova o cursor do mouse, mantendo a tecla da esquerda pressionada sobre o texto que deseja formatar, dê um clique com o botão direito do mouse sobre o texto selecionado e escolha **Fonte** (ou abra o menu **Formatar** e escolha **Fonte**). A mencionada caixa desdobra-se como uma mesa farta de comida à escolha. Apenas aponte e clique para selecionar a fonte desejada, o tamanho e os atributos. Além disso, a caixa de diálogo Fonte possui uma guia de Espaçamento de caracteres que relaciona as opções de controle de espaço entre eles. Utilize-as para apertar ou espalhar os mesmos.

Pinte a cidade

Clique duas vezes sobre o botão **Pincel** para mantê-lo ativo a fim de que seja possível pintar o formato copiado em diferentes seleções de texto. Ao terminar, clique sobre ele novamente para desativá-lo.

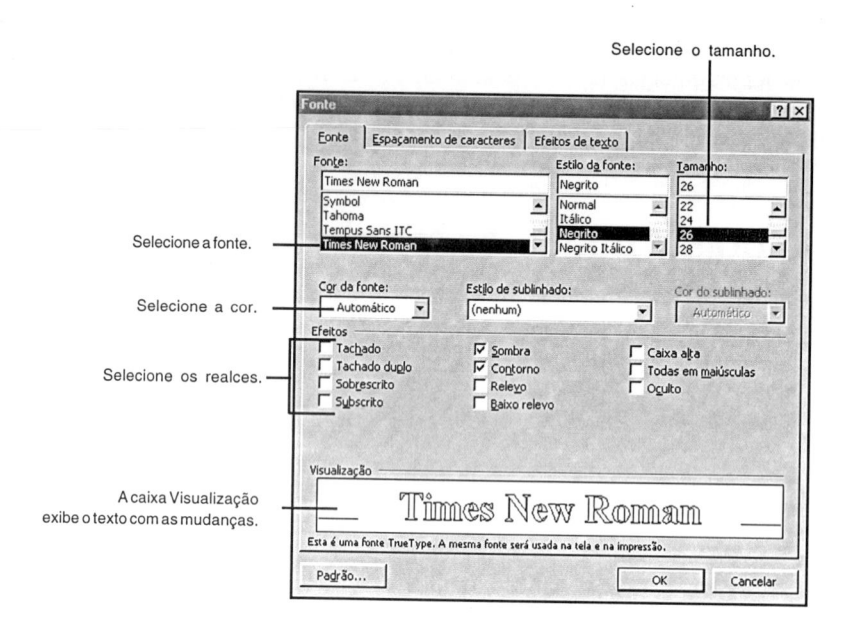

A caixa de diálogo Fonte oferece todos os melhoramentos necessários ao texto.

Texto animado!

Caso esteja criando um documento para compartilhá-lo eletronicamente com seus colegas ou amigos, considere a possibilidade de usar o recurso de animação de texto do Word. Na caixa de diálogo Fonte, clique na guia Efeitos de texto e selecione o efeito desejado. Quando alguém abre o documento, o texto se move.

Formatação de parágrafos: espaçamento e recuos

Depois de brincar com as fontes, a formatação de parágrafos vai parecer um pouco desagradável. No entanto, é necessário saber como dispô-los pela página. Primeiro, se deseja formatar mais de um parágrafo, selecione-os. (Para selecionar apenas um, não é necessário selecionar tudo, apenas certifique-se de que o ponto de inserção esteja dentro do parágrafo.) A seguir,

Capítulo 4 ➤ Dê um novo visual ao seu texto 41

clique com o botão direito do mouse sobre qualquer porção do parágrafo selecionado e escolha **Parágrafo** (ou através do menu **Formatar, Parágrafo**). A caixa de diálogo Parágrafo surge, apresentando uma das cinco opções a seguir:

- ➤ *Alinhamento.* Determina se o parágrafo ficará alinhado à esquerda, à direita, centralizado ou se será justificado. A mesma coisa pode ser feita usando os botões de alinhamento presentes na barra de ferramentas Formatação.
- ➤ *Recuo.* Possibilita estabelecer o recuo dos lados esquerdo e direito do parágrafo. Isso é útil para chamar a atenção sobre longas citações e seções dentro de um texto maior.
- ➤ *Espaçamento antes e depois.* Torna possível a determinação da quantidade de espaço que se deseja entre o parágrafo atual e o antecessor ou o seguinte. A utilização desse recurso proporciona uma exatidão maior do espaçamento do que tentar fazê-lo pressionando várias vezes a tecla Enter.
- ➤ *Espaçamento entre linhas.* Estabelece o espaço entre linhas do texto dentro do parágrafo. Exatamente como em uma máquina de escrever, pode-se optar por espaço simples, duplo ou outros.

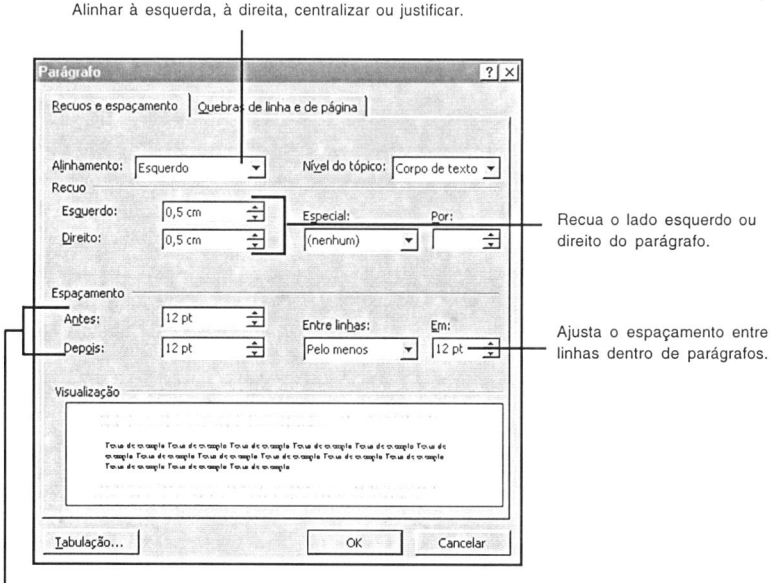

A caixa de diálogo Parágrafo controla recuos, entre linhas e entre linha e parágrafos.

Como manter textos e parágrafos alinhados?

Algumas pessoas são "feras" na hora de avaliar as medidas para os recuos que desejam criar. Outras, como nós, são simples mortais que precisam visualizar seus recuos dentro de um contexto para saber se estão certos. Para nós, o Word oferece uma régua horizontal (exatamente acima da área de visualização do documento). Caso ela não esteja aparecendo na sua tela, algum engraçadinho a desativou. Resolva isso abrindo o menu **Exibir** e selecionando **Régua**. Essa régua possui quatro marcadores (três com forma triangular e um com forma retangular abaixo do triângulo inferior do lado esquerdo), os quais podem ser arrastados para se conseguir o seguinte:

➤ Arraste o triângulo superior esquerdo para a direita para recuar a primeira linha do parágrafo.

➤ Arraste o triângulo inferior esquerdo para recuar o restante das linhas do parágrafo.

➤ Arraste o retângulo mencionado acima para mover os dois triângulos do lado esquerdo ao mesmo tempo (porém, mantenha as posições relativas entre um e outro). O triângulo inferior do lado esquerdo está colado ao retângulo, portanto, os dois sempre estão juntos. O mesmo provoca o recuo de todas as linhas do parágrafo.

➤ Arraste o triângulo da direita para recuar todas as linhas do parágrafo da margem direita.

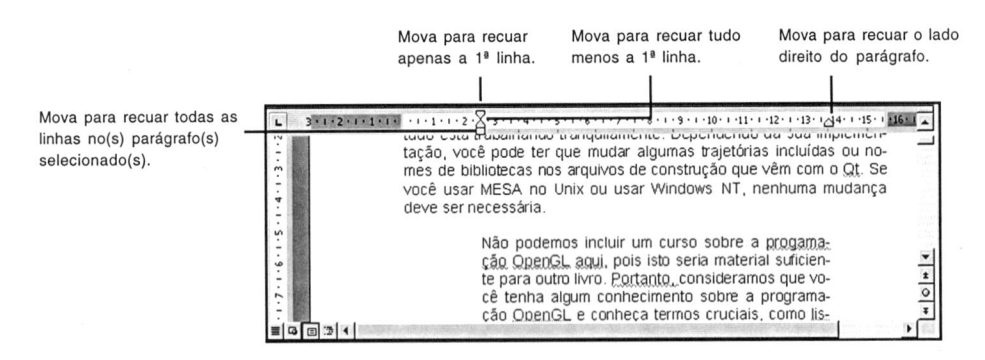

Use essa figura como um guia sobre os recuos.

Capítulo 4 ➤ Dê um novo visual ao seu texto 43

Maior controle sobre a tabulação

A fim de obter maior controle sobre a aparência e o comportamento de suas paradas de tabulação, abra o menu Formatar e selecione Tabulação. A caixa de diálogo que surge permite que se estabeleça as paradas de tabulação em polegadas, permite que se as desmarque e se adicione preenchimentos para elas. Um preenchimento é uma seqüência de caracteres que conduz ao texto na parada de tabulação estabelecida como abaixo:

Capítulo 14 155

Como fazer com que as marcas de tabulação atendam às suas necessidades?

Parágrafos normais possuem por padrão marcas de tabulação a cada ½ polegada (1,25 cm). Isto é, sempre que se pressiona a tecla Tab, o ponto de inserção se move para a direita seguindo a medida citada. É convidativo manter a tecla Tab pressionada até empurrar o ponto de inserção para onde se deseja. Esqueça! Em vez disso, configure você mesmo as paradas de tabulação e pressione a tecla Tab apenas uma vez para chegar ao ponto desejado.

A maneira mais fácil de se configurar essas paradas é usando a régua horizontal. Na sua ponta esquerda existe um símbolo de tabulação, o qual deve ter o formato de uma letra L. Descanse o cursor do mouse sobre o mesmo para verificar que tipo de tabulação está ajustada para ser inserida. Dê um clique nele para definir o tipo de tabulação desejada — Esquerda, Centralizada, Direita ou Decimal (serve para alinhar uma coluna de números por decimais). Clique dentro da metade inferior da régua horizontal onde deseja que a parada de tabulação seja inserida. Um ícone representando-a aparecerá na régua. A fim de mover uma parada de tabulação, arraste-a para uma nova posição e para removê-la, arraste-a para fora da régua.

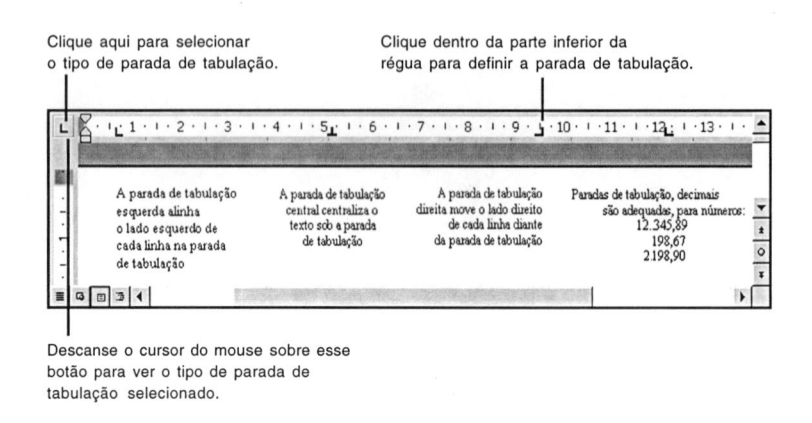

Parte II ➤ *Como preparar rapidamente documentos do Word*

Clique aqui para selecionar o tipo de parada de tabulação.

Clique dentro da parte inferior da régua para definir a parada de tabulação.

A parada de tabulação esquerda alinha o lado esquerdo de cada linha na parada de tabulação

A parada de tabulação central centraliza o texto sob a parada de tabulação

A parada de tabulação direita move o lado direito de cada linha diante da parada de tabulação

Paradas de tabulação, decimais são adequadas, para números:
12.345,89
198,67
2198,90

Descanse o cursor do mouse sobre esse botão para ver o tipo de parada de tabulação selecionado.

A maneira mais fácil de estabelecer paradas de tabulação é através da régua horizontal.

A palavra desenhada: textos artísticos

Fontes extravagantes são ótimas para cabeçalhos e texto de títulos mas, algumas vezes, é necessário algo um pouco diferente. Talvez se deseje adicionar um faixa com formato de curva ao topo de uma página ou separar um bloco de texto dentro de uma caixa. O Word nos oferece algumas ferramentas que podem ser usadas para criar esses efeitos especiais, a saber: WordArt e caixas de texto.

Como inserir objetos da WordArt?

Com a WordArt é possível criar objetos de texto tridimensionais que se curvam tanto para cima como para baixo e, até mesmo, inclinem-se para trás. Para inserir um objeto desse tipo na página, mova o ponto de inserção para onde deseja inseri-lo. Abra o menu **Inserir**, aponte para **Figura** e escolha **WordArt**. A galeria da WordArt surge, exibindo vários estilos entre os quais se pode escolher. Clique sobre o que quiser e depois em **OK**. Na caixa de diálogo de edição da WordArt, digite o seu texto e escolha a fonte desejada, o tamanho e seus atributos (negrito ou itálico). Clique em **OK**. O programa cria o objeto, posiciona-o na página junto com a barra de ferramentas da WordArt e altera o modo de visualização para Layout de impressão (que é necessário para a exibição de gráficos). A princípio, o objeto Word Art ornamenta qualquer texto na página, mas pode-se mudar suas propriedades, como explicado mais adiante, a fim de fazer com que o texto envolva o objeto.

O objeto WordArt é essencialmente gráfico. Ao aparecer pela primeira vez e sempre que se clica nele, pequenos quadrados conhecidos como *handles* (alças) surgem ao seu redor e a barra de ferramentas da WordArt aparece. Pode-se arrastar uma alça para modificar o tamanho do objeto. Caso se mova o cursor sobre o objeto, esse transforma-se em uma seta de quatro pontas, possibilitando que se arraste todo ele.

Além disso, para mudar o tamanho e a posição do objeto, pode-se usar os botões da barra de ferramentas da WordArt para modificá-lo como mostrado na seguinte tabela.

Capítulo 4 ➤ *Dê um novo visual ao seu texto*

Tabela 4.2 Botões da Barra de ferramentas da WordArt

Botão	Descrição
Inserir WordArt	Insere um outro objeto WordArt na página.
Editar texto	Torna possível a edição do texto usado no Objeto WordArt.
WordArt Gallery	Possibilita a seleção de um estilo diferente para o objeto WordArt a partir de sua galeria.
Objeto	Exibe uma caixa de diálogo que possibilita a mudança do tamanho e posição do objeto WordArt, controla como o texto ao redor envolve o objeto, a mudança da cor do objeto e muito mais.
Forma da WordArt	Torna possível a escolha de uma forma diferente para o objeto.
Girar livremente	Exibe círculos alceados ao redor do objeto, os quais podem ser movidos a fim de girar o objeto na página.
Disposição do texto	Controla a maneira pela qual o texto de contorno envolve o objeto WordArt.
Mesmas alturas de letra na WordArt	Exibe todos os caracteres do objeto (caixa alta ou baixa) na mesma altura.
Texto vertical da WordArt	Exibe os caracteres dispostos de maneira vertical em vez de horizontal.
Alinhamento de WordArt	Não terá utilidade se só houver uma linha de texto. Mas, com duas ou mais, esse botão possibilita o alinhamento do texto à esquerda, à direita, centralizado ou justificado (a fim de que ele se estique até tocar as dois lados da caixa imaginária da WordArt.
Espaçamento de caracteres na WordArt	Torna possível a alteração de espaço entre caracteres no objeto WordArt.

Arraste uma alça para
redimensionar o objeto.

Arraste o losango para
modificar a forma do objeto.

Arraste o objeto
para movê-lo

A Barra de Ferramentas da
WordArt

Clique sobre o objeto para selecioná-lo e
para a exibição da barra de ferramentas
da WordArt.

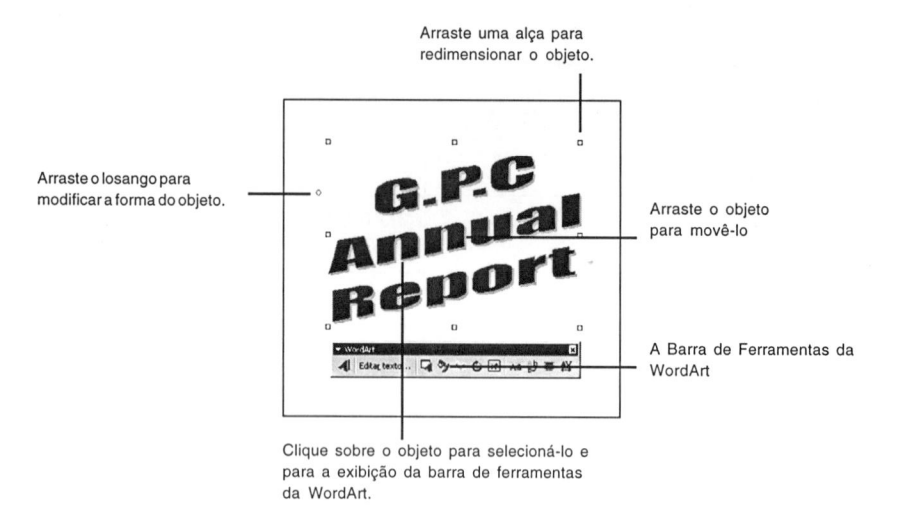

A WordArt torna possível a criação de objetos de texto gráficos.

Textos e caixas de texto

A cada lançamento, o Word tem se tornado mais parecido com programas de editoração eletrônica. Ele oferece até mesmo caixas de texto que podem ser usadas para destacar um bloco de texto do que o circunda. Provavelmente já observou caixas de texto usadas em suas revistas preferidas para destacar citações ou acrescentar um breve resumo do artigo. Devido ao fato de o texto estar dentro delas, consegue-se chamar a atenção do leitor.

Para criar uma caixa de texto no Word, posicione o ponto de inserção no local escolhido para ela, abra o menu **Inserir** e clique sobre **Caixa de texto**. O cursor vai se transformar em uma cruz, a qual, sendo arrastada sobre a página, cria a caixa. O programa a insere e exibe a barra de ferramentas Caixa de Texto. Digite seu texto dentro da caixa e utilize a barra de Formatação para aplicar um estilo a ele. Como ocorre com a WordArt, o texto é circundado por alças que você pode arrastar para alterar o tamanho ou as dimensões da caixa.

No lado esquerdo da barra de ferramentas da Caixa de Texto localizam-se dois botões Link (Vínculo) — **Criar vínculo com caixa de texto** e **Quebrar vínculo de encaminhamento**. Eles servem para se continuar o conteúdo de uma caixa de texto dentro de uma outra na mesma página ou em outra página. A fim de estabelecer um vínculo, crie duas caixas de texto e insira ou digite o que se deseja na primeira. Em seguida, clique no botão **Criar vínculo de caixa de texto** e, em seguida, dentro da segunda caixa. Caso ela não seja suficiente para o parágrafo, pode-se criar uma terceira e vinculá-la. O botão **Quebra de vínculo de redirecionamento** possibilita a quebra do vínculo entre as caixas de texto sem perda alguma.

Mais uma última dica sobre caixa de texto e o deixarei continuar. Ative a barra de ferramentas Desenho (posicione o cursor sobre qualquer barra de ferramentas, clique no botão direito do mouse e selecione **Desenho**. No fim do lado direito há dois botões chamados **Sombra** e **3-D**. Para adicionar um pouquinho de sombra à caixa de texto, clique no botão **Sombra** e selecione o tipo desejado. A fim de dar ao seu texto uma aparência tridimensional como a que é mostrada na figura a seguir, clique sobre o botão **3-D** e escolha um efeito 3D.

Capítulo 4 ➤ Dê um novo visual ao seu texto 47

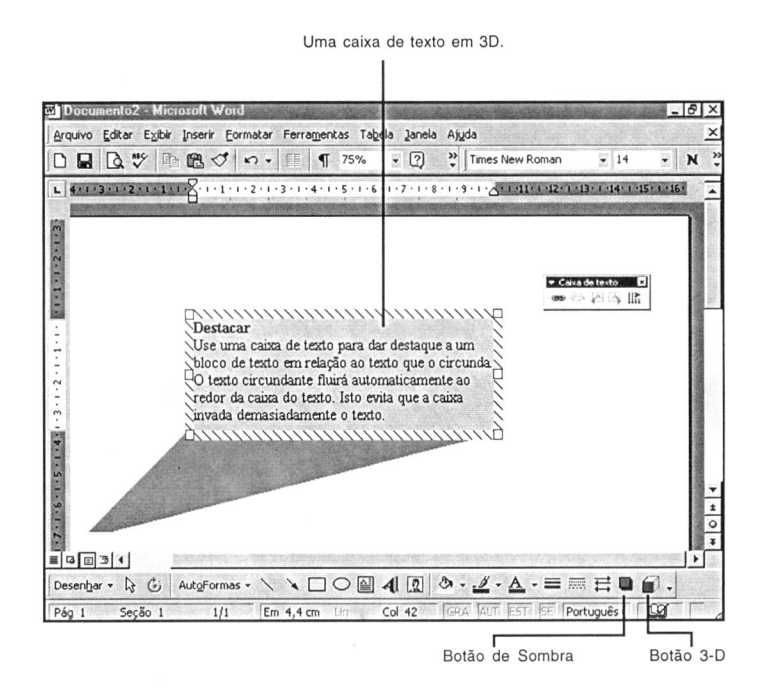

Retire os seus óculos de 3D e ative a barra ferramentas Desenho

Caso se insira uma caixa de texto sobre um texto existente, note que ele fica escondido atrás dela. Caso prefira, pode fazer com que o referido texto envolva a caixa a fim de que se possa vê-lo totalmente. Para determinar a disposição do texto e outras configurações para a caixa de texto, abra o menu **Formatar**, escolha **Caixa de texto** e estabeleça suas preferências.

Estilo(s) para dar e vender

Dá um trabalhão criar uma apresentação para seus documentos. Possivelmente inventou um título perfeito, criou algumas listas com marcadores atraentes e gastou muitíssimo tempo envolvido com vários níveis de cabeçalhos. Certamente não deseja repetir todo o trabalho e não precisa. Basta gravar suas configurações de formatação como *estilos* e aplicá-los sobre os texto de futuros documentos que se crie.

Um estilo consiste em um grupo de configurações de formatação. Por exemplo, para a criação de um título centralizado usando a fonte tipo Arial, negrito, itálico, tamanho 18 será necessária a aplicação daqueles formatos separadamente na primeira vez que o formatar. No entanto, caso se crie um estilo para aquele título e o nomeie como, por exemplo, "Atitude", pode-se aplicar todas aquelas configurações de formatação a outro texto, bastando selecionar o estilo "Atitude" da lista.

Melhor ainda é a possibilidade de modificação de um estilo e ter as mudanças feitas aplicadas a todo o texto que se formatou a partir dele. Assim, caso se decida diminuir o tamanho de fonte de "Atitude" de 18 para 16 pontos, tudo o que se tem a fazer é mudar o estilo em questão. Dessa forma, todos os títulos cujos formatos foram baseados nele terão automaticamente seus tamanhos de fonte alterados.

Há dois tipos de estilos. O tipo *estilo de parágrafo* aplica formatação de parágrafo e caractere a todos os caracteres existentes no parágrafo. A formatação desse inclui alinhamento, recuos, espaçamento antes ou depois do parágrafo e entre linhas, etc. A formatação de caractere controla a fonte, seu tamanho e atributos como negrito ou itálico. O tipo *estilo de caractere* utiliza configurações de formato apenas para texto selecionado, mas não emprega formatação para todo o texto existente no parágrafo. A lista de estilo (na barra de ferramentas Formatação) marca estilos de parágrafos usando ¶ e de caracteres com um a.

Usando estilos de parágrafo e caractere

Todos os modelos do Word possuem uma série de estilos que podem ser aplicados aos parágrafos e textos do usuário. A fim de aplicar um estilo de parágrafo, clique em qualquer parte do parágrafo no qual deseja usar o estilo, abra a lista suspensa **Estilo** e escolha o tipo desejado (talvez seja necessário clicar no botão More Buttons para exibir a lista). Para usar um estilo de caractere, marque o texto ao qual deseja atribuir o estilo, abra a mesma lista **Estilo** e escolha o que deseja.

Caso a lista mencionada não inclua o estilo desejado, abra o menu **Formatar** e selecione o comando **Estilo**. Abra a lista suspensa **Lista** e depois escolha **Todos os estilos**. Essa ação exibirá uma relação completa de todos os estilos do Word e daqueles criados pelo usuário (exatamente o que se aprenderá na próxima seção).

Selecione um estilo na lista Style.

Como criar seus próprios estilos

Uma maneira fácil de criar o próprio estilo de parágrafo é através da caixa **Estilo** presente na barra de ferramentas. (Não é possível usá-la para criar estilo de caractere.) Antes de tudo, determine o parágrafo no qual deseja basear o estilo incluindo qualquer formatação especial que se queira utilizar. Certifique-se de que o ponto de inserção esteja localizado dentro do parágrafo e, em seguida, clique na caixa **Estilo** na barra de ferramentas Formatação. Digite um novo nome de estilo, tomando o devido cuidado para não usar um já existente. Dê um clique em qualquer parte fora da caixa ou pressione a tecla **Enter** e o estilo está criado. Daí em diante, ele pode ser aplicado pelo nome em novos parágrafos que sejam adicionados ao documento.

Capítulo 4 ➤ *Dê um novo visual ao seu texto* 49

Já para criar um estilo de caractere, não se pode usar a caixa **Estilo** da barra de ferramentas Formatação. Deve-se usar a caixa de diálogo Style como mostrado abaixo:

1. Abra o menu **Formatar** e selecione **Estilo** para exibir a caixa de diálogo Estilo.
2. Clique no botão **Novo**.
3. Na caixa de texto **Nome**, digite o nome desejado para o estilo.
4. Abra a lista da caixa **Tipo de estilo** e opte por **Caractere**.
5. Abra o menu **Formatar** na parte inferior da caixa de diálogo e selecione **Fonte** a fim de mudar a aparência do texto. Essa ação provocará a exibição da caixa de diálogo Font.
6. Use-a para selecionar o formato de caractere desejado e clique em **OK**. Retorna-se à caixa de diálogo de Estilo.
7. Pode-se usar o botão **Tecla de atalho** para designar uma tecla para o estilo criado. Assim, através do uso dessa tecla, pode-se rapidamente aplicar o estilo ao texto.
8. Clique sobre **Fechar** para gravar o novo estilo.

Exiba a Barra de estilos

É possível exibir no lado esquerdo da janela de documento os nomes de estilos de parágrafos usados nele. Abra o menu **Ferramentas**, desça até **Opções** e clique na guia **Exibir**. Nas opções Outline (Estrutura de tópicos) e Normal, use a caixa giratória de medida **Largura da área de estilos** para estabelecer a área de estilo em ½ pol. (1,25 cm) ou mais.

Capítulo 5

Alinhamento de texto usando colunas e tabelas

> **Neste capítulo**
> ➤ Use colunas para criar seus próprios relatórios informativos.
> ➤ Entenda as quebras de seção.
> ➤ Alinhe textos em colunas e linhas.
> ➤ Fantástico! Faça uma tabela usando o mouse.

O texto se arruma relativamente bem. Conforme se digita, as linhas seguintes aparecem e deslocam-se para a direita junto com o ponto de inserção. No entanto, ao precisar que o texto se divida e arrume-se em linhas e colunas, ele não coopera em nada.

O que se deve fazer? Desistir? Não! O Word possui uma caixa cheia de ferramentas de alinhamento para dominar o texto rebelde e fazê-lo obedecer a vontade do usuário. Com as caixas de texto, colunas e tabelas do programa, torna-se possível fazer colunas que se estendam desde o alto até o pé da página; enfatizar documentos usando pequenos trechos de texto e criar tabelas perfeitamente alinhadas. Nesse capítulo será mostrado como usar essas ferramentas avançadas de alinhamento de texto para torná-lo comportado.

Criação de colunas

Embora as caixas de texto (tratadas no capítulo anterior) proporcionem um domínio excelente de colunas, possibilitando o vôo de um artigo de uma página para outra, para relatórios informativos básicos talvez se deseje usar um recurso mais usual: as colunas. Esse recurso divide o texto em duas ou mais colunas que o encerram desde o final da primeira ao início da seguinte, exatamente como nos jornais e revistas.

Antes de se criar colunas, calcule onde deseja que comecem e terminem. Talvez se queira todo o documento dividido ou apenas se deseje aplicá-las a uma só parte do mesmo. Seja qual for a escolha, siga as instruções seguintes para criá-las:

1. Posicione o ponto de inserção no local desejado para o início das colunas ou marque o texto que se pretende exibir em colunas. (Para formatar todo o documento com colunas, a localização do ponto de inserção dentro dele não é importante.)
2. Abra o menu **Formatar** e escolha **Colunas**. Surge, então, a caixa de diálogo Colunas, solicitando que se escreva a quantidade desejada. (A fim de criar colunas rapidamente, clique no botão **Colunas** na barra de ferramentas Padrão e as defina usando o cursor do mouse).
3. Selecione um dos estilos de coluna predefinidos no alto e especifique as demais preferências para modificar o estilo. Clique na opção **Linha entre colunas** para inserir uma linha vertical entre elas. (Para obter colunas uniformes, certifique-se de que a caixinha ao lado de **Colunas de mesma largura** esteja assinalada.
4. Abra a lista suspensa **Aplicar** e escolha uma das opções: **Nesta seção, Texto selecionado, Deste ponto em diante** ou **No documento inteiro**. Caso se tenha selecionado algum texto como descrito no item 1, as únicas opções possíveis serão Texto selecionado (opção padrão), Seções selecionadas e No documento inteiro. Se nenhum texto foi selecionado, as opções serão Nesta seção, Deste ponto em diante e No documento inteiro.
5. Clique em **OK**. O Word muda automaticamente para o Modo de layout de impressão, para exibir as colunas como ficarão impressas.

Caso se decida mais tarde pela retirada das colunas (desativá-las), posicione o ponto de inserção no local onde elas começam e repita o procedimento usado para configurá-las. Dessa vez, marque a opção **Uma** coluna da lista de predefinidas. É possível mudar o aspecto da coluna em qualquer lugar dentro do documento. Por exemplo, mudar de duas colunas em uma página para três na seguinte.

Sempre que se criam colunas, a régua horizontal exibe marcadores para controle de suas bordas. Altera-se com rapidez a largura de uma delas arrastando-se o seu marcador. (Ao se posicionar o cursor do mouse sobre um marcador de largura de coluna, ele se transforma em uma seta com duas pontas.) A fim de visualizar as medidas de largura na régua, segure a tecla **Alt** enquanto arrasta o marcador.

Pode-se também ajustar a largura da coluna restaurando-as. Para isso, basta mover o ponto de inserção para onde as colunas começam, abrir o menu **Formatar** e selecionar **Colunas**. Digite as medidas desejadas para a largura de cada coluna. (Lembre-se que é possível estabelecer a mesma largura para todas as colunas assinalando-se a caixinha ao lado de Colunas de mesma largura.)

Capítulo 5 ➤ Alinhamento de texto usando colunas e tabelas

Título de relatório informativo

A fim de posicionar um título no alto de uma página desse tipo de documento, digite-o no início da primeira coluna e realce-o. Execute o procedimento descrito anteriormente para alterar o número de colunas para um.

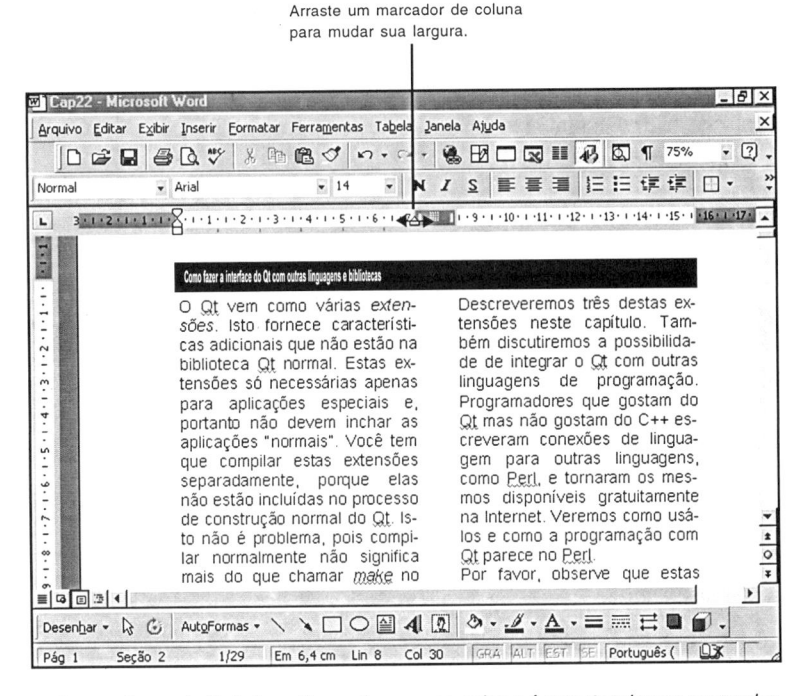

A maneira mais fácil de redimensionar uma coluna é arrastando seu marcador.

Dinamismo no uso de tabelas

A ferramenta mais útil em qualquer processador de texto é a Tabela. Ela permite o alinhamento de blocos de texto lado a lado não apenas para a criação de tabelas contendo poucas informações mas também para a confecção de currículos com aparência profissional, provas, guias de estudo e documentação. Caso se tenha problemas no alinhamento de dois itens lado a lado em um documento, a solução, normalmente, é uma tabela. A figura seguinte mostra uma tabela usada para criar um currículo.

	Susan K. Shiffer 1603 North Emerson Chicago, Illinois 60631 Home Phone: (312) 555-5555	
Goals	To teach and share my love and knowledge of the Spanish language and culture in an environment that will further enrich and develop my personal and academic skills.	
Education May, 1983 May, 1980	Purdue University, West Lafayette, Indiana Master of Arts in Spanish Literature. Bachelor of Arts in Spanish/Education.	
Sept., 1978- June, 1979	University of Madrid, Spain. Concentrated on all aspects of peninsular Spanish culture, including History, Economics, Architecture, Literature, and Art.	
Sept., 1974- Jan., 1975	University of the Americas, Cholula, Mexico Emphasis on furthering language skills, plus first-hand cultural exchanges.	
Honors 1980	Delta Kappa Pi (Spanish Honorary Society) Distinguished Student Award, Purdue University. Dean's List and Honor Roll throughout my undergraduate career.	
Special Projects/ Publications 1984	Presentation, "How to Organize a Successful Foreign Language Week," at the IFLTA Fall Conference.	
Jan., 1983	Critical review of Gail L. Nemetz-Robinson's book, Issues in Second Language and Cross-Cultural Education: The Forest Through the Trees. Published in The Canadian Modern Language Review, Vol. 39, No.2, Jan., 1983.	
1982	Graduate Assistant of Purdue's summer study program at the Universidad-Iberoamericana in Mexico City.	
1981	Assistant Instructor for Purdue's "Super Saturday" educational program. Language instruction for exceptional children, ages 6-12.	

Uma tabela disfarçada de currículo.

O segredo das tabelas do Word é a organização das informações de forma sistemática. Como uma cidade bem projetada, uma tabela consiste em uma grade dividida em *linhas* e *colunas* que se interceptam formando *células*. Nas seções seguintes serão apresentadas quatro técnicas para criação de tabelas. Na parte final deste capítulo será mostrado como inserir texto e figuras nas células de uma tabela e como mudar a aparência e o layout das células.

Como configurar sua tabela com um quadro de diálogo

Para maior controle sobre a estrutura e o aspecto de sua tabela, use o quadro de diálogo Inserir Tabela. Abra o menu **Tabela**, aponte para **Inserir** e clique em **Tabela**. Então, digite suas preferências no quadro de diálogo Inserir tabela. Para dar aspecto profissional à sua tabela, clique no botão **AutoFormas** e selecione um formato predeterminado na lista **Formatos**.

Capítulo 5 ➤ Alinhamento de texto usando colunas e tabelas   55

O botão de inserção de tabela

A maneira mais fácil de se criar uma tabela é através do botão **Inserir tabela** da barra de ferramentas Padrão. Ao clicar sobre ele, o Word abre um menu que exibe uma representação gráfica das colunas e linhas que formam uma tabela. Deslize o cursor do mouse para baixo e para a direita, simultaneamente, a fim de destacar o número de colunas e linhas desejado para a tabela (mais tarde ensinaremos como inserir ou apagar colunas e linhas). Deslize o cursor do mouse além do botão ou do lado direito da caixa drop-down para expandir a grade da tabela. Ao soltar o botão do mouse, o programa insere a tabela.

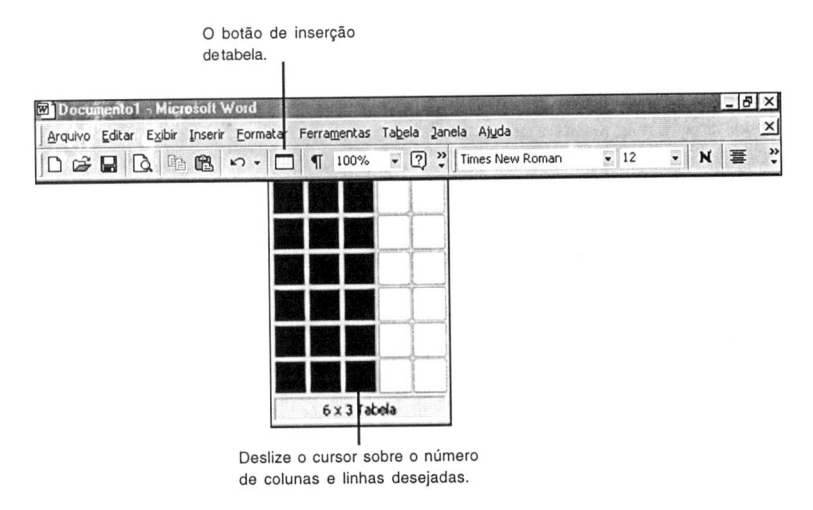

O botão de inserção de tabela.

Deslize o cursor sobre o número de colunas e linhas desejadas.

Crie uma tabela com altura de linha e largura de coluna uniformes.

Como desenhar uma tabela usando o mouse?

Caso procure uma maneira mais intuitiva de criar uma tabela, basta desenhá-la. O Word oferece uma ferramenta de desenho de tabela que possibilita a criação de todo o seu contorno e, então, sua divisão em pequenos pedaços através da adição de linhas e colunas.

Para desenhar uma tabela, abra o menu **Tabela** e selecione **Desenhar tabela**. O cursor do mouse se transforma em um lápis, a barra de ferramentas Tabelas e Bordas aparece e o Word muda o modo de visualização para Layout de página. Desenhe um retângulo, já com as medidas desejadas, onde deseja que a tabela apareça. Ao soltar o botão do mouse, o programa insere uma tabela contendo uma célula. Pode-se, nesse momento, traçar linhas verticais e horizontais ao longo dela (o retângulo original), usando o cursor em forma de lápis para criar colunas e linhas (veja na figura seguinte). É possível também desenhar uma tabela traçando células individuais paralelas e uma acima da outra em vez de se dividir uma célula grande.

A barra de ferramentas Tabelas e bordas

Sempre que se opta por desenhar uma tabela, a barra de ferramentas de Tabelas e Bordas aparece. Pode-se começar a desenhá-la usando linhas simples ou selecionando-se opções da barra de ferramentas (como cor de linha e espessura) antes de começar a desenhar.

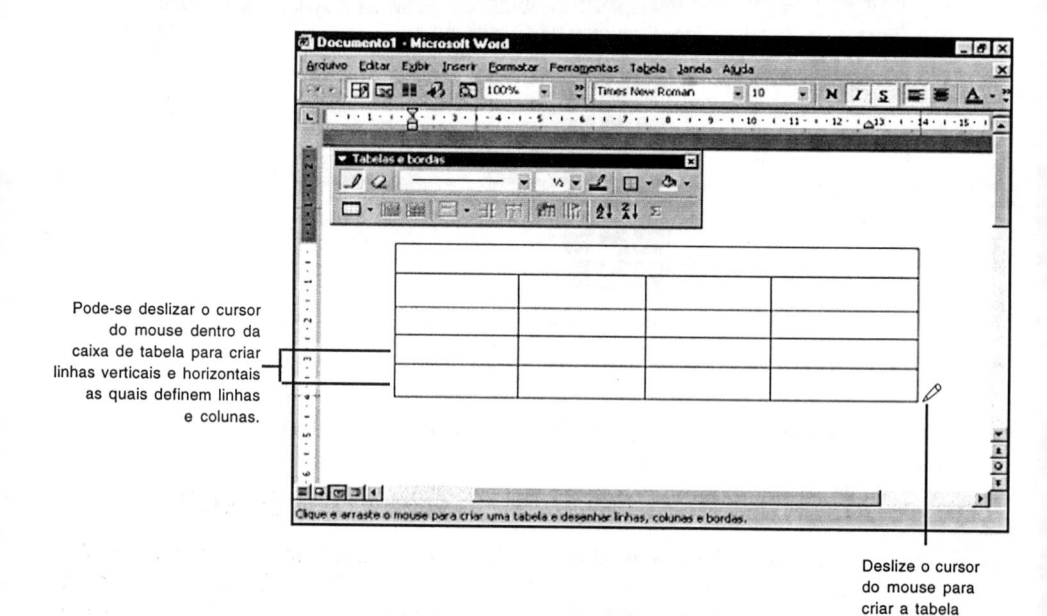

Pode-se deslizar o cursor do mouse dentro da caixa de tabela para criar linhas verticais e horizontais as quais definem linhas e colunas.

Deslize o cursor do mouse para criar a tabela

Agora é possível desenhar tabelas.

Como transformar texto existente em tabela?

Criar uma tabela usando tabulação é como realizar uma cirurgia em um cérebro usando um cutelo de açougueiro! Não se terá muito domínio sobre as colunas e linhas. Todavia, caso se esteja lendo isso após ter-se configurado uma tabela usando o recurso mencionado ou inserindo uma a partir de outro programa, não se desespere. É possível se recuperar de um erro de cálculo através da conversão desse tipo de tabela em uma verdadeira.

Antes de tudo, marque todo o texto que deseja incluir na tabela. Depois, abra o menu **Tabela**, aponte para **Converter** e clique em **Texto em tabela**. A caixa de diálogo Converter texto em tabela surge, solicitando o número de colunas, linhas e outras preferências. Faça as seleções desejadas e clique em **OK**. O Word converte o texto em uma tabela e, depois, pode-se começar a modificá-la, se necessário.

Alinhamento de gráficos e texto

Embora as tabelas sejam tradicionalmente usadas para alinhar blocos de texto, elas também são excelentes para alinhar figuras com texto. Simplesmente coloque o ponto de inserção sobre a célula onde você quer que a figura apareça e selecione o comando **Inserir, Figura**.

Como se mover dentro de uma tabela

A navegação em uma tabela usando o mouse é absolutamente direta. Basta clicar dentro de uma célula para mover o ponto de inserção para ela. Pode-se também usar o teclado para se movimentar rapidamente entre células. A Tabela 5.1 relaciona as teclas usadas para movimentação em uma tabela.

Tabela 5.1 Movendo-se dentro de uma tabela

Pressione	Para
Tab	Move o ponto de inserção para a próxima célula. Quando pressionada no fim da tabela, cria uma nova linha e move-o para a primeira célula.
Shift+Tab	Move para a célula anterior.
Alt+Home	Move para a primeira célula da linha na qual se está.
Alt+PgUp	Move para a primeira célula superior da coluna na qual se está.
Alt+End	Move para a última célula da linha na qual se está.
Alt+PgDn	Move para a última célula inferior da coluna na qual se está.

Seleciona-se um texto dentro de uma tabela assim como se faria com um parágrafo — arrastando o cursor do mouse sobre ele. Para selecionar uma linha inteira, mova o cursor do mouse para a esquerda da mesma (fora da tabela) até que ele aponte para a direita e, então, clique. Quanto à seleção de uma coluna, mova o cursor acima da linha mais alta da coluna até que ele aponte para baixo e clique. A fim de selecionar múltiplas colunas e linhas, arraste o mouse quando o cursor estiver apontando para baixo ou para a direita. Para movimentar colunas e linhas selecionadas, deve-se arrastar e inseri-las no local desejado. É possível também selecionar uma linha, uma coluna ou uma tabela inteira através da opção desejada do submenu Tabela, Selecionar.

A realização de uma cirurgia reparadora em uma tabela

Nunca uma tabela fica perfeita da primeira vez. Talvez ainda se queira mais espaço entre a linha inicial e o restante da tabela, mais sombra em algumas células ou a adição de linhas para dividir colunas e linhas. Nas próximas seções, serão apresentados todos os truques para reparação e aperfeiçoamento de uma tabela.

Como ajustar a altura de linha e largura de coluna

Arrastar as linhas que dividem colunas e linhas é a maneira mais fácil de se ajustar sua altura e largura, respectivamente. Ao se posicionar o cursor do mouse sobre uma linha, ele se transforma em uma seta dupla, o que significa que se pode começar a movimentação. Caso se mantenha a tecla **Alt** pressionada durante o processo, aparecerá na régua horizontal ou vertical superior a medida exata da altura da linha ou da largura da coluna. (Pode-se também arrastar os marcadores de coluna ou linha dentro das réguas para alterar-lhes a altura ou largura.)

Um controle preciso

Para se obter um controle mais preciso sobre a altura da linha e a largura da coluna, selecione aquilo que deseja mudar, abra o menu **Tabela, AutoFormatação da tabela** e escolha a opção desejada.

Capítulo 5 ➤ *Alinhamento de texto usando colunas e tabelas*

Inserção e exclusão de colunas e linhas

Ao se começar a digitar dados em uma tabela, pode-se deparar com um excesso ou falta de linhas ou colunas. Veja como é fácil resolver esse problema:

- ➤ Para inserir uma ou mais linhas, clique sobre aquela linha sobre a qual deseja uma nova (ou marque a quantidade desejada de linhas) e escolha **Tabela, Inserir, Linhas acima** ou **Linhas abaixo**.
- ➤ Para uma ou mais colunas, selecione primeiro uma existente (para inserir duas, selecione duas colunas). Depois disso, clique sobre **Tabela, Inserir, Colunas à esquerda** ou **Colunas à direita**.
- ➤ Para apagar linhas ou colunas, marque aquelas que desejar e escolha **Tabela, Excluir, Linhas** ou **Colunas**. (Se, em vez disso, a tecla Delete for pressionada, o Word remove somente o conteúdo das linhas e colunas.)

Como dividir e mesclar células?

Embora não tão estimulante como a cisão de átomos, a divisão e mesclagem (fusão, acho eu) de células pode envolver o usuário durante horas — e dar-lhe um grande domínio sobre suas tabelas. A próxima figura mostra alguns exemplos nos quais pode-se querer mesclar células para criar uma única que se estenda por diversas linhas e colunas.

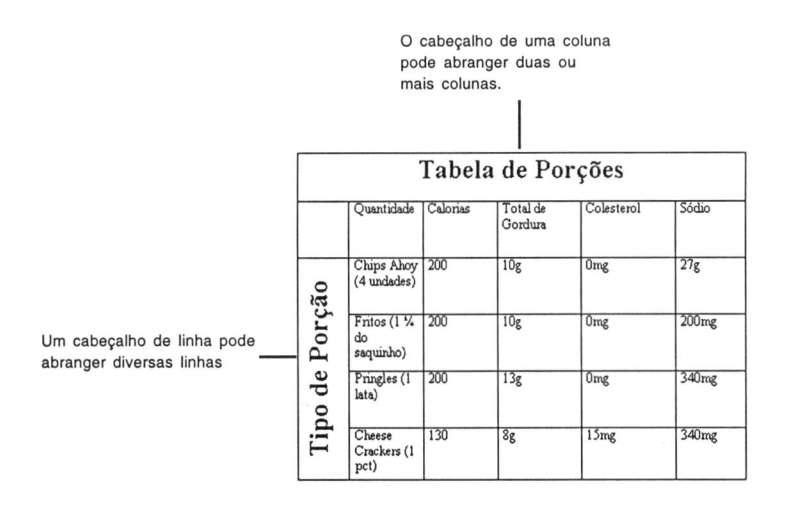

	Tabela de Porções				
		Quantidade	Calorias	Total de Gordura	Colesterol	Sódio
Tipo de Porção	Chips Ahoy (4 undades)	200	10g	0mg	27g
	Fritos (1 ¼ do saquinho)	200	10g	0mg	200mg
	Pringles (1 lata)	200	13g	0mg	340mg
	Cheese Crackers (1 pct)	130	8g	15mg	340mg

O cabeçalho de uma coluna pode abranger duas ou mais colunas.

Um cabeçalho de linha pode abranger diversas linhas

Pode-se mesclar células para formar uma única ou dividir uma em muitas.

A fim de mesclar células, marque aquelas que deseja transformar em uma única célula, abra o menu **Tabela** e selecione **Mesclar células**. O programa transforma todas as células em uma única.

Para dividir uma célula em duas ou mais, selecione-a, abra o menu **Tabela** e escolha **Dividir células**. A caixa de diálogo referente a essa operação aparece pedindo que se determine em quantas linhas e colunas a célula será dividida. Digite as medidas desejadas e clique em **OK**. Após a divisão, talvez seja necessário arrastar as bordas para ajustar largura e altura das novas células.

Divisão de tabelas

Nessa versão o Word permite que se divida uma tabela em duas. Após posicionar o cursor do mouse sobre a linha onde se deseja que a tabela seja dividida, abra o menu **Tabela** e clique em **Dividir tabela**. Não é possível a divisão de uma tabela no sentido vertical.

Bordas e sombreamento para incrementar uma tabela

À primeira vista, tabelas são insossas, contudo, o Word oferece diversos temperos tais como bordas e sombreamento que podem acrescentar um sabor diferente a elas. Até o momento, a maneira mais fácil de embelezar uma tabela é através do uso do recurso AutoFormatação. Clique dentro da tabela, abra o menu **Tabela** e selecione **AutoFormatação de tabela**. Escolha o formato para ela e clique em **OK**.

Caso se prefira outro formato em vez daqueles predefinidos pelo Word, pode-se projetar uma tabela usando a caixa de diálogo Bordas e Sombreamento. A fim de alterar bordas ou adicionar sombra a uma tabela inteira, certifique-se que o ponto de inserção se encontra dentro da mesma — não é preciso selecionar toda ela. Para acrescentar bordas ou sombreamento para células específicas, selecione-as, abra o menu **Formatar** e escolha **Bordas e sombreamento**.

Existem três guias na caixa de diálogo de Bordas e Sombreamento, duas das quais podem ser usadas para formatar uma tabela: a guia **Bordas** e a **Sombreamento**. Na primeira, selecione qualquer uma das bordas definidas à esquerda ou crie uma personalizada através da inserção de linhas de espessura, cor e desenho específicos.

A fim de se criar linhas personalizadas, antes de tudo, selecione um estilo de linha, espessura e cor a partir das opções existentes no centro da caixa de diálogo. Em seguida, abra a lista suspensa **Aplicar** e escolha **Tabela** (para aplicá-las à tabela inteira) ou **Célula** (para aplicá-las somente às células selecionadas) Na área Visualização (exatamente acima da lista Apply to), clique sobre os botões ou locais na visualização para inserir as linhas.

Para sombrear células com cor ou escala de cinza, clique sobre a guia **Sombreamento**. Na grade Preenchimento, clique sobre a cor desejada para sombrear a tabela ou células selecionadas. Abaixo de Padrões, clique em uma cor e porcentagem para adicionar um padrão de uma cor diferente ao sombreamento. Por exemplo, pode-se escolher verde como preenchimento e usar 50% de amarelo para clarear a anterior. Terminada a especificação de todas as suas preferências de borda e sombreamento, clique em **OK** para aplicar as mudanças à tabela.

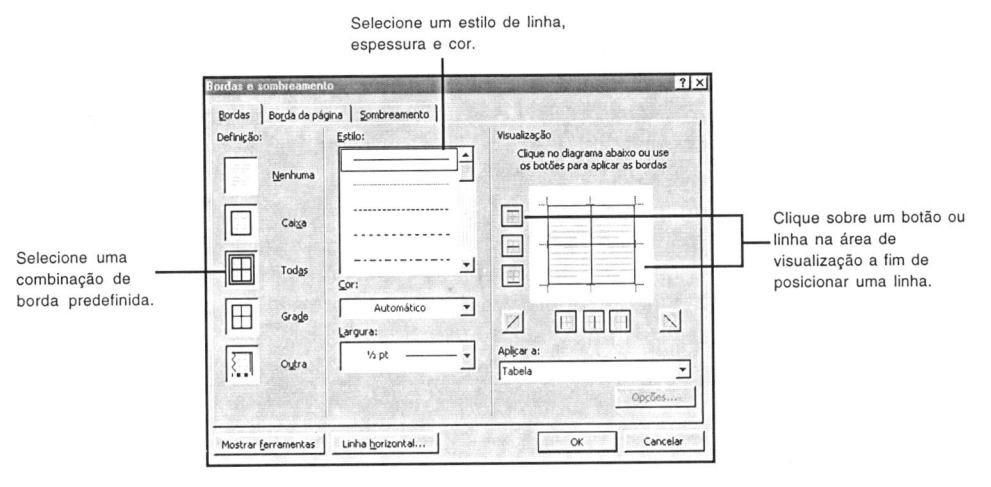

Capítulo 5 ➤ *Alinhamento de texto usando colunas e tabelas* 61

Pode-se escolher entre uma combinação de bordas predefinidas ou se criar uma particular.

Use a barra de ferramentas Tabelas e bordas

Use essa barra de ferramentas para uma rápida formatação. A fim de exibi-la, posicione o cursor sobre qualquer barra, clique no botão direito do mouse e escolha a opção **Tabelas e bordas**. Além de botões para formatação de tabelas, essa barra de ferramentas contém o botão **Borracha**, o qual permite que sejam apagadas rapidamente as linhas que delimitam as bordas da célula.

Classificação e soma de dados da tabela

Normalmente, tabelas contêm dados que se deseja classificar por ordem alfabética ou numérica. Caso se crie uma tabela de números de telefones de pessoas e locais para os quais se costuma ligar com freqüência, por exemplo, pode-se querer classificar uma lista em ordem alfabética a fim de se encontrar facilmente alguém quando se desejar. Também pode-se criar uma tabela com dados numéricos que precisam ser totalizados. O Word oferece algumas ferramentas que podem ajudar.

Para classificar dados em um tabela, selecione primeiro toda a tabela (ou a parte que contenha os dados desejados). Caso haja uma linha no alto da tabela com a descrição do conteúdo de cada coluna, certifique-se que essa *não* esteja selecionada, caso contrário, será classificada junto com as outras linhas.

Abra o menu **Tabela** e selecione **Classificar**. Depois disso, abra a lista suspensa **Classificar por** e selecione a coluna que contém os dados para classificação (por exemplo, caso se deseje classificar pelo último nome e eles se encontrem na segunda coluna, selecione Column 2). Abra a lista **Tipo** e selecione o tipo de item a ser classificado (**Número, Texto** ou **Data**). Selecione a ordem desejada de classificação: **Crescente** (1,2,3 ou A,B,C) ou **Decrescente** (Z,Y,X ou 10,9,8). Clique **OK** para classificar os dados.

Embora uma tabela do Word não seja destinada a realizar operações matemáticas tão complexas quanto aquelas feitas por uma planilha do Excel, é possível o totalizar de números presentes em uma coluna. Clique dentro da célula imediatamente abaixo da coluna de números que se deseja somar, abra o menu **Tabela** e clique sobre **Fórmula**. Como padrão, a caixa de diálogo Formula está ajustada para totalizar os valores imediatamente acima da célula onde esteja o cursor. Clique em **OK** para que a soma apareça.

Capítulo 6

Tempere o documento com gráficos, sons e vídeos

> **Neste capítulo**
> ➤ Decoração de páginas cheias de texto com imagens.
> ➤ Inserção de clipes de áudio e vídeo.
> ➤ Mudança de local e tamanho das imagens.
> ➤ Crie sua própria obra de arte.

A fim de captar a atenção de pessoas acostumadas aos truques da mídia e efetivamente comunicar idéias e intuições, é obrigatório, hoje em dia, saber como se comunicar tanto visual como verbalmente. Recursos gráficos devem ser usados para atrair o leitor e transmitir informações. Caso se queira realmente atrair a próxima geração com documentos digitais, elementos de multimídia deverão ser usados também para deslumbrá-los.

Neste capítulo, veremos como usar diversas ferramentas do Word para inserir imagens, som e vídeo em um documento.

A inserção de figuras, sons e clipes de vídeo da Galeria

Talvez se possa manter a pose em um torneio de rabiscos ou sonhar que se está desenhando o Mickey, contudo, as probabilidades de talento, ambição ou determinação para se tornar um artista profissional são improváveis. Felizmente, o Word reuniu uma coleção de clipes artísticos, gravações de áudio e clipes de vídeo que podem ser usados para transformar um texto sem graça em um documento deslumbrante.

Produção na Web!

Caso se esteja conectado à Internet (on-line) e se tenha o Internet Explorer instalado, pode-se carregar clipes adicionais do site da Microsoft na Internet. Clique sobre o botão **Clipes on-line** na barra de ferramentas no alto da janela Clip-art.

A fim de inserir um item constante da galeria, ponha primeiro o CD do Microsoft Office dentro da unidade de CD-Rom. O CD possui clipes adicionais que não foram instalados quando da sua instalação do Office. Abra o menu **Inserir**, opte por **Figura** e depois escolha **Clip-art**. A janela de inserção de Clip Art surge exibindo diversas guias de fichas cheias de imagens, clipes de som e de vídeos.

Clique sobre a guia desejada e depois no ícone correspondente à categoria desejada. (Pode se clicar sobre o botão **Voltar** do lado esquerdo superior da janela para retornar à lista de categoria. Ao encontrar o clipe desejado, clique sobre ele e, em seguida, no botão **Inserir clipe**.

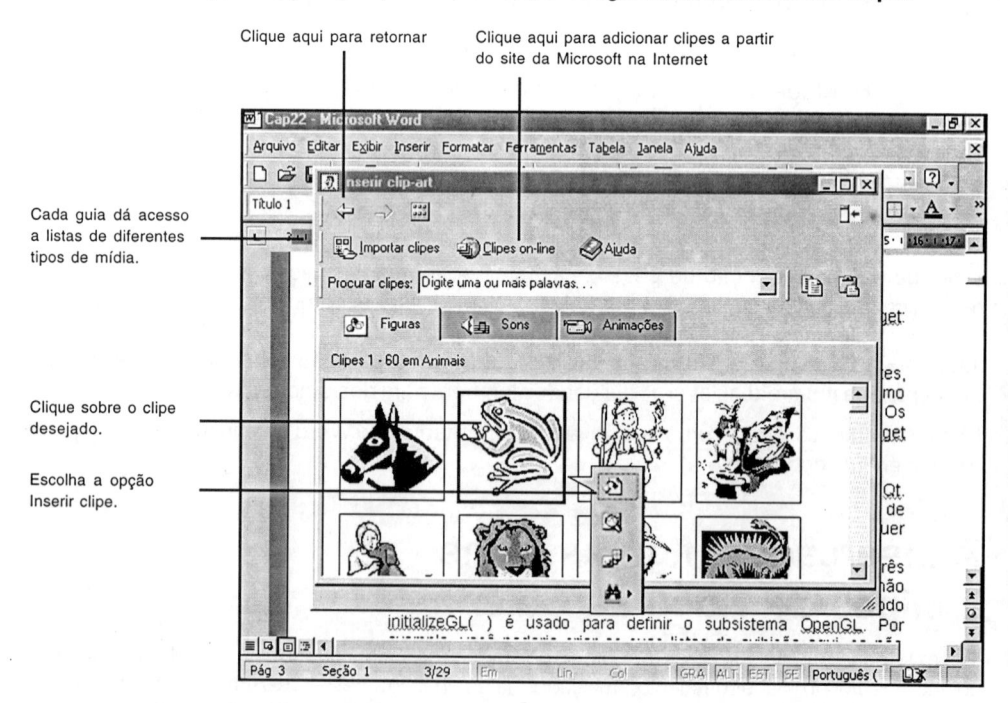

A Clip Gallery da Microsoft ajuda os que não têm talento a se passarem por artistas.

Capítulo 6 ➤ *Tempere o documento com gráficos, sons e vídeos*

Embora esse recurso esteja presente em publicações originadas em papel, a editoração eletrônica está se tornando cada vez mais popular. Publicam-se páginas multimídia na Web, estabelecendo-se quiosques interativos em redes e intercambiando documentos de multimídia. A fim de dar uma outra dimensão aos documentos, pense na possibilidade de inserir clipes de áudio ou vídeo neles. Caso o CD do Office esteja presente na unidade de leitura, acesse o menu **Inserir, Figura, Clip-art**, clique nas guias de clipes de **Sons** ou **Animações** e escolha o clipe desejado. Pode-se também inserir clipes guardados no disco rígido usando o comando **Inserir, Arquivo** ou **Inserir, Objeto**.

Quando encontrar um documento eletrônico que contenha clipes de áudio ou vídeo (na Web, na rede interna ou via e-mail), estarão marcados por um ícone. Dê um clique duplo sobre ele para executá-lo.

Como inserir rapidamente imagens digitalizadas

Caso se tenha um scanner, torna-se possível a inserção de uma imagem digitalizada diretamente no documento. Selecione **Inserir, Figura, Do scanner ou câmera** e então acione o equipamento para digitalizar a imagem desejada. Na primeira vez que se opta pela digitalização de uma imagem, o Word solicita a instalação do recurso a partir do CD do Office. Insira-o e siga as recomendações. Depois disso, siga as instruções na tela para a digitalização da imagem. O processo varia dependendo do digitalizador e do programa de digitalização instalado.

Importação de arquivos gráficos

Para se inserir uma imagem gráfica que esteja no disco rígido, abra o menu **Inserir**, escolha **Figura** e clique em **Do arquivo**.... A caixa de diálogo Insert Picture aparece, solicitando que seja selecionado o arquivo gráfico. Como padrão, ela está ajustada para exibir *todos* os tipos de arquivos gráficos que o Word comporta e pode incluir tipos de arquivos que não se tenha a intenção de usar. Pode-se diminuir a lista através da seleção de arquivos gráficos específicos da lista suspensa **Arquivos do tipo**.

Utilize essa caixa da mesma forma que faria com a caixa de diálogo Open (Abrir) para abrir um documento. Selecione a unidade, a pasta e o nome do arquivo gráfico que se deseja inserir e, em seguida, clique no botão **Inserir**.

Movimentação de figuras pela página

As figuras nunca são descarregadas onde se deseja dentro da página. Normalmente se tem que empurrá-las um pouco para dar algum equilíbrio à página. A fim de movimentar uma figura, clique sobre ela e a arraste para o local desejado. Ao se soltar o botão do mouse, o Word estampa a figura no local atual.

Dê uma "cutucadinha"

Para fazer um ajuste fino da posição de uma imagem, use as teclas de setas para "cutucá-las" de leve.

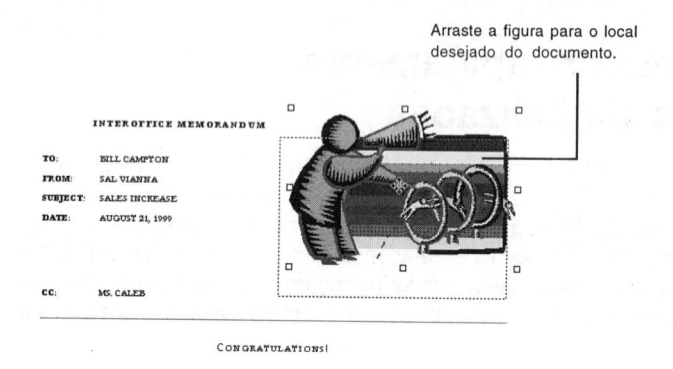

Pode-se movimentar figuras arrastando-as.

O que acontecerá com o texto que está ao redor dependerá do ajuste de disposição do texto para a figura. Como padrão, a figura é ajustada para ter texto acima e abaixo dela, mas não dos lados. Para se modificar o modo de dispor o texto ao redor da figura, clique com o botão direito do mouse sobre ela e selecione **Formatar figura** ou **Formatar objeto**. Clique na guia intitulada **Layout** e selecione o estilo de disposição desejado. Para outras opções de disposição, clique no botão **Avançado** para exibir a caixa de diálogo Layout avançado.

Essa última também contém uma guia chamada Posição da figura que permite o ajuste fino da posição da figura na página e o controle da movimentação dela em relação ao texto ao seu redor (dessa forma pode-se manter a figura na mesma página do texto que se refere a ela). Na caixa de diálogo Layout avançado, clique na guia **Posição da figura**, digite suas preferências e clique em **OK**.

Como copiar e colar figuras

Os comandos Recortar, Copiar e Colar do menu Editar funcionam para figuras da mesma forma que para textos. Pode-se também copiar uma figura pressionando a tecla Ctrl e arrastando-a ao mesmo tempo ou clicar sobre ela com o botão direito do mouse pressionado e escolher o comando desejado do menu suspenso.

Redimensionamento e remodelagem de figuras

Raramente as figuras se encaixam como deveriam. Ou são muito grandes, ocupando toda a página, ou são muito insignificantes para causar qualquer impressão. A mudança do tamanho de uma figura é claramente uma operação padrão. Quando se clica sobre ela, pequenos quadrados (chamados de *alças*) a rodeiam. Pode-se arrastá-los para alterar o tamanho e as dimensões da figura:

➤ Arraste uma alça superior ou inferior para torná-la mais alta ou baixa.

➤ Arraste uma alça lateral para estreitar ou alargar.

➤ Arraste uma alça de canto para alterar a altura e largura proporcionalmente.

➤ Pressione a tecla **Ctrl**, enquanto estiver arrastando, para aumentar ou diminuir o tamanho de dentro para fora a partir do centro. Se a mesma tecla for pressionada enquanto se arrasta uma alça do lado direito para fora, por exemplo, a figura fica mais larga de ambos os lados, direito e esquerdo.

Para se conseguir um controle maior sobre o tamanho e dimensões de uma imagem, clique com o botão direito do mouse sobre ela, escolha **Formatar Figura** (ou **Formatar Objeto**) e clique sobre a guia **Tamanho**. Essa ficha de opções torna possível a determinação de medidas específicas para a figura. (Essa ficha também possui uma opção chamada Fixar proporção, que está ativa por padrão. Ela assegura que quando se altera a altura ou largura de uma figura, a dimensão correspondente é redefinida proporcionalmente. Dessa forma, uma pessoa alta e magra não se torna baixa e gorda.)

Arraste uma alça para
redimensionar uma figura.

Pode-se usar as alças ao redor de um objeto para redimensioná-lo.

Retoques em uma figura usando a barra de ferramentas Figura

A barra de ferramentas Figura funciona como um programa gráfico construído exatamente na sua área de trabalho. Com aproximadamente dez botões, ela torna possível o ajuste do brilho e contraste da figura, o recorte da imagem (para se usar apenas uma parte dela), a transformação de uma figura colorida em alguma tonalidade de cinza ou preto e branco, o acréscimo de uma borda ao redor de uma figura e, até mesmo, a mudança da forma como o texto se dispõe ao seu redor:

Inserir figura. Torna possível a inserção de um arquivo gráfico a partir do disco rígido.

Controle de imagem. Exibe um menu que possibilita a mudança de uma imagem colorida para tonalidades de cinza, preto e branco ou marca d'água (uma imagem de fundo que estende-se sobre o texto sem escondê-lo).

Mais contraste. Assemelha-se ao botão de controle de uma televisão que aumenta o contraste da imagem.

Menos contraste. Diminui o contraste de uma imagem.

Mais brilho. Torna a imagem mais brilhante.

Menos brilho. Torna a imagem mais escura.

Cortar. Transforma o cursor do mouse em uma tesoura. Mova o cursor sobre uma das alças e arraste-a para retirar uma parte da figura. Pode-se também usar a mesma ferramenta para restaurar uma figura recortada.

Estilo da linha. Possibilita a colocação de uma borda ao redor da figura.

Disposição do texto. Funciona exatamente como as opções da guia Layout descrita no início, porém esse controle é muito mais fácil de usar.

Capítulo 6 ➤ *Tempere o documento com gráficos, sons e vídeos*

Formatar figura (ou *Formatar objeto*). Exibe a caixa de diálogo Formatar figura ou Formatar objeto, que oferecem diversas opções para mudar a aparência e o layout da imagem.

Definir cor transparente. Torna transparente a cor selecionada dentro de uma figura de forma que o fundo da página (papel) ou a tela apareça. Clique sobre o botão e, depois, sobre a cor que se deseja tornar transparente. (Esse botão não está disponível para a maioria das imagens do clip art.)

Redefinir figura. Restaura as configurações originais da figura, caso se fique confuso ao fazer as mudanças.

Esboço de ilustrações personalizadas

O Word oferece uma barra de ferramentas Desenho que torna disponíveis várias ferramentas que podem ser usadas para a criação de desenhos, logomarcas, fluxogramas, ilustrações e outros gráficos simples. Elas também podem ser usadas para modificar e aperfeiçoar desenhos existentes. Para ativá-la, clique sobre o botão **Desenho** ou posicione o cursor do mouse sobre qualquer barra de ferramentas, clique no botão direito e escolha **Desenho**. As seções seguintes mostram como usar a barra de ferramentas Desenho para criar ilustrações personalizadas.

Criação de desenhos usando linhas simples e formas

Ilustradores profissionais costumam ter uma coleção de réguas e moldes que usam para desenhar linhas, elipses, retângulos, curvas, triângulos e outras formas. Eles reúnem essas formas geográficas muito básicas para criar ilustrações muito complexas. Essa é a mesma técnica que se usa para criar desenhos no Word.

A barra de ferramentas Desenho torna possível a colocação de cinco objetos diferentes em uma página: uma linha, uma seta, uma elipse, um retângulo e uma AutoForma (um objeto já desenhado como um losango, um coração ou uma explosão estelar). Além disso, é possível usar as ferramentas Sombra e 3D para transformar objetos bidimensionais, tais como quadrados, em objetos tridimensionais, como cubos.

Segue-se o mesmo procedimento para desenhar qualquer um desses objetos. Clique sobre o botão do objeto que deseja desenhar (ou escolha uma forma do menu AutoFormas e, então, desloque o cursor do mouse para a página a fim de criar o objeto. Para se ter um controle maior sobre a ferramenta de desenho, utilize as seguintes técnicas:

➤ Mantenha pressionada a tecla **Ctrl** enquanto arrasta o cursor do mouse para desenhar o objeto a partir de um centro imaginário. Sem o uso dessa tecla, arrasta-se o mesmo a partir de sua extremidade ou ponto inicial.

➤ Mantenha pressionada a tecla **Shift** enquanto arrasta o cursor para criar uma forma uniforme (um círculo ou quadrado perfeito).

➤ Mantenha pressionadas as teclas **Ctrl+Shift** enquanto arrasta o cursor para desenhar o objeto a partir de seu centro e cria uma forma uniforme.

Mova o cursor a partir de
um ponto para o oposto.

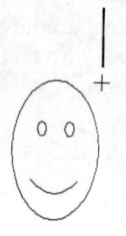

Clique sobre uma ferramenta de desenho e traga o objeto à existência.

Após se ter o objeto na página, pode-se usar alguns dos outros botões existentes na barra de ferramentas Desenho para modificar suas qualidades tais como a cor de preenchimento e cor e largura da linha que o contorna. Antes de tudo, selecione a forma cujas qualidades se deseja alterar. Use os seguintes botões para modificar as qualidades do objeto:

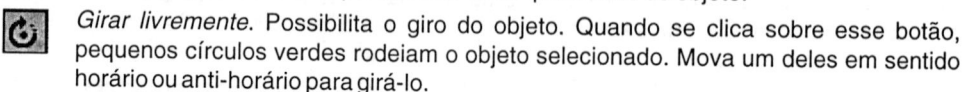

Girar livremente. Possibilita o giro do objeto. Quando se clica sobre esse botão, pequenos círculos verdes rodeiam o objeto selecionado. Mova um deles em sentido horário ou anti-horário para girá-lo.

Cor de preenchimento. Cores dentro de linhas (como em um livro colorido). Clique sobre o botão para preencher o objeto com a cor exibida. Para mudar a cor de preenchimento, clique sobre a seta próxima a esse botão e selecione uma cor a partir do menu.

Cor da linha. Modifica a cor da linha que define a figura. Clique sobre o botão para usar a cor exibida. Para mudar a cor, clique na seta próxima a esse botão e selecione uma cor a partir do menu.

Cor da fonte. Serve apenas para caixas de texto. Mova o cursor do mouse sobre o texto dentro da caixa, abra Font Color e selecione a cor desejada.

Estilo da linha. Exibe um menu do qual pode-se escolher a espessura e o estilo que se deseja usar para a linha que contorna a figura.

Estilo do tracejado. Possibilita o uso de linhas tracejadas, em vez de sólidas.

Estilo da seta. Funciona somente para as setas desenhadas. Selecione-a e use esse menu para escolher o tipo de seta que deseja usar ou mudar a direção para onde aponta.

Sombra. Funciona apenas para elipses, retângulos, AutoFormas e outros objetos bidimensionais (incluindo caixas de texto). Esse menu contém vários estilos de sombras que podem ser aplicados aos objetos.

3D. Funciona para elipses, retângulos, AutoFormas e caixas de texto. Esse recurso transforma retângulos em blocos e elipses em cilindros. O que acontece com as AutoFormas? Experimente!

O trabalho com camadas de objetos

Trabalhar com dois ou mais objetos desenhados em uma página é como brincar com um brinquedo de formas coloridas. Sabe aqueles painéis com figuras de vinil que se grudam e se retiram para criar várias cenas? O problema com esses objetos é que quando se coloca um sobre o outro, o de cima bloqueia o de baixo e impede sua seleção. Deve-se procurar rapidamente no baralho para encontrar o objeto que se deseja. O Word oferece algumas ferramentas que poderão ajudar a procurar no monte de palha e criar grupos de objetos que facilitem manobras com eles.

A primeira coisa a fazer é reordenar os objetos. Pode-se colocar um objeto que esteja em 1º plano atrás ou totalmente no fundo ou trazer um que esteja em segundo plano para a frente. Primeiro clique no objeto que deseja mover (se possível). Alguns estão enterrados tão profundamente que é impossível se chegar a eles. Nesse caso, deve-se mover para trás objetos que estejam na frente a fim de tirá-los da frente até que se encontre aquele que se deseja.

Após selecionar o objeto que se quer mover, clique com o botão direito do mouse, aponte para **Ordem** e selecione o movimento desejado: **Trazer para frente**, **Enviar para trás**, **Avançar**, **Recuar**, **Trazer para a frente do texto** ou **Enviar para trás do texto**.

Gráficos e texto

É possível adicionar alguns efeitos especiais ao documento através da combinação de texto com AutoFormas. Por exemplo, para livretos de publicidade ou avisos, pode-se querer colocar pequenos pedaços de texto dentro de uma explosão estelar. Basta estender uma caixa de texto sobre a figura mencionada.

Como trabalhar com dois ou mais objetos agrupados?

Após a criação de um desenho ou uma porção que consista de diversas formas, torna-se difícil a movimentação dessa coleção solta de figuras ou seu redimensionamento. Caso se mova um objeto, arruina-se a posição dele em relação aos outros. Da mesma forma, se é necessário diminuir ou aumentar o tamanho do desenho, não se deveria redimensionar separadamente o tamanho de cada objeto. E não se deve mesmo! O Word possibilita o agrupamento de dois ou mais objetos a fim de que seja possível a movimentação ou redimensionamento deles como se fossem um único objeto.

A fim de criar um grupo, clique no botão **Selecionar objetos** na barra de ferramentas Desenho e arraste uma caixa de seleção ao redor de todos os objetos que se queira incluir no grupo (ou apenas pressione Shift + um clique em cada objeto). As alças aparecem ao redor de todos os objetos selecionados. (Ao arrastar uma caixa de seleção, certifique-se de que ela envolve totalmente todos os objetos desejados. Se uma parte de um objeto estiver fora da caixa, não será selecionado.)

Em seguida, posicione o cursor sobre o objeto selecionado e clique com o botão direito do mouse, aponte para **Agrupamento** e depois clique em **Agrupar** (ou abra o menu **Desenhar** na barra de ferramentas Desenho e selecione **Agrupar**). As alças existentes ao redor de cada objeto desaparecem e, no seu lugar, surge uma única série de alças ao redor do grupo. Pode-se agora mover uma delas para redimensionar todos os objetos no grupo ou arrastar qualquer objeto no grupo para movê-lo.

A fim de desativar o agrupamento para que se possa trabalhar com um objeto em particular, abra o menu **Desenhar** outra vez e clique em **Desagrupar**. Uma vez terminado o trabalho, pode-se reagrupar os objetos abrindo o menu **Desenhar** e selecionando **Reagrupar**.

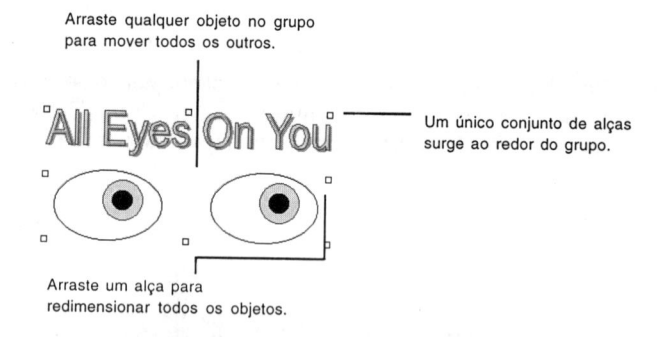

Arraste qualquer objeto no grupo para mover todos os outros.

Um único conjunto de alças surge ao redor do grupo.

Arraste um alça para redimensionar todos os objetos.

Podem-se agrupar dois ou mais objetos e tratá-los como um único.

Tente!

Caso se insira uma figura presente no disco rígido usando Inserir, Objeto, talvez se possa selecionar a imagem, desagrupar as partes que a compõem e editá-la. Infelizmente, isso não funciona com o clip art do Office.

Edição de figuras existentes

Vamos supor que um de seus amigos tenha lhe enviado uma imagem gráfica ou se tenha copiado uma da Internet. O projeto como um todo é bom, porém ainda precisa de alguns pequenos ajustes. Definitivamente não se quer redesenhá-la desde a fase de rascunho. Qual a solução? Insira a imagem dentro de um documento Word (como já explicado nesse capítulo) e dê um duplo clique sobre ele. Essa ação abre a figura em um janela de desenho.

Quando o Word exibe a figura na janela de desenho, linhas cinzas a envolvem. Essas definem os limites do objeto; o que quer que esteja dentro desses limites será inserido como uma figura dentro do documento. Qualquer coisa fora das linhas será cortado. Para mudar a posição dessas linhas, arraste os marcadores nas barras de ferramentas vertical e horizontal.

Após ter ajustado os marcadores, utilize os botões na barra de ferramentas Desenho para acrescentar formas ao desenho existente. Saiba que é possível usar a barra de ferramentas Figura para modificar um figura existente. Ao terminar, clique no botão **Fechar figura**.

Capítulo 7

Como conferir a ortografia e a gramática

Qui é qui tá erado na minha gramática?

O que NÃO está?

Neste capítulo
- Revisão para preguiçosos.
- Conferência da gramática e ortografia enquanto se digita.
- Uso de AutoCorreção para corrigir automaticamente erros tipográficos.
- Uso de um dicionário de sinônimos para encontrar exatamente a palavra certa.

Nessa era de comunicações eletrônicas na qual as pessoas estão compartilhando documentos, disparando mensagens de e-mail e tendo reuniões virtuais por meio dos programas de bate-papo, as habilidades da comunicação escrita estão se tornando muito mais importantes. Não importa a qualidade do discurso oral de uma pessoa, se a sua redação não for clara e estiver cheia de erros tipográficos e gramaticais, ela será considerada ignorante por parte de seus colegas e clientes.

O Word oferece algumas ferramentas que podem ajudar a tornar enxuta a redação. O verificador ortográfico é capaz de "pegar" a maioria dos erros de ortografia e de digitação; o corretor gramatical pode ajudar a evitar problemas com regência e outros erros gramaticais inaceitáveis e o thesaurus (dicionário de sinônimos) pode colaborar para que se encontre exatamente a palavra certa. Nesse capítulo será ensinado como usar essas ferramentas e algumas outras para aperfeiçoar a escrita.

Como ficam os outros aplicativos do Office?

O verificador ortográfico é compartilhado por todos os aplicativos do Office incluindo Excel e PowerPoint. Assim, se for necessário verificar erros ortográficos ou de digitação em planilhas ou apresentações, consulte esse capítulo para instruções.

A busca de erros de ortografia

O Word proporciona a seus usuários mais de uma maneira de conferir a ortografia. Pode conferi-la ao mesmo tempo em que se digita ou após a digitação concluída. É possível também personalizar o verificador ortográfico a fim de que ele ignore séries especiais de caracteres como os acrônimos (ONU, por exemplo) e endereços da Internet (como www.lcm.com.br). As seções seguintes mostram como proceder.

Verificação ortográfica em constante movimento

Como padrão, o Word é ajustado para verificar possíveis erros de grafia enquanto se digita. Caso se tenha digitado uma palavra que não coincida com uma entrada do dicionário ortográfico do programa, ele exibe um linha vermelha irregular abaixo da palavra. Em relação a essa linha, há diversas opções:

- ➤ Ignorá-la.
- ➤ Retroceder sobre a palavra mal grafada e digitar a grafia correta.
- ➤ Clicar com o botão direito do mouse sobre a palavra em questão para exibir um menu instantâneo que pode conter correções sugeridas. Caso a grafia correta seja apresentada, clique sobre ela.
- ➤ Clicar com o botão direito do mouse sobre a palavra e selecionar **Ignorar tudo** para fazer com que o Word remova sua linha vermelha irregular desagradável e o instruir para não questionar outra vez sobre a grafia dessa palavra dentro do documento.
- ➤ Clicar com o botão direito do mouse sobre a palavra e selecionar **Adicionar** para adicioná-la ao dicionário ortográfico do Word. Após ser acrescentada ao dicionário, o programa não questionará mais sobre sua grafia.
- ➤ Clicar com o botão direito do mouse sobre a palavra, apontar para **AutoCorreção** e selecionar a grafia correta da palavra. (Confira em "Como fazer o Word corrigir automaticamente erros de digitação?", mais adiante nesse capítulo, para maiores detalhes.)

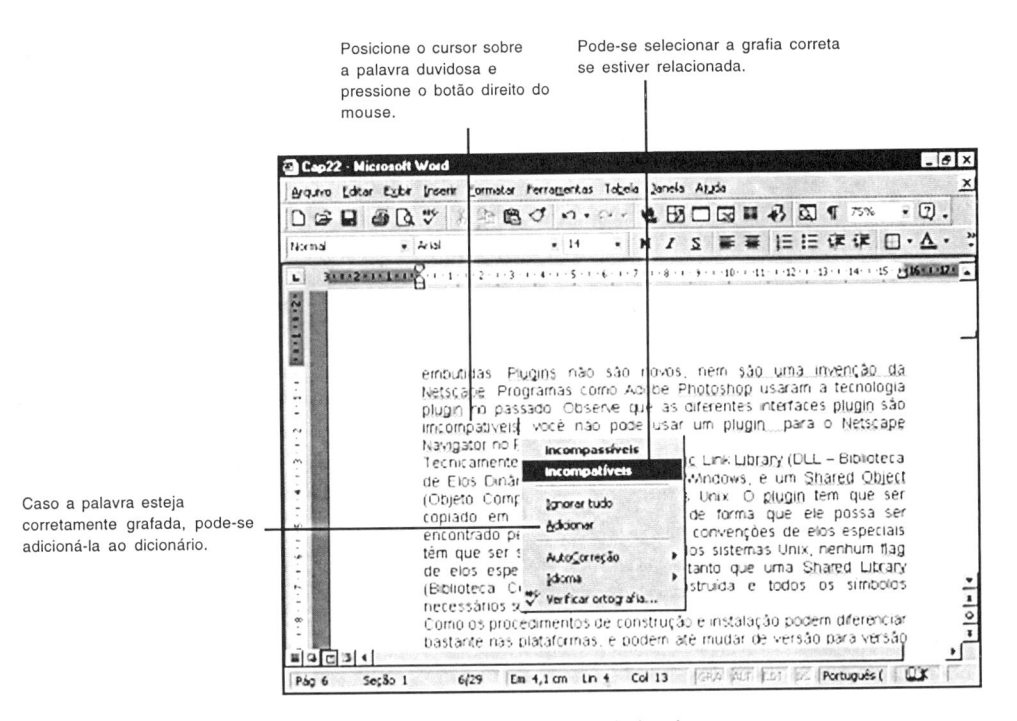

Capítulo 7 ➤ *Como conferir a ortografia e a gramática* 77

Posicione o cursor sobre a palavra duvidosa e pressione o botão direito do mouse.

Pode-se selecionar a grafia correta se estiver relacionada.

Caso a palavra esteja corretamente grafada, pode-se adicioná-la ao dicionário.

Clique sobre a palavra com o botão direito do mouse para exibir uma lista das correções sugeridas.

Pessoalmente acho desagradável ver linhas vermelhas tortuosas enquanto digito. Fazem-me recordar ao tempo de colégio, onde uma boa redação era aquela que tinha todas as palavras grafadas corretamente e que seguia as regras gramaticais. A fim de desativar a correção ortográfica automática, abra o menu **Ferramentas**, selecione **Opções** e clique na guia **Ortografia e gramática**. Clique sobre **Verificar ortografia ao digitar** para remover a marca da caixa e depois pressione **OK**. Caso desative essa opção, certifique-se de corrigir o documento antes de imprimi-lo, como explicado na próxima seção.

Correção exatamente antes de entregar

Caso o meu conselho sobre a desativação da opção tenha sido seguido, pode-se usar o programa para executar uma destas verificações de última hora. Para fazê-lo abra o menu **Ferramentas**, selecione **Ortografia e gramática** ou clique sobre o botão de mesmo nome existente na barra de ferramentas Padrão. O Word inicia a verificação do documento e pára sobre a primeira palavra duvidosa. A caixa de diálogo de Spelling and Grammar a exibe em vermelho e normalmente apresenta uma lista de correções possíveis. Há diversas opções:

➤ Dê duplo clique sobre a palavra presente no campo de Não encontrada na caixa de texto Dicionário, digite a correção e pressione **Alterar**.

➤ Clique sobre **Ignorar**, caso a palavra esteja grafada corretamente e somente dessa vez não se queira considerá-la. O Word pára na próxima ocorrência da palavra.

➤ Clique em **Ignorar todas**, caso a palavra esteja grafada corretamente, mas não esteja no dicionário e se desejar que o programa desconsidere qualquer outra ocorrência dela dentro do documento.

➤ Clique **Adicionar** para incluir a palavra no dicionário a fim de que o verificador ortográfico nunca a considere novamente em quaisquer documentos feitos no Office (o dicionário é compartilhado por todos os aplicativos do pacote).

➤ Caso haja uma palavra grafada de modo incorreto e a correta grafia for exibida na lista **Sugestões**, clique sobre essa última e pressione **Alterar** para substituir apenas uma ocorrência da palavra.

➤ A fim de substituir não só uma palavra grafada incorretamente mas todas as suas ocorrências dentro do documento, clique na grafia correta exibida na lista **Sugestões** e escolha **Alterar todas**.

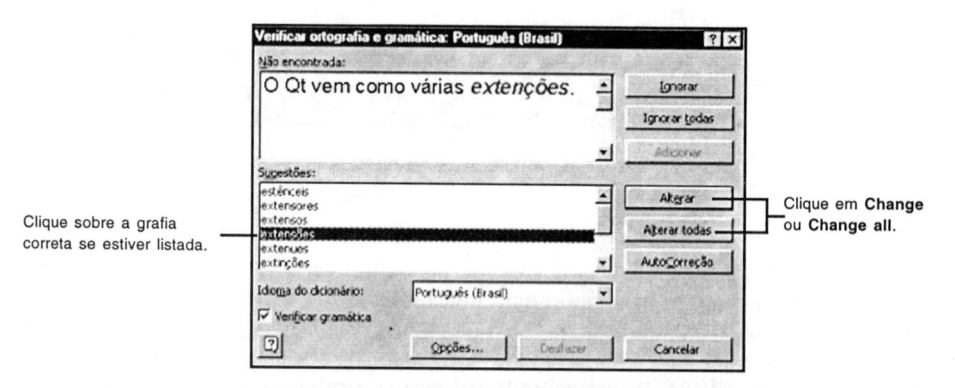

Caso o Word encontre alguma palavra incorreta no texto e sugira a grafia correta, as opções são fáceis.

Ao terminar a verificação ortográfica, uma caixa de diálogo o avisa disso. Clique em **OK**.

Capítulo 7 ➤ *Como conferir a ortografia e a gramática*   79

Verificação de uma palavra
Com a finalidade de verificar a ortografia de uma única palavra ou parágrafo, dê um duplo clique sobre ela ou triplo sobre ele para selecioná-los antes de começar o processo de revisão. Ao terminar de revisar a seleção, ele exibe uma caixa de diálogo que questiona ao usuário se deseja revisar o restante do documento.

Personalização do verificador ortográfico

O verificador é um escravo a seu serviço. Diga-lhe o que e como fazer para ter suas instruções executadas. Para exibir as opções desta ferramenta clique no botão **Opções** durante a verificação ou abra o menu **Ferramentas**, clique em **Opções** e selecione a guia **Ortografia e gramática**.

A maioria das opções nessa guia é auto-explicativa, mas algumas podem apresentar problemas, como Ocultar erros de ortografia neste documento. Essa opção instrui o Word para omitir as linhas vermelhas tortuosas, sob palavras de grafia duvidosa, enquanto se digita. O item Sempre sugerir correções determina que o Word exiba uma lista de possíveis correções para quaisquer palavras. Deve-se manter ativada essa opção. Se outra opção qualquer for confusa, posicione o cursor sobre ela e clique no botão direito do mouse e selecione **O que é isto?**

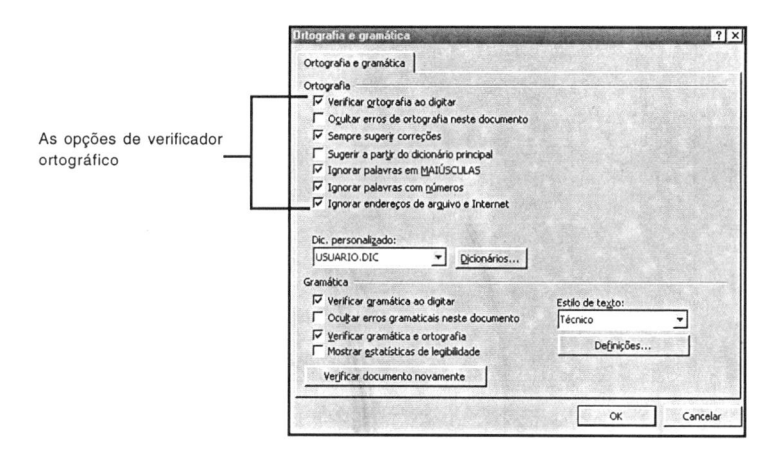

As opções de verificador ortográfico

Pode-se instruir o verificador ortográfico a como fazer o seu trabalho.

Correção automática de erros de digitação

Um dos meus recursos preferidos do Word é a ferramenta AutoCorreção. Digito **tamém** e o Word insere **também**. Começo uma oração com letra minúscula e a AutoCorreção a torna maiúscula. Que ferramenta!

A fim de criar logo uma entrada AutoCorreção, simplesmente a escolha quando o verificador pára sobre uma palavra de grafia duvidosa. Ao criar uma entrada AutoCorreção, alinha-se uma palavra habitualmente mal grafada (ou digitada) com sua grafia correta. Sempre que se digitar o erro e segui-lo com um espaço ou sinal de pontuação, o Word insere a correção de maneira automática.

É possível editar a lista de pares de palavras para se criar entradas adicionais Auto Correção ou para apagá-las. Abra o menu **Ferramentas** e escolha a opção **AutoCorreção**. Surge a caixa de diálogo da ferramenta, exibindo uma lista de opções de controle do comportamento desta e mostrando também uma lista dos pares de palavras. Determine suas preferências usando as opções de caixa de verificação na parte superior da caixa de diálogo.

A fim de criar um novo par, clique na caixa de texto **Substituir** e digite o texto a ser substituído automaticamente pelo programa. Pule para a caixa chamada **Por** e nela digite o texto com o qual o Word a substituirá. Pode-se digitar mais de uma palavra em uma ou ambas as caixas e é possível escolher a formatação do texto de substituição. Ao terminar, clique sobre o botão **Adicionar**. Para remover um par da lista, clique sobre ele e, em seguida, pressione o botão **Apagar**.

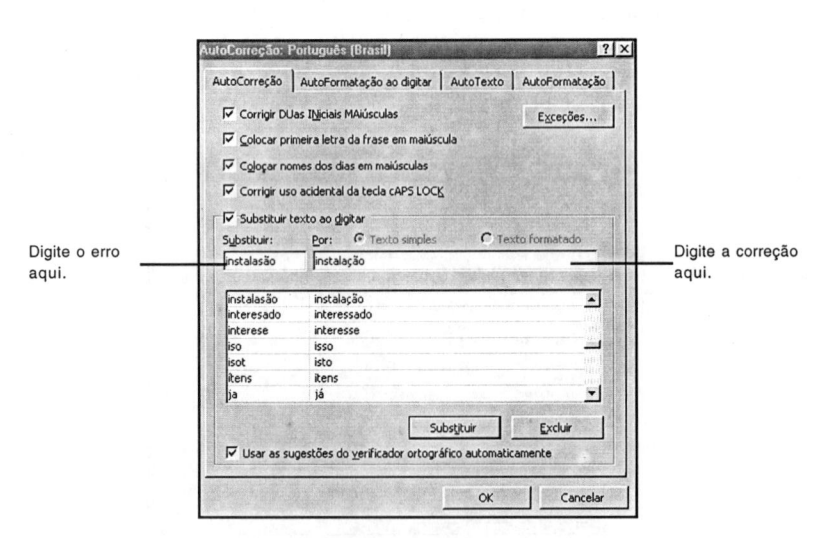

Digite o erro aqui.

Digite a correção aqui.

Crie entradas de AutoCorreção para todos os erros de digitação mais comuns.

Crie sua própria taquigrafia

É possível a criação da própria taquigrafia utilizando-se as entradas de Auto Texto (assunto tratado no capítulo 3, "Como fazer e editar documentos do Word"), mas em seguida deve-se digitar e pressionar a tecla F3 para inserir uma palavra ou frase. Em vez disso, crie uma entrada AutoCorrect para que não seja necessário pressionar a tecla mencionada.

Redação perfeita usando o verificador gramátical

Verificadores gramaticais são facilmente iludidos. Caso se escrevam pequenas sentenças de ordem direita (sujeito-verbo) sem omissões, o verificador classifica sua habilidade de escrita acima das do Dr. Seuss e Forest Gump. Ele não se importa se sua redação é engraçada, perspicaz ou mesmo bem organizada. Desde que nenhuma regra seja quebrada, a pessoa é um gênio. Além disso, os verificadores gramaticais não estão sempre certos e, com freqüência, sugerem mudanças que constituem evidente absurdo.

Tendo isso em mente, serei breve nesta seção. As opções disponíveis para o verificador gramatical são semelhantes àquelas do verificador ortográfico (e se encontram na mesma guia). Para mudá-las, abra o menu **Ferramentas**, **Opções** e clique sobre a guia **Ortografia e gramática**. Estabeleça suas preferências para o seguinte:

➤ *Verificar gramática ao digitar*. Desenha uma linha irregular verde sob frases e sentenças duvidosas.

➤ *Ocultar erros de gramática neste documento*. Não exibe a linha verde mencionada enquanto se digita.

➤ *Verificar gramática e ortografia*. Instrui o programa para verificar simultaneamente a gramática e ortografia sempre que se optar pela verificação ortográfica do documento.

➤ *Mostrar estatísticas de legibilidade*. Exibe, ao final da revisão gramatical, uma mensagem mostrando o nível de leitura necessário para se entender o que está escrito. Por exemplo, caso se esteja escrevendo um livro infantil e as estatísticas mostram que se está escrevendo para crianças em idade escolar, talvez se faça necessário uma simplificação do vocabulário e da estrutura sintática.

➤ *Estilo de texto*. Possibilita a seleção de uma série de regras gramaticais para vários tipos de redação como técnica, formal ou ocasional.

➤ *Definições*. Torna possível a ativação ou desativação de regras gramaticais próprias.

➤ *Verificar documento novamente*. Verifica o documento outra vez usando as preferências que acabaram de ser introduzidas.

O vantajoso, prático e útil
Dicionário de sinônimos do Word

Admitamos que se esteja escrevendo um pedido de demissão para um supervisor e não se consiga pensar em outra palavra menos ofensiva do que "estúpido". O dicionário não tem nenhuma sugestão e realmente não se pode perguntar dentro do escritório. O que fazer? Siga as instruções seguintes para procurar palavras alternativas no Dicionário de Sinônimos.

1. Clique sobre a palavra para posicionar o ponto de inserção em algum lugar dentro dela.
2. Abra o menu **Ferramentas**, aponte para **Idioma** e clique sobre **Dicionário de sinônimos** ou simplesmente pressione **Shift+F7**). O Word exibe a caixa de diálogo **Dicionário de sinônimos**, proporcionando ao usuário uma lista de palavras e expressões alternativas.
3. Caso a lista Significados possua mais de uma palavra, clique sobre aquela que mais atenda à sua expectativa. Caso se procure "estúpido", por exemplo, a lista Significados exibe "ignorante", "curto de inteligência", "desmiolado" etc. A lista Substituir pelo sinônimo exibe possíveis palavras para a substituição.
4. Caso essa lista contenha uma palavra que seja próxima àquela que se deseja mas não muito, clique sobre ela e depois no botão **Consultar** ou clique duas vezes sobre a palavra. (Se a próxima lista de sinônimos que se apresente for pior do que a anterior, pressione o botão **Anterior**.
5. Ao encontrar a palavra desejada ou uma de sentido próximo, tanto quanto o dicionário de sinônimos possa encontrar, clique sobre ela e depois sobre o botão **Substituir**.(A lista Substituir pelo sinônimo pode incluir também antônimos, distinguidos sabiamente com "antônimo" seguindo a palavra.)

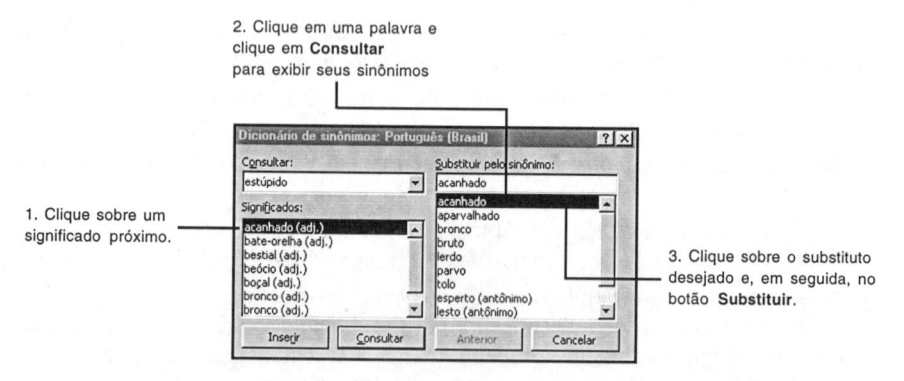

O dicionário de sinônimos pode ajudar a encontrar a palavra perfeita

Capítulo 8

Criação de etiquetas de endereçamento e cartas modelo

> **Neste capítulo**
> ➤ Uso da impressora para endereçar um envelope.
> ➤ Confecção e impressão de etiquetas de endereço.
> ➤ Criação de uma carta modelo personalizada.
> ➤ O uso da mala direta para alcançar várias pessoas.

Vamos, assuma ser um viciado em correspondência! Sua motivação para levantar da cama de manhã está apenas na possibilidade da existência de alguma correspondência endereçada especificamente a você. Olha fixo pela janela para capturar o passo familiar do carteiro. Já é conhecido pelo primeiro nome do pessoal de encomendas expressas. Não conseguiu o suficiente ainda e sabe que a única maneira de receber correspondências é enviando-as.

Este capítulo irá mostrar como usar alguns recursos que podem lhe ajudar a endereçar sua correspondência. Será ensinado como imprimir facilmente endereços em envelopes ou etiquetas de endereçamento e elaborar uma carta modelo a partir de uma lista de nomes e endereços para criar uma pilha de cartas personalizadas destinadas a um grande público.

Endereçamento de envelope ou etiqueta

A maioria das cartas que recebo de amigos e familiares foram obviamente digitadas e impressas usando um computador; porém, por algum motivo desconhecido, chegam dentro de envelopes escritos à mão. Suponho que tome muito tempo e dê bastante trabalho para posicionar os dois endereços na frente daquele envelope fino e pequeno. Felizmente, o Word é capaz de imprimir endereços sobre envelopes ou etiquetas de endereçamento.

Cartas rápidas e fáceis

A maneira mais fácil de escrever uma carta e formatá-la é usando o Assistente de Carta. Escolha **Arquivo, Novo**, clique na guia **Cartas e Faxes** e dê um duplo clique sobre **Assistente de Carta**. Ou crie um novo documento, abra o menu **Ferramentas** e escolha **Assistente de Carta**. A caixa de diálogo do Assistente de carta exibe um formulário do tipo "preencha as lacunas" que pode ser usado para se especificar as preferências e digitar informações tais como o endereço interno, a saudação e a conclusão.

Endereçamento de envelopes

A fim de imprimir um endereço sobre um envelope, abra o menu **Ferramentas**, clique em **Envelopes and Etiquestas** e certifique-se de que a guia Envelopes esteja na frente. Digite o nome e endereço do destinatário na caixa de texto **Destinatário**. (Caso já se tenha escrito a carta, o programa pega o endereço do destinatário e o insere na caixa de texto mencionada.) Aperte a tecla tab a fim de deslocar o cursor para a caixa de texto **Remetente** e digite seu próprio endereço. Pode-se formatar o texto selecionado em ambas as caixas de texto realçando-o e pressionando uma combinação de teclas para a formatação desejada, por exemplo, Ctrl+B para negrito. É possível também posicionar o cursor sobre o texto, clicar com o botão direito do mouse e escolher **Fonte** para opções adicionais de formatação.

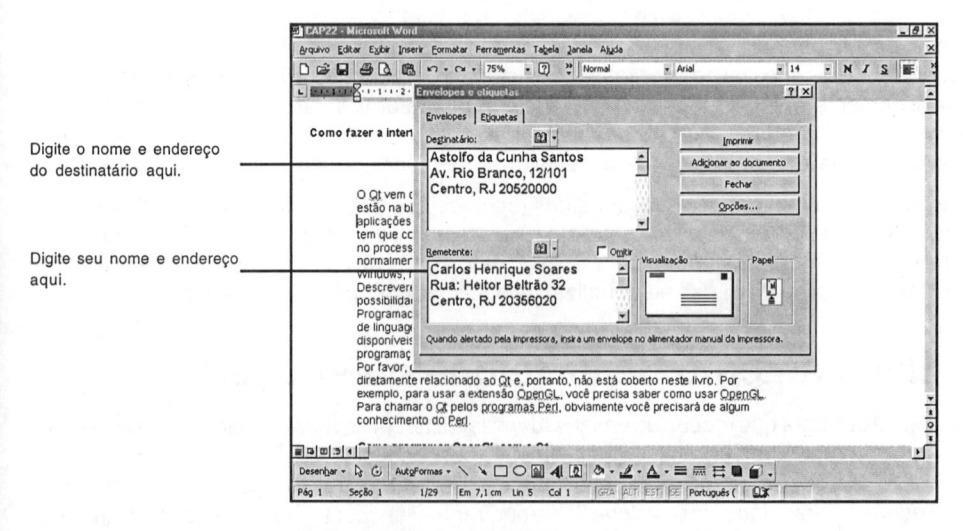

Digite os endereços de destino e do remetente.

Antes de imprimir, pressione o botão **Opções**. Será exibida a caixa de diálogo de Opções de envelope que permite a especificação do tamanho do envelope e as fontes a serem usadas para os endereços de destinatário e remetente. A guia Opções de impressão permite definir o modo como o envelope será introduzido na impressora. Digite suas preferências e clique sobre **OK**.

Caso precise carregar o envelope manualmente na impressora, fique à vontade. Todas as impressoras são diferentes, portanto verifique a documentação da sua para saber a técnica de carregamento apropriada. Quando o envelope estiver posicionado, clique no botão **Imprimir** para imprimi-lo.

Execução de teste

Antes de imprimir sobre um envelope relativamente caro ou em uma folha de etiquetas de endereçamento, faça-o em uma folha de papel comum para verificar a posição da impressão. Então, pode-se fazer os ajustes necessários sem desperdiçar suprimentos valiosos.

Endereçamento de etiqueta

A fim de imprimir apenas uma etiqueta ou a página inteira usando o mesmo endereço ou outra informação, abra o menu **Ferramentas**, selecione **Envelopes e etiquetas** e certifique-se de que a guia **Etiquetas** esteja à frente. Na caixa de texto Address (Endereço), digite o nome e endereço que serão impressos na etiqueta de endereçamento. (Pode-se imprimir o próprio endereço clicando sobre a caixa de verificação **Usar remetente padrão**) Na impressão, defina se deseja imprimir uma única etiqueta (e especifique sua localização dentro da folha) ou uma folha inteira delas.

Pressione o botão **Opções**, utilize a caixa de diálogo Opções de etiqueta para especificar o tipo de etiqueta no qual se deseja imprimir e clique em **OK**. Carregue a folha de etiquetas na impressora e pressione o botão **Imprimir**.

Crie um catálogo de endereços pessoais

Exatamente acima das caixas de texto nas quais se digitam os endereços de destino e do remetente (tanto para um envelope como para uma etiqueta de endereçamento) localiza-se o botão Inserir endereço. Clique nele para criar um catálogo de endereços contendo os nomes e endereços de pessoas para as quais se enviam cartas com freqüência. Pode-se rapidamente, então, inserir o endereço de uma pessoa clicando-se na seta próxima ao botão e escolhendo seu nome. É possível também o uso do catálogo em malas diretas, como será explicado na seção seguinte.

A fusão de uma lista de endereços com uma carta modelo

Há anos você as vem recebendo da C&A, da Revista Seleções, da MasterCard, da Visa, de instaladores de ventiladores e até mesmo da UOL, todas endereçadas a você (ou a algum cara chamado Residente Atual), vendendo-lhe produtos dos quais não precisa e sonhos de se tornar uma outra pessoa.

Agora é a sua vez. As seções seguintes mostram como fazer sua própria mala direta para atingir o grande público diretamente de sua área de trabalho.

Antes de tudo, alguns dados

A fim de executar uma mala direta, precisa-se de uma carta e uma lista de nomes, endereços e outras informações que se deseje inserir na carta. Comecemos com a lista de nomes e endereços (doravante chamada de *origem de dados*). Pode-se usar qualquer uma das diversas origens de dados abaixo para a mala direta:

➤ Um catálogo de endereço do Outlook. (Confira o Capítulo 22, "Como manter registro de datas, contatos e tarefas a fazer?")

➤ Um banco de dados do Access.

➤ Uma planilha do Excel com títulos de coluna.

➤ Uma tabela do Word. A primeira linha deve conter títulos descritivos do conteúdo das células daquela coluna. Cada linha contém informações sobre um indivíduo. Veja a figura seguinte.

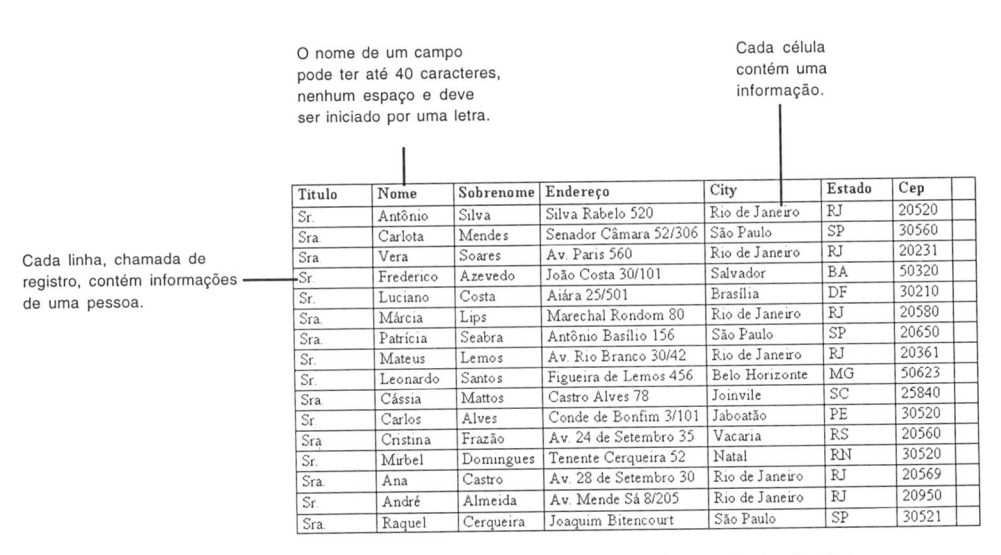

Capítulo 8 ➤ *Criação de etiquetas de endereçamento e cartas modelo* 87

O nome de um campo pode ter até 40 caracteres, nenhum espaço e deve ser iniciado por uma letra.

Cada célula contém uma informação.

Cada linha, chamada de registro, contém informações de uma pessoa.

Titulo	Nome	Sobrenome	Endereço	City	Estado	Cep
Sr.	Antônio	Silva	Silva Rabelo 520	Rio de Janeiro	RJ	20520
Sra.	Carlota	Mendes	Senador Câmara 52/306	São Paulo	SP	30560
Sra.	Vera	Soares	Av. Paris 560	Rio de Janeiro	RJ	20231
Sr.	Frederico	Azevedo	João Costa 30/101	Salvador	BA	50320
Sr.	Luciano	Costa	Aiára 25/501	Brasília	DF	30210
Sra.	Márcia	Lips	Marechal Rondom 80	Rio de Janeiro	RJ	20580
Sra.	Patrícia	Seabra	Antônio Basílio 156	São Paulo	SP	20650
Sr.	Mateus	Lemos	Av. Rio Branco 30/42	Rio de Janeiro	RJ	20361
Sr.	Leonardo	Santos	Figueira de Lemos 456	Belo Horizonte	MG	50623
Sra.	Cássia	Mattos	Castro Alves 78	Joinvile	SC	25840
Sr.	Carlos	Alves	Conde de Bonfim 3/101	Jaboatão	PE	30520
Sra	Cristina	Frazão	Av. 24 de Setembro 35	Vacaria	RS	20560
Sr.	Murbel	Domingues	Tenente Cerqueira 52	Natal	RN	30520
Sra.	Ana	Castro	Av. 28 de Setembro 30	Rio de Janeiro	RJ	20569
Sr.	André	Almeida	Av. Mende Sá 8/205	Rio de Janeiro	RJ	20950
Sra.	Raquel	Cerqueira	Joaquim Bitencourt	São Paulo	SP	30521

Pode-se usar uma tabela do Word ou planilha do Excel como fonte de dados.

A seguir, uma carta modelo

Como compor uma carta padrão é problema de cada um. Pode se basear em um rascunho, usar um modelo ou a ajuda do Assistente de carta. Omita qualquer informação que o Word obtenha da origem de dados durante a mesclagem, como o nome e endereço da pessoa. Após completar a carta, insira os códigos de rótulo de campo na carta (um para o nome da pessoa, um para seu endereço e assim por diante). Durante a operação de mesclagem, esses códigos puxam informações da origem de dados e as inserem em cada carta.

Agora, a fusão

Uma vez de posse de uma carta modelo e de uma origem de dados, deixe a brincadeira começar! É um longo processo mas se as explicações forem seguidas, passo a passo, será possível superar esse desafio sem dificuldade:

1. Crie ou abra a carta modelo.
2. Bote para funcionar o menu **Ferramentas** e selecione **Mala direta**. A caixa de diálogo Auxiliar de mala direta aparece e o conduz através da operação de fusão.

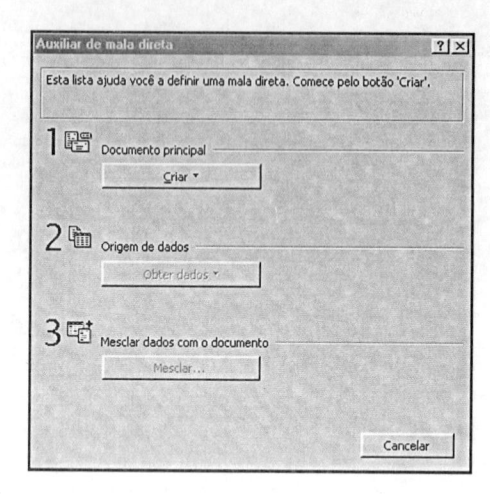

A caixa de diálogo Auxiliar de mala direta o conduz pelo processo em três etapas.

3. Pressione o botão **Criar** (abaixo de Documento principal), selecione **Cartas modelo** e clique sobre o botão **Janela ativa**. Essa ação instrui o programa a usar a carta como o documento principal na mesclagem.
4. Sob Origem de dados, pressione o botão **Obter dados**. Selecione, então, uma das seguintes opções e execute as etapas necessárias para selecionar a origem de dados que deseja usar para a mesclagem:

    Criar origem de dados. Essa opção o conduz pelo processo de criação de uma tabela do Word contendo os dados que se quer mesclar com sua carta modelo.

    Abrir origem de dados. Torna possível a seleção de um arquivo de planilha do Excel, do Word (que contenha uma tabela apropriadamente formatada), de texto ou de banco de dados (criado no Access, Paradox, dBase ou FoxPro) como origem de dados.

    Usar catálogo de endereços. Exibe uma caixa de diálogo que deseja saber se será usado o catálogo de endereços particular ou outro criado no Outlook.

    Opções de cabeçalho. Possibilita o uso de um arquivo que contém os nomes dos campos de dados e um outro arquivo que contenha os registros de dados em si. Pode-se viver a vida toda sem jamais escolher essa opção.

5. A caixa de diálogo do Microsoft Word surge informando que a carta modelo não possui campos mesclados (como se você não soubesse). Clique em **Editar documento principal**. O programa o remete para sua carta modelo e exibe a barra de ferramentas de Mala direta.
6. Posicione o ponto de inserção no local onde deseja inserir algum dado do banco de dados. Por exemplo, pode-se mover o ponto de inserção para ficar abaixo da data para inserir o nome e endereço da pessoa.
7. Abra a lista suspensa **Inserir campo** presente na barra de ferramentas de Mala direta e clique sobre o nome do campo que deseja inserir. Será inserido um código (como <<PrimeiroNome>>) que vai "puxar" um dado específico (nesse caso, o primeiro nome da pessoa) da origem de dados e inseri-lo na carta.

Capítulo 8 ➤ Criação de etiquetas de endereçamento e cartas modelo 89

8. Repita o item 7 para inserir códigos de campo adicionais. Acrescente pontuação entre os códigos quando necessário. Por exemplo, caso se esteja reunindo códigos para criar um endereço interno, precisa-se adicionar espaços e vírgulas da seguinte maneira:

   <<Título>> <<PrimeiroNome>> <<ÚltimoNome>>
   <<Endereço>>
   <<Cidade>>, <<Estado>> <<CEP>>

9. Caso o banco de dados contenha informações que se queira inserir na saudação ou no corpo da carta, insira um código de campo onde quiser que a informação apareça. Pode-se, por exemplo, utilizar a seguinte saudação:

   Querido <<Título>> <<ÚltimoNome>>,

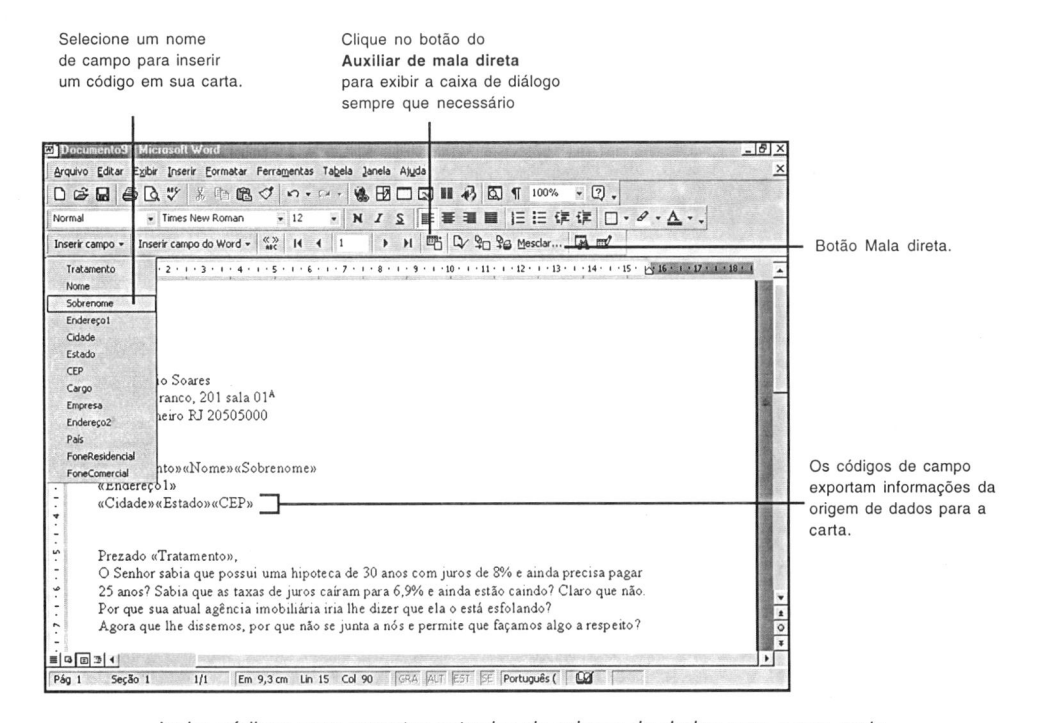

Insira códigos para exportar entradas da origem de dados para a sua carta.

10. Pressione o botão **Mala direta**. Sua caixa de diálogo aparece oferecendo as seguintes opções de controle da maneira como o Word mesclará a carta modelo e a origem de dados:

    Mesclar para. Permite que se mescle para a impressora, para um novo documento ou para o correio eletrônico. É uma boa idéia mesclar para um novo documento a fim de que se possa verificar os erros antes de imprimir. Será possível também passar os olhos pelo documento mesclado e personalizar as cartas modelo geradas pelo Word.

Registros a serem mesclados. Torna possível a seleção de uma série de registros (para que se possa criar cartas somente para os registros selecionados na origem de dados).

Ao mesclar registros. Instrui o programa a inserir ou não linhas em branco quando um campo em particular em um registro está vazio.

Opções de consulta. Exibe uma caixa de diálogo que possibilita a classificação das cartas mescladas ou a criação de cartas para uma coleta de registros específica.

11. Introduza suas preferências de mesclagem e depois pressione sobre o botão **Mesclar**. Caso se opte por mesclar para a impressora, o Word começa a imprimir as cartas. Caso se escolha a opção mesclar para um novo arquivo, o programa abre a janela de um novo documento e posiciona as cartas mescladas dentro dessa janela. Depois pode-se imprimi-las.

Outros dados que se pode mesclar

Caso a origem de dados contenha informações específicas sobre cada pessoa, pode-se inseri-las no corpo da carta. Um consultor financeiro, por exemplo, talvez mantenha uma lista de clientes junto com as datas de seus últimos encontros de negócios. Ele poderia então inserir alguma coisa como "A última vez que discutimos suas finanças foi em <<ÚltimaData>>. Devemos nos encontrar em breve para discutir sua situação financeira."

Como usar mala direta para gerar etiquetas de endereçamento

Agora que se tem um pilha de cartas, é preciso endereçá-las. Pode-se fazer isso usando uma etiqueta de endereçamento como documento principal e mesclando-a com o banco de dados. Execute as mesmas etapas seguidas na seção anterior, porém, no item 3, abra o menu **Criar** e selecione **Etiquetas de endereçamento**.

Após a seleção da origem de dados a ser usada, pressione o botão Configuração do documento principal para exibir a caixa de diálogo Opções de etiqueta, que solicita a especificação do tipo e tamanho das etiquetas nas quais se pretende imprimir. Essa caixa contém uma longa lista de fabricantes e tipos de etiquetas. Caso o tipo usado esteja na lista, selecione-o. Estabeleça suas preferências e clique em **OK**.

Capítulo 8 ➤ Criação de etiquetas de endereçamento e cartas modelo

Depois disso, o auxiliar de mala direta exibe a caixa de diálogo Criar etiquetas, que possibilita a inserção de códigos de campo para se criar a etiqueta. Clique sobre o botão **Inserir campo** para inserir os códigos. Digite quaisquer sinais de pontuação necessários entre os códigos. A fim de alterar a fonte usada para a etiqueta, arraste o cursor sobre os códigos, pressione o botão direito do mouse sobre a seleção e clique na opção **Fonte**.

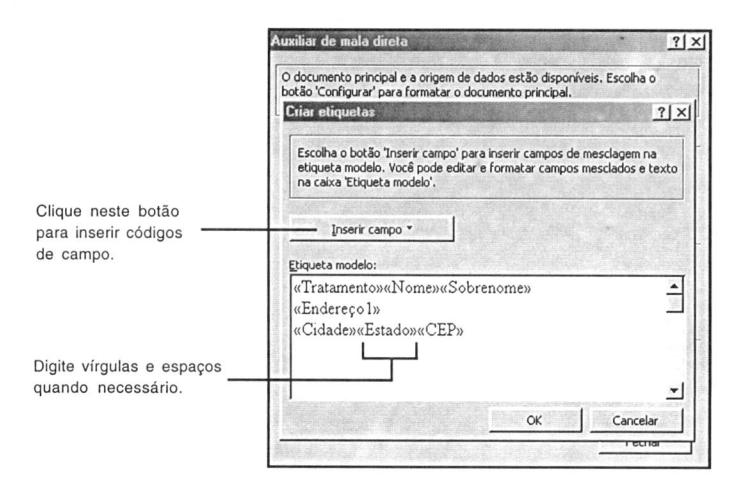

Clique neste botão para inserir códigos de campo.

Digite vírgulas e espaços quando necessário.

Pode-se usar a mala direta para se criar folhas de etiquetas de endereço.

Capítulo 9

Tudo o que você sempre quis saber sobre impressão de documentos

---

Neste capítulo

➤ Um ensaio de duas páginas impresso em três, graças a alguns ajustes inteligentes da margem.

➤ Numeração automática de páginas.

➤ Impressão de rodapé na parte inferior de cada página.

➤ Decoração interior com bordas de páginas.

➤ O envio do documento para a impressora.

Até aqui, o documento tem sido micro gerenciado — formatação de blocos de texto, adição de tabelas e colunas, inserção de figuras e outros clipes. Antes de se imprimir o documento, no entanto, é preciso realizar algumas tarefas maiores de gerenciamento, tais como: configuração das margens de uma página; correção de qualquer quebra de página desagradável; inserção de números de página e, até mesmo, a decoração da página com uma borda atrativa.

Este capítulo mostra como executar essas tarefas pré-impressão e como enviar para a impressora o documento completo.

Publicação eletrônica?
Embora a era da eliminação do papel ainda não tenha chegado completamente, um documento pode ser divulgado eletronicamente na Internet. Caso seja esse o seu intento, vá para o capítulo 25, "Criação e publicação de páginas pessoais na Web".

Configuração de páginas para impressão

Depois de digitar um documento, fica-se tentado a clicar no botão **Imprimir** localizado na barra de ferramentas Padrão para produzir com rapidez uma cópia impressa dele. Evite a tentação. Normalmente, gasta-se papel e fica-se bastante desapontado com os resultados. Antes da impressão, deve-se primeiro verificar as opções de configuração de página.

Para exibi-las, abra o menu **Arquivo** e selecione **Configurar página**. A caixa de diálogo Configurar página surge na tela apresentando quatro guias para mudança de várias configurações de página e impressão. Nas seções seguintes, será mostrado como usar esta caixa de diálogo para configurar as margens e controlar a maneira pela qual o Word imprime o texto na página.

Ajuste das margens da página

Na primeira vez em que a caixa de diálogo Configurar página aparece, a guia Margens está na frente. Caso não esteja, clique sobre ela para torná-la visível. Essa guia torna possível a mudança das margens superior, inferior, esquerda e direita. Pressione as setas voltadas para cima ou para baixo à direita de cada ajuste de margem para alterá-lo à razão de 0,1 polegadas ou clique dentro da caixa de texto de ajuste da margem e digite uma medida mais precisa.

A guia Margens oferece diversas opções extras para necessidades de impressão especiais:

➤ *Medianiz* possibilita adicionar uma quantidade de espaço extra à margem interna das páginas preparando-as para uma futura encadernação.

➤ *A partir da margem* especifica a distância entre a parte superior da página e a do cabeçalho e entre a parte inferior da página e a do footer (rodapé) (Mais detalhes sobre cabeçalhos e rodapés, veja mais adiante nesse capitulo em "Cabeçalhos que dão dor de cabeça e rodapés teimosos")

➤ *Margens espelho* útil se o plano é imprimir nos dois lados de uma página. Quando esta opção estiver ativada, o Word faz com que sejam iguais as margens internas de páginas opostas.

➤ *2 páginas por folha* diminui o tamanho das páginas do documento para que o Word seja capaz de imprimir duas em uma única folha de papel.

Capítulo 9 ➤ *Tudo o que você sempre quis saber sobre impressão de documentos* 95

➤ *Aplicar* torna possível a aplicação das configurações de margem no documento todo desse ponto em diante ou apenas no texto selecionado. Esse recurso é útil para documentos longos que podem exigir diferentes layouts de página para algumas seções.

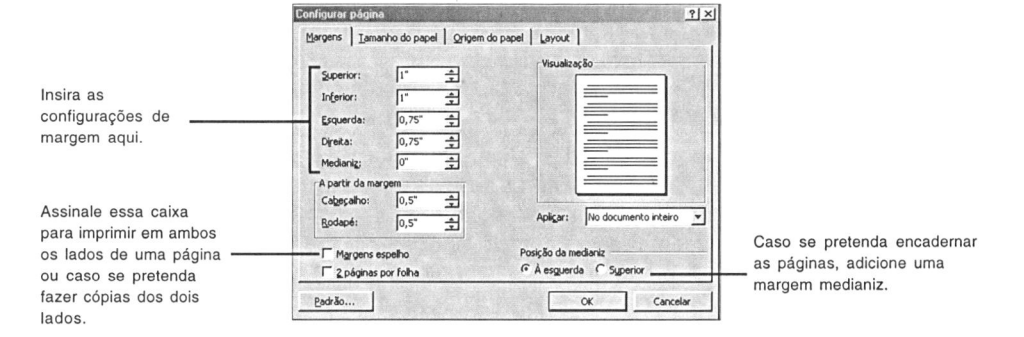

Insira as configurações de margem aqui.

Assinale essa caixa para imprimir em ambos os lados de uma página ou caso se pretenda fazer cópias dos dois lados.

Caso se pretenda encadernar as páginas, adicione uma margem medianiz.

Configure as margens para o documento todo.

A escolha de um tamanho de papel e de sua orientação na impressão

Normalmente, se imprime um documento em um papel tamanho A-4. Em alguns casos, no entanto, pode ser necessário imprimi-lo no tamanho ofício ou ainda imprimir um documento largo como um aviso ou cartaz, lateralmente na página. Caso isso aconteça, confira a guia Tamanho do papel. Nela, pode-se escolher o papel a partir de uma listagem de tamanhos padrão de papéis ou determinar um tamanho personalizado. É possível também selecionar a orientação dele na impressão: **Retrato** (para uma impressão normal como as páginas deste livro) ou **Paisagem** (impressão horizontal na página). Essa última é especialmente útil quando se escolhe a opção Duas páginas por folha.

E a origem do papel?

Caso se imprima sempre no papel padrão carta, não há necessidade de se preocupar quanto à origem dele. A impressora está configurada para usar a bandeja de papel padrão, na qual tipicamente são carregadas folhas do papel mencionado, e todos os programas assumem essa localização. No entanto, caso se precise imprimir em envelopes, faixas ou qualquer outro papel que não o tamanho carta, confira a guia Origem do papel antes de iniciar a impressão apenas para se certificar de que o Word esteja configurado para usar a bandeja correta.

A disposição das páginas

A última guia dentro da caixa de diálogo Configurar página é a Layout. Ignore as demais opções aí existentes e concentre-se nas três opções seguintes:

Alinhamento vertical. A lista suspensa desse item é muito útil para tornar boa a aparência de um documento em uma página (como uma carta curta). Abra a lista e selecione **Centralizado** para centralizar o documento na página. Essa opção será especialmente útil para impressão de capas. A fim de fazer com que o documento preencha toda a página, selecione **Justificado**.

Números de linha. O botão Números de linha é útil para textos legais ou literários. Tais documentos possuem em geral números de linha de forma que as pessoas possam se referir a eles quando em uma discussão sobre os textos, em vez de citarem linhas inteiras e soarem realmente desagradáveis. Para inserir os números de linha, pressione o botão e introduza sua preferências.

Bordas. O botão Bordas abre a caixa de diálogo Bordas e Sombreamento, que permite adicionar uma borda ao redor da página ou na margem superior, inferior, esquerda ou direita. Maiores detalhes sobre como introduzir as configurações nessa caixa de diálogo, veja em "A realização de uma cirurgia reparadora em uma tabela", no capítulo 5.

Adicionando números de página

Realmente não se tem desculpas para não numerar as páginas em um documento volumoso, uma vez que o Word pode fazer o serviço. Pode-se inserir um código de número de página em um cabeçalho ou rodapé (veja na parte "Cabeçalhos que dão dor de cabeça e rodapés teimosos" mais adiante nesse capítulo) ou pode-se fazê-lo usando o comando Inserir, Números de página. Siga as seguintes etapas para usar esse último método:

1. Abra o menu **Inserir** e selecione **Números de página**. A caixa de diálogo Números de página de aparece.
2. Abra a lista suspensa **Posição** e determine se deseja os números de páginas impressos na parte superior ou inferior da página.
3. Abra a lista suspensa **Alinhamento** e selecione onde deseja que o número de página fique em relação às margens esquerda e direita. (As opções Interna e Externa dizem respeito ao posicionamento dos números em páginas que serão encadernadas.)
4. Caso a primeira página seja uma capa ou se o número não é desejado na primeira página, certifique-se de que a caixa **Mostrar número na 1ª página** não esteja assinalada.
5. Pressione o botão **Formatar**, insira quaisquer preferências adicionais e clique em **OK**. A caixa de diálogo Formato de página, mostrada na figura a seguir, permite a mudança do esquema de numeração, inclui números de capítulos ou inicia a contagem a partir de um número diferente de 1.
6. Pressione **OK** para gravar suas mudanças. O número da página é inserido do cabeçalho ou rodapé.

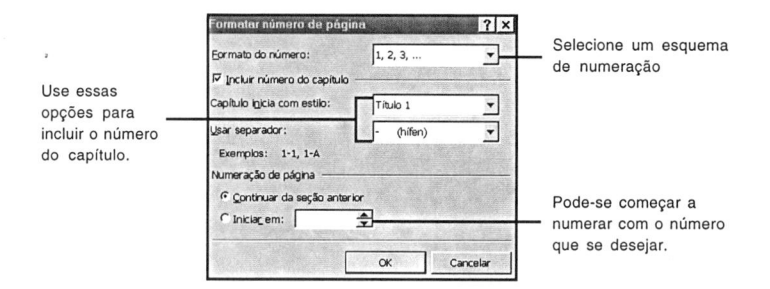

Capítulo 9 ➤ Tudo o que você sempre quis saber sobre impressão de documentos   97

A caixa de diálogo Formatar número de página oferece controles adicionais

Use essas opções para incluir o número do capítulo.

Selecione um esquema de numeração

Pode-se começar a numerar com o número que se desejar.

Visualização dos números de página
Números de página não aparecem no modo de visualização Normal. Para vê-los, mude para o modo Layout de impressão ou Visualizar impressão. É possível também visualizar e editá-los no cabeçalho ou rodapé: abra o menu **Exibir** e selecione **Cabeçalho e rodapé**. Caso esteja no modo Layout de impressão, simplesmente clique duas vezes sobre cabeçalho ou rodapé.

Divisão do texto em páginas

Digitar no Word é como trabalhar em uma fábrica de lingüiça. Enquanto se digita, ele aperta o texto e o divide em pequenas páginas limpas. O programa limita o texto em páginas usando as *quebras de página provisórias* que podem se mover automaticamente conforme se acrescente ou apague o texto. O problema é que talvez não se goste de onde o Word divide o texto. Ele pode separar uma lista importante em duas páginas ou realizar outras atrocidades similares. É necessária uma maneira de controlar essas quebras.

No modo Layout de impressão, pode-se identificar facilmente uma quebra de página pela margem superior ou inferior das páginas que são exibidas na tela. No modo Normal, uma quebra de página suave aparece como uma linha horizontal pontilhada. Caso não goste de onde o programa inseriu a quebra de página, insira a sua própria (uma *quebra de página definitiva* que permanece). Mova o ponto de inserção para o início do parágrafo antes do qual deseja posicionar a quebra e pressione **Ctrl+Enter**.

Caso se inclua uma quebra e mais tarde se decida que não está funcionando, pode-se apagá-la ou movê-la. Antes de tudo, mude para o modo Normal (**Exibir, Normal**). A fim de selecionar uma quebra, clique nela. Para apagá-la, pressione a tecla **Del**. Para movê-la, arraste-a.

Cabeçalhos que dão dor de cabeça e rodapés teimosos

Os cabeçalhos e rodapés são ótimas ferramentas para costurar um documento e ajudar as pessoas a encontrarem páginas específicas e informações. Neles podem ser colocados todos os tipos de informações úteis, tais como o título do documento ou de uma seção dentro dele; a data na qual ele foi criado, números de capítulos, números de páginas e o número total de páginas no documento. A figura seguinte dá uma amostra de cabeçalho exibida no modo Layout de impressão

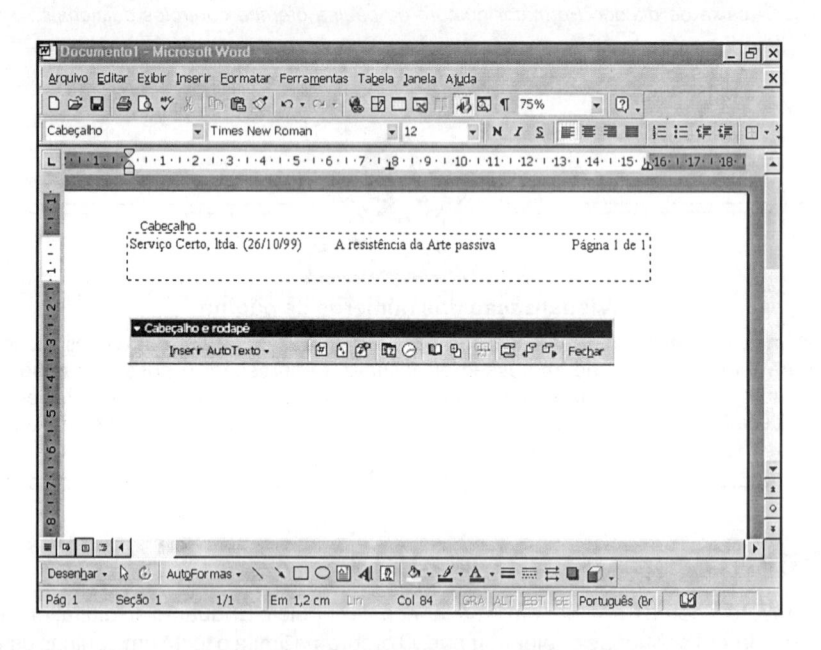

Cabeçalho no modo Layout de impressão

Para inserir um cabeçalho ou rodapé, abra o menu **Exibir** e selecione **Cabeçalho e rodapé**. A barra de ferramentas Cabeçalho e rodapé e o cabeçalho da primeira página (que deve estar vazia, a menos que se tenha diabinhos nela ou tenham sido inseridos números de páginas anteriormente) serão exibidos. Pode-se rolar a tela para baixo para visualizar o rodapé. Antes de começar a digitar, familiarize-se com os botões da barra de ferramentas Cabeçalho e rodapé:

Inserir número da página. Insere automaticamente o número correto para cada página. A fim de incluir a palavra "página", deve-se digitá-la e então pressionar o botão em questão.

Inserir número de páginas. Trata-se de um novo botão que insere o número total de páginas do documento. Pode-se usar esse recurso para a criação de cabeçalhos e rodapés que digam, por exemplo, "Página 2 de 27". Essa ferramenta é muito útil para documentos enviados por fax.

Capítulo 9 ➤ *Tudo o que você sempre quis saber sobre impressão de documentos*

Formatar números de página. Exibe a caixa de diálogo Formatar número de página que possibilita a inclusão do número do capítulo e outras preferências.

Inserir data. Introduz um código de campo que insere a data do relógio interno do computador.

Inserir hora. Introduz um código de campo que insere a hora atual do relógio do computador.

Configurar página. Permite a criação de um cabeçalho ou rodapé diferente para páginas ímpares e pares. Utilize os botões Mostrar anterior) e Mostrar próximo para alternar entre as caixas para introduzir os cabeçalhos ou rodapés ímpares e pares.

Mostrar/ocultar texto do documento. Ativa ou desativa a exibição do texto do documento. Quando oculto, tudo o que se verá na tela são as caixas de texto do cabeçalho ou rodapé.

Mesmo que a seção anterior. Permite o uso nessa seção do mesmo cabeçalho ou rodapé usado para a seção anterior (ou em uma versão revisada).

Alternar entre cabeçalho e rodapé. Instrui o Word a exibir a caixa de rodapé caso se esteja usando a de cabeçalho e vice versa.

Mostrar anterior. Alterna para o cabeçalho ou rodapé anterior a fim de que se possa editá-lo.

Mostrar próximo. Alterna para o próximo cabeçalho ou rodapé.

Mudanças automáticas de data/hora

Quando se usa os botões Inserir Data ou Inserir Hora para inserir a data ou hora, o programa introduz um código de campo que transfere esses dados do relógio do seu computador. Eles mudam automaticamente para refletir a data e hora atual no computador. Para evitar que a data seja alterada, clique em um dos botões e pressione **Ctrl+Shift+F9**.

Após familiarizar-se com os botões, clique sobre o botão **Alternar entre cabeçalho e rodapé** para exibir a caixa Cabeçalho ou a caixa Rodapé. Digite o texto, usando os botões Inserir como desejar para inserir número de página, data, hora ou contador do total de páginas. Pode-se usar quaisquer opções de formatação de textos para incrementar a aparência do cabeçalho ou rodapé. Ao terminar a brincadeira, pressione o botão **Fechar**.

Inserção de figuras em um cabeçalho ou rodapé
Além de incrementar o texto do cabeçalho ou rodapé, considere a possibilidade de acrescentar um logotipo ou outra figura gráfica, um objeto WordArt ou uma simples linha para destacá-lo.

Reduzir para caber
Caso se tenha um documento curto com poucas linhas de texto sobrando na última página, pressione o botão Reduzir para caber presente na barra de ferramentas Visualizar impressão. O Word automaticamente diminui o tamanho da fonte do texto todo para puxar o excesso para o final da página anterior.

Visualização das páginas antes de imprimi-las

Antes de imprimir o documento, clique sobre o botão **Visualizar impressão** na barra de ferramentas Padrão. Esta lhe fornece uma visão ampla da página, possibilita a rápida passagem de páginas e fornece réguas que podem ser usadas para arrastar os ajustes de margem. A seguinte figura mostra um documento no modo de Visualizar impressão.

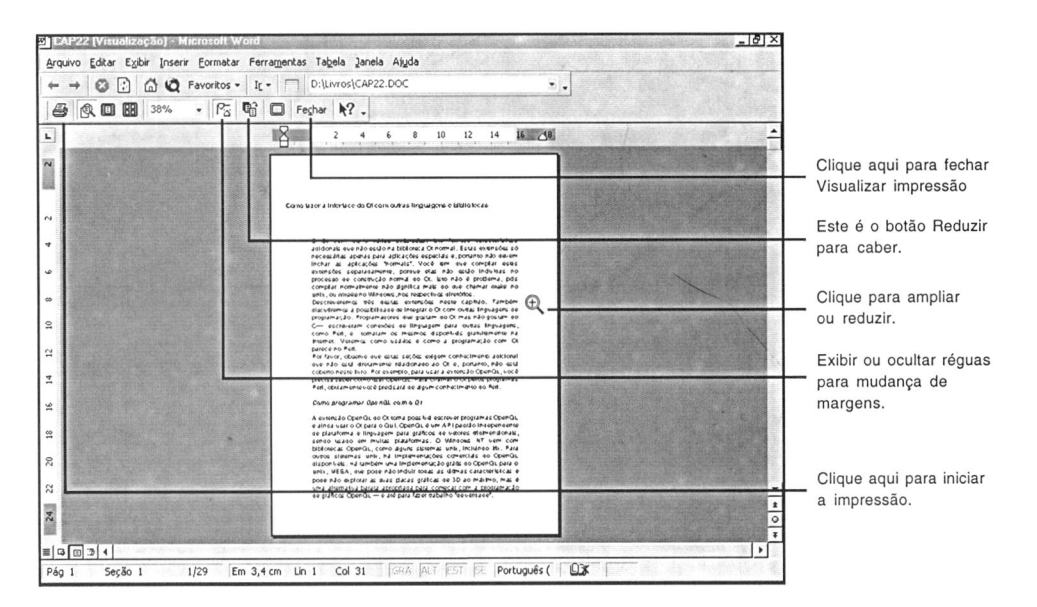

Capítulo 9 ➤ *Tudo o que você sempre quis saber sobre impressão de documentos* 101

Visualizar impressão torna possível pequenos ajustes antes de encerrar o documento no papel.

Pronto, configurado, vá para a impressora

Quando a impressora está funcionando bem com qualquer aplicativo do Windows, a impressão é muito simples. Certifique-se que a impressora possui uma quantidade suficiente de papel, tinta ou toner. Ligue-a, abra o documento e clique sobre o botão **Imprimir**.

A fim de se ter maior controle sobre a impressão — imprimir cópias extras, no sentido horizontal (modo paisagem), agrupar as cópias, selecionar a qualidade da impressão ou outras configurações — deve-se exibir a caixa de diálogo Imprimir. Para fazer isso, abra o menu **Arquivo** e selecione **Imprimir** em vez de clicar sobre o botão Print. Pode-se, então, usar a caixa de diálogo Imprimir para inserir as preferências.

Embora a maioria das opções de impressão sejam diretas, duas podem derrubá-lo: Intervalo de páginas e Agrupar. Na maioria dos casos, deseja-se imprimir todas as páginas do documento. Para fazê-lo, use Todos da configuração padrão de Intervalo de páginas. A fim de imprimir apenas páginas específicas, escolha **Páginas** e digite os números das páginas desejadas para impressão. Pode-se, por exemplo, digitar 1, 3, 9 para imprimir apenas as páginas 1, 3 e 9 ou 2-4 para imprimir somente as páginas 2, 3 e 4. Caso se deseje mais de uma cópia do documento, a opção Agrupar faz com que seja impressa uma cópia completa do documento antes da seguinte. Quando desativada essa opção, o programa imprime todas as cópias da primeira página, todas as da segunda e assim por diante. Nesse caso, será necessário agrupá-las manualmente.

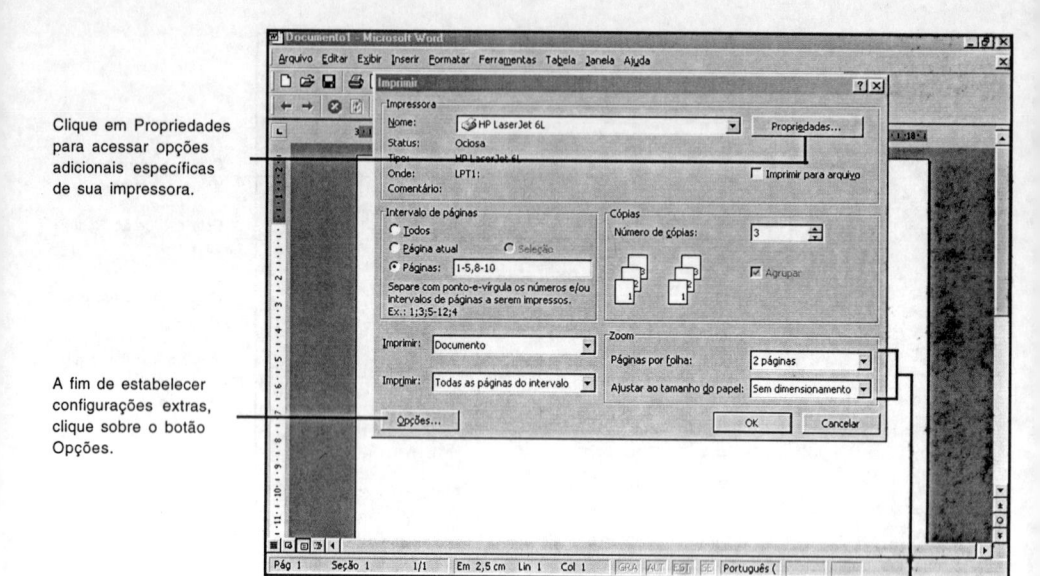

Clique em Propriedades para acessar opções adicionais específicas de sua impressora.

A fim de estabelecer configurações extras, clique sobre o botão Opções.

As novas opções de Zoom permitem a impressão de diversas páginas em uma única folha

Use a caixa de diálogo Imprimir para inserir as preferências de impressão.

Parte III

Manipulação de números com planilhas do Excel

Já se decorou a tabuada e se aprendeu divisão por dois números. Agora, o que se deseja é gastar menos tempo com uma calculadora e um pouco mais com as chuteiras de futebol.

Bem, então, pode tirá-las do armário, porque o Excel está pronto e ansioso para fazer o seu trabalho de casa. Digite texto e valores, insira algumas fórmulas e o Excel cuidará do resto — somar, subtrair, multiplicar, dividir e mesmo fornecer um gráfico dos resultados!

Quer se esteja refinanciando a casa, analisando números de vendas ou criando um plano de negócios, mostraremos nessa parte como automatizar seus cálculos com o Excel.

Capítulo 10

Jornada da planilha

Neste capítulo

➤ Uma viagem baratinha pela tela do Excel.

➤ Tipos de dados que podem ser inseridos em uma planilha.

➤ Digitação de registros em pequenas caixas.

➤ Automatização da entrada de dados.

➤ Trabalho com múltiplas pastas de trabalho.

Ao contrário da crença popular, não é preciso ser fera em matemática ou um contador credenciado para saber processar alguns números. Tudo que se precisa é de um bom programa de planilha como o Excel (e um pouco de instrução) e, em breve, se estará manipulando números com agilidade, introduzindo fórmulas complexas e cálculos, controlando orçamentos e fazendo outras tarefas mais complicadas para impressionar amigos e colegas. Até você mesmo se impressionará!

Antes de começar os malabarismos com números, no entanto, deve-se digitá-los. Neste capítulo, será ensinado como movimentar-se dentro do Excel e introduzir os dados brutos que o programa precisa para realizar sua mágica. Ao longo do caminho, serão mostradas algumas maneiras rápidas de encher suas planilhas de dados e rearranjá-los.

Terminologia

A Microsoft insiste em chamar suas planilhas eletrônicas de *worksheets* (planilhas). Ao se executar o Excel pela primeira vez, é exibida uma *workbook* (pasta de trabalho) contendo três planilhas.

O Excel na estrada

Como se dá partida no Excel? Primeiro, é necessário achar o pedal do Excelerador. Sacou? Excel-erador! Bom, chega de brincadeira. Embora, eu já tenha ensinado como iniciar os programas do Office na primeira parte desse livro, vou repetir. Para executar o Excel, aponte para **Iniciar**, **Programas**, **Microsoft Excel** ou utilize um dos métodos alternativos discutidos no capítulo 1, "Guia rápido para o Office 2000 profisional".

Depois que o programa inicia, fica-se abandonado diante de uma grande pasta de trabalho vazia (como mostra a próxima figura) contendo três planilhas.

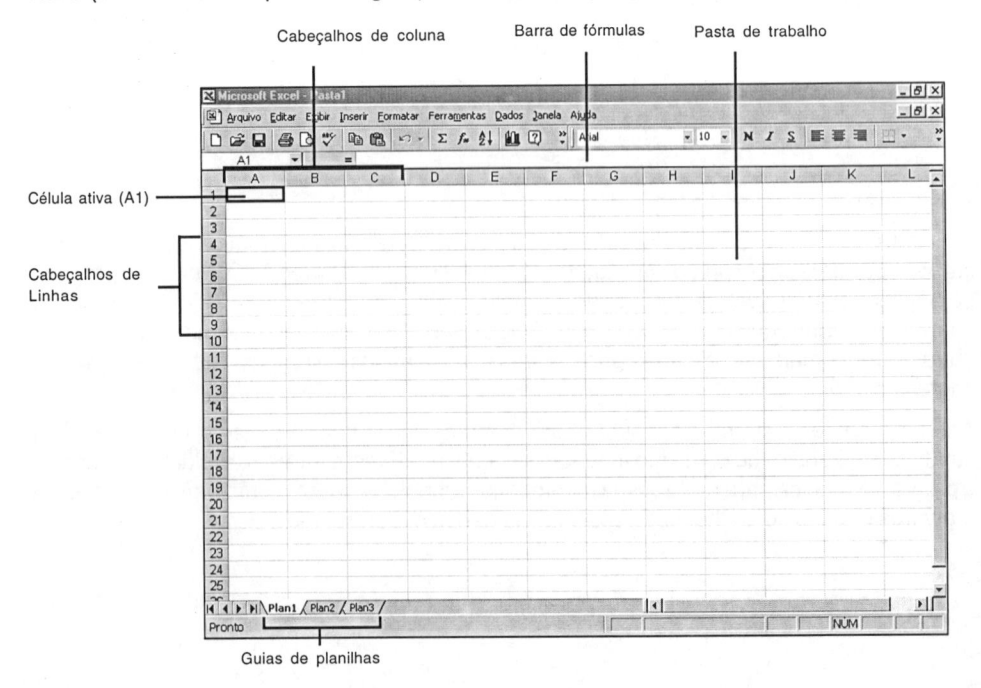

A janela do Excel pode apresentar alguns itens desconhecidos.

Capítulo 10 ➤ *Jornada da planilha*

A área ao redor da pasta de trabalho apresenta todos os controles típicos do programa, incluindo barras de ferramentas, de menu e de rolagem. Observa-se também os seguintes itens menos familiares:

➤ *Guias da pasta de trabalho.* Permite a mudança de páginas dentro da pasta. Clique sobre uma delas para selecioná-la. Posicione o ponteiro do mouse sobre ela e pressione seu botão direito para outras opções. Veja as instruções na seção "Como trabalhar com planilhas" ainda neste capítulo.

➤ *Barra de fórmulas.* Possibilita a entrada de dados nas *células* (pequenas caixas presentes na planilha) e sua edição. Tudo sobre essa barra será aprendido ao se começar a digitar as entradas.

➤ *Cabeçalhos de colunas.* São caixas cinzas localizadas no topo das colunas. Cada coluna é designada por uma letra do alfabeto (A até Z e depois de AA até AZ, de BA a BZ e assim por diante até a coluna IV — 256 colunas no total). A fim de selecionar uma coluna, clique sobre o seu cabeçalho.

➤ *Cabeçalhos de linhas.* São as caixas cinzas presentes do lado esquerdo de cada linha que indicam seus respectivos números (numeradas de 1 até 65536). A fim de selecionar uma linha, clique sobre seu cabeçalho.

➤ *Célula ativa.* Consiste na célula de borda espessa ao seu redor — célula A1 (primeira), localizada no canto superior esquerdo da planilha.

O que significam as letras e os números?

Em uma planilha, linhas e colunas se cruzam para formar caixas as quais nos referimos afetuosamente como *células*. Cada uma delas tem um endereço formado pela letra da coluna e pelo número da linha. Por exemplo, o endereço da célula localizada no canto superior esquerdo da planilha é A1. Os endereços são usados nas fórmulas para referirem valores de células em particular. Assim, a fórmula =A1+A2+A3 determinaria o total de valores nas células A1 a A3. Ao se clicar sobre uma célula, o Excel realça seu número de linha e letra de coluna e exibe seu endereço na caixa Caixa de nome à esquerda da barra de fórmulas.

Nem todas as entradas de dados são iguais

Como acontece com a maioria dos aplicativos, o Excel é capaz de aceitar quaisquer tipos de dados que possam ser digitalizados. Pode-se inserir figuras, sons, clipes de vídeo, endereços de páginas da Web, endereços de e-mail — escolha. No entanto, tudo isso é meramente decorativo para uma planilha. O que ela realmente precisa é de números, fórmulas e alguns rótulos que indiquem o que eles significam:

> ➤ *Rótulos*. Entradas de texto que normalmente se digita no alto da coluna ou do lado esquerdo de uma linha para indicar o que aquela coluna ou linha significam.

> ➤ *Números (valores)*. Os dados brutos dos quais o Excel precisa. São introduzidos em linhas ou colunas para mantê-los todos intactos e arrumados.

> ➤ *Fórmulas*. Entradas que solicitam que o Excel realize cálculos. Caso se digite a fórmula =A6+C3 dentro da célula D5, por exemplo, o programa soma os valores das células C3 e A6 e insere a resposta na célula D5. Ao se digitar uma fórmula e apertar a tecla Enter, o resultado aparece na célula. No próximo capítulo será ensinado tudo sobre fórmulas.

> ➤ *Funções*. Fórmulas predefinidas que realizam cálculos relativamente complexos com um único operador. Também trataremos mais sobre o assunto no próximo capítulo.

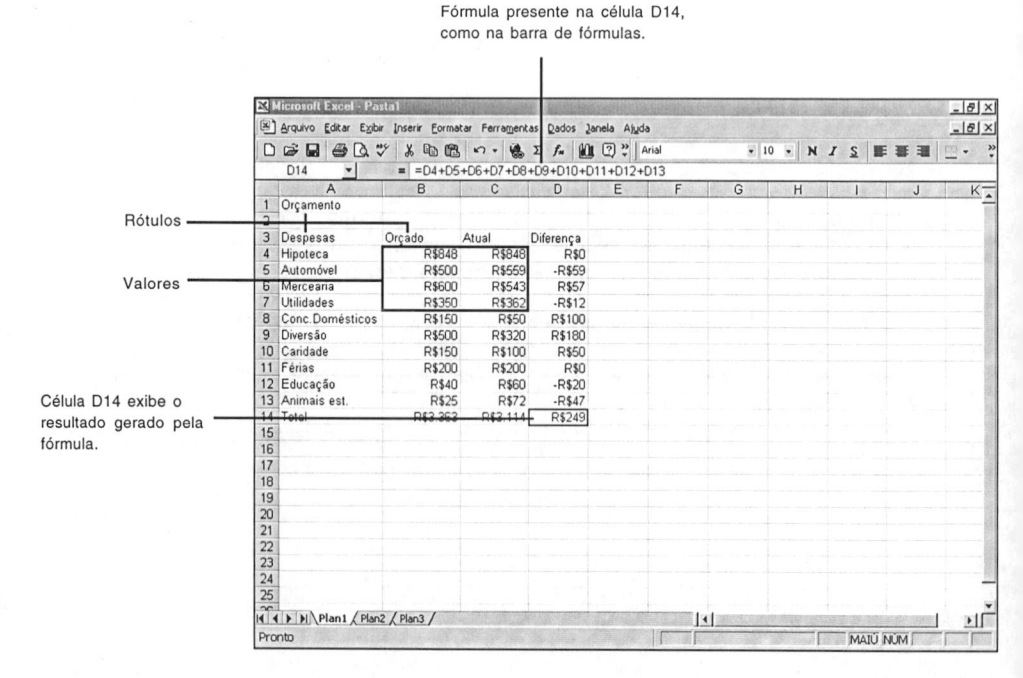

É possível inserir rótulos, números, fórmulas e funções dentro da pasta de trabalho.

Capítulo 10 ➤ Jornada da planilha   109

Entrada de dados

A fim de introduzir dados, antes de tudo selecione uma célula, clicando sobre ela ou usando as teclas de setas para movê-la. Uma caixa de contorno mais grosso e mais escuro (a caixa de seleção) aparece ao redor da célula selecionada.

Ao se começar a digitar alguns dados dentro dela, eles aparecem imediatamente no seu interior e na barra de fórmulas acima da janela da pasta de trabalho. Dois botões também aparecem nessa última: um X vermelho e uma marca de conferência de cor verde. Clique sobre essa (ou pressione **Enter**) para aceitar a entrada e inseri-la na célula ou no X vermelho (ou pressione a tecla **Esc**) para cancelá-la. (Caso se pressione a tecla Enter, a caixa de seleção desloca-se para baixo de modo automático para que se possa digitar uma entrada na próxima célula.)

Para editar uma entrada enquanto se digita, use a tecla Backspace e Delete como normalmente se faz para apagar caracteres e em seguida digite a correção. Caso concorde com a entrada digitada e depois decida mudá-la, tem-se três opções: clicar duas vezes sobre a célula que contém a entrada e editá-la dentro da célula; selecionar a célula e editar a entrada na barra de fórmulas ou selecionar aquela, pressionar **F2** e editar o registro dentro da célula.

Caso se digite dentro de uma célula uma entrada relativamente longa, essa permanece na sua própria célula, porém parece avançar sobre aquela que se encontra à sua direita. Se essa última estiver preenchida por outra entrada, aquela longa anterior, sendo um rótulo, pode se apresentar cortada ou como uma série de símbolos (#####), caso seja um valor. Calma, o Excel não está querendo enlouquecer ninguém. Esse símbolo simplesmente pretende alertar para o fato de que

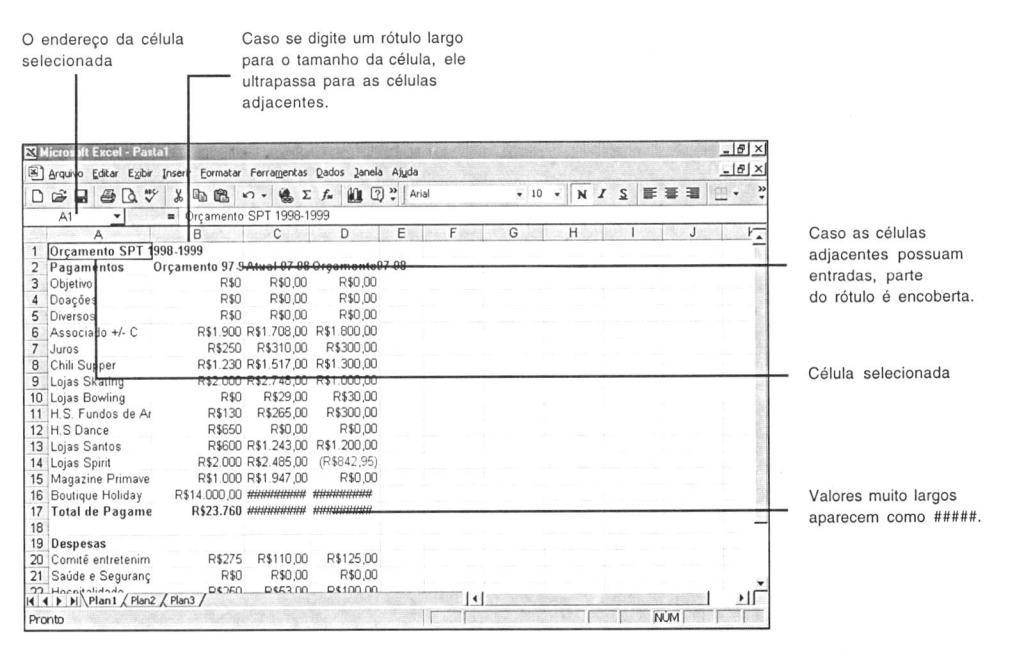

Enquanto se digita, a entrada aparece na célula selecionada e na barra de fórmulas.

um valor inteiramente numérico não está conseguindo ser exibido — em vez de mostrar apenas uma parte do valor (o que poderia ser facilmente ignorado), o programa expõe o símbolo já mencionado.
De qualquer forma, nada de pânico. Embora não se possa visualizar a entrada, ela ainda está lá e é exibida na barra de fórmulas. É preciso apenas aumentar a largura da coluna. Clique em qualquer lugar dentro dela, abra o menu **Formatar**, escolha **Coluna** e **AutoAjuste da seleção**. Esse comando alarga a coluna automaticamente a fim de que ela se adapte ao texto. Uma solução alternativa seria a colocação do ponteiro do mouse entre os cabeçalhos de coluna até que ele se transforme em um seta de ponta dupla e então clicar duas vezes. (A fim de se ter um domínio maior sobre a largura de coluna e altura de linha, confira em "Ajuste da altura das linhas e largura de colunas" no Capítulo 12.)

Uma outra maneira de adaptar um longo texto dentro de uma célula é fazer com que o Excel *quebre* o texto de uma linha para outra e amplie a célula verticalmente. Para ativar esse recurso, primeiro realce a(s) célula(s) na qual(is) se encontra(m) o texto que se deseja quebrar. Abra o menu **Formatar** e escolha **Células**. Clique sobre a guia **Alinhamento** e opte por **Retorno automático de texto** clicando na caixa de verificação ao seu lado. Depois disso, pressione o botão **OK**.

Como gerenciar planilhas extensas?

A fim de manter os cabeçalhos de coluna e linha na tela quando se rola a planilha, congele um bloco de células para evitar que se movam. Clique sobre uma célula à direita da coluna(s) ou diretamente abaixo da linha(s) que deseja congelar. Abra o menu **Janela** e escolha **Congelar painéis**. Uma linha escura aparece abaixo da linha(s) congelada(s) ou à direita da coluna(s) congelada(s). Para descongelar os painéis, escolha **Janela**, **Descongelar painéis**.

O que fazer a respeito de valores monetários e porcentagens?

Embora seja possível a inclusão de símbolos monetários e de porcentagem quando da entrada de valores numéricos, pode-se não desejar fazê-lo. Por quê? Porque é possível a aplicação de formatação que os adiciona. Por exemplo, em vez de digitar uma coluna de quantias em reais incluindo seu símbolo e a vírgula decimal, pode-se digitar números como 700 e 19,99 e mudar a formatação da coluna para Moeda. O programa mudará as entradas para $700,00 e $19,99, acrescentando seu querido símbolo do real onde necessário. (Confira como proceder no capítulo 12: "Uma aparência profissional para sua planilha".)

Números tratados como texto

E caso se deseje que sejam tratados como texto? Digamos que se queira usar números para um CEP em vez de um valor. Para fazer isso, preceda a entrada com um apóstrofo ('), como em '90210. Esse sinal anterior ao número é um prefixo de alinhamento que instrui o programa a tratar os caracteres posteriores como texto e alinhá-los à esquerda na célula.

Números tratados como datas e horas

Querendo usar valores de data ou hora na planilha, digite-os no formato que os deseja exibido (vide a tabela 10.1). Ao se introduzir uma data usando um dos formatos mostrados na tabela, o Excel a converte em um número que representa o número de dias entre ela e o dia 1 de janeiro de 1900. (O programa realiza tal conversão para que possa realizar cálculos envolvendo datas.) Contudo, nunca se vê o misterioso número. O aplicativo sempre exibe a data normal na tela. Independente do que diz a mídia, não é preciso preocupação quanto aos danos que o ano 2000 cause às datas. O Excel está configurado para lidar com datas até o ano 9999.

Tabela 10.1 Formatos válidos para datas e horas

Formato	Exemplo
MM/DD	9/9
MM/DD/YY	9/9/98 ou 09/09/98
MMM-YY	Ago-98 ou Agosto-98
DD-MMM-YY	16-set-98
DD-MMM	29-Mar
Month, D, YYYY	Março 29, 1998
HH:MM	16:50
HH:MM:SS	9:22:55
HH:MM AM/PM	6:45 PM
HH:MM:SS AM/PM	10:15:25 AM
MM/DD/YY HH:MM	11/24/97 12:15

Segredos dos mestres de entrada de dados

A Microsoft percebeu há muito tempo que as pessoas não gostam de digitar. Por isso, implementou no Word os recursos de AutoCorreção e AutoTexto para que as pessoas não tivessem que perder tempo corrigindo erros comuns de digitação e digitando cada caractere de palavras e frases comuns. No Excel, a empresa oferece as mesmas ferramentas e mais. As seções seguintes explicam como se pode usar essas funções que economizam tempo para turbinar a entrada de dados.

Estamos no exército agora

A menos que se digite AM ou PM, o Excel assume que se esteja usando o sistema horário militar de 24 horas; por isso, ele interpreta 8:20 como AM (não PM) exceto se digitarmos 8:20 PM. No sistema horário militar, teria-se que digitar 20:20 para 8:20 PM (Após pressionar Enter, realce a célula na qual se digitou a hora e confira a barra de fórmulas para ver o sistema horário.

Preenchimento

Digamos que seja preciso inserir o mesmo rótulo, data ou valor em 20 células. O simples pensamento de digitar 20 vezes uma mesma data faz com que os dedos já se contraiam. Seria possível usar os comandos Copiar e Colar para isso, porém seria ligeiramente menos tedioso. Qual a solução? Utilize o recurso *Preencher*.

Para preencher células vizinhas com a mesma entrada, arraste a célula que a contém e aquelas para as quais deseja copiar o dado (acima, abaixo, à esquerda, à direita — isso não importa). Abra o menu **Editar**, aponte para **Preencher** e clique na direção que pretende preencher: **Abaixo**, **À direita**, **Acima** ou **À esquerda**. O programa despeja a entrada dentro das células selecionadas.

Um preenchimento rápido

Aquele submenu era divertido, porém existe uma maneira mais fácil. Antes de tudo, clique sobre a célula que contém a entrada que se deseja inserir nas células vizinhas. No canto inferior direito da célula encontra-se um pequeno quadrado conhecido como *alça de preenchimento*. Posicione o ponteiro do mouse sobre a alça e ele se transformará em uma cruz. Arraste a alça sobre as células que deseja preencher e, ao final do percurso, solte o botão do mouse.

Capítulo 10 ➤ *Jornada da planilha* 113

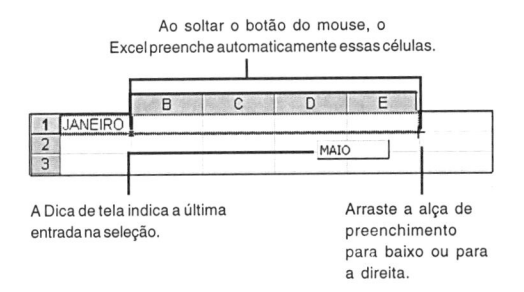

```
                    Ao soltar o botão do mouse, o
                    Excel preenche automaticamente essas células.

            ┌───────┬───B───┬───C───┬───D───┬───E───┐
            │ 1 │JANEIRO│       │       │       │       │
            │ 2 │       │       │       │  MAIO │
            │ 3 │       │       │       │       │
            └───────┴───────┴───────┴───────┴───────┘

         A Dica de tela indica a última      Arraste a alça de
         entrada na seleção.                 preenchimento
                                             para baixo ou para
                                             a direita.
```

Pode-se arrastar a alça para um rápido preenchimento.

Em alguns casos, essa ação insere a mesma entrada dentro de todas as células. Em outros, insere entradas que completam uma série. Por exemplo, caso se use o recurso para preencher quatro células seguidas com a palavra janeiro, o Excel insere fevereiro, março, abril e maio. Por quê? O programa possui algumas *séries de preenchimento* predefinidas, as quais utiliza para tornar o AutoPreenchimento uma ferramenta mais inteligente.

Crie suas próprias séries de AutoPreenchimento

Para personalizar esse recurso, primeiro digite a série em uma coluna ou linha (ou abra uma pasta de trabalho que já contenha a série). Arraste o cursor do mouse sobre as entradas da série. Abra o menu **Ferramentas**, selecione **Opções** e clique na guia **Listas personalizadas**. Pressione o botão **Importar**. É possível adicionar itens à lista de AutoPreenchimento digitando-os na caixa de texto **Entradas da lista**. Clique em **OK** quando terminar.

Preenchimento de lacunas usando o recurso de AutoComplete

Muitos usuários de planilhas eletrônicas gastam muito tempo inserindo dados repetitivos ou os mesmos rótulos dentro de colunas reiteradamente. O Excel pode ajudar a agilizar tais entradas com o recurso de AutoComplete (AutoConclusão). Essa ferramenta funciona da seguinte maneira: o programa conserva um registro de suas entradas para cada coluna. Em vez de redigitar uma entrada, posicione o cursor sobre uma célula vazia na coluna, clique no botão direito do mouse e selecione **Lista de opções**. Uma lista de entradas que já foram digitadas naquela coluna aparece abaixo da célula selecionada. Pode-se, então, escolher aquela que se deseja, o que é muito mais rápido do que digitar a palavra outra vez.

| Automóvel |
| Orçamento |
| **Caridade** |
| Educação |
| Entretenimento |
| Mercearia |
| Concertos Domésticos |

Clique com o botão direito do mouse dentro de uma célula, selecione Lista de opções e escolha a entrada AutoConclusão.

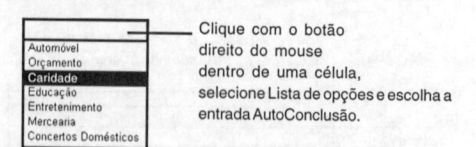

Pode-se inserir rapidamente entradas já digitadas.

Talvez já se tenha percebido que o recurso de AutoConclusão "chuta" enquanto se digita um texto. Caso se repita as poucas letras iniciais de uma entrada anterior, essa ferramenta "adivinha" que se está digitando uma informação repetida e termina a palavra pelo usuário. Caso a palavra inserida não esteja correta, continue digitando e ignore a AutoConclusão.

A tentativa dessa ferramenta de entrar valores pode também tornar-se irritante, caso estes valores sejam todos diferentes entre si. Para desabilitar a função para valores, abra o menu **Ferramentas**, selecione **Opções**, clique na guia **Editar** e desmarque a caixa de verificação ao lado de **Ativar AutoConclusão para valores de células**.

A vida no bloco de célula: células selecionadas

Até aqui, falamos da digitação de entradas em células. Após ter algumas, no entanto, talvez seja necessário selecioná-las para copiar, mover, apagar, formatar ou realizar outras operações em um grupo de células. Para proceder à seleção, use as seguintes técnicas:

➤ Para selecionar um grupo de células, arraste o ponteiro do mouse sobre elas.

➤ No caso de uma coluna, clique sobre a letra no alto dela. Arraste o ponteiro do mouse sobre as letras de colunas para selecionar mais de uma.

➤ Para selecionar uma linha, clique no número à esquerda da linha. Arraste o cursor do mouse sobre os números das linhas para selecionar mais de uma.

➤ Para selecionar uma planilha inteira, clique sobre o botão **Selecionar tudo**. (Trata-se daquele botão vazio acima dos números de linhas e à esquerda das letras de coluna.)

➤ A fim de selecionar diversas células vizinhas, colunas ou linhas, selecione a primeira delas. Depois, pressione a tecla **Shift**, mantenha-a pressionada e selecione a última delas.

➤ Para selecionar diversas células, colunas ou linhas separadas, selecione a primeira célula ou um grupo, colunas e linhas. Então, pressione e mantenha pressionado a tecla **Ctrl** e clique em outras células, colunas ou linhas.

Variando a faixa

Após se acostumar a selecionar células, talvez se observe ser freqüentemente necessário selecionar o mesmo grupo de células para formatar, copiar, imprimir ou referir-se a outras.

Ao invés de marcá-lo todas as vezes que se deseje realizar alguma operação com ele, considere a possibilidade de criação de uma *faixa*. Uma faixa consiste em um grupo retangular de células. Pode-se nomear a faixa para tornar mais fácil a seleção ou referência a ela. (No próximo capítulo, "Cálculos com fórmulas", mostro como usar faixas em fórmulas.)

Capítulo 10 ➤ Jornada da planilha 115

O programa refere-se às faixas através de pontos âncoras: o canto esquerdo superior e o canto direito inferior. Por exemplo, caso se arraste o cursor do mouse sobre as células de C3 a E5, cria-se uma faixa à qual o Excel refere-se amigavelmente como C3:E5. (Isso não lhe recorda aquele jogo chamado batalha naval? Lembra: A5:D10 — Ei! Afundou meu couraçado!). Uma faixa utiliza dois pontos para separar os pontos âncoras.

Após ter selecionado uma faixa, deve-se nomeá-la para tornar mais fácil seu reconhecimento e localização. Para nomear a faixa, clique na caixa **Nome** (no lado esquerdo da Barra de fórmulas), digite o nome desejado de acordo com as seguintes regras e pressione a tecla **Enter**.

➤ Inicie o nome da faixa com uma sublinha ou uma letra. Pode-se digitar números em um nome de faixa, mas não no início.

➤ Não utilize espaços. Pode-se usar uma sublinha, um ponto ou algum outro caractere esquisito para separar as palavras.

➤ É possível digitar até 255 caracteres (mas caso alguém digitasse qualquer coisa além de 15, deveria ser internada).

➤ O nome não pode ser o mesmo que um endereço de célula. (Seria desejável que um nome de faixa fosse tão camuflado quanto aqueles endereços de célula.) Por exemplo, uma faixa de entradas do quarto trimestre desse ano não pode ser chamada de Q4 porque esse já é o endereço de uma célula na planilha. Tente QuartoTrim, Trim4 ou alguma coisa assim.

A fim de selecionar rapidamente uma faixa já com nome, abra a caixa Name e clique no nome dela. Pode-se também abrir o menu **Editar** e selecionar **Ir para...** (ou pressionar **Ctrl+Y**). O programa exibe uma lista com os nomes das faixas. Clique naquela desejada e depois em **OK**.

Como trabalhar com planilhas?

Na maior parte dos casos, apenas uma única planilha é tudo do que se precisa. No entanto, algumas vezes, talvez sejam necessárias outras. Caso se precise manter um registro das receitas e despesas de um pequeno negócio, talvez se queira listar as categorias de receitas em uma planilha e as de despesas em uma outra. Uma terceira planilha seria usada para resumir a diferença entre receitas e despesas.

Muda-se de uma planilha para outra simplesmente clicando-se na guia da desejada. Pode-se dominar as guias fazendo o seguinte:

➤ *Inserir uma planilha.* Clique sobre a guia diante da qual se queira adicionar uma nova planilha e, então, abra o menu **Inserir** e clique em **Planilha**.

➤ *Excluir uma planilha.* Posicione o cursor sobre a guia da planilha, clique no botão direito do mouse e escolha **Excluir**. Um aviso será exibido pedindo que se confirme ou não a ação. Clique em **OK**.

➤ *Renomear uma planilha.* Posicione o cursor sobre a guia da planilha, clique no botão direito do mouse e escolha **Renomear** ou dê um duplo clique na guia. O nome atual da folha é realçado. Digite um nome para ela (até 31 caracteres) e pressione a tecla **Enter**. (Procure manter nomes curtos para que a guia não ocupe toda a área destinada a elas.)

- **Mover ou copiar....** A fim de mover uma planilha, arraste sua guia para a esquerda ou direita. Para copiar, mantenha a tecla **Ctrl** pressionada enquanto arrasta. Caso queira mover ou copiar um planilha para outra pasta de trabalho, abra ambas as pastas e posicione o cursor sobre a guia, clique no botão direito do mouse e escolha a opção **Mover or Copiar**. Determine suas preferências relativas ao destino da planilha e clique em **OK**.

- **Rolar.** Caso se tenha mais guias do que a capacidade da área destinada a elas, use os botões de rolagem à esquerda das guias para colocar em primeiro plano aquelas escondidas. Os dois botões centrais retrocedem ou avançam uma guia de cada vez. O botão da esquerda quando pressionado exibe a primeira e o da direita exibe a última guia de uma pasta de trabalho.

- **Selecionar múltiplas planilhas.** Pressione **Ctrl** e clique sobre a guia da planilha que deseja selecionar. Alternativamente, clique sobre a guia desejada e, em seguida, pressione **Shift** e clique sobre a última guia na faixa.

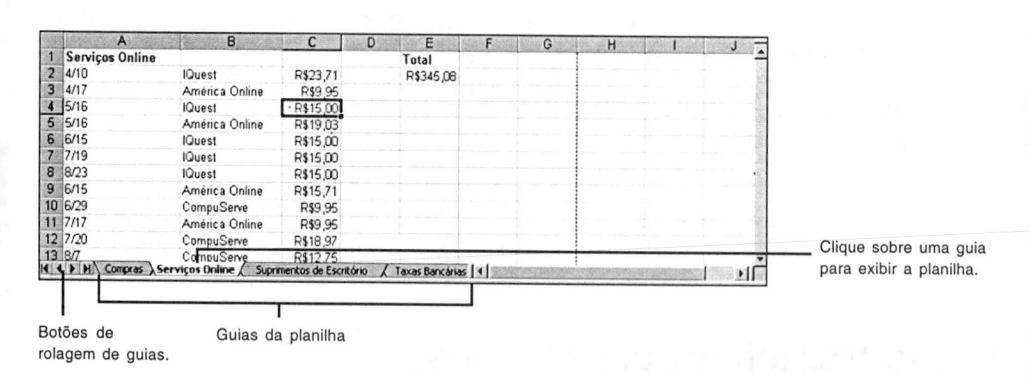

	A	B	C	D	E
1	Serviços Online				Total
2	4/10	IQuest	R$23,71		R$345,08
3	4/17	América Online	R$9,95		
4	5/16	IQuest	R$15,00		
5	5/16	América Online	R$19,03		
6	6/15	IQuest	R$15,00		
7	7/19	IQuest	R$15,00		
8	8/23	IQuest	R$15,00		
9	6/15	América Online	R$15,71		
10	6/29	CompuServe	R$9,95		
11	7/17	América Online	R$9,95		
12	7/20	CompuServe	R$18,97		
13	8/7	CompuServe	R$12,75		

Botões de rolagem de guias.

Guias da planilha

Clique sobre uma guia para exibir a planilha.

O Excel permite a criação de uma pasta de trabalho cheia de planilhas.

Faz tudo isso, e também é um banco de dados?

O pacote Microsoft Office inclui um programa de banco de dados poderoso chamado Access (sobre o qual falaremos tudo na Parte 5: "O domínio da era da informação com o Access". No entanto, o Excel proporciona algumas boas ferramentas de banco de dados que podem ser mais fáceis de usar. Caso precise de algo mais simples para um catálogo de endereços ou para manter um registro da sua coleção de fitas de vídeo ou coleção de CDs, Excel é tudo o que se precisa. Não será necessário lidar com a complexidade do Access.

A fim de criar um banco de dados no Excel, digite os *nomes dos campos* na primeira linha. Pode-se criar um catálogo de endereços simples digitando na linha 1 nomes de campos como Tratamento, PrimeiroNome, ÚltimoNome, Endereço etc. Utilize negrito ou outro tipo de formatação para separá-los das entradas de campo (os nomes e endereços reais das pessoas no banco de dados). Nas linhas restantes, digite os dados. Cada série de entradas de campo (cada linha) constitui um *registro* em seu banco de dados.

Capítulo 10 ➤ *Jornada da planilha* 117

Comece com mais planilhas

É possível alterar o número padrão de planilhas que o Excel cria para uma nova pasta de trabalho. Abra o menu **Ferramentas**, escolha **Opções** e clique na guia **Geral**. Use a caixa ao lado da frase **Número de planilhas na nova pasta** para digitar o número desejado de planilhas. Clique em **OK**.

Ao terminar de entrar como todos os registros, pode-se usar os comandos do menu Dados para classificar, filtrar e executar outras operações de gerenciamento de banco de dados. Caso se precise de um com maiores recursos, deve-se, em vez disso, considerar a possibilidade de uso do Access. Por exemplo, caso se esteja administrando o próprio negócio e precise manter um registro de clientes, faturas, inventário e empregados, deve-se gastar algum tempo aprendendo a lidar com Access, pois ele vai lhe poupar tempo a longo prazo.

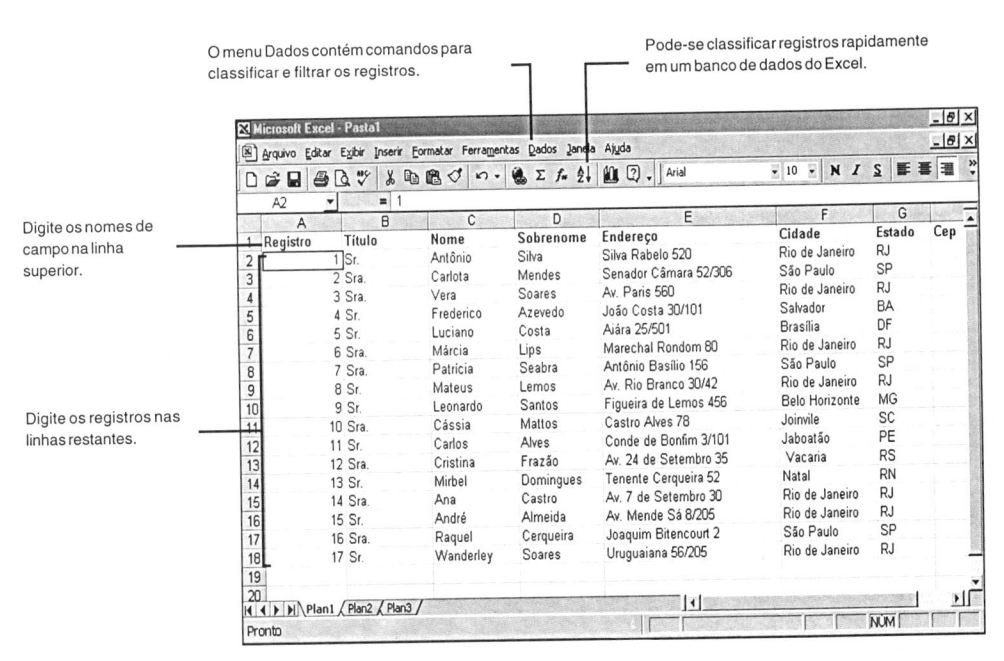

O menu Dados contém comandos para classificar e filtrar os registros.

Pode-se classificar registros rapidamente em um banco de dados do Excel.

Digite os nomes de campo na linha superior.

Digite os registros nas linhas restantes.

Pode-se criar um banco de dados simples no Excel.

Capítulo 11

Cálculos usando fórmulas

Neste capítulo
- Transforme a planilha eletrônica em uma calculadora automática.
- Determine totais rápidos e grandes com o recurso AutoSoma.
- Use funções para aqueles cálculos incrivelmente complexos.
- Cuidados especiais ao mover fórmulas.
- Brincando de "Adivinhação" com uma série de valores.

Embora uma planilha do Excel seja ideal para dispor entradas em colunas e linhas, esse não é seu objetivo principal. Pode-se fazer isso usando o recurso Tabela presente no Word. O que torna uma planilha tão poderosa é sua capacidade de realizar cálculos usando diversos valores nela contidos. Além disso, pode-se estabelecer cenários ilimitados para a planilha que fornecem números diferentes nos cálculos possibilitando ao usuário brincar de "Adivinhação" com diversas seqüências de números!

Neste capítulo, ensina-se como desencadear o poder das fórmulas, funções e outras ferramentas de cálculo do Excel.

Entenda as fórmulas e prepare a sua própria

O termo *fórmula* pode invocar a imagem de um físico rabiscando operações matemáticas abstratas em um quadro de giz. As fórmulas do Excel são muito mais práticas do que isso. Elas realizam operações matemáticas (adição, subtração, multiplicação e divisão) com as entradas presentes na planilha para determinar totais parciais e finais, percentagens e outros resultados práticos. Para começar, aqui estão alguns dados úteis sobre esse assunto:

➤ Digita-se a fórmula dentro da célula na qual se deseja ver a resposta.

➤ Todas as fórmulas começam com o sinal de igualdade (=). Caso se inicie com uma letra, o programa vai considerar como um rótulo.

➤ As fórmulas usam endereços de células para importar valores delas para a fórmula. Por exemplo, a fórmula =A1+D3 adiciona os valores contidos nas células A1 e D3.

➤ As fórmulas usam os seguintes símbolos:

+   adição
-     subtração
x   multiplicação
/   divisão
^   exponenciação
%   percentagem

➤ Pode-se incluir os próprios números nas fórmulas. Para determinar sua renda anual, por exemplo, a renda mensal seria multiplicada por 12. Caso ela estivesse na célula C5, a fórmula seria =C5x12.

Uma fórmula simples pode se parecer com algo como =A1+B1+C1+D1, que determina o total final dos valores presentes nas células A1 até D1. No entanto, as fórmulas podem ser muito mais complexas usando valores provenientes de duas ou mais planilhas e mesmo de pastas de trabalho diferentes!

Organização dos operadores

Você, provavelmente, deve estar morrendo de vontade de começar a inserir fórmulas para ver o resultado. Calminha! Primeiro, é preciso um curso de reciclagem sobre uma pequena regra matemática que determina a *ordem de operações*. Em qualquer fórmula, o Excel realiza as operações da esquerda para a direita na seguinte ordem, a qual faz com que alguns operadores *precedam* outros:

1º	Todas as operações entre parênteses
2º	Equações exponenciais ou operações
3º	Multiplicação e divisão
4º	Adição e subtração

É importante tê-la na cabeça quando se cria equações porque a ordem das operações determinam o resultado. Por exemplo, caso se queira determinar a média dos valores nas células A1, B1 e C1e se entra com a fórmula: =A1+B1+C1/3, provavelmente se obterá a resposta errada. O Excel divide o valor de C1 por 3 e depois adiciona o resultado encontrado a A1+B1. Ele calcula dessa maneira porque a divisão precede a adição. Então, como se determinaria de maneira correta essa média? Deve-se agrupar os valores entre parênteses.

Capítulo 11 ➤ *Cálculos usando fórmulas* 121

Nesse pequeno exemplo, deseja-se totalizar primeiro a soma de A1 até C1. Para fazê-lo inclua os endereços de células em parênteses: =(A1+B1+C1)/3. Isso instruirá o programa a totalizar os valores antes de dividi-los.

Diga-me já como introduzi-los!

Pode-se introduzir fórmulas de duas maneiras: *digitando*-as ou *selecionando* as referências de células.

A fim de digitar, clique sobre a célula na qual deseja que o resultado apareça, digite a fórmula (começando com um sinal de igual) e pressione **Enter**. O programa calcula o resultado e o insere na célula selecionada (supondo que se tenha inserido valores para serem calculados).

Erro!

Se uma mensagem de erro aparecer na célula em que se digitou a fórmula, certifique-se de não ter inserido uma formula que ordenasse ao Excel executar uma das seguintes tarefas: dividir por zero ou uma uma célula em branco, usar um valor em uma célula em branco, excluir uma célula que está sendo utilizada em uma fórmula, ou usar um nome de intervalo onde se supunha um endereço de célula única.

Para inserir uma fórmula através da seleção de referência de células, siga as seguintes instruções, e não pressione a tecla Enter até que se tenha digitado toda a fórmula (é tentador, mas não o faça):

1. Selecione a célula na qual deseja que o resultado apareça.
2. Digite o sinal de igual (=).
3. Clique sobre a célula cujo endereço se deseja que apareça em primeiro lugar na fórmula. O endereço aparecerá na barra de fórmula.
4. Digite um operador matemático (+, -, e assim por diante) depois do valor para indicar a próxima operação que se deseja realizar.
5. Continue fazendo o mesmo dos itens 3 e 4 até que se termine de inserir a fórmula.
6. Ao terminar, pressione **Enter** para aceitar a fórmula.

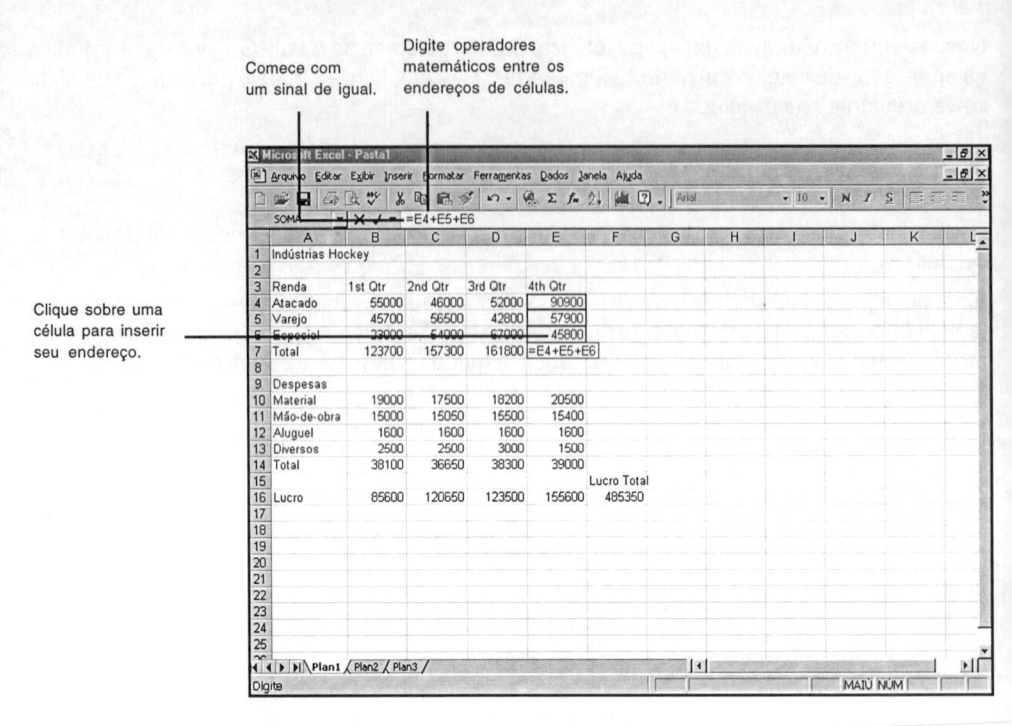

A maneira mais fácil de se compor fórmulas é apontar e clicar.

Caso se comita um erro ao se inserir uma fórmula, simplesmente retroceda sobre ela e digite a correção como faria com qualquer outra inserção de célula. Caso já tenha aceito (pressionando Enter ou clicando no botão de inserção), dê um duplo clique sobre a célula (ou clique nela e depois na barra Fórmula onde deseja fazer as modificações).

Quando se introduz fórmulas, pode-se observar que o Excel realiza automaticamente o cálculo. Caso seja alterado um valor em uma célula usada pela fórmula, o programa recalcula instantaneamente toda a planilha! Caso se tenha uma longa planilha com muitas fórmulas e um computador lento, isso pode prejudicar a velocidade do Excel de modo significativo, então pode ser recomendável alterar as configurações de recálculo. Para desativar a opção de Auto Calculation, abra o menu **Ferramentas**, escolha **Opções** e clique sobre a guia **Cálculo**. Selecione **Manual** e clique sobre **OK**. De agora em diante, quando se quiser recalcular a planilha, pressione F9.

Aceleração com funções

Funções são fórmulas predefinidas que podem ser usadas para a realização de uma série de operações usando dois ou mais valores ou uma faixa de valores. Por exemplo, para se determinar a soma de uma série de valores nas células A5 até G5, pode-se usar a função =SOMA(A5:G5) em vez de digitar +A5+B5+C5+D5+E5+F5+G5, que envolve muita digitação. As funções podem economizar muito tempo. Outras funções são capazes de realizar operações mais complexas como determinar o pagamento mensal de um empréstimo quando são supridas com os valores do principal, taxa de juros e o número de meses para o pagamento.

Capítulo 11 ➤ *Cálculos usando fórmulas*   123

Toda função deve ter os três elementos seguintes:
➤ O *sinal de igual* (=) indica que a seguir vem uma fórmula e não um rótulo.
➤ O *nome da função* (por exemplo, SOMA) indica o tipo de operação que se deseja do programa.
➤ O *argumento*, como (A3:F11), indica os endereços de células dos valores sobre os quais a função agirá. O argumento normalmente consiste em uma faixa de células, porém pode ser muito mais complexo.

Uma outra coisa para lembrar é que a função pode ser parte de uma outra fórmula. Por exemplo, =SOMA(A3:A9)+B43 usa a função SOMA junto com o operador de adição para adicionar o valor na célula B43 ao total dos valores presentes nas células A3 até A9.

A maravilhosa ferramenta AutoSum

Uma das tarefas mais freqüentes que se realiza é a soma dos valores inseridos nas células da planilha. Devido ao fato de essa operação ser tão popular, o Excel proporciona uma ferramenta dedicada à soma — AutoSoma.

A fim de determinar rapidamente o total de uma linha ou coluna de valores, primeiro clique em uma célula vazia à direita da linha ou exatamente abaixo da coluna de valores. Em seguida, clique sobre o botão **AutoSoma** presente na barra de ferramentas Padrão. A ferramenta supõe que se deseja adicionar os valores presentes nas células à esquerda ou acima da que fora selecionada, então o programa exibe uma caixa de bordas tracejadas em movimento (conhecida como *marquee*) ao redor daquelas células. Caso a AutoSoma selecione uma faixa incorreta de células, pode-se editar a seleção marcando aquelas outras cujos valores se deseja acrescentar. Uma vez que a fórmula de AutoSoma esteja correta, pressione **Enter** ou clique em uma outra célula.

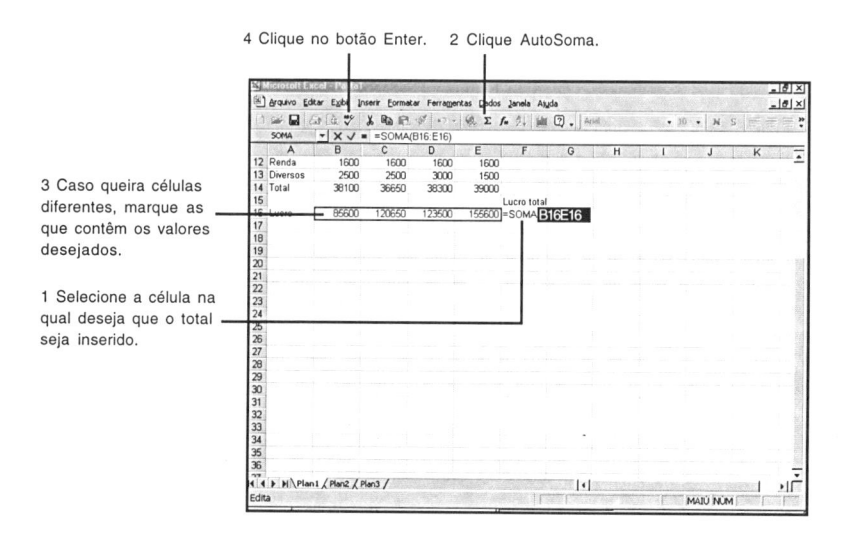

4 Clique no botão Enter.   2 Clique AutoSoma.

3 Caso queira células diferentes, marque as que contêm os valores desejados.

1 Selecione a célula na qual deseja que o total seja inserido.

Com apenas um clique em um botão, a AutoSoma determina o total.

Caso sua planilha possua duas ou mais células que contenham subtotais, pode-se também usar a AutoSoma para determinar a total final. Clique sobre a célula na qual deseja inseri-lo e, então, pressione o botão **AutoSoma**. Clique sobre o primeiro subtotal, depois pressione **Ctrl** e sobre os subtotais que queira incluir no total. Pressione a tecla **Enter**.

AutoCálculo

Marque uma faixa de valores e olhe para a barra de status. Nela será visto **Soma=**, seguido pelo total dos valores presentes nas células selecionadas. Esse recurso, chamado *AutoCálculo,* pode ajudar a determinar os totais sem inserir um total em uma célula. Posicione o cursor do mouse sobre a barra de status e pressione seu botão direito que torna possível exibir a média das células selecionadas ou a soma (o número de entradas de célula).

Desmistificando as funções com o recurso Colar Função

As funções SOMA e MÉDIA são claramente fáceis de inserir. No entanto, outras funções como a financeira, que determina o pagamento de um empréstimo, pode conter diversos valores e exigir sua entrada com a *sintaxe* (ordem) apropriada. A fim de digitar a função, deve-se lembrar do seu nome e saber a sintaxe errada que pode ser bem difícil. O recurso *Colar função* pode tornar esse processo menos doloroso. Para colar uma função dentro de uma célula, siga as seguintes etapas:

1. Selecione a célula na qual se deseja inserir a função.
2. Abra o menu **Inserir** e escolha **Função** ou, melhor ainda, clique no botão **Colar Função** presente na barra de ferramentas Padrão. A caixa de diálogo Colar Função aparece exibindo uma lista de funções disponíveis.

Capítulo 11 ➤ Cálculos usando fórmulas

Selecione uma categoria de função.

Selecione uma função específica.

A descrição da função aparece aqui.

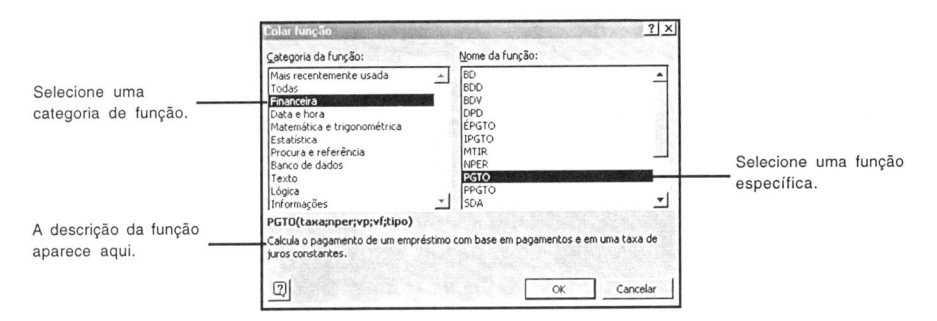

A caixa de diálogo Colar função possibilita a seleção da função em vez de digitá-la.

3. Na lista **Categoria da função**, selecione o tipo de função que deseja inserir. Caso não se esteja certo, selecione **Todas** para exibir os nomes de todas as funções. Elas estão dispostas em ordem alfabética.

4. Selecione a função que deseja inserir a partir da lista **Nome da função** e clique em **OK**. A palheta de fórmula aparece, solicitando a digitação do argumento. Pode-se digitar valores ou endereços de célula nas várias caixas de texto. Alternativamente, pode-se clicar sobre o botão à direita da caixa de texto e, então, sobre a célula que contém o valor específico.

Dica para novatos em função

Ao selecionar uma função na lista Nome da função, o Excel exibe uma descrição dela. Leia-a para descobrir seu propósito.

Aponte e clique nos argumentos da função

Caso se clique no botão para um dos itens no argumento da função, o programa retira a palheta de fórmula do caminho, exibindo o endereço da célula atualmente selecionada e um botão para exibir novamente a palheta. Após selecionar a célula desejada, clique sobre o botão à direita do endereço da célula para reexibir. É possível também arrastá-la para fora do caminho e clicar na planilha quando preciso.

Clique nesse botão para ocultar a palheta de fórmula e, em seguida, sobre a célula que contém o valor específico.

Digite os valores e referências de células que constroem o argumento.

5. Introduza os valores ou faixas de célula para o argumento. Pode-se digitar um valor ou argumento ou clicar nas células que contenham os valores requeridos. (Alguns argumentos, como os iniciados por "Se", são opcionais. O Excel deverá "decidir" que ação realizar baseado nas entradas presentes na planilha.)
6. Clique sobre **OK** ou pressione **Enter**. O Excel insere a função e o argumento na célula selecionada e exibe o resultado.

Quando se precisa editar uma função usando o Assistente de Função, selecione a célula onde ela está presente. (Certifique-se de não estar no modo de Edição, isto é, o ponto de inserção não deve aparecer na célula.) Abra o menu **Inserir** e escolha **Função** ou clique sobre o botão **Colar função**. Essa ação exibe a palheta de fórmula que o ajudará na edição do argumento.

Capítulo 11 ➤ Cálculos usando fórmulas

Veja uma função de investimento em ação

A fim de obter alguma experiência prática com funções, confira a chamada VF (*valor futuro*). Essa função permite que se brinque com alguns números para determinar quanto se terá economizado quando a aposentadoria chegar. Digamos que se pretenda aposentar dentro de 20 anos e se invista R$ 200 por mês com uma taxa de 8% de juros. A seguinte função poderia ser usada:

=VF(8%/12,240,-200,0,1)

Onde:

= é um elemento essencial na expressão da função, como explicado anteriormente.

VF é o nome da função que significa "future value" (valor futuro).

8%/12 significa a porcentagem anual paga dividida por 12 meses.

240 é o número de pagamentos (12 meses vezes 20 anos)

- 200 representa a quantidade que se investe a cada mês. Note que esse número é negativo.

0 significa a quantia investida agora. Caso tenha algum dinheiro economizado com a mesma taxa percentual, substitua o 0 com a quantia introduzida como um valor negativo.

1 especifica que o investimento mensal é feito no início do mês. Caso invista no final dele, utilize 0 ou deixe em branco.

Como o leitor já deve ter adivinhado, pode-se usar células de referência em lugar de valores. A figura seguinte mostra uma planilha de amostra usada para determinar o valor futuro de um investimento. Observe que cada valor abaixo relacionado encontra-se em uma célula separada.

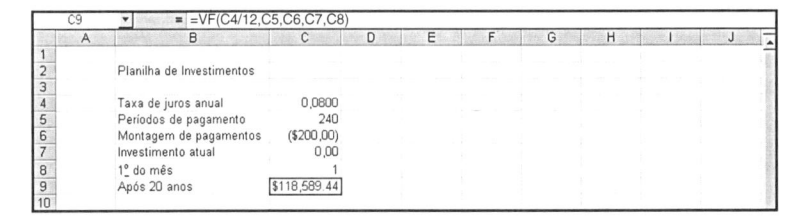

Utilize referências de células em vez de valores.

Detecção de erros

Os auditores de planilha do Excel podem ajudar a encontrar erros em fórmulas e funções. Clique sobre a célula que contém a função ou fórmula que não está funcionando adequadamente (ou a célula referenciada pelo fórmula ou função problema). Então, abra o menu **Ferramentas**, aponte para **Auditoria** e escolha a ferramenta adequada: **Rastrear precedentes, Rastrear dependentes** ou **Rastrear erro**. A ferramenta em questão exibe setas que apontam para as células de referência ou realça erros. Para removê-las, escolha **Ferramentas, Auditoria, Remover todas as setas**.

Controle de endereços de células ao se copiar ou mover fórmulas

Ao se copiar uma fórmula de um lugar para outro dentro da planilha, o Excel ajusta as referências de células nas fórmulas relativas às suas novas posições dentro da planilha. Na figura seguinte, a célula B9 contém a fórmula =B4+B5+B6+B7 que determina a renda total de vendas de Fred. Caso se copie aquela fórmula para a célula C9 (para determinar o mesmo valor para Wilma), o programa automaticamente altera a fórmula para =C4+C5+C6+C7.

A fórmula presente na célula B9 calcula a renda de vendas total de Fred.

Fórmula copiada para a célula C9 para determinar o mesmo para Wilma.

O Excel ajusta referências de células quando se copiam fórmulas.

Capítulo 11 ➤ *Cálculos usando fórmulas*

O exemplo anterior mostra uma fórmula na qual as referências de célula são *relativas*, ou seja, o Excel altera os endereços de célula relativos à posição da fórmula. Nesse exemplo, a fórmula foi movida uma célula à direita, então, todos os endereços contidos nela foram também ajustados levando em conta a movimentação.

Todavia, algumas vezes, pode-se não querer que o programa ajuste as referências de células. A fim de mantê-las inalterdas quando da cópia ou movimentação de uma fórmula, deve-se marcar a célula de referência na fórmula como uma *referência absoluta*. Para fazer isso, pressione a tecla **F4** imediatamente depois de digitar a referência ou mova o ponto de inserção dentro da referência de célula e pressione **F4**. Essa ação dispõe um sinal de cifrão antes da letra da coluna e do número da linha (como em E2). Pode-se digitar o sinal mencionado mas, em geral, é melhor deixar que o Excel faça isso.

É possível também marcar a letra de coluna *ou* o número de linha (mas não ambos) como absoluto. Isso capacita uma ou outra a mudar quando se copia ou se move a fórmula. Mantenha pressionada a tecla F4 até que se obtenha a combinação de sinais de cifrão desejada.

Brincar de "adivinhação" com cenários

Depois de ter alguns valores e fórmulas no lugar, deixe a diversão começar! O Excel oferece uma ferramenta que possibilita conectar diferentes séries de valores às suas fórmulas para determinar os efeitos de diferentes valores sobre o resultado.

Digamos que se esteja adquirindo uma casa e se precise ter alguma idéia de quanto serão as prestações mensais utilizando-se várias importâncias de empréstimo. Criou-se com sucesso uma planilha que determina as mensalidades a serem pagas por uma casa de US$ 120.000,00 a uma taxa de 8,5%, porém se gostaria de saber qual seria o pagamento para uma que custasse US$ 110.000,00, 130.000,00 e 140.000,00. Também se deseja verificar os efeitos de outras taxas de empréstimo. Poderia se criar um monte de planilhas separadas, contudo, uma solução melhor seria a criação de diversos cenários para a mesma planilha. Um *cenário* consiste simplesmente em uma série de valores que se conectam a variáveis na planilha.

A construção de um cenário

A construção de um cenário é muito simples. Nomeia-se o cenário, instrui-se o programa sobre quais células possuem os valores com os quais se deseja brincar e, depois, digita-se os valores que o Excel usará no cenário. As seguintes instruções passo a passo o conduzirão através do processo de criação de um cenário:

1. Exiba a planilha para a qual deseja criar um cenário.
2. Abra o menu **Ferramentas** e clique sobre **Cenários**. O **Gerenciador de cenário** surge indicando que essa planilha não contém quaisquer cenários.
3. Clique sobre o botão **Adicionar**. A caixa de diálogo **Adicionar cenário** surge na tela.
4. Digite um nome para o cenário que descreva as alterações específicas que se pretende fazer. Por exemplo, caso se esteja criando esse cenário para determinar os pagamentos por uma casa de US$ 110.000,00 a uma taxa de 9,25%, pode-se digitar **110K @ 9,25%**.

5. Clique na caixa de texto **Células modificadas** e sobre a célula que contém o valor que se deseja mudar no cenário. A fim de mudar valores em outras células, pressione a tecla **Ctrl** e clique sobre elas. (Essa ação insere os endereços das células modificadas, separando-as por vírgulas.)
6. Clique em **OK**. A caixa de diálogo **Valores do cenário** exibe os valores atuais nas células que se deseja alterar.
7. Digite os valores que deseja usar para esse cenário e clique em **OK**. O gerenciador de cenário exibe o nome do novo cenário.
8. Para visualizar um cenário, clique sobre seu nome e, em seguida no botão **Mostrar**. O Excel substitui os valores presentes nas células modificadas pelos valores que foram introduzidos para o cenário.

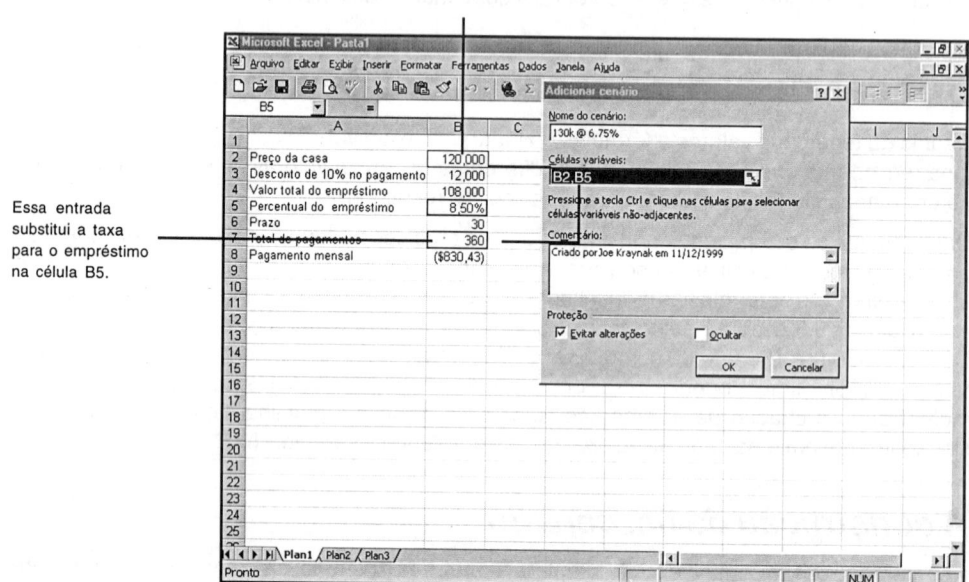

Essa entrada substitui o preço da casa na célula B2.

Essa entrada substitui a taxa para o empréstimo na célula B5.

Para construir um cenário, introduza valores diferentes para as variáveis.

Gerenciamento de cenários

Sempre que quiser jogar com os diversos cenários criados, abra o menu **Ferramentas** e selecione **Cenários**. Esta ação exibe o Gerenciador de cenário já apresentado na seção anterior. Ele oferece os seguintes botões para o gerenciamento e exibição de cenários:

➤ *Mostrar*. Exibe os resultados do cenário selecionado exatamente dentro da planilha.
➤ *Adicionar*. Possibilita o acréscimo de um outro cenário.
➤ *Excluir*. Remove o cenário selecionado.
➤ *Editar*. Possibilita a seleção de células diferentes usadas para o cenário e a inserção de valores diferentes para as variáveis.

Capítulo 11 ➤ *Cálculos usando fórmulas*

➤ *Mesclar*. Retira cenários de várias planilhas e os coloca em uma única.
➤ *Resumir*. Exibe os resultados das várias planilhas em uma única. Como se pode observar na figura seguinte, isso é ótimo para comparar os diversos cenários criados.

Resumo do cenário			
	Valores atuais:	130K @ 6,75%	120K @ 8,25%
Células variáveis:			
B2	120.000	120.000	120.000
B5	8,50%	8,50%	8,50%
Células de resultado:			
B8	($830.43)	($830.43)	($830.43)
Observação: A coluna Valores atuais representa os valores das células variáveis no momento em que o Relatório de Resumo do cenário foi criado. As células variáveis para cada cenário estão destacadas em cinza.			

O gerenciador de cenário pode criar um resumo dos resultados dos diferentes cenários.

O Resumo do cenário cria uma nova planilha. Ao terminar, basta clicar sobre a guia para a planilha na qual se estava trabalhando antes de criar os cenários. Para livrar-se de tudo, clique com o botão direito do mouse na guia **Resumo do cenário** e escolha **Excluir**.

Capítulo 12

Uma aparência profissional para sua planilha

Neste capítulo
- Inserção de linhas, colunas e células vazias.
- Acréscimo de cifrão, decimais, símbolo de percentagem e outros enfeites valiosos.
- Uma planilha mais atrativa com clip art.
- Adição de bordas, sombra e outras firulas.
- Truques de formatação e atalhos.

Caso se ganhe na loteria ou se faça algum investimento de peso no mercado de ações, os números podem ser relevantes. No entanto, na maior parte dos casos, eles merecem aquele olhar de desdém típico de Al Gore.

A fim de torná-los um pouco mais atraentes e fazer com que as linhas e colunas sejam mais fáceis de seguir, precisa-se formatar a planilha. É possível fazer isso através da inserção de linhas e colunas vazias para dar aos valores um pouco campo de ação, envolver células com algumas linhas ou mesmo sombrear células, linhas ou colunas em particular para chamar atenção sobre elas.

Neste capítulo, mostraremos diversas maneiras de enfeitar planilhas e tornar os números um pouco mais estimulantes.

Clique no botão direito para obter rápida formatação

Enquanto estiver trabalhando ao longo desse capítulo, não esqueça do botão direito do mouse. Depois de selecionar as células que deseja formatar, clique com o botão direito do mouse sobre uma delas e escolha a opção de formatação desejada.

Ajuste fino da altura das linhas e largura das colunas

As células de uma planilha são muito sem graça. Não se pode preencher uma com mais de nove caracteres aproximadamente sem que a entrada invada a seguinte ou seja cortada. A fim de acomodar entradas longas ou fontes grandes, o Excel permite o ajuste da largura da coluna e altura da linha.

A maneira mais fácil de ajustá-las é arrastando a borda de seus títulos. Primeiro, selecione a célula(s) ou coluna(s) que deseja redimensionar. Posicione o ponteiro do mouse sobre a borda direita do título da coluna ou a borda inferior do título de linha de tal forma que o ponteiro do mouse se transforme em uma seta dupla. Feito isso, arraste a margem para ajustar a largura da coluna ou altura da linha.

Alterações rápidas usando o AutoAjuste

Para redimensionar uma coluna ou linha rapidamente, posicione o cursor do mouse sobre a margem direita do título da primeira ou na inferior da segunda e dê um duplo clique. Pode-se também encontrar esse recurso nos submenus Formatar, Linha e Formatar, Coluna.

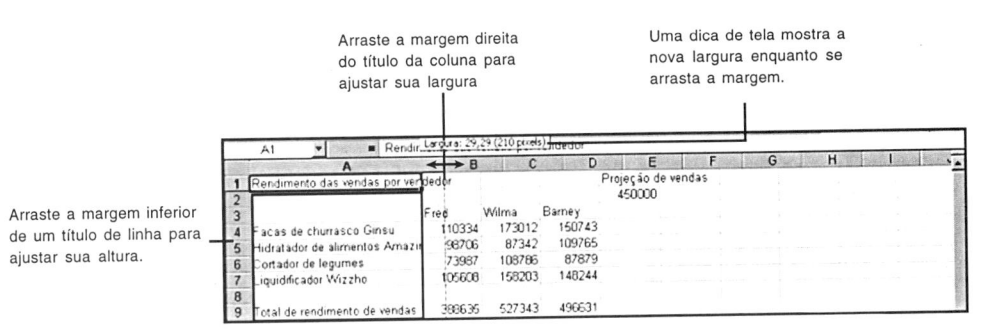

Capítulo 12 ➤ *Uma aparência profissional para sua planilha* 135

Arraste a margem inferior de um título de linha para ajustar sua altura.

Arraste a margem direita do título da coluna para ajustar sua largura

Uma dica de tela mostra a nova largura enquanto se arrasta a margem.

O mouse proporciona uma maneira intuitiva de alterar a altura de linha e a largura de coluna.

Para um controle mais preciso da largura da coluna e altura da linha, escolha **Formatar, Linha, Altura** ou **Formatar, Coluna, Largura** e introduza os ajustes desejados.

Separação e Fusão: mesclagem e divisão de células

Quando se introduz dados, pode ser necessário a mesclagem de duas ou mais células para a criação de uma única grande célula que abranja duas ou mais linhas ou colunas. Nessa célula mesclada, pode-se então digitar uma única entrada que age como uma cabeçalho de linha ou coluna. Por exemplo, pode-se desejar mesclar as células do alto da planilha a fim de digitar um título para ela que compreenda toda sua extensão.

A maneira mais fácil de mesclar células é usando o botão Mesclar e centralizar localizado na barra de ferramentas Formatação. Arraste o cursor do mouse sobre aquelas que deseja mesclar (elas devem ser *contíguas*, ou seja, vizinhas) e, em seguida, clique no botão mencionado (Talvez seja necessário clicar sobre o botão **Mais botões** na extremidade direita da barra de ferramentas para acessar aquele botão.) O Excel transforma as células selecionadas em uma única e centraliza qualquer texto presente em seu interior. Pode-se clicar sobre qualquer botão de alinhamento para alterar a disposição do texto.

É possível também mesclar células alterando a formatação da célula. Siga as seguintes instruções:

1. Arraste o cursor do mouse sobre as células que se deseja mesclar.
2. Abra o menu **Formatar** e escolha a opção **Células**.
3. Clique na guia **Alinhamento** e marque a opção **Mesclar células**.
4. Clique em **OK**.

Para desfazer a mesclagem das células, repita as instruções acima a fim de desativar a opção Mesclar células.

Adicione algumas linhas e colunas

Quando se está construindo uma planilha, talvez se tenha necessidade de adicionar algumas colunas ou linhas para inserção de dados que não estavam nos planos ao desenhá-la. Por outro lado, pode ser preciso excluir uma linha ou coluna se o desenho tiver sido um pouco ambicioso. Seja qual for a situação, a adição e exclusão de células, linhas e colunas é bem simples.

Para inseri-las, primeiro selecione o número de linhas, colunas ou células que deseja inserir (arraste o cursor sobre os títulos de linha ou coluna para selecionar linhas ou colunas inteiras).

Após a seleção das colunas, linhas ou células, posicione o cursor do mouse em qualquer ponto dentro da seleção, pressione seu botão direito e clique em **Inserir**. Caso se tenha selecionado colunas ou linhas, o Excel as insere imediatamente. Se você selecionou um bloco de células, a caixa de diálogo Inserir aparece, questionando como se deseja que aquelas selecionadas sejam deslocadas. Selecione **Deslocar células para direita** ou **Deslocar células para baixo** e clique em **OK**.

Olhe no menu Inserir

Se o botão direito do seu mouse estiver com defeito, pode-se utilizar as opções no menu Inserir para inserir células, linhas ou colunas.

Determine em qual direção se deseja que sejam deslocados os dados das células atualmente selecionadas.

Ao se inserir um bloco de células, o programa desloca os dados para baixo ou para direita para abrir espaço.

Detonando linhas, colunas e células

Normalmente é mais fácil destruir do que criar. No entanto, quando se trata de planilhas isso não se verifica porque ao se realizar uma exclusão dentro delas, tudo pode acontecer. Pode-se apagar apenas os dados ou varrer células ou colunas totalmente, forçando a alteração das adjacentes. Por isso, ao se preparar para qualquer missão de destruição em massa, considere os seguintes pontos:

➤ Caso se selecione colunas, linhas ou células e se pressione a tecla **Delete**, o Excel deixa as células intactas, apagando apenas o conteúdo das células selecionadas. O mesmo acontece se o comando Editar, Limpar, Conteúdo for utilizado.

➤ O comando Editar, Limpar abre um submenu que possibilita a exclusão de Tudo (conteúdo, formatação e comentários), o Conteúdo (apenas as entradas de célula, não sua formatação), Formatos (a formatação presente na célula e não seu conteúdo) ou o Comentários (apenas os comentários da célula).

➤ A fim de remover células, colunas ou linhas completamente, selecione-as, abra o menu **Editar** e selecione **Excluir**. Uma alternativa é posicionar o cursor do mouse sobre a seleção, clicar no botão direito e escolher **Excluir**.

➤ Quando uma linha é removida, as que estão abaixo dela são içadas para preencher o seu lugar. Ao se excluir uma coluna, aquelas que estão à direita são deslocadas para a esquerda para completar a lacuna.

➤ Caso se decida pela exclusão de um bloco de células (conhecido como *faixa*), o Excel exibe uma caixa de diálogo questionado como alterar as células ....circundantes.

Caso se exclua alguma célula por engano, clique imediatamente sobre o botão **Desfazer** para voltar atrás. Caso se tenha cometido vários erros, considere a possibilidade de fechar a pasta de trabalho *sem* gravar as mudanças. Então, será possível reabri-la e começar novamente.

Produção na Web!

Caso se esteja formatando uma planilha para colocá-la na Web ou na intranet de sua empresa, tente mantê-la estreita. Se ela for maior do que a largura da janela do navegador Web, aqueles que a acessarem terão de usar o botão de rolagem horizontal para poder visualizar as colunas. Isso pode ser uma grande dor de cabeça para se navegar.

Incremente sua planilha em 10 minutos ou menos

Embora o conteúdo de uma planilha seja mais importante do que seu conteúdo, um pouco de criatividade na formatação pode torná-la mais atrativa e funcional. Por exemplo, pode-se adicionar sombra às linhas e colunas para torná-las mais fáceis de seguir; acrescentar linhas para realçar subtotais e totais finais e, até mesmo, fazer com que o Excel exiba colorido os números negativos para alertar que os negócios se encontram no vermelho.

As seções seguintes mostram como usar os vários recursos de formatação disponíveis no Excel para dar às suas planilhas uma aparência mais profissional.

Formatação rápida usando AutoFormatação

O Excel oferece um recurso de formatação chamado *AutoFormatação* que torna a formatação de uma planilha tão fácil como pegar um saco de hambúrgueres em um *drive-through*. Com essa ferramenta, aplica-se às células selecionadas um formato predesenhado. Este controla tudo, desde as fontes e o alinhamento, até o sombreamento e as bordas.

Para usar esse recurso, selecione as células que deseja formatar, abra o menu **Formatar** e selecione **AutoFormatação**. Na caixa de diálogo que surge, clique no formato desejado. A fim de desativar quaisquer ajustes de configurações, tais como sombreamento ou bordas, clique no botão **Opções** e escolha as preferências, como mostrado na figura seguinte. Depois disso, clique sobre **OK**.

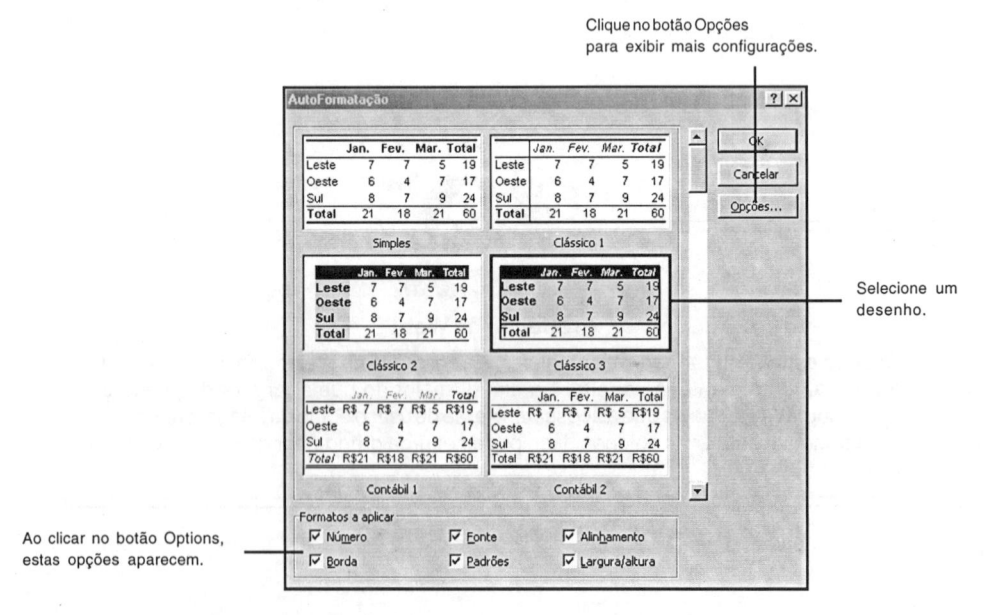

É possível selecionar uma tabela pré-desenhada para a planilha.

Não esqueça da barra de ferramentas Formatação

Fechar os olhos à barra de ferramentas Formatação em qualquer aplicativo Microsoft Office é como esquecer de levar o *laptop* em uma viagem de negócios. Sem ela, será necessário recorrer a um sistema desagradável de menus suspensos, caixas de diálogos e menu instantâneos para se conseguir realizar alguma coisa. A barra mencionada proporciona a maneira mais rápida de se alterar fontes, aumentar ou diminuir o tamanho do tipo, alinhar texto em células, mudar a cor do texto, adicionar bordas e muito mais.

Formatação condicional

Pode-se aplicar a *formatação condicional* a uma célula para obrigar o Excel a exibir um valor de uma única maneira se ele estiver dentro de uma determinada faixa. Por exemplo, pode-se aplicá-la instruindo-se o programa de que caso o valor fique menor do que zero, ele deve pintar a célula de vermelho e colocar uma borda grande e espessa ao redor dela para alertá-lo. A fim de usar o recurso em questão, selecione a célula que contenha a fórmula ou valor que se deseja formatar, abra o menu **Formatar**, selecione **Formatação condicional** e introduza suas preferências.

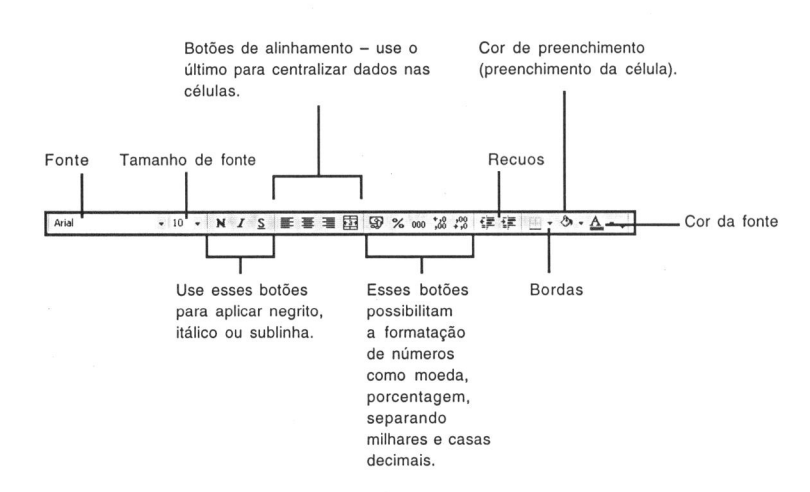

Barra de ferramentas Formatação do Excel.

Mais controle usando a caixa de diálogo de formatação de células

Para se conseguir mais opções de formatação, utilize a caixa de diálogo Formatar células. Abra o menu **Formatar** e selecione **Células** para abri-la. Pode-se facilmente alterar muitos do recursos de formatação para os dados clicando sobre as guias apropriadas dentro dessa caixa:

> *Número* proporciona vários formatos de controle da aparência de valores incluindo moeda, porcentagens, datas e hora. Escolha a categoria desejada e, então, clique no formato específico que deseja usar, como mostrado na figura seguinte.

> *Alinhamento* permite o controle do modo como rótulos e valores são posicionados dentro das células. Pode-se mesmo girar o texto para exibi-lo em um ângulo dentro da célula. Abaixo da palavra Orientação, arraste a linha próxima à palavra Texto para o ângulo desejado.

> *Fonte* torna possível a escolha de estilos de fontes e o tamanho para o texto e adiciona melhorias como negrito, itálico e cor.

> *Borda* oferece opções de acréscimo de linhas entre e ao redor das células. (As *linhas de grade*, suavemente cinzas, são usadas pelo Excel para delimitar as células que não são impressas.) Antes de selecionar uma borda, escolha um estilo de linha da lista **Estilo** e uma das cores presentes na lista suspensa **Cor**. Os botões de Predefinições possibilita a adição de uma linha externa (ao redor e fora da seleção completa) e linhas internas (entre todas as células da área selecionada). Clique sobre um dos botões para ativar ou desativar as linhas. Os botões de Borda (localizados abaixo dos anteriores) tornam possível o acréscimo ou exclusão de linhas em particular.

> *Padrões* possibilita o sombreamento das células selecionadas. Abaixo da palavra Cor, clique na cor principal que pretende usar para o sombreamento da célula. A fim de revestir um padrão com uma cor diferente, abra a lista suspensa **Padrão** e escolha um padrão (no alto da lista). Então, abra a lista outra vez e escolha uma cor (localizada na parte inferior). Clique em **OK**.

> *Proteção* oferece opções para travar a célula (para evitar que seja editada) ou ocultar o seu conteúdo. Contudo, essa opção não terá nenhum efeito a não ser que a planilha seja protegida e, para tanto, acesse **Ferramentas, Proteger, Proteger planilha**, digite uma senha (se desejar) e clique no botão **OK**.

Escolha uma categoria de formato

Determine ajustes adicionais aqui.

Clique sobre um formato específico.

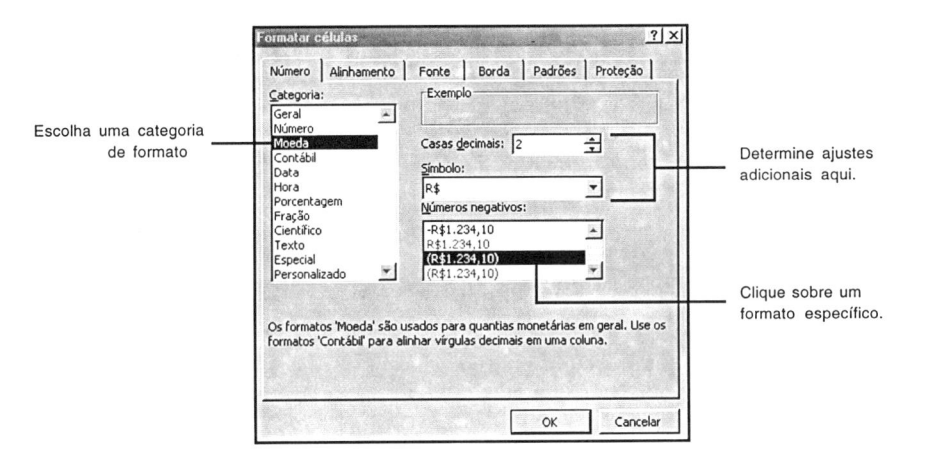

Use a formatação de número para moeda, datas e porcentagens.

Mudança da fonte padrão

A fim de usar qualquer fonte como regular em todas as planilhas, é possível a alteração da fonte padrão. Abra o menu **Ferramentas**, selecione **Opções** e clique na guia **Geral**. Abra a lista suspensa chamada **Fonte padrão** e escolha a fonte desejada. Abra a lista de **Tamanho** e clique naquele desejado. Clique em **OK**. A mudança não tem efeito até que o Excel seja reiniciado.

Aplique formatos com alguns toques do pincel

Pode-se copiar rapidamente a formatação de um célula ou de um bloco delas para outras usando o Pincel. Selecione a célula que contenha a formatação desejada para copiar e clique sobre o botão **Pincel**. Arraste o ponteiro do mouse (que agora tem um ícone de paintbrush próximo a ele) sobre as células para as quais deseja copiar a formatação. Pronto! A ferramenta aplica a formatação. Para estampar o formato em outros pontos, clique duas vezes com o botão direito do mouse sobre o botão Pincel para ativá-lo. Feito isso, saia pintando! Ao terminar, clique sobre o botão novamente para desativá-lo.

Colocação de alguns enfeites gráficos

No próximo capítulo, "Dados gráficos para o lazer e o lucro", será ensinado como adicionar gráficos às planilhas para dar sentido aos seus dados e como torná-las mais gráficas; no entanto, o Excel oferece algumas ferramentas adicionais para introduzir imagens gráficas nas planilhas.

O submenu Inserir, Figura contém diversas opções de inserção de imagens de clip arts, gráficos armazenados no seu disco, WordArt, AutoFormas e até mesmo digitalizadas (supondo-se que se possua um scanner compatível com o padrão TWAIN ou uma câmara digital).

Essas ferramentas gráficas são similares (algumas são mesmo idênticas) às ferramentas oferecidas pelo Word. Para aprender a usá-las (Clip Art, WordArt, AutoFormas, desenho etc), consulte o Capítulo 6, "Tempere o documento com gráficos, sons e vídeos."

Produção na Web!

Caso se planeje divulgar a planilha do Excel na Web, coloque um desenho de fundo. Abra o menu **Formatar**, aponte para **Planilha** e selecione **Segundo plano**. Na caixa de diálogo referente a essa ferramenta, selecione um dos desenhos destinados a esse fim.

Capítulo 13

Dados gráficos para brincar e lucrar

Neste capítulo
- ➤ Como fazer gráficos sem utilizar papel quadriculado
- ➤ De frente para gráficos de pizza.
- ➤ Como tornar um gráfico mais compreensível usando legendas
- ➤ Rotulando os eixos do gráfico apenas por diversão.

Durante a corrida eleitoral pela Casa Branca em 1992, Ross Perot popularizou o uso de gráficos. Com sua varinha de condão, no horário nobre da TV, e um monte de gráficos, foi capaz de ameaçar uma eleição e mudar as estratégicas políticas de ambos os partidos concorrentes. Ao mesmo tempo, provou que um gráfico bem feito podia expressar os dados de maneira muito mais clara e efetiva do que qualquer relatório cheio de números maçantes.

Neste capítulo, ensinaremos como usar as ferramentas gráficas do Excel para tornar seus dados mais gráficos e dar mais contexto aos números.

Mapeando dados

A fim de tornar a elaboração de um gráfico menos dolorosa, o Excel oferece uma ferramenta chamada Assistente de gráfico. Selecionam-se os dados desejados e, em seguida, inicie o assistente que lhe conduzirá passo a passo durante o processo de criação de um gráfico. Tudo o que se tem a fazer é introduzir suas preferências. Para usar esse recurso, siga passos abaixo:

1. Selecione os dados que deseja representar graficamente. Caso se tenha digitado nomes ou outros rótulos (Qtr1, Qtr2 etc) e os queira presentes no gráfico (como rótulos), inclua-os na seleção.

2. Clique sobre o botão **Assistente de gráfico** na barra de ferramentas Padrão. Sua caixa de diálogo de quatro etapas surge, solicitando escolha do tipo de gráfico desejado. (Ignore a guia Tipos personalizados por enquanto.)

3. Certifique-se de que a guia **Tipos padrão** esteja em primeiro plano e depois clique sobre o tipo de gráfico desejado na lista de **Tipo de gráfico**. A lista **Subtipo de gráfico** exibe várias versões do tipo selecionado.

4. Nessa última lista, clique sobre o desenho de gráfico que deseja usar. (A fim de ver como esse gráfico se parecerá ao incorporar seus dados, posicione o cursor do mouse sobre **Manter pressionado para exibir exemplo** e pressione o botão.

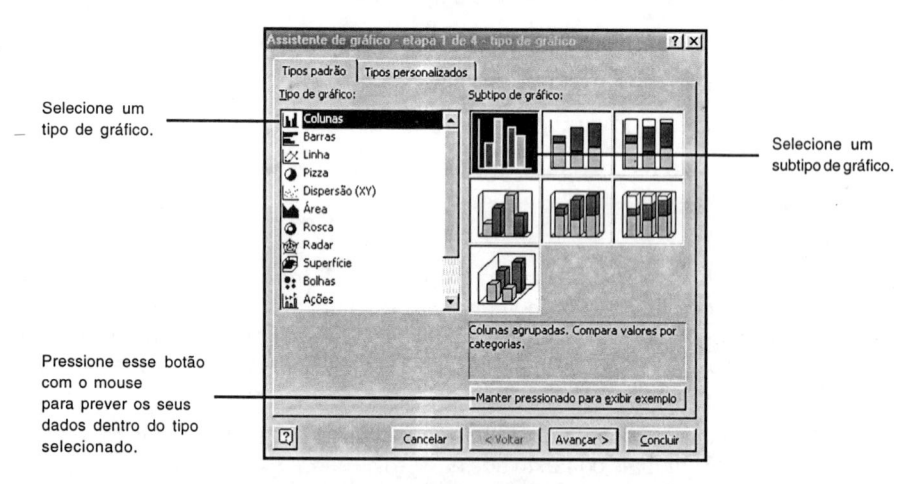

O Assistente de gráfico orienta através do processo de representação de dados em gráfico.

5. Clique no botão **Avançar**. A 2ª das 4 caixas de diálogo do assistente aparece pedindo que os dados da planilha que se deseja representar graficamente sejam escolhidos. (Sei que já lhe foi solicitado que selecionasse os dados, porém o assistente está apenas querendo se certificar de que se tenha selecionado os corretos. Observe que o nome da planilha, seguido de um ponto de exclamação, aparece no início do intervalo de dados.)

Capítulo 13 ➤ Dados gráficos para brincar e lucrar 145

6. Caso os dados desejados já estejam selecionados, avance para a etapa 7. Se o assistente destacou os dados errados, marque os corretos na planilha. (Pode-se retirar a caixa de diálogo do caminho clicando-se no botão **Recolher caixa de diálogo** exatamente à direita da caixa de texto Intervalo de dados.)

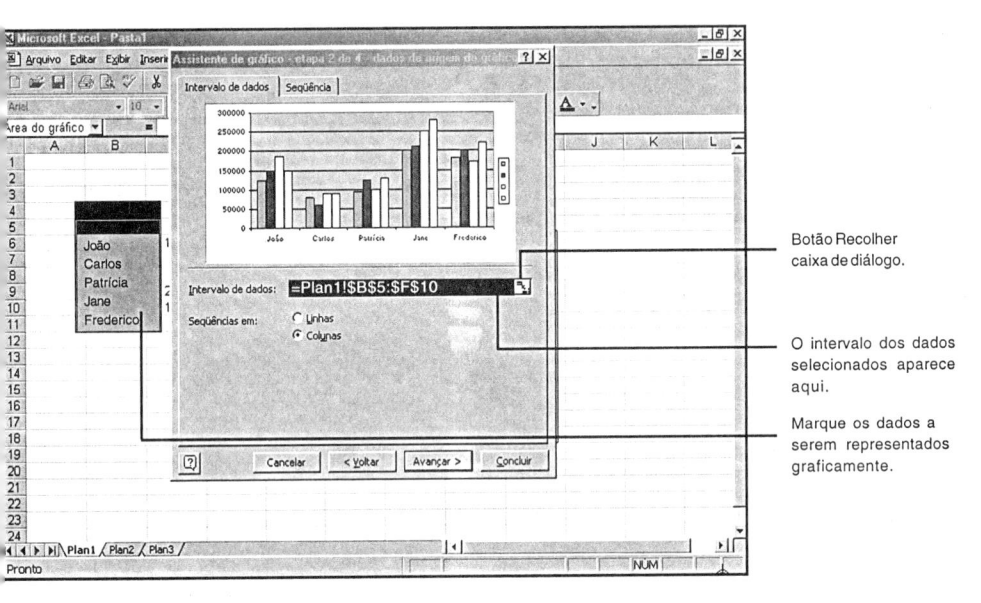

Caso se tenha escolhido os dados errados, há uma segunda chance para corrigir o erro.

7. Abaixo de Seqüências em, assinale **Linhas** ou **Colunas** para determinar como deseja representar o dados no gráfico. Essa seleção instrui ao Excel sobre quais rótulos usar para o eixo da categoria e quais utilizar como legenda. Essa é uma decisão difícil de ser tomada que se torna mais fácil através do método de tentativa e erro.

8. Clique sobre o botão **Avançar**. A caixa de diálogo da 3ª etapa das 4 do assistente de gráficos aparece solicitando ajustes adicionais para o gráfico.

9. Insira os ajustes nas várias guias para dar ao gráfico um título, rotular os eixos X e Y, ativar linhas de grade adicionais, movimentar uma legenda, inserir rótulos de dados e muito mais. A maioria dessas opções é descrita na parte "Adição de texto, setas e outros objetos" adiante dentro desse capítulo.

10. Clique sobre o botão **Avançar**. A caixa de diálogo referente à última etapa do assistente de gráficos surge indagando sobre o desejo de se inserir o gráfico na planilha em uso ou em uma nova.

11. Caso se deseje que o gráfico apareça junto com os dados, selecione **Como objeto em**. Para tê-lo exibido na sua própria planilha, opte por **Como nova planilha** e digite um nome para ela.

12. Pressione o botão **Concluir**. O programa elabora o gráfico e o lança em uma planilha.

Caso o gráfico tenha apenas dois ou três tipos de dados representados, provavelmente sua aparência estará boa. Porém se foram escolhidos dados de várias colunas e linhas, é possível que todos os rótulos de dados estejam esmagados, à legenda cortada pela metade e diversos outros tipos de estragos tenham aparecido de repente. Felizmente, pode-se consertar a maioria desses problemas redimensionando o gráfico.

Se o gráfico foi inserido como um objeto, pode-se movimentá-lo e redimensioná-lo. Antes de tudo, dê um clique no fundo do gráfico para selecioná-lo. (Caso não se tenha clicado fora dele desde sua criação, ele já está selecionado e a barra de ferramentas Gráfico está exposta.) Certifique-se de ter clicado no fundo do gráfico e não em algum objeto no mesmo. Caso se clique em um objeto, como a área de dados, ele é selecionado. No início, pode ser um pouco difícil.

O Excel exibe pequenos quadrados ao redor do gráfico conhecidos como alças. A fim de redimensioná-lo, arraste uma de suas alças. Para movimentá-lo, posicione o cursor do mouse sobre ele (não sobre uma das alças) e o posicione no local desejado. Para excluir o gráfico e começar de novo, selecione-o e pressione a tecla **Delete**. Caso ele esteja em uma planilha à parte, exclua-a.

Controle de redimensionamento

Ao redimensionar um gráfico, pode-se manter pressionada a tecla **Ctrl** e arrastar para expandir ou encolher o gráfico a partir do centro. O mesmo deve ser feito usando-se a tecla **Shift** para garantir que o gráfico mantenha suas dimensões relativas.

Bem, chegou a hora da impressão

Após ter criado um gráfico, o primeiro impulso é dar um clique no botão Imprimir para ver o que vai sair da impressora. Resista! Exceto em se tratando de algum iniciante sortudo, o gráfico provavelmente não preencherá suas expectativas. Pode apresentar texto sobreposto, dados misturados e alguns outros problemas menores. Explore este capítulo para encontrar a maneira de dar um ajuste no gráfico.

Quando o gráfico estiver pronto para a impressão ou se pensar que está, clique sobre ele e, em seguida, no botão **Visualizar impressão** ou através do menu **Arquivo, Visualizar impressão** para conferi-lo. Desperdiçar papel Imprimindo um gráfico de segunda classe não é o que se deseja, é?

Capítulo 13 ➤ Dados gráficos para brincar e lucrar 147

Não clique o botão **Imprimir** ainda. Caso se deseje imprimir uma versão de página inteira de um gráfico que esteja embutido em uma planilha sem as entradas das células, selecione-o primeiro e depois clique sobre o botão **Imprimir**. A fim de imprimir toda a planilha, inclusive o gráfico, clique em algum lugar dentro dela, mas fora do gráfico, para desfazer a seleção, e só, então, clique no botão **Imprimir**. (Maiores instruções de como usar as opções de impressão do Excel podem ser obtidas no Capítulo 14: "Impressão de planilhas largas em páginas estreitas.")

Mudanças no gráfico usando barra de ferramentas, menus e o botão direito do mouse

Antes de se sujar as mãos com tentativas de reparo com muitas configurações que controlam a aparência e o comportamento do gráfico, é necessário saber onde encontrá-las. O primeiro lugar para procurar opções é o menu Gráfico. Caso ele não esteja visível significa que ainda não se selecionou nenhum gráfico. Clique sobre um e o menu mencionado aparece. Ele contém opções de mudança do tipo de gráfico, seleção de diferentes dados para representação gráfica, adição de dados e, até mesmo, movê-lo para sua própria página.

Uma maneira mais rápida de abrir essas mesmas opções é posicionar o cursor do mouse sobre uma área vazia do gráfico e pressionar o botão direito dele para exibir um menu instantâneo. Por que em uma área vazia? Porque se clicar dessa forma sobre uma legenda, eixo, título ou outro elemento dele, o menu instantâneo exibe opções que pertencem àquele elemento e não ao gráfico como um todo.

Um terceiro modo de formatar o gráfico é através do uso da barra de ferramentas Gráfico. A fim de exibi-la, posicione o cursor do mouse sobre qualquer barra de ferramentas, pressione seu botão direito e escolha **Gráfico**. Essa última proporciona as seguintes ferramentas de formatação:

Objetos de gráfico. Exibe uma lista dos elementos presentes dentro do gráfico. Selecione o item que deseja formatar nessa lista e depois clique sobre o botão **Formatar objeto selecionado**. (O nome que aparecerá no lugar de *Objeto selecionado* vai variar dependendo do objeto. Caso se selecione a legenda, o nome do botão será Formatar legenda.)

Formatar objeto selecionado. Exibe uma caixa de diálogo que contém objetos de formatação específicos para o objeto gráfico e, dessa forma, não é preciso visualizar um monte de opções de formatação que não se aplicam a ele.

Tipo de gráfico. Possibilita a mudança do tipo de gráfico (barras, linhas, pizza etc).

Legenda. Ativa ou desativa a legenda.

Tabela de dados. Ativa ou desativa a tabela de dados. Essa ferramenta exibe os dados presentes no gráfico em uma tabela próxima ao (ou no alto do) gráfico, assim, pode-se visualizar os dados e o gráfico próximos um do outro.

Por linha. Representação gráfica de dados selecionados por linha.

Por coluna. Representação gráfica de dados selecionados por coluna.

Inclinar texto para baixo. Possibilita a inclinação de entradas de texto a fim de que elas inclinem-se da esquerda para a direita. Dispor o texto em ângulo não só parece legal como é ótimo para amontoar um monte de rótulos de eixos quando não se tem espaço.

Inclinar texto para cima. Possibilita a disposição de rótulos de dados em ângulo a fim de que eles inclinem-se da esquerda para a direita.

Agora que já se conhece os vários caminhos para as opções gráficas, deve-se estar pronto para manejar algumas formatações concretas.

Gráficos de barras, de pizza e outros tipos

A escolha do tipo de gráfico exato para os dados é quase tão importante quanto escolher os dados corretos. A fim de visualizar como vai o desempenho de vendedores em relação uns para com os outros, um gráfico de barras ilustra claramente as comparações. No entanto, para exibir a porcentagem do valor total de vendas de cada vendedor, um tipo pizza é melhor. O Excel proporciona uma vasta seleção de gráficos possibilitando o encontro do gráfico perfeito para seus dados.

A fim de alterar o tipo de gráfico, posicione o cursor do mouse sobre o gráfico, pressione seu botão direito e clique em **Tipo de gráfico**. Surge a caixa de diálogo respectiva oferecendo uma lista de tipos de gráficos. Clique na guia **Tipos padrão** ou **Tipos personalizados** (esta oferece tipos especiais de gráficos, muito dos quais constituem combinações de dois tipos diferentes como um gráfico de barras e um de linhas). Selecione o tipo desejado a partir da lista **Tipo de gráfico**. Na guia **Tipos padrão**, selecione o desenho de gráfico desejado na lista **Subtipo de gráfico**. Ao terminar, clique em **OK** para aplicar as novas configurações.

Formatação dos elementos que constituem um gráfico

O Assistente de gráfico é muito bom em solicitar que sejam especificadas preferências quando se cria um gráfico, porém, na ocasião, algumas da opções podem ter sido ignoradas ou alguns objetos omitidos tais como título de legenda e gráfico. Seja qual for o caso, pode-se sempre adicionar e formatar objetos gráficos mais tarde.

Capítulo 13 ➤ Dados gráficos para brincar e lucrar

A maneira mais fácil de se acrescentar objetos a um gráfico é através da caixa de diálogo Opções de gráfico. Para exibi-la, posicione o cursor do mouse sobre o gráfico, pressione seu botão direito e clique em **Opções de gráfico**. Pode-se, então, adicionar ou remover os seguintes itens:

- ➤ *Título do gráfico.* Clique sobre a guia **Títulos** e digite um título dentro da caixa de texto **Título do gráfico**. Esse aparecerá acima do gráfico dando um descrição geral dele.

- ➤ *Títulos de eixos.* Clique sobre a guia **Títulos** para digitar um título para o eixo vertical (Y) ou horizontal (X). (Esses títulos descrevem os dados representados graficamente ao longo de cada eixo.)

- ➤ *Eixos X e Y.* Todos os gráficos de barras, linhas, área e de ações possuem dois eixos (X e Y). É possível omitir um ou ambos os eixos clicando-se na guia **Eixos** e removendo a marcação que se encontra próxima ao que se deseja omitir. Essa guia não estará disponível para gráficos que não utilizam eixos, tais como os tipos pizza.

- ➤ *Linhas de grade.* Cada gráfico que possua eixos X e Y exibe marcas de escala ao longo deles para exibir as divisões principais. Pode-se estendê-las por sobre o gráfico (tipo papel quadriculado). Clique na guia **Linhas de grade** e ative aquelas que se deseja usar.

- ➤ *Legenda.* Essa guia possibilita a adição de uma legenda ao gráfico. Elas exibem um diagrama de cores unindo cada cor presente no gráfico aos dados que ela representa. Esse recurso gráfico é particularmente importante se o gráfico é impresso em preto e branco utilizando-se padrões ou graduações de cinza.

- ➤ *Rótulos de dados.* A guia Rótulos de dados possibilita a adição de entradas de texto da planilha acima das várias barras ou linhas que representam graficamente dados específicos. Esses títulos normalmente tornam o gráfico mais desordenado do que ele já é.

- ➤ *Tabela de dados.* Essa guia possibilita a ativação de uma tabela de dados para exibir valores específicos ao longo do gráfico. Essa é outra opção que torna o gráfico muito difícil de ler.

Execute o Assistente de gráfico novamente

Caso se tenha adorado o Assistente de gráfico, pode-se usá-lo para inserir itens ao gráfico. Clique sobre ele para selecioná-lo e, em seguida, clique sobre o botão **Assistente de gráfico**. As caixas de diálogo referentes às etapas 1 a 4, usadas para criá-lo, são exibidas.

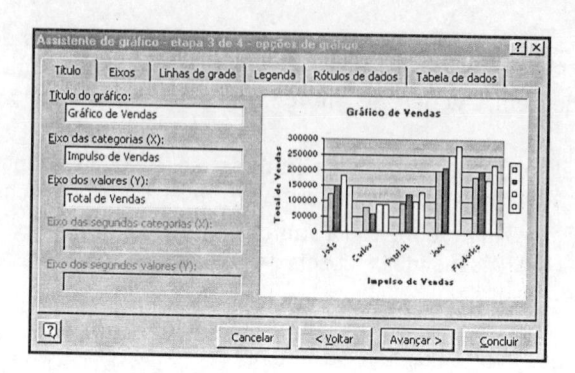

A caixa de diálogo Opções de gráficos possibilita a adição de itens ao gráfico.

Para deslumbrar o chefe e impressionar os amigos, tente usar um dos truques abaixo:

➤ Caso se tenha um gráfico tridimensional, escolha no menu **Gráfico** o item **Exibição 3-D** e utilize as opções presentes na caixa de diálogo de Exibição 3-D para girar o gráfico. Pode-se inclusive oferecer um vista aérea dele.

➤ Posicione o cursor do mouse sobre uma seqüência (por exemplo, as barras que representam as vendas de um de seus vendedores), pressione seu botão direito e escolha o item **Formatar seqüências de dados**. Use a caixa de diálogo resultante para alterar a cor e a forma usadas para ela.

➤ Não gosta daquele fundo branco atrás do gráfico? Que tal mudá-lo? Posicione o cursor do mouse sobre o fundo, pressione seu botão direito, opte por **Formatar área do gráfico** e escolha a cor desejada. Para dar ao gráfico um fundo igual, posicione o cursor do mouse sobre ele, pressione o botão direito e selecione **Formatar área de plotagem** e introduza suas preferências.

Adição de texto, setas e outros objetos

Bem, o gráfico está decorado com todo tipo de embelezamento, porém ainda falta alguma coisa. Talvez se queira aplicar um desenho em forma de explosão estelar sobre ele onde esteja escrito: "Mais um ano de recorde!" ou indicar para seus parceiros que o novo produto que eles desenvolveram há cinco anos ainda está dando prejuízo.

Pode-se inserir itens ao gráfico usando o barra de ferramentas Desenho. Clique sobre o botão **Desenho** na barra de ferramentas Padrão para ativar a respectiva barra. (Maiores detalhes sobre o uso das ferramentas presentes na barra Desenho, consulte "Esboço de ilustrações personalizadas", no Capítulo 6, "Tempere o documento com gráficos, sons e vídeos.")

Caso esteja com preguiça de retornar ao capítulo 6 (eu não o culpo), simplesmente repouse o ponteiro do mouse sobre um botão para avaliar o que ele faz. Na maioria dos casos, pode-se desenhar um objeto clicando sobre um botão e, em seguida, arrastando o objeto para dentro do gráfico. Ao soltar o botão do mouse, a forma ou objeto aparece. Então, pode-se arrastá-lo para movê-lo ou uma de suas alças para redimensioná-lo. A figura seguinte mostra alguns dos objetos que podem ser inseridos no gráfico.

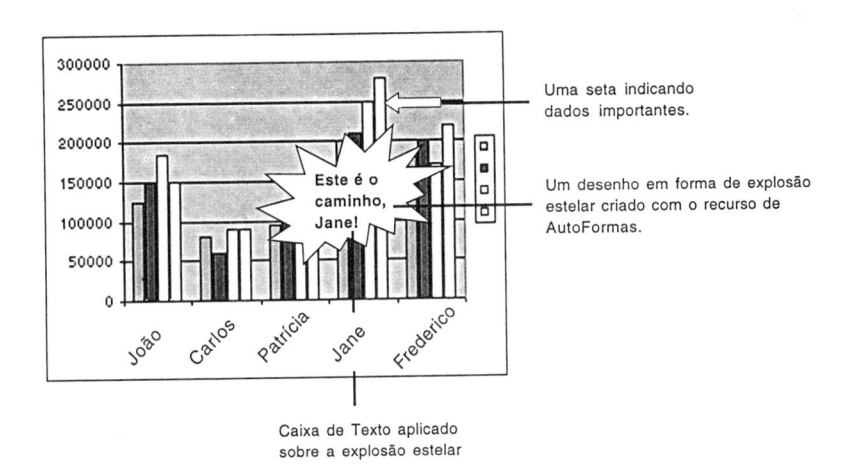

Capítulo 13 ➤ Dados gráficos para brincar e lucrar 151

Uma seta indicando dados importantes.

Este é o caminho, Jane!

Um desenho em forma de explosão estelar criado com o recurso de AutoFormas.

Caixa de Texto aplicado sobre a explosão estelar

Pode-se desenhar sem preocupação sobre o gráfico.

Capítulo 14

Impressão de planilhas extensas em páginas estreitas

Neste capítulo
- O que fazer antes de imprimir?
- Dicas de formatação para fazer uma planilha adaptar-se a uma página.
- Repetição de títulos de coluna em cada página.
- Brincando de esconde-esconde com colunas e linhas.
- A escolha de áreas de impressão.

A impressão de planilhas no Excel corresponde ao popular: "o defunto era maior". Elas normalmente são muito extensas para o papel padrão (carta) e também, com freqüência, para o papel ofício, mesmo que sejam impressas na horizontal. Algumas precisam quase ser impressas em papel contínuo para saírem inteiras.

Felizmente, o programa sabe das limitações enfrentadas quando se tenta encaixar planilhas extensas em folhas de papel estreitas e, por isso, oferece diversos recursos úteis. Neste capítulo, mostraremos como usá-los.

Impressão prévia: estabelecendo a base

Antes mesmo de pensar em clicar o botão Print, verifique a configuração de página e preveja como o Excel imprimirá suas planilhas. Na maioria das vezes, o programa vai inserir quebras de páginas desagradáveis, omitir títulos e cabeçalhos de algumas páginas e usar configurações adicionais que resultarão em uma impressão inaceitável.

> Para verificar gomo está sua planilha antes de imprimi-la, clique sobre o botão **Visualizar impressão** ou utilize o menu **Arquivo**, opção **Visualizar impressão**. A planilha será exibida no modo de visualização de impressão, assim, será possível verificar como o programa irá desenhá-la nas páginas. Quando terminar de visualizar as páginas, clique sobre o botão **Fechar** para retornar à tela principal do Excel.

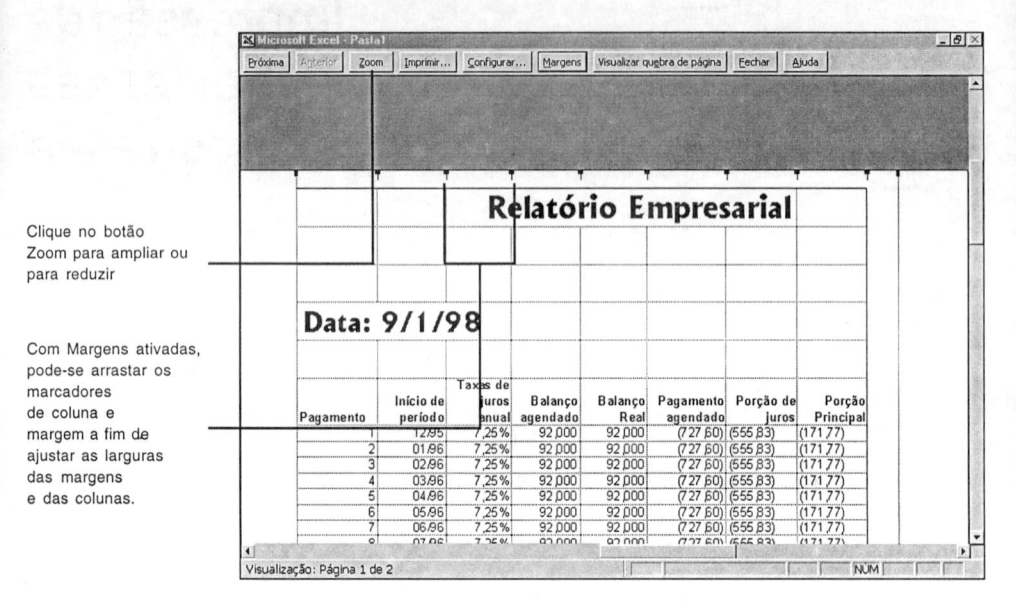

Clique no botão Zoom para ampliar ou para reduzir

Com Margens ativadas, pode-se arrastar os marcadores de coluna e margem a fim de ajustar as larguras das margens e das colunas.

Visualizando a planilha antes de imprimi-la.

Retrato ou paisagem: como configurar a orientação da página

Caso se tenha um visualização mais próxima, pode-se normalmente ajustar as margens direita e esquerda para encaixar uma ou mais colunas dentro da página. Porém, se a planilha ainda não se ajustou, a melhor jogada é alterar a orientação do papel para paisagem. Isso fará com que ela seja impressa na posição horizontal na página liberando cerca de 7,5 centímetros para as colunas. Para mudar a orientação da página, siga estas instruções:

1. Abra o menu **Arquivo** e escolha a opção **Configurar página...**
2. Na caixa de diálogo que surge, clique sobre a guia **Página** e marque a opção **Paisagem**.
3. Clique sobre **OK**.

Verificação e movimentação de quebras de páginas

Ao criar uma planilha, o Excel exibe linhas pontilhadas para indicar onde ele vai dividir as páginas. Pode-se inserir quebras de páginas através do comando **Inserir, Quebra de página**. No entanto, o programa possui um recurso chamado Visualizar quebra de página, que exibe as quebras de páginas mais claramente e possibilita sua fácil movimentação.

Capítulo 14 ➤ *Impressão de planilhas extensas em páginas estreitas* 155

Para ativar esse recurso, abra o menu **Exibir** e escolha o item **Visualizar quebra de página** ou clique sobre seu botão no modo de visualização de impressão. O Excel exibe as quebras de páginas como linhas azuis espessas e o número da página em letra cinza grande sobre cada uma. Pode-se então clicar sobre as linhas com o mouse e arrastá-las para movimentá-las. Embora isso não ajude a adaptar a planilha à página, permite controlar a maneira pela qual o programa divide as colunas e linhas que a formam. Ao terminar, abra o menu **Exibir** e selecione a opção **Normal**.

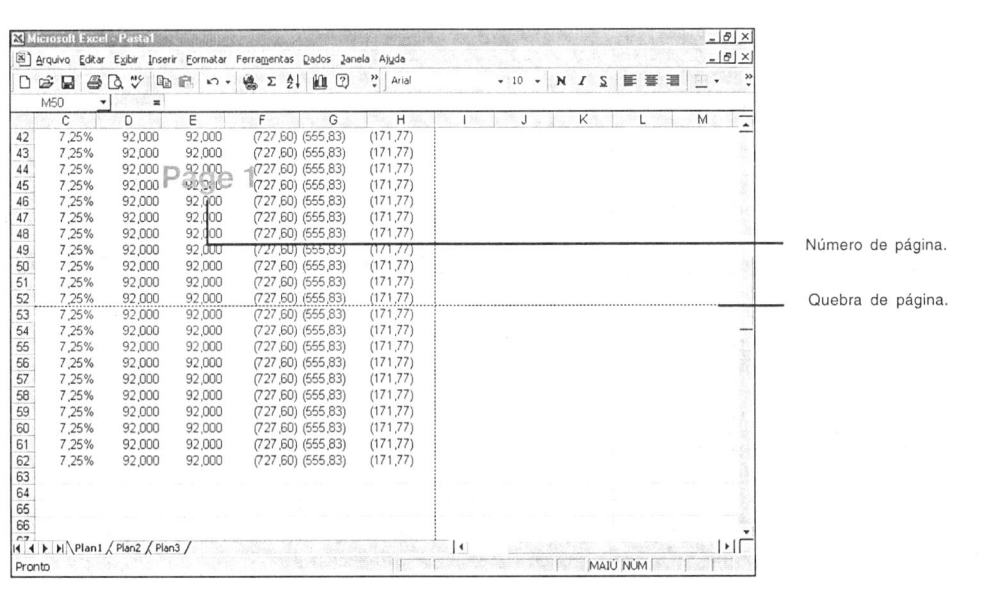

Podem-se arrastar as linhas azuis no modo Visualizar quebra de página para mudar as quebras de página.

A fim de inserir uma nova quebra de página, clique na célula abaixo e à direita de onde deseja inseri-la. Abra o menu **Inserir** e escolha **Quebra de página**. O programa insere uma quebra horizontal sobre a célula selecionada e uma vertical à esquerda da célula. As quebras de página aparecem como linhas pontilhadas. (Para inserir somente uma quebra horizontal, clique sobre a célula que se localiza abaixo do ponto onde deseja inseri-la na *coluna A*. Para inserir apenas uma vertical, clique a célula à direita de onde deseja inseri-la na *linha 1*.)

Redimensionamento de gráficos

O modo de Visualizar quebra de página é excelente para redimensionar gráficos e ajustá-los em um página.

Para remover uma quebra de página inserida, posicione o cursor do mouse sobre a célula abaixo da quebra de página horizontal ou à direita da vertical, pressione o botão direito, abra o menu **Inserir** e escolha **Remover quebra de página**.

Repetição de títulos e rótulos de coluna

Caso a planilha fique dividida pelo meio, devido a uma quebra de página errante, os títulos de linhas e colunas, que indicam o conteúdo de cada uma delas, são omitidos. Isso pode dificultar o entendimento de quaisquer valores expressos na página dois ou subsequentes. A fim de permitir que o Excel repita os títulos de linha e coluna em cada página, siga as seguintes instruções:

1. Abra o menu **Arquivo** e escolha **Configurar página**.
2. Na caixa de diálogo que surge, clique sobre a guia **Planilha**.
3. Para permitir a repetição de títulos de coluna, clique sobre o botão próximo à caixa de texto **Linhas a repetir na parte superior**. Essa ação oculta a caixa de diálogo para que se possa facilmente selecionar as linhas que contenham os títulos de colunas. Uma pequena barra de ferramentas aparece exibindo um botão para reexibir a caixa de diálogo.
4. Marque as linhas que contenham os títulos de colunas que se desejam repetidos e depois clique sobre o botão mencionado acima para visualizar a caixa de diálogo novamente.
5. Para permitir a repetição de títulos de linhas, clique sobre o botão próximo à caixa de texto **Colunas a repetir na parte superior**. Essa ação oculta a caixa de diálogo.
6. Marque as colunas que contenham os títulos de linhas que se desejam repetidos e depois clique sobre o botão mencionado acima para visualizar a caixa de diálogo novamente.
7. Clique em **OK**.

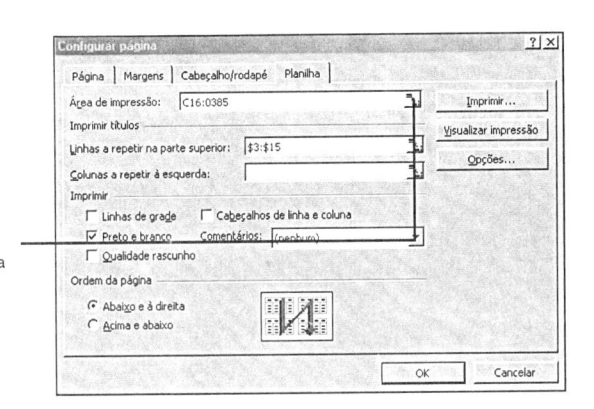

Capítulo 14 ➤ *Impressão de planilhas extensas em páginas estreitas* 157

Clique sobre este botão para omitir a caixa de diálogo a fim de que se possa marcar as linhas desejadas.

Pode-se optar pela impressão de títulos de linhas e colunas em cada página.

Impressão de números de linhas e letras de colunas

Talvez se tenha pensado que a opção Cabeçalhos de linha e coluna presente na caixa de diálogo Configurar página imprimisse os rótulos das linhas e colunas. Na verdade, ao ativar essa opção instrui-se o Excel a imprimir os números das linhas e as letras das colunas.

Inserção de cabeçalhos e rodapés

O Excel pode imprimir um rodapé (na parte inferior de cada página) ou um cabeçalho (na parte superior da página) que automaticamente numere as páginas da planilha e imprima seu título, o nome do arquivo, a data e o horário, além de outras informações. A fim de incluir cabeçalhos e rodapés nas planilhas, siga as instruções abaixo:

1. Abra o menu **Exibir** e selecione **Cabeçalho e rodapé**... A caixa de diálogo Configurar página aparece com a guia Cabeçalho e rodapé em primeiro plano.
2. Para usar um cabeçalho, abra a lista suspensa **Cabeçalho** e clique sobre o que desejar.
3. Para usar um rodapé, abra a lista suspensa **Rodapé** e clique naquele que desejar.
4. Clique em **OK**.

Para criar um cabeçalho ou rodapé personalizado (incluindo, por exemplo, o seu nome ou o de sua empresa), clique sobre um dos botões **Personalizar** na guia Cabeçalho/rodapé. A caixa de diálogo que surge possibilita a criação de um cabeçalho ou rodapé e consiste em três seções.

Digite o texto desejado em cada uma delas e use os botões da caixa de diálogo para formatá-lo e inserir códigos para a data, horário, nome de arquivo, de planilha e números de página. A fim de inserir "Página 1 de 5", "Página 2 de 5" e assim por diante, digite **Página**, pressione a barra de espaço, clique no botão #, pressione a barra de espaço e clique no botão ++. O sinal # insere o número da página atual e ++ adiciona o número total de páginas.

Configuração da ordem de página

No início desse capítulo, observou-se que o Excel divide longas e extensas planilhas em páginas usando quebras de páginas tanto horizontal como vertical. Como padrão, o Excel imprimi páginas de cima para baixo, imprimindo todas as páginas à esquerda da quebra de página vertical e depois as que estão à direita. Em geral, é assim que se deseja a impressão delas para que se possa facilmente ler cada coluna de cima para baixo. Se, no entanto, normalmente a planilha é lida da esquerda para a direita, vai se desejar que o programa imprima as páginas ao contrário da ordem anterior. A fim de alterar a ordem da página, abra o menu **Arquivo**, escolha **Configurar página** e clique na guia **Planilha**. Sob o título **Ordem da página**, marque a opção **Acima e abaixo** e clique em **OK**.

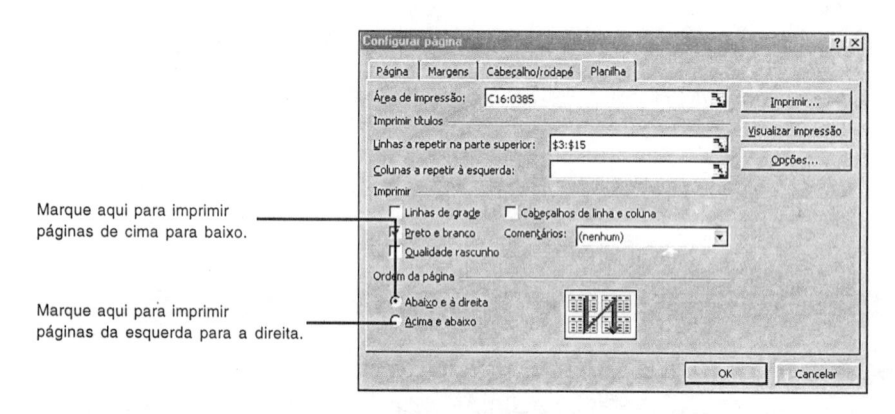

Marque aqui para imprimir páginas de cima para baixo.

Marque aqui para imprimir páginas da esquerda para a direita.

Quando a planilha possuir quebras de página horizontal e vertical, selecione a ordem da página.

O que fazer quando ela simplesmente não se ajusta?

Ajustaram-se as larguras das colunas, modificou-se a orientação de página, afinou-se as margens e talvez até mesmo alterou-se as configurações de fontes. Excetuando-se a seleção de uma fonte de um ponto, tudo o que se podia fazer foi feito e ainda assim a infeliz não se encaixa na página. Felizmente, o Excel ainda tem alguns truques de impressão escondidos na manga da camisa. Com eles, o programa pode automaticamente reformatar a planilha para fazê-la caber dentro da página, omitir colunas que contenham dados não essenciais ou confidenciais ou mesmo configurar áreas de impressão para, seletivamente, imprimir seções dela.

Capítulo 14 ➤ Impressão de planilhas extensas em páginas estreitas   159

Engane-a com o recurso de ajustar para imprimir

Para permitir que o Excel dimensione a planilha para ajustá-la em uma página, abra o menu **Arquivo**, escolha **Configurar página**... e clique sobre a guia **Página**. Sob o título **Dimensionar**, assinale a opção **Ajustar para** e, em seguida, insira a altura e largura do número de páginas desejado. Utilize a caixa giratória referente à **Largura**, caso a planilha tenha uma ou mais colunas que ultrapassem a quebra de página vertical e use a referente à **Altura**, se ela se estende por uma ou mais linhas além da quebra de página horizontal. Outra alternativa seria a escolha de **Ajustar para** e digite a porcentagem desejada para reduzir a largura e altura total da planilha. Clique sobre **OK**.

Impressão seletiva usando o recurso de Área de impressão

Normalmente as planilhas possuem muito mais dados do que se precisa imprimir, sendo assim, o Excel possibilita a impressão de seções selecionadas delas. A fim de fazê-lo, marque-a como uma *Área de impressão*. Quando a planilha for impressa, o programa imprimirá apenas a área marcada como uma área de impressão.

Para delimitar essa área rapidamente, antes de tudo selecione as células que contenham os dados que se deseja imprimir. Abra o menu **Arquivo**, aponte para **Área de impressão** e escolha **Definir área de impressão**. Para removê-la posteriormente, faça o mesmo caminho, porém escolhendo, ao final, **Limpar área de impressão**.

Seleção de impressão rápida

Uma maneira mais fácil de imprimir rapidamente uma parte da planilha é selecionar as células que se deseja impressas, abrir o menu **Arquivo** e escolher **Imprimir**. Sob o título **Imprimir**, marque a opção **Seleção** e clique no botão **OK**.

Colunas e linhas ocultas

Uma outra forma de selecionar o que vai ser impresso é omitindo colunas ou linhas que contenham dados que não sejam necessários na impressão. Para ocultá-las e impedir que o Excel as imprima, siga as instruções abaixo:

1. Arraste o cursor do mouse sobre os cabeçalhos de colunas ou linhas que se deseja ocultar.
2. Abra o menu **Formatar** e escolha **Coluna**, **Ocultar** ou **Linha**, **Ocultar**. (Outra alternativa seria posicionar o cursor do mouse Mouse sobre a seleção, clicar no seu botão direito

e optar por **Ocultar** no menu de contexto que se apresenta.) Uma linha escura aparece na planilha para indicar que as linhas ou colunas estão ocultas.

3. Clique no botão **Visualizar impressão**. O programa exibe a planilha omitindo as colunas e linhas omitidas.

Reexibir linhas e colunas omitidas não é uma operação muito intuitiva. Basta, marcar o cabeçalho da linha ou coluna anterior e posterior àquelas omitidas. Se a coluna C, D e E encontram-se nessa condição, por exemplo, marque o cabeçalho da B e F para selecioná-las. Abra o menu **Formatar** e escolha **Colunas, Reexibir** ou **Linhas, Reexibir**.

Finalmente! Imprima as planilhas

A planilha está parecendo muito boa no modo de Visualização da impressão e anseia-se por imprimi-la. A maneira mais rápida de fazê-lo é clicando na guia da planilha que se deseja imprimir e depois pressionar o botão **Imprimir**. Essa ação a envia para a impressora sem questionar nada. A fim de imprimir mais de uma ou determinar preferências de impressão adicionais, siga as etapas seguintes:

1. Clique na guia da planilha desejada para a impressão. Pressione a tecla **Ctrl** e simultaneamente clique nas outras guias para imprimir mais planilhas. (A fim de imprimir todas as planilhas presentes na pasta de trabalho, pode-se ignorar esse item.)

2. Abra o menu **Arquivo** e escolha **Imprimir** (ou pressione **Ctrl+P**). A caixa de diálogo Imprimir aparece.

3. Para imprimir todas as planilhas da pasta de trabalho, escolha **Pasta de trabalho inteira**. O Excel imprime todas as planilhas que contenham entradas.

4. A fim de imprimir uma ou mais páginas das planilhas selecionadas, escolha as **Páginas** sob o título **Intervalo de impressão** e digite os números de página para definir o intervalo.

5. Para imprimir mais de uma cópia, especifique a quantidade desejada na parte denominada **Cópias**.

6. Pode-se clicar sobre o botão **Propriedades** para introduzir configurações adicionais de impressão inclusive sua qualidade. Depois de estabelecer as configurações desejadas, clique em **OK** para retornar à caixa de diálogo Imprimir.

7. Clique o botão **OK** para iniciar a impressão.

Capítulo 14 ➤ *Impressão de planilhas extensas em páginas estreitas* 161

Pode-se imprimir a pasta de trabalho inteira.

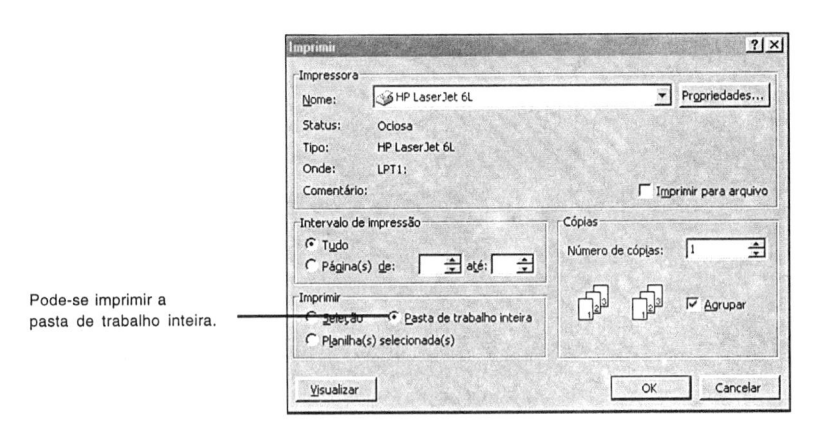

Insira as preferências de impressão desejadas e clique em OK.

Parte IV

Apresentações rápidas de slides no PowerPoint

Provavelmente já se viu programas de apresentação de negócios em ação. Alguns homens de terno, de pé, diante de um outro grupo de homens vestidos da mesma forma, normalmente em uma sala de reuniões apertada com uma grande mesa de carvalho, passando uma série de slides para lançar um novo produto ou mostrar os resultados positivos da empresa. Cada slide é formado por gráficos, ilustrações e listas de marcadores, cuidadosamente projetados, para chamar a atenção ao assunto apresentado.

Agora, com o PowerPoint e os capítulos presentes nessa parte, prepare-se para operar o equipamento de apresentação de slide. Será ensinado como criar uma apresentação de slides de aparência profissional; como adicionar gráficos, fotos, listas e exibir a apresentação na tela do computador ou em papel, slides de 35mm ou mesmo em transparências. E ainda como executar uma apresentação de slide em qualquer computador, mesmo que não se tenha o programa instalado no computador.

Capítulo 15

Uma apresentação básica

> **Neste capítulo**
> ➤ Apresentações prontas de slides do PowerPoint.
> ➤ Alteração do desenho global dos slides.
> ➤ As cinco faces do PowerPoint.
> ➤ Como controlar todos os slides através da alteração de um slide mestre.

Não é necessário ser um especialista em mídia para se criar a apresentação de slide perfeita. Com o PowerPoint, você começa com uma apresentação pré-planejada, altera a cor de segundo plano e o projeto para todos os slides e coloca alguns objetos (fotos, listas de marcadores, gráficos, sons e clipes de vídeo) em cada slide. Neste capítulo, apresenta-se o básico. Os posteriores, ainda nessa parte do livro, mostrarão o restante, inclusive a maneira de se montar uma apresentação.

Começar do zero? Não!

A maioria dos aplicativos recebem o usuário com uma tela vazia desafiando-lhe a criatividade, mas o PowerPoint é diferente. Sempre que o programa é iniciado (**Iniciar, Programas, Microsoft PowerPoint**), uma caixa de diálogo aparece perguntando o que se deseja fazer. Há quatro escolhas: usar o assistente do *AutoConteúdo*, que ajuda no planejamento de uma apresentação baseado no conteúdo dela; utilizar um *modelo*; começar com um slide vazio ou abrir uma apresentação já existente.

Supondo que não se tenha uma apresentação e que não se queira começar do nada, crie a apresentação usando o Assistente de AutoConteúdo ou um modelo. As seções seguintes fornecem instruções relativas a cada um desses métodos.

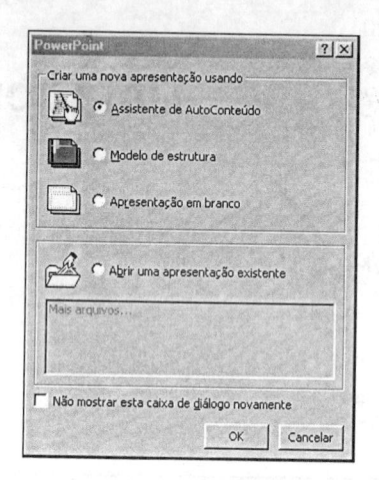

Ao se iniciar o PowerPoint, ele questiona como se deseja agir.

O uso do Assistente de AutoConteúdo

Precisa montar uma estratégia de marketing? Vender um produto? Treinar novos empregados? Divulgar sua empresa na internet? Seja o que for que se deseje fazer, simplesmente diga ao Assistente de AutoConteúdo e deixe-o conduzi-lo através do processo de criação de uma apresentação. Ele mesmo seleciona o modelo adequado, permite que se determine o tipo de material de saída (slides de 35 mm, transparências etc) e cria uma apresentação padrão que admite personalização.

Para usar o Assistente de AutoConteúdo, inicie o PowerPoint, certifique-se de que o assistente está selecionado e clique em **OK**. A primeira caixa de diálogo aparece na tela. (Caso a caixa de diálogo inicial não esteja mais na tela, selecione **Arquivo**, **Novo** e dê um duplo clique sobre o ícone do assistente.)

Siga as instruções do assistente qua aprecem na tela, acrescentando suas preferências para a apresentação. Clique sobre o botão **Avançar** para avançar de uma caixa de diálogo para outra. Pode-se exibir a caixa anterior sempre que se desejar, durante esse processo, pressionando o botão **Voltar**. A única questão mais difícil é o tipo de resultado desejado:

➤ *Apresentação na tela* desenvolve a apresentação para ser exibida em um computador. Selecione essa opção caso planeje que o seu público a veja na tela do microcomputador ou caso use um equipamento especial conectado a ele (como um projetor e alto-falantes).

➤ *Apresentação na Internet* converte os slides em páginas da Web as quais poderão ser visualizadas pelo seu público usando um navegador Internet padrão como o Internet Explorer ou Netscape Navigator. Selecione essa opção para criar uma apresentação a ser hospedada em um servidor Web.

Capítulo 15 ➤ *Uma apresentação básica*

- ➤ *Transparências em preto e branco* proporcionam desenhos de slides que são apropriados para uma exibição em preto e branco. Selecione essa opção caso não possua uma impressora colorida ou queira economizar imprimindo dessa forma.
- ➤ *Transparências coloridas* otimiza a apresentação de slides para uma produção em cores. Caso tenha uma impressora colorida, selecione essa opção.
- ➤ *Slides de 35mm* transfere sua apresentação para slides de 35mm para criar uma exibição deles como aquelas do passado. Caso não se tenha o equipamento apropriado, pode-se enviar a apresentação em disquete ou através de um *modem* para uma empresa que o possua. (Consulte o capítulo 17, "Mudança de posição e apresentação de slides", para maiores detalhes.)

Ao chegar na última caixa de diálogo, clique sobre o botão **Concluir**. O assistente cria a apresentação e a exibe no modo de visualização Normal. (Serão encontradas em cada slide instruções que poderão ser substituídas pelo seu próprio texto.)

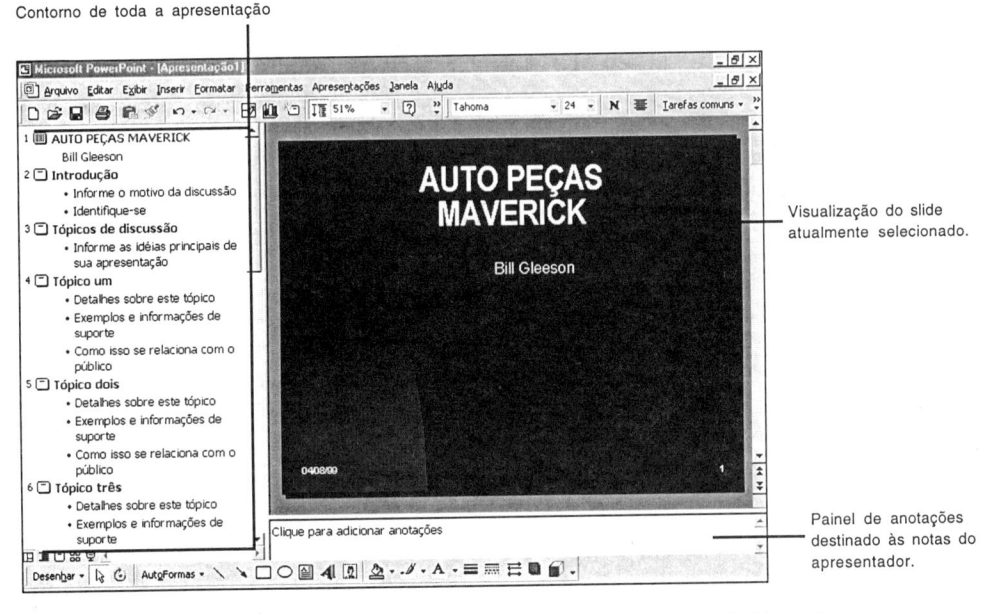

O PowerPoint exibe a apresentação no modo de visualização Normal.

Para começar, um modelo

Nenhuma mágica é usada para a criação de uma apresentação a partir de um modelo. Após iniciar o programa, selecione a opção **Criar modelo** e depois clique no botão **OK** ou, então, abra o menu **Arquivo**, selecione **Novo** e clique sobre a guia designada como **Criar modelos**. Independente da escolha, o PowerPoint exibe a caixa de diálogo Nova apresentação na qual se encontra uma coleção de modelos destinados a vários tipos de apresentações.

Clique sobre o modelo desejado e no botão **OK**. Ao ser solicitado a escolher um desenho de slide (indicar os objetos que se quer por no slide), clique sobre o modelo desejado e, em seguida, pressione o botão **OK**. O programa exibe o primeiro slide da apresentação.

Alteração dos modos de visualização para editar e classificar os slides

Supondo que tudo tenha acontecido como planejado e agora se tenha uma apresentação de slides (ou, pelo menos, um único) na tela. O PowerPoint possibilita a exibição dela de seis modos diferentes de modo que se possa trabalhar com mais facilidade em diversos aspectos da apresentação. Antes de começar a modificar a apresentação, familiarize-se com os modos disponíveis:

- *Normal*. Trata-se de uma combinação dos modos de visualização Slide, Estrutura de tópicos e Anotações. Exibe a estrutura de tópicos de sua apresentação no painel à esquerda, o slide selecionado no painel da direita e uma área de anotações no painel inferior direito. Esse é o modo de visualização padrão como aparece na figura anterior. Essa área é útil para a criação de anotações do apresentador.

- *Slide*. É o melhor modo para se adicionar objetos tais como: títulos, listas, gráficos e fotos a determinados slides.

- *Estrutura de tópicos*. Ótimo para se trabalhar no conteúdo da apresentação. Esse modo permite a organização dos slides de tal forma que sejam executados como esperado. (Verifique na seção "Como organizar slides?" dentro desse capítulo para maiores detalhes.)

- *Classificação de slides*. Fantástico para se reordenar slides dentro da apresentação. O modo de classificação de slides exibe um esboço deles em miniatura que se pode arrastar para alterar a posição do slide. (Esse visualizador é explicado com maiores detalhes no capítulo 17, "Mudança de posição e apresentação de slides.)

- *Página de anotações*. Exibe a página de anotações do apresentador caso se opte antes por sua criação. Uma cópia do slide surge no alto da página e as anotações na parte inferior. (A fim de visualizar essa página, abra o menu **Exibir** e escolha o item **Anotações de página**.

- *Apresentação de slides*. Exibe os slides como aparecerão em uma apresentação real. Isso permite que se verifique a transição entre um e outro slide e se teste quaisquer efeitos de animação que possa ter sido inserido. (Detalhes no capítulo 17.)

A maneira mais fácil de alternar entre um modo de visualização e outro é clicando-se em um dos botões correspondentes ao que se deseja, os quais estão localizados no canto esquerdo inferior da janela (veja a figura seguinte). Pode-se também escolher o modo desejado através do menu Exibir.

Capítulo 15 ➤ *Uma apresentação básica* 169

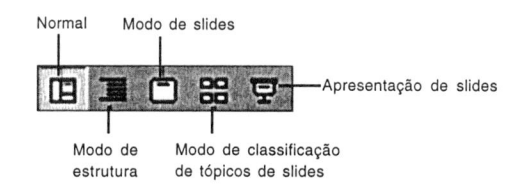

Use os botões devisualização para alternar rapidamente entre um modo e outro.

Como trabalhar com slides?

Se o assistente de AutoConteúdo foi usado na criação de slides, provavelmente, haverá pelo menos um que tenha uma caixa com a solicitação de "duplo clique" para adicionar algum objeto. Simplesmente obedeça e siga as instruções na tela. (O capítulo 16 ("Inserção de texto, gráficos e sons em um slide") mostrará como posicionar caixas de texto adicionais e outros objetos no slide.)

A fim de editar um texto diretamente no slide, clique sobre ele. Quando se clica em um objeto texto, uma caixa com diversas alças (pequenos quadrados) de seleção aparece ao redor dele. Para trabalhar com quaisquer caixas dessas, utilize uma das seguintes técnicas:

➤ Para mover uma caixa de texto, posicione o ponteiro do mouse sobre um dos cantos dela até que ele se torne uma seta de quatro cabeças e, então, arraste a caixa. (Quando ela está selecionada, pode-se usar as teclas de setas para um posicionamento mais preciso.)

➤ A fim de redimensionar a caixa acima, posicione o ponteiro do mouse sobre uma das alças (ele se torna uma seta de duas cabeças). Arraste a alça.

➤ Para editar um texto no interior da caixa, marque-o e digite o texto novo.

Visualização em preto e branco

Caso se esteja planejando imprimir uma apresentação usando uma impressora monocromática, seria uma boa idéia alterar o modo de visualização para preto e branco. Abra o menu **Exibir** e selecione **Preto e branco** ou clique sobre o botão **Visualização em preto e branco** na barra de ferramentas Padrão. (Talvez seja necessário clicar no ícone **Mais botões** na extremidade direita da referida barra para exibir o botão mencionado.)

Organização da apresentação

Para arrumar novamente a apresentação usando a estrutura de tópicos, exiba a barra de ferramentas Estrutura clicando com o botão direito do mouse em qualquer barra e escolha o item **Delineamento**. Então, torna-se possível o uso de um dos seguintes botões a fim de reestruturar a apresentação:

Elevar níveis. Eleva os tópicos selecionados em um nível na estrutura. Caso se selecione um marcador que esteja diretamente abaixo do título de um slide e se clique nesse botão, por exemplo, o marcador passará a ser o título de um novo slide.

Diminuir níveis. Rebaixa os tópicos selecionados em um nível na estrutura. Caso se clique em um item de uma lista de marcadores e no botão em referência, o marcador se tornará parte de uma sublista de marcadores.

Mover acima. Move os tópicos selecionados para cima na estrutura. Pode-se usar esse botão para reorganizar tópicos em um slide ou movê-los de um slide para outro. (Antes de usar os botões Mover acima ou Mover abaixo clique no botão Reduzir tudo como explicado adiante nessa lista.)

Mover abaixo. Funciona da mesma maneira que o botão anterior, porém em direção contrária. Também é possível mover itens para cima ou para baixo selecionando-os e depois arrastando seus ícones ou marcadores na direção desejada.

Reduzir. Exibe menos detalhes sobre um slide. Selecione o título do slide antes de clicar nesse botão para omitir quaisquer tópicos com marcadores ou outro subtexto.

Expandir. Reexibe os detalhes de um slide que foram omitidos pelo uso do botão Reduzir.

Reduzir tudo. Omite todos os textos com marcadores presentes na apresentação de modo que apenas os títulos dos slides sejam exibidos.

Expandir tudo. Reexibe o texto com marcadores omitido pelo uso do botão Reduzir tudo.

Slide de resumo. Insere um slide que pega os títulos de outros para criar um panorama da apresentação. Pode-se transformá-los em *hyperlinks* e usar esse slide como trampolim para slides diferentes ou seqüências de apresentação.

Mostrar a formatação. Ativa ou desativa a formatação de caractere para o texto da apresentação. (Algumas vezes, a concentração mais efetiva no conteúdo fica facilitada quando não se tem de olhar para a formatação.)

Capítulo 15 ➤ *Uma apresentação básica* 171

> **Administração de problema usando o botão Desfazer**
>
> Caso se tenha, por acidente, apagado um slide que acabou de levar meia hora para ser criado, clique no botão **Desfazer** para voltar atrás.

Inserção e exclusão de slides

As apresentações já prontas do PowerPoint são espetaculares, no entanto, ou elas lhe enganam com um grupo de slides dos quais não se precisa ou lhe deixam na mão oferecendo apenas um slide. Em outras palavras, será necessário excluir ou inserir alguns. A exclusão é fácil. No modo de visualização Estrutura de tópicos ou Classificação de slides, clique sobre aquele que deseja detonar e pressione a tecla **Delete (Excluir)**. Nos modos Normal ou Slides, exiba o escolhido, abra o menu **Editar** e opte por **Excluir slide**.

A inserção de slides é um pouco mais desafiadora. Selecione o slide após o qual deseja inserir um novo. Abra o menu **Inserir** e aponte para **Novo slide** ou clique no botão correspondente na barra de ferramentas Padrão. Não confunda esse com o botão **Novo**. Esse último (localizado na extremidade esquerda da barra) cria uma nova apresentação. Já o botão **Novo Slide** (que está a cerca de nove botões à direita) cria um novo slide dentro da apresentação atual.

A caixa de diálogo **Novo Slide** surge na tela solicitando que se selecione um *layout* global para o slide. Esse contém caixas de texto para títulos e listas com marcadores, caixas de desenho para inserção de clip art ou gráficos e objetos adicionais que devem ser alterados para a criação do slide. Clique no *layout* desejado e depois em **OK**. O programa insere um slide dando-lhe o mesmo segundo plano e cor presentes nos outros slides da apresentação.

Alteração do segundo plano, esquema de cores e layout

Ao se usar um assistente ou um modelo para criar uma apresentação, o PowerPoint faz com que todos os slides tenham a mesma aparência global, que normalmente é aquela que se deseja. No entanto, o esquema de cores e desenho de segundo plano não são fixos. Pode-se facilmente alterá-los para um ou todos os slides da apresentação.

Para modificar o segundo plano, o esquema de cores ou o *layout* de um *único* slide, primeiro selecione-o. (Não é necessário essa seleção caso se esteja alterando o segundo plano ou o esquema de cores para toda a apresentação.) Depois de marcá-lo (ou não), leia as seções a seguir para aprender como fazer as alterações dos aspectos mencionados.

Aplicação de um desenho diferente para a apresentação completa

Ao se criar uma apresentação pela primeira vez, escolheu-se um desenho geral para ela. Caso se tenha mudado de idéia desde então, abra o menu **Formatar** e selecione **Aplicar modelo de desenho** ou através da lista suspensa de Tarefas Comuns e clique em **Aplicar modelo de desenho**. A caixa de diálogo relacionada surge na tela exibindo uma longa lista de modelos. Clique no nome desejado e no botão **Aplicar**.

Plagiar um desenho de uma apresentação

Se você ou alguém já criou um desenho personalizado para uma apresentação, pode-se aplicar o tal desenho à apresentação atual. Na caixa de diálogo Aplicar modelo de desenho, altere a unidade e a pasta em que se encontra a apresentação. Escolha **Apresentações e Exibições** a partir da lista suspensa **Arquivos de tipo**. Clique na apresentação desejada e em seguida no botão **Aplicar**.

Alteração do segundo plano

Atrás de cada slide encontra-se um segundo plano colorido. É possível alterar a cor e o padrão desse e mesmo usar uma figura com essa finalidade. Para realizar essa alteração, abra o menu **Formatar** e escolha **Segundo plano** para que sua caixa de diálogo seja exibida. Abra a lista suspensa **Preenchimento do segundo plano** e escolha a amostra de cor desejada. A fim de usar uma cor personalizada, clique em **Mais cores** e, então, use a caixa de diálogo **Cores** para selecionar ou criar uma cor.

As cores constituem um incremento, porém caso se deseje tornar a apresentação mais "chocante", é preciso aplicar nos slides uma textura ou padrão de segundo plano. Para se fazer isso, exiba a caixa de diálogo de Segundo plano, abra a lista suspensa **Preenchimento de segundo plano** e escolha a opção **Efeitos de preenchimento**. Sua caixa de diálogo aparece oferecendo quatro guias contendo opções para adição de estilos de sobreamento, texturas, padrão ou uma figura de segundo plano para a apresentação. A melhor maneira de percebê-las é testando-as ao mesmo tempo que as observa na Área de exemplo.

Previna-se

Ao escolher segundos planos coloridos ou texturizados, pense em como serão produzidos os slides. Um segundo plano desse tipo pode parecer maravilhoso em slides de 35 mm, mas horrível quando impressos em papel ou transparências. Caso se esteja planejando publicar a apresentação na Internet, o mesmo problema pode ocorrer, isto é, o que talvez seja lindo no PowerPoint, pode ficar terrível quando exibido em um navegador da Web.

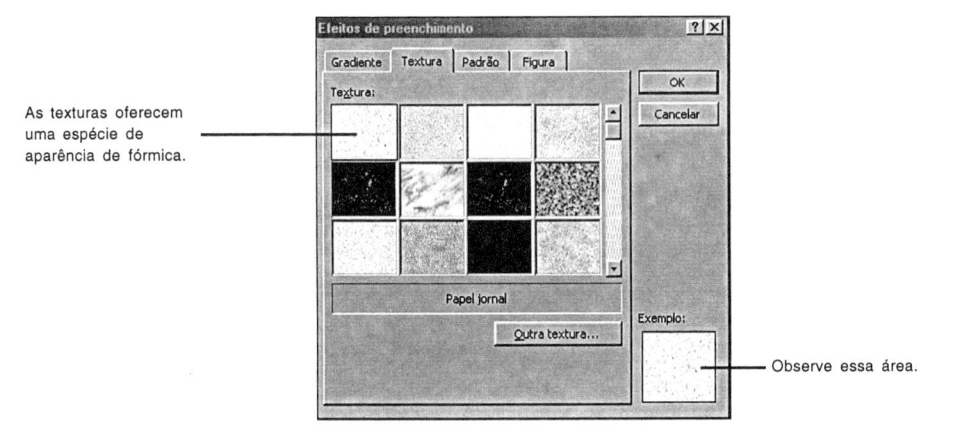

As texturas oferecem uma espécie de aparência de fórmica.

Observe essa área.

Teste os efeitos de preenchimento de segundo plano para lhe dar uma aparência única.

Seleção de um esquema de cores diferentes

Cada modelo é configurado para exibir os vários elementos de um slide em cores distintas. Uma para os títulos, outra para os itens com marcadores e uma outra para os preenchimentos. Pode-se alterar as cores usadas para os vários elementos. Abra o menu **Formatar** e escolha **Esquema de cores do slide.**

A caixa de diálogo correspondente possibilita a escolha de esquemas de cores predefinidos ou a criação de um esquema personalizado. A fim de evitar acidentes, escolha um já pronto para garantir que não se tenha uma confusão de cores ou uma mistura estranha de texto e segundo plano. Caso tenha um pouco de coragem, clique na guia **Personalizar** e selecione uma cor para cada elemento dos slides. Ao terminar, clique sobre o botão **Aplicar a tudo** (para aplicar o novo esquema a todos os slides) ou **Aplicar** (para aplicá-lo somente ao slide selecionado).

Controle através do slide mestre

Por trás de toda boa apresentação de slide existe Slide mestre que age como um mestre de marionetes que manipula os cordões que fazem os outros slides se comportarem como se comportam. O slide mestre controla o estilo de fonte, seu tamanho para títulos de slides e listas com marcadores e contém quaisquer objetos gráficos que apareçam em todos os slides. Além disso, insere a data, número de slide e outras informações que se deseje exibir em *todos* os slides da apresentação.

Reestruturação de slides

Para reorganizar objetos rapidamente no slide, selecione-o e depois abra a lista suspensa Tarefas comuns (na barra de ferramentas Formatação) e clique em **Layout do slide**. Escolha o que desejar e pressione o botão **Aplicar**.

A fim de exibir o slide mestre, abra o menu **Exibir,** aponte para **Mestre** e clique em **Slide mestre**. Essa ação exibe o **Título mestre**, exclua-o — veja a seguir. Então, no slide mestre, realize quaisquer das modificações seguintes que afetarão todos os slides da apresentação:

➤ Para alterar a aparência dos títulos dos slides, marque o título presente no slide mestre e depois use as listas suspensas **Fonte** e **Tamanho de fonte** na barra de ferramentas Formatação para modificar a fonte e seu tamanho. Mais opções de fontes podem ser obtidas abrindo-se o menu Formatar e escolhendo-se **Fonte**.

➤ Para alterar a aparência das listas de texto com marcadores, marque o nível que contém um marcador e então use as listas de **Fonte** e **Tamanho de fonte** para modificar a fonte. Posicione o cursor do mouse sobre um nível de marcador que deseje alterar, pressione seu botão direito e **Marcadores e Números** do menu de contexto e mude o estilo de marcador para algo de seu gosto — por exemplo, plantinhas, corações ou grandes losangos de cor laranja.

➤ Pode-se adicionar texto ou gráficos ao slide Mestre exatamente como se os estivesse colocando em qualquer outro slide da apresentação. (Veja o capítulo 16, "Inserção de texto, objetos gráficos e sonoros em um slide.") A figura aparecerá no mesmo lugar em todos os slides.

Capítulo 15 ➤ *Uma apresentação básica* 175

➤ Caso o slide mestre possua uma caixa de texto que insira a data e o número do slide em cada slide, será possível a edição do texto da caixa ou a alteração de sua fonte e alinhamento.

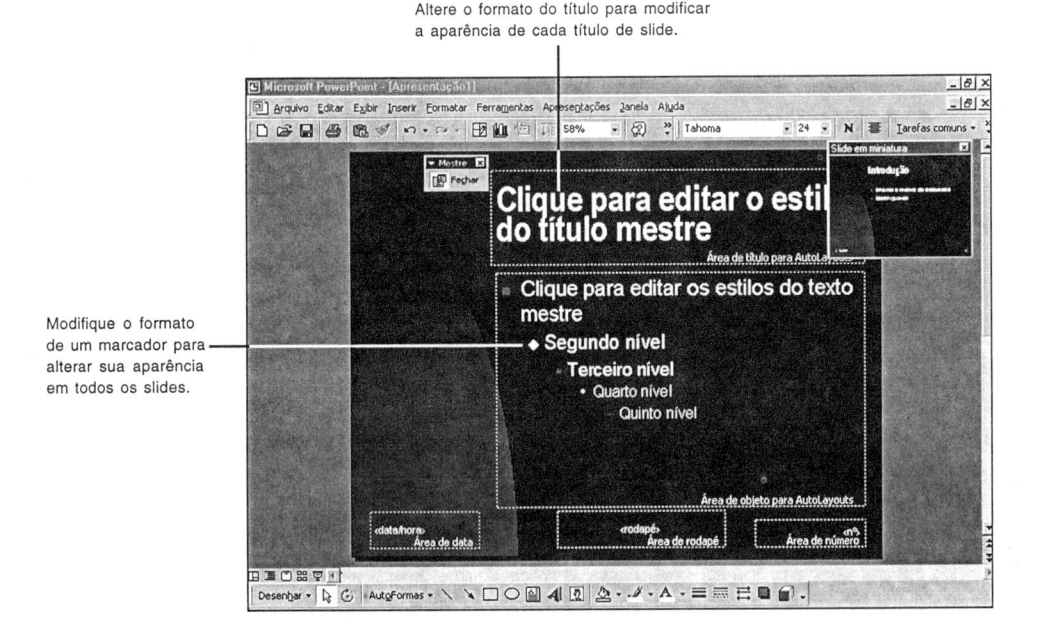

Formate o slide Mestre para controlar a aparência de todos os slides da apresentação.

Ao terminar de brincar com o slide Mestre, clique no botão **Fechar** na barra de ferramentas **Mestre** (para retornar ao modo de visualização Slides) ou clique no botão de visualização desejado no canto inferior esquerdo da janela do PowerPoint.

Passeio pelos mestres

O PowerPoint oferece exibições mestras adicionais que incluem **Título mestre**, **Folhetos mestres** e **Anotações mestras** que se encontram todas relacionadas no submenu **Exibir, Mestre**. A primeira possibilita o controle da formatação para todos os títulos e subtítulos nos slides. A fim de visualizar rapidamente o Título mestre, pressione a tecla shift e clique no botão do modo de Slides no canto inferior esquerdo da janela.

Embora inicialmente o slide Mestre controle todos os aspectos de cada slide da apresentação, quaisquer mudanças feitas em um slide em particular sobrepõe-se à formatação do Mestre. Pode-se, por exemplo, alterar a fonte usada no título de um slide. Caso, mais tarde, se decida querer usar a formatação do slide Mestre, selecione aquele que contém a formatação diferente, abra a lista suspensa **Tarefas comuns**, clique em Layout do slide e em seguida pressione o botão **Reaplicar** na caixa de diálogo Layout do slide.

Caso se adicione um objeto gráfico como um logotipo de uma empresa ao slide Mestre, ele aparecerá em todos os slides da apresentação. A fim de evitar que uma imagem (incluindo as que fazem parte do modelo original) apareça em algum slide em particular, selecione-o, abra o menu **Formatar**, escolha **Segundo plano**, clique em **Ocultar elementos gráficos de segundo plano do mestre** e clique em **Aplicar**.

Capítulo 16

Inserção de texto, objetos gráficos e sonoros em um slide

Neste capítulo
➤ Inserção de caixas para títulos, listas e outro texto.
➤ Apresentação gráfica de dados através de gráficos.
➤ Tempere a apresentação com clip art e desenhos.
➤ Explore a terceira dimensão usando som e vídeo.

Começar uma apresentação usando um modelo ou mesmo o assistente de AutoConteúdo não permite muita criatividade. Essas ferramentas fornecem desenho de segundo plano e esquema de cores e podem guiá-lo sobre o que incluir na apresentação, mas em geral são muito sem graça. Caso se decida usar esse recurso, os espectadores já estarão dormindo há muito tempo antes do grande final.

A fim de fisgá-los e manter a apresentação animada, é preciso temperá-la com objetos gráficos, sonoros e qualquer outro meio que reduza o seu tempo de fala e a quantidade de texto. Neste capítulo, mostraremos como inserir vários objetos de mídia aos slides.

Como controlar objetos existentes nos slides?

Durante esse capítulo, novos objetos serão colocados nos slides, o que pode obstruir aqueles existentes. Para aprender o básico sobre o trabalho com objetos em camadas, leia as seções: "O trabalho com camadas de objetos" e "Como trabalhar com dois ou mais objetos agrupados" do capítulo 6, "Tempere o documento com gráficos, sons e vídeos."

Mais texto?

Já sei, já sei. Acabei de dizer que os slides provavelmente tinham *muito* texto e agora vou ensinar como inserir ainda mais! O problema é que as caixas de texto nos slides talvez não sejam aquelas que se deseja usar.

A fim de inserir uma caixa de texto, exiba o slide e depois abra o menu **Inserir** e selecione **Caixa de texto**. Arraste o ponteiro do mouse sobre o local dentro slide onde deseja posicioná-la e solte o botão. Digite o texto. Caso seja digitado mais texto do que a caixa pode suportar, ela automaticamente se expande.

O maravilhoso encolhimento de texto

O slide mestre possui caixas de texto que exibem os *espaços reservados para texto* sobre os slides da apresentação. Caso se digite mais texto do que a capacidade da caixa, o PowerPoint automaticamente diminui o tamanho da letra para adaptá-lo a ela! (Esse recurso não funciona para caixas de texto desenhadas no slide.) Caso não goste desse recurso, pode desativá-lo através do comando **Ferramentas**, **Opções**.

Capítulo 16 ➤ Inserção de texto, objetos gráficos e sonoros em um slide   179

Como tornar seus slides mais interessantes usando clip art e outras figuras

O pacote Office inclui uma galeria de ClipArt que serve a todos os seus aplicativos. Você deve tê-la visto no Capítulo 6. É possível a inserção de um clip-art presente nessa galeria nos slides. Considere as etapas seguintes para fazê-lo:

1. Exiba o slide no qual se deseja inserir o clip-art.
2. Abra o menu **Inserir**, selecione **Figura** e clique em **Clip Art**. A caixa de diálogo correspondente surge na tela.
3. Clique na categoria clip-arts de onde se deseja fazer uma escolha.
4. Clique sobre a imagem que se deseja inserir e depois sobre o botão **Inserir clipe**.
5. Pressione o botão **Fechar** da caixa de diálogo do ClipArt. A Galeria ClipArt cola a imagem no slide atual e exibe a barra de ferramentas Figura que contém ferramentas que podem ser usadas para editá-la.
6. Pode-se arrastar uma das alças ao redor dela para redimensioná-la e arrastar a caixa que também a envolve para movê-la à posição desejada.

Pode-se decorar os slides usando-se desenhos artísticos prontos da galeria ClipArt.

O submenu Inserir, Figura também possibilita a inserção de arquivos gráficos localizados no disco rígido. Abra o menu **Inserir**, aponte para o item **Figura** e selecione **Do arquivo**. Na caixa de diálogo Inserir figura, escolha o arquivo gráfico que se deseja inserir.

Reforçar as argumentações com gráficos.

A base de apresentações eficientes é a presença de gráficos. Eles proporcionam uma grande maneira de se converter visualmente informações numéricas de forma que os espectadores não tenham que pensar e interpretar os números.

Inserção de formas, linhas e WordArt

Caso nenhuma das imagens prontas lhe seja útil, pode-se usar a barra de ferramentas Desenho para se criar os próprios desenhos, inserir AutoFormas, adicionar linhas, setas e muito mais. Essa é a mesma barra de Desenho presente no Word. (A fim de aprender mais sobre ela e seu uso, consulte o Capítulo 6). Para inserir um objeto WordArt, consulte "Como inserir objetos do WordArt?" no capítulo 4.)

Inserção de gráficos do Excel

Caso já se tenha criado um gráfico no Excel, não há nenhuma razão para gastar tempo recriando-o no PowerPoint. Simplesmente copie-o do primeiro e cole em um slide no segundo.

Caso o slide tenha sido criado com o assistente de AutoConteúdo ou com a caixa de diálogo Layout de slide, ele talvez já tenha um espaço para o gráfico. Deve-se ver algo como **Clique duas vezes para adicionar um gráfico**. Siga essa instrução. Caso não haja nenhum espaço para o gráfico, clique no botão **Inserir gráfico** presente na barra de ferramentas Padrão.

Seja qual for a maneira escolhida para fazê-lo, a janela Planilha de dados aparece exibindo alguns dados de exemplo. Para introduzir os dados que se deseja representar graficamente, clique dentro da célula (a caixa) onde se quer inserir os dados, digite a entrada e pressione **Enter** ou use uma das teclas de seta para passar à próxima caixa.

Capítulo 16 ➤ Inserção de texto, objetos gráficos e sonoros em um slide

Inicialmente, os dados são representados graficamente por linhas, assim os títulos de coluna aparecem abaixo do eixo horizontal (X) no gráfico. Para representá-los por coluna (assim os títulos de linhas aparecerão abaixo do eixo), clique no **Por coluna** na barra de ferramentas Padrão. (Caso esse botão não esteja na barra, clique em **Mais botões** na extremidade direita da barra de ferramentas e clique em **Por coluna**.) A fim de aprender mais sobre como personalizar um gráfico, confira o Capítulo 13, "Dados gráficos para brincar e lucrar." Ao terminar de brincar com o gráfico, clique em qualquer lugar fora da janela Planilha de dados e também fora da área de gráfico.

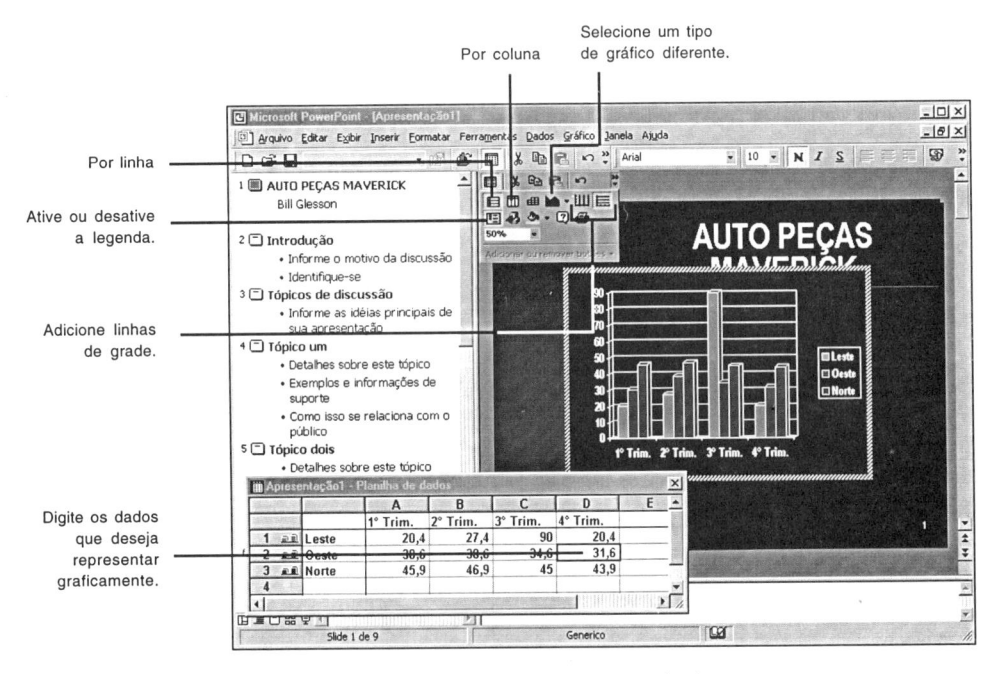

A janela Planilha de dados requer a entrada dos dados que se deseja representar graficamente.

Como adicionar sons a slides?

Gagueja quando fala em público? A boca fica seca? Tem um sério problema de tique nervoso? Em vez de tentar resolver a causa do problema, apenas recuse-se totalmente a falar em público! Pode-se realizar isso no PowerPoint anexando sons e gravações aos slides — supondo, naturalmente, que se esteja criando uma apresentação na tela e que o sistema esteja equipado com uma placa de som e alto-falantes. A seguir encontra-se uma lista de tipos de sons permitidos pelo PowerPoint:

- ➤ Sons provenientes da galeria Microsoft Clip.
- ➤ Sons gravados e salvos em arquivos no disco rígido.
- ➤ Trilhas de CD. Pode-se determinar que o programa execute uma trilha específica de um CD de áudio ao fundo durante a exibição da apresentação. Apenas tenha certeza de estar com o CD certo na unidade de leitura ao apresentar os slides.
- ➤ Entrada de microfone. O PowerPoint pode gravar sua voz ou qualquer outra coisa que se deseje introduzir e exibir um ícone no slide. O programa executa automaticamente o som, durante a apresentação, ou quando se clicar no ícone correspondente.

A fim de inserir som, primeiro exiba o slide no qual deseja que ele seja executado. Abra o menu **Inserir, Filmes e sons** e faça a opção de som desejada: **Som do Galllery, Som do arquivo, Executar faixa de áudio do CD** ou **Gravar som.**

O que será feito a seguir depende da opção selecionada. As duas primeiras opções são claramente mais diretas: escolhe-se o clipe de áudio ou arquivo sonoro que se deseja usar e em seguida confirma-se a escolha. Caso se escolha **Executar faixa de áudio do CD**, use a caixa de diálogo Opções de execução para selecionar a faixa com a qual deseja que o programa comece a tocar e aquela na qual ele deve parar. Se a opção foi por **Gravar som**, o processo é um pouco mais complicado (veja detalhes na próxima seção).

Como anexar um som gravado em um slide

Caso se tenha optado por Gravar som, a caixa de diálogo correspondente aparece na tela. Antes de tudo, certifique-se de que o microfone esteja conectado à placa de som e ligado. Marque a entrada presente na caixa de texto **Nome** e digite um nome para a gravação. Quando estiver pronto para falar, clique no botão **Gravar** e comece a falar no microfone (ou a emitir qualquer outro som que queira gravar). Ao terminar, clique no botão **Parar** e depois em **OK**. O PowerPoint insere um pequeno ícone de um alto-falante no slide. Arraste-o para a posição desejada. A partir de então, pode-se clicar duas vezes sobre ele para executar o som gravado.

Supondo que a apresentação seja feita na tela (em vez de slides de 35mm, transparências ou folhetos), sempre que se avance para um slide no qual se inseriu um arquivo de som, o ícone do alto-falante aparece. Para executar o som, clique duas vezes sobre o ícone.

Existe a possibilidade de se fazer o programa a executar automaticamente um som sempre que se avançar para o slide. Isso é possível através da inserção de efeitos de animação (explicado no próximo capítulo).

Capítulo 16 ➤ *Inserção de texto, objetos gráficos e sonoros em um slide*   **183**

Narrando uma apresentação de slide inteira

Pode-se usar a opção Gravar som, como descrito na seção anterior, para fazer a narração de uma apresentação. Basta adicionar a cada slide um som gravado. Uma maneira mais fácil de se narrar uma apresentação inteira é usar o recurso Narração. Avança-se pela apresentação enquanto se fala no microfone. O Power Point grava sua voz e anexa sua narrativa aos slides corretos. Ative o microfone e siga as instruções seguintes para começar:

1. Acesse o primeiro slide dentro da apresentação. (É possível iniciar a gravação em qualquer um, porém é mais fácil começar do início.)
2. Abra o menu **Apresentações** e clique em **Gravar narração**. A respectiva caixa de diálogo aparece mostrando quantos minutos de tempo de gravação se tem baseado no espaço disponível no disco rígido.
3. Clique em **OK**. O PowerPoint alterna para o modo Apresentação de slides.
4. Comece a narração da apresentação falando ao microfone. Clique em qualquer ponto do slide para avançar ao próximo. Continue falando. Embora pareça que nada esteja acontecendo, o programa está na realidade gravando sua voz. No final da apresentação, uma mensagem aparece, perguntando se o intervalo de tempo entre os slides será gravado junto com a narração.
5. Para gravar o intervalo de tempo junto com a narração, clique em **Sim** ou **Não**, caso não queira. O programa alterna para o modo de Classificação de slides e o tempo de cada slide durante a apresentação aparece abaixo de cada um.

Ao se executar a apresentação, a narração ocorre automática e simultaneamente. Caso não se queira usar a narração, abra o menu **Apresentações** e clique em Configurar apresentação. Marque a caixa ao lado de **Apresentação sem narração** e clique em **OK**.

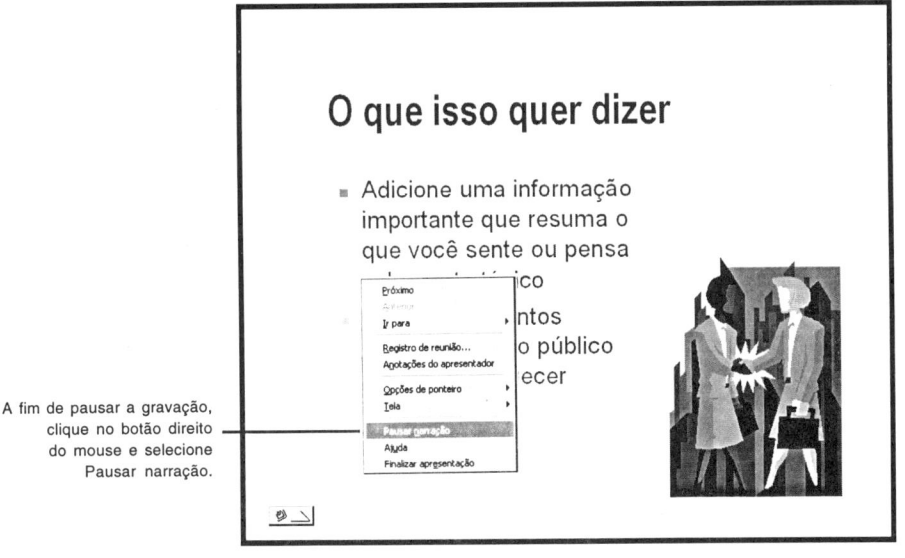

A fim de pausar a gravação, clique no botão direito do mouse e selecione Pausar narração.

Avance e continue falando.

Atingindo a multimídia usando clipes de vídeo

Ainda que o computador ofereça uma das piores qualidades de vídeo imagináveis, todos parecem pensar que uma apresentação ou página Web não está completa sem um clipe de vídeo. O PowerPoint seguiu essa tendência de pensamento incluindo a possibilidade de inserção desses clipes na apresentação.

A fim de inserir um clipe de vídeo, exiba o slide no qual se deseja inseri-lo. Depois, abra o menu **Inserir**, aponte para **Filmes e sons** e clique em uma das seguintes opções: **Filme do Gallery** (será preciso, nesse caso, inserir o CD-ROM do Microsoft Office) ou **Filme do arquivo**. Caso selecione a primeira opção, a caixa de diálogo Inserir filme aparece, apresentando uma lista de categorias. Clique naquela desejada, escolha o clipe e clique sobre o botão **Inserir clipe**. Se a segunda opção foi a escolhida, use a caixa de diálogo mencionada para selecionar um filme presente no seu disco rígido. O programa admite a maior parte de formatos, incluindo AVI, MPG, MPE e VDO, assim, qualquer coisa que se pegar da Internet (com a devida autorização, naturalmente) deve funcionar.

Capítulo 17

Mudança de posição e apresentação de slides

Neste capítulo
➤ Como mudar slides de posição no modo Classificação de slides?
➤ Animação de apresentações em tela com efeitos especiais.
➤ Faça suas próprias apresentações interativas.
➤ Ensaie e execute apresentações na tela.

Antes de tirar o véu da apresentação, esqueça dela por um dia ou dois e, então, retome a ela e tente vê-la na perspectiva de seu espectador. Talvez seja necessário ajustar um ou mais slides, mover uma lista com marcadores, acertar um gráfico ou efetuar mais alguma manutenção menor.

Pode ser necessário fazer mudanças mais significativas como arrumar novamente os slides e animá-los a fim de tornar a apresentação mais dinâmica. Antes de se subir ao palco, pode-se também querer rascunhar algumas anotações de apresentador; preparar folhetos para as pessoas e mesmo ensaiar. O tempo gasto na preparação é útil para se aperfeiçoar a apresentação e ficar mais à vontade ao apresentá-la. Neste capítulo, apresentamos a maneira pela qual podem ser usadas as ferramentas poderosas de apresentação do PowerPoint que realizam tudo isso e muito mais.

Reorganização dos slides

Ao se criar uma apresentação, normalmente a atenção se concentra em determinados slides fazendo com que cada um seja o melhor possível. Quando se volta atrás, no entanto observa-se menos o conteúdo de cada um deles e mais sua disposição. Com o olhar de uma águia, é possível perceber a necessidade de reorganização dos slides na apresentação.

O modo mais indicado para essa reorganização é o de Classificação de slides, pois ele exibe uma pequena versão de cada slide. A fim de mudar para o modo sugerido, clique no botão **Classificação de slides**. Para mover um slide, arraste-o para o local desejado. Enquanto se faz isso, uma linha vertical aparece indicando onde o programa vai inseri-lo. Ao se soltar o botão, ele se move para sua nova posição. Caso se queira copiar um slide, em vez de movê-lo, posicione o cursor do mouse sobre ele, pressione a tecla **Ctrl** ao mesmo tempo e arraste-o.

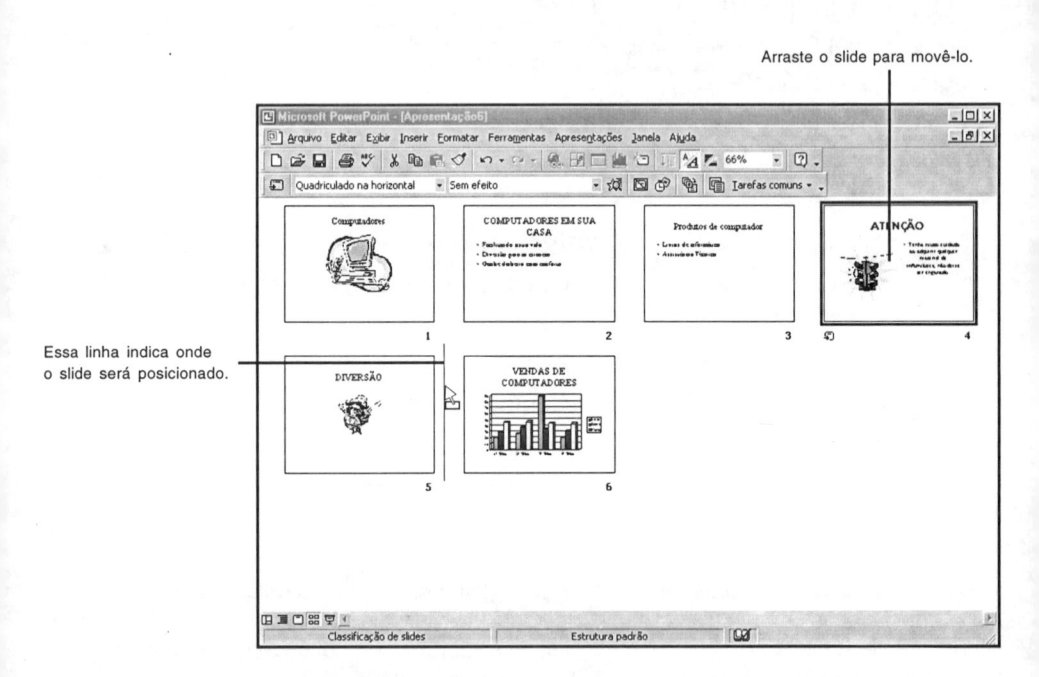

No modo de Classificação de slides, podem-se mover os slides arrastando-os.

Embora o modo Classificação de slides ofereça a forma mais gráfica de mudar a posição de slides, aquele de Estrutura de tópicos proporciona uma visão melhor para se avaliar o conteúdo e o curso da apresentação. A fim de mover um slide nesse modo, simplesmente arraste o ícone dele para a posição desejada acima ou abaixo.

Capítulo 17 ➤ Mudança de posição e apresentação de slides   187

Como adicionar efeitos especiais?

O acréscimo de efeitos especiais a uma apresentação pode realmente incrementar a mensagem e manter o público acordado. Por exemplo, caso se pretenda exibir a apresentação através do computador, pode-se animar as transições entre os slides. Talvez se queira que um slide esmaeça enquanto o próximo desponte. As seções seguintes mostram como adicionar esses efeitos.

Efeitos especiais na barra de ferramentas Classificação de slides

Primeiro, terminemos de ver todos os detalhes encontrados no modo Classificação de slides. Alterne para esse modo clicando no botão correspondente na parte inferior da tela. Cada slide da apresentação aparecerá na tela como mostrado na figura anterior. O PowerPoint também exibirá a barra de ferramentas Classificação de slides. Quando se começar a trabalhar com efeitos de slide nas próximas seções, haverá ocasião para usar a barra citada a fim de atribuir efeitos especiais. A Tabela 17.1 proporciona uma descrição breve de cada botão.

Tabela 17.1 Botões da barra de ferramentas Classificação de slides

Botão da barra	Nome	Descrição
	Transição de slides	Abra a caixa de diálogo Transição de slides, que oferece opções de animação da transição entre um slide e outro.
	Efeitos de transição de slides	Exibe uma lista de efeitos de animação para as transições de slide.
	Predefinir animação	Possibilita a animação do movimento de listas com marcadores e outro texto na tela.
	Visualizar animação	Exibe os efeitos de animação em ação.
	Ocultar slide	Oculta o slide atual para que ele não apareça na apresentação. Isso é útil quando se deseja apresentação para públicos diferentes ou manter uma reserva à mão.
	Testar intervalos	Alterna para o modo de Apresentação de slides e proporciona uma caixa de diálogo que permite ajustar o tempo que cada slide permanece na tela.
	Slide de resumo	Pega os títulos dos outros slides na apresentação para criar um novo. Pode-se transformar esses títulos em *hyperlinks* para que se possa acessar rapidamente os outros slides através do clique nos títulos.

Tabela 17.1 Botões da barra de ferramentas Classificação de slides. (continuação)

Botão da barra	Nome	Descrição
	Anotações do apresentador	Exibe uma caixa de diálogo que permite digitar anotações que podem ser consultadas durante a apresentação.

Consistência e conformidade

Na maioria da vezes, deve-se aplicar os mesmos efeitos de transição para todos os slides da apresentação. No entanto, pode-se aplicar uma transição a um único slide ou a um grupo deles. A fim de selecionar vários, clique sobre um e em seguida **Ctrl+clique** nos outros.

Transições animadas entre slides

Caso se esteja usando um computador para exibir sua apresentação em um monitor ou usando um projetor especial conectado a um computador, é possível cronometrar transições e adicionar efeitos de animação interessantes. Aqui está o que se deve fazer:

1. Clique no slide no qual deseja aplicar uma transição animada. (Para usar a mesma transição para todos os slides, clique em qualquer um deles na apresentação. Será possível optar pela aplicação do efeito de transição para todos eles na última etapa.)
2. No modo de Classificação de slides, clique no botão **Transição de slides**.
3. Abra a lista suspensa **Efeito** e selecione uma opção de transição.

    Observe a área de visualização (acima da lista) para ver uma demonstração da transição.
4. Abaixo da lista suspensa Efeito, assinale **Lenta**, **Média** ou **Rápida** para ajustar a velocidade da transição.
5. Abaixo do título Avanço, selecione **Ao clicar com o mouse** a fim de avançar os slides sempre que se clicar no mouse ou selecione **Automáticamente após** para que o programa exiba automaticamente o próximo slide depois do período de tempo especificado.
6. Para adicionar um som à transição, abra a lista suspensa **Som** e escolha o som desejado. (Caso se queira usar um som que não esteja na lista, selecione a opção **Outro som** no final da lista e localize o arquivo sonoro que se deseja usar.) A fim de que o som toque de maneira contínua até o início do próximo, clique em **Repetir até próximo som**.

Capítulo 17 ➤ Mudança de posição e apresentação de slides 189

7. Ao terminar de trabalhar na caixa de diálogo, clique no botão **Aplicar** para atribuir o efeito de transição ao(s) slide(s) selecionado(s) ou **Aplicar a todos** para usar o mesmo efeito para todos os slides da apresentação.

O piloto automático nem sempre e a melhor opção
Caso se pretenda exibir a apresentação para um público real, certifique-se de que a opção **Ao clicar com o mouse** esteja selecionada. Nunca se sabe quando uma dúvida surgirá e não se deseja que a apresentação continue sendo executada automaticamente enquanto as dúvidas são esclarecidas.

Clique aqui para visualizar
o efeito de animação selecionado.

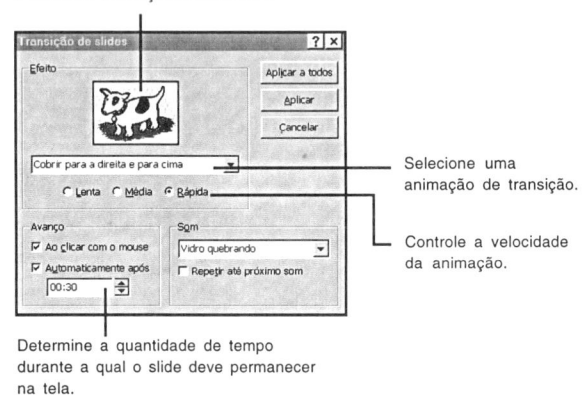

Selecione uma
animação de transição.

Controle a velocidade
da animação.

Determine a quantidade de tempo
durante a qual o slide deve permanecer
na tela.

A caixa de diálogo Transição de slides

Estruturas animadas

As transições de slides são ótimas, porém só podem ser usadas para slides completos. O PowerPoint também oferece efeitos de animação para os objetos presentes neles. Por exemplo, é possível fazer com que o texto do slide surja na tela como se estivesse sendo digitado naquele momento e mesmo fazer com que essa animação seja acompanhada de sons de batidas de teclas.

O programa oferece essas opções através da barra de ferramentas Efeitos de animação. Para exibir essa barra, mude para o modo Normal ou de Slides e depois clique sobre o botão **Efeitos de animação** presente na barra de Formatação. A Tabela 17.2 relaciona e descreve os botões que serão encontrados nessa barra. (Talvez seja preciso clicar sobre o botão **Mais botões** na extremidade direita da barra de ferramentas Formatação para acessar o botão mencionado.)

Estruture-o!

O efeito de aparecimento dos itens do slide em tempos e maneiras diferentes na tela chama-se *estrutura*. O PowerPoint inclui uma vasta seleção delas tais como itens com marcadores, onde um marcador aparece de cada vez quando se clica sobre o slide, ou um gráfico entrando pela esquerda da tela.

Tabela 17.2   A barra de ferramentas Efeitos de animação

Botão	Nome	Descrição
	Animar título	Ativa o efeito de animação para o título.
	Animar texto do slide	Ativa o efeito de animação para outro texto.
	Efeito carro	"Conduz" o objeto para dentro do slide e executa o som de um carro de corrida.
	Efeito deslocamento	Desloca o objeto selecionado para o slide.
	Efeito câmera	Insere o objeto dentro do slide com o som de um clique de câmera fotográfica.
	Piscar uma vez	Pisca o objeto no slide apenas uma vez.
	Efeito texto a laser	Escreve o texto no slide com o efeito e som semelhantes ao laser.
	Efeito máquina de escrever	Insere texto no slide com um caractere de cada vez como se estivesse sendo datilografado na tela.
	Efeito texto em ordem inversa	Estrutura o bloco de texto de baixo para cima.

Capítulo 17 ➤ Mudança de posição e apresentação de slides   191

Tabela 17.2   A barra de ferramentas Efeitos de animação. (continuação)

Botão	Nome	Descrição
	Efeito de inserção de texto	Insere as palavras, uma de cada vez, como se elas estivessem caindo do topo do slide.
	Ordem de animação	Permite se especificar a ordem na qual os itens devem aparecer no slide.
	Personalizar animação	Exibe a caixa de diálogo Personalizar animação a qual oferece opções adicionais de controle de animações de estrutura.
	Visualizar animação	Exibe os efeitos de animação em ação.

A fim de aplicar um efeito de animação, clique primeiro no objeto no qual deseja implantá-lo e depois escolha o efeito desejado. Abra a lista suspensa **Ordem de animação** e selecione a ordem na qual o objeto deve aparecer no slide. (Caso ele seja o primeiro item escolhido para animação, haverá apenas uma opção de Ordem de animação, representada pelo número 1.) Sempre é possível selecionar a ordem de animação.

Assim que tudo estiver pronto para executar a apresentação (que mostrarei como fazer em breve), os efeitos de slide determinados aparecerão na tela ao seu comando.

Como animar gráficos?

O PowerPoint também oferece efeitos de animação para gráficos. Por exemplo, caso se tenha um gráfico de barras mostrando os lucros da empresa para os anos de 1997, 1998 e 1999, é possível ter a barra do lucro líquido de cada ano deslocando-se separadamente sobre o gráfico.

Para adicionar efeitos de animação a um gráfico, posicione o cursor do mouse sobre ele, clique no botão direito e escolha **Personalizar animação**. A caixa de diálogo correspondente aparece com a guia Efeitos do gráfico ao alto. Estabeleça as preferências inserindo os vários elementos do gráfico e depois clique em **OK**.

Criação de uma apresentação interativa com botões de ação

Caso se esteja criando uma apresentação on-line para treinamento de pessoal ou um quiosque de informação para usuários on-line, pode-se dar ao público controle sobre a apresentação adicionando *botões de ação* aos slides. Um simples botão desses permite que o usuário, ao clicá-lo, avance para o slide seguinte. Um outro solicita que se clique sobre ele a fim de executar um vídeo.

A fim de inseri-los em um slide, abra o menu **Apresentação**, aponte para **Botões de ação** e clique naquele de sua preferência. O ponteiro do mouse se transforma em um ponteiro de coordenadas. Arraste-o sobre o slide para criar uma caixa no local desejado para o botão.

Ao soltar o tecla do mouse, o botão de ação aparece no slide e a caixa de diálogo Configurar ação surge e solicita que se designe alguma ação para o botão. Insira suas preferências e clique em OK.

Esse recurso é particularmente útil na criação de slides que saltam direto para outros. Por exemplo, pode-se adicionar um desses botões para saltar diretamente a um outro que contenha números de reserva para um gráfico. O usuário, caso deseje, pode lançar mão desse recurso ou simplesmente ignorá-lo.

Chegou a hora da apresentação!

É isso aí — finalmente chegou a hora de ver como ficou a apresentação e executá-la. Mostrarei como apresentá-la eletronicamente; darei algumas dicas de pausa e inserção de anotações e ainda como escrever nos slides durante a exibição. Então, por favor, aos seus lugares! Ligue o monitor... luzes, câmera, ação!

> Exiba o primeiro slide da apresentação e clique no botão do modo **Apresentação de slides** ou acesse em **Exibir, Apresentação**. Ele aparecerá em tela cheia. Pode-se agora fazer o seguinte:

- ➤ A fim de avançar para o próximo slide ou para a animação, clique em qualquer parte da tela ou pressione as teclas para a esquerda ou direita presentes no teclado.
- ➤ Caso se tenha determinado um tempo de transição específico (como descrito antes nesse mesmo capítulo), ele contribui automaticamente.
- ➤ Caso se selecione um efeito de estrutura para o slide ou quaisquer de seus elementos, clique na tela para "estruturar" cada efeito (a menos, naturalmente, que os tenha cronometrado).
- ➤ Caso se tenha inserido algum clipe sonoro, de filmes ou outros efeitos especiais, pode-se clicar em seus ícone para iniciá-los durante a apresentação.
- ➤ Para abandonar a apresentação, pressione **Esc**.

Pronto para o ensaio geral? Pode-se fazer isso enquanto se estabelece o tempo total de exibição de cada slide na tela. Abra o menu **Apresentação** e selecione a **Testar intervalos**. O PowerPoint exibe a caixa de diálogo correspondente mostrando os segundos durante os quais o slide esteve na tela. Quando se achar pronto para avançar ao próximo, clique no botão **Avançar** (aquele que possui uma pequena seta apontando para a direita). Caso alguém invada sua sala durante o teste, pode-se clicar no botão **Pausar** (aquele com duas linhas verticais paralelas). A fim de alterar o tempo para um slide, edite os números presentes na caixa de texto de tempo. Ao chegar ao final, surge a pergunta relativa à gravação dos tempos registrados para a apresentação. Clique em **Sim**.

Dê uma olhada nos comandos de apresentação do PowerPoint clicando no botão de controle no canto esquerdo inferior da tela ou clicando no botão direito do mouse estando o seu ponteiro em qualquer parte dela. Esta ação abre um menu a partir do qual pode-se selecionar os controles de movimento para o próximo slide, transformar o ponteiro com forma de seta em uma caneta que escreve na tela e mesmo encerrar a apresentação.

Capítulo 17 ➤ *Mudança de posição e apresentação de slides* 193

O novo Assistente de projetor

Caso se tenha um projetor especial que se conecte ao computador, pode-se usar o novo Assistente de projetor do PowerPoint para configurá-lo. Abra o menu **Apresentação de slides** e escolha **Configurar apresentação**, clique no botão do **Assistente de projetor** e siga seus comandos.

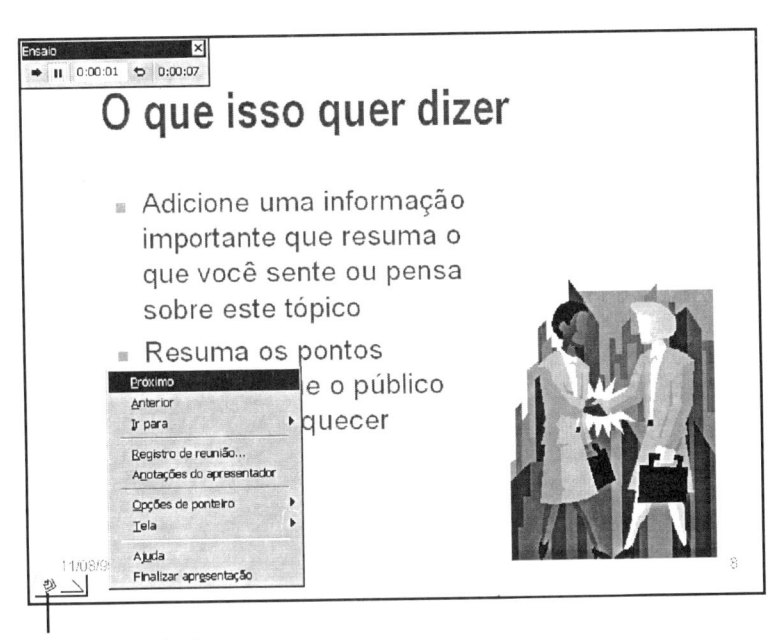

Clique aqui para visualizar o
menu dos controles de apresentação.

Um slide durante a apresentação.

Eis o que cada item do menu controla:

Próximo avança para o slide seguinte ou para o próximo efeito de estrutura. (É mais fácil usar as teclas de setas ou apenas clicar em um slide.)

Anterior retorna para o slide anterior ou efeito de estrutura.

Ir para abre um submenu que permite selecionar o nome de um slide específico que se queira visualizar.

Registro de reunião permite parar a apresentação e redigir anotações, comentários e outras observações feitas pelos espectadores. Esse recurso permite até que se digite a pauta de reunião durante a apresentação para que seja revista rapidamente mais tarde.

Alternância entre slides com o uso das teclas P e N

Para voltar atrás, pressione a tecla P (previous-anterior). Para avançar gradualmente, pressione N (next-próximo).

Anotações do apresentador possibilita o acréscimo de anotações sobre um determinado slide ou a visualização daquelas já digitadas.

Opções de ponteiro exibe um submenu com opções para ocultar o ponteiro do mouse; exibi-lo como uma seta ou transformá-lo em uma caneta que pode ser usada para rabiscar nos slides durante a apresentação. (Os rabiscos não são gravados como parte da apresentação.)

Tela abre um submenu para escurecer o slide atual; pausar a apresentação ou apagar os rabiscos feitos a caneta.

Finalizar apresentação termina a apresentação.

Parte V

O domínio da era da informação com o Access

Informação é poder. No entanto, muita informação, sem uma correta administração, pode ser prejudicial à inteligência e descarrilar qualquer seqüência de pensamento. Felizmente, nós, do final do século 20, podemos contar com os bancos de dados que são capazes de gerenciar informações. Digitamos dados (de maneira apropriada) e ele faz o resto, a saber: classifica, resume as informações em relatórios e nos ajuda a inseri-las em outros documentos.

Embora bancos de dados possam ser bichos-de-sete-cabeças, o Access proporciona uma série de ferramentas completa, porém simples, projetadas para tornar fácil o trabalho com eles. Nesta seção, mostraremos como usá-las para criar e administrar seus próprios bancos de dados.

Capítulo 18

O primeiro banco de dados

Ela tem a sua cara, querida.

Neste capítulo
- ➤ Noções básicas de banco de dados em cinco minutos.
- ➤ Criação de um banco de dado passo a passo usando um Assistente.
- ➤ Como montar um banco de dados a partir do nada (apenas se necessário).
- ➤ Personalização do formulário de banco de dados.
- ➤ O uso da barra de ferramentas Banco de dados.

O progresso de nossa sociedade baseia-se na informação. Revistas e noticiários de TV transmitem os resultados das últimas eleições. Empresas de telemarketing e difusores de propagandas por e-mail pagam por listas de nomes, endereços e números de telefones de clientes potenciais. Pesquisadores solicitam nossa presença à porta para responder perguntas de pesquisa de opinião e as redes de televisão usam os índices do IBOPE para determinar que programas criar (ou acabar).

Coletamos dados, despejamos nos computadores e aí, o que fazer? Alguém (ou alguma coisa) tem de totalizar os resultados e arrumar os dados em formato significativo para que possam ser usados. A coisa mencionada é o *banco de dados*. Neste capítulo, mostraremos como se cria um banco de dados próprio para que se possa começar a descarregar dados dentro dele e gerar relatórios que os tornem expressivos.

De qualquer maneira, o que é um banco de dados?

Um banco de dados é uma coleção de dados. Um catálogo de endereços, a coleção de receitas culinárias e mesmo a lista de leituras para o verão são banco de dados.

Pode-se criá-los no Excel digitando entradas nas células da planilha e no Word criando-se uma tabela. Na verdade, caso se precise de um banco de dados simples, para se criar uma mala direta ou manter o registro de seus bens terrenos, o Excel pode dar conta do trabalho.

Então, por que usar o Access? Porque ele proporciona ferramentas de relatório de qualidade superior e permite a criação de um *banco de dado relacional* que pode pegar entradas de diversas tabelas. Por exemplo, caso se deseje um banco de dados complexo para manter registrados os produtos, clientes e fornecedores, pode-se criar um único banco que consista em várias tabelas. Quando se precisa de uma nota de fatura, cria-se um relatório desse tipo que importará entradas a partir das tabelas de clientes e produtos. Isso permite a organização dos dados em unidades menores e dá maior flexibilidade com o uso daqueles dados. Contudo, vamos com calma e nos aproximemos dessa coisa chamada banco de dados relacional com o devido temor e tremor.

A língua dos bancos de dados, não se pode viver sem ela

Antes de mergulhar de cabeça e começar a criar um banco de dados, há uma terminologia que se deve conhecer. Naturalmente, pode-se prosseguir na ignorância mas, então, eu não serei entendido quando pedir a "criação de um campo" ou para "selecionar um registro". Aqui está um idéia geral dos termos necessários e suas definições:

➤ *Formulário.* Um documento de preenchimento de lacunas que se usa para introduzir entradas no banco de dados. É exatamente igual a um formulário que se preenche para solicitar um novo cartão de crédito.

➤ *Campo.* No formulário de preenchimento de lacunas, campos são as lacunas. Digita-se um único dado (como o último e primeiro nome e a inicial do meio) dentro de cada campo.

➤ *Registro.* Um formulário completo. Cada registro contém dados de uma pessoa em particular ou de qualquer outra coisa. Em um banco de dados de receitas, por exemplo, cada receita é um registro.

➤ *Tabela.* Constitui uma outra maneira de exibir dados em um banco de dados. Em vez de expô-los em formulários separados, pode-se tê-los em uma tabela. Cada linha exibe um registro. Cada coluna representa um campo separado. Um diário de classe de uma professora, por exemplo, seria armazenado como uma tabela.

➤ *Consulta.* Destina-se a resgatar dados de um ou mais banco de dados. Caso se tenha um que contenha os nomes e endereços de clientes e um outro que possua um registro de notas emitidas para eles, pode-se usar uma consulta para extrair informações de ambas as bases de dados e criar uma lista de clientes devedores. Mais detalhes sobre consultas serão dados no Capítulo 20, "Encontrar, classificar e selecionar registros".

➤ *Relatórios.* Um documento que extrai dados de um ou mais bancos de dados e os organiza de diferentes maneiras a fim de apresentá-los dentro de um contexto significativo e ajudar em sua análise.

Como produzir mecânica e rapidamente um banco de dados usando o Assistente

Agora que todos os termos são conhecidos, sinta-se pronto para criar um banco de dados. Caso precise confeccionar tipos padrões como uma lista de inventário, um catálogo de endereços ou um anuário de associação, o trabalho vai ser fácil. O Assistente de banco de dados o conduzirá passo a passo durante o processo:

1. Inicie o Access. (Clique no botão **Iniciar**, aponte para **Programas** e depois clique sobre **Microsoft Access**.) A caixa de diálogo do programa aparece solicitando a criação de um novo banco de dados ou a abertura de um já existente.
2. Clique em **Assistentes de bancos de dados Access, Páginas e Projetos** e depois pressione o botão **OK**. A caixa de diálogo Nova surge na tela pedindo que se especifique o tipo de banco de dados desejado.
3. Clique na guia **Banco de dados** e depois no ícone do assistente correspondente ao tipo de base de dados que se deseja criar. A área de visualização exibe uma representação gráfica daquilo que é possível fazer com o tipo de banco de dados selecionado.

O Assistente de banco de dados em ação

Caso a caixa de diálogo do Microsoft Access não esteja visível ao se iniciar o programa, abra o menu **Arquivo**, selecione **Novo**, clique na guia Bancos de dados e dê dois cliques no ícone correspondente ao tipo desejado para criá-lo. O Assistente de banco de dados é acionado.

4. Clique em **OK**. A caixa de diálogo Novo arquivo de banco de dados surge solicitando um nome para o arquivo.
5. Digite um nome para o novo arquivo na caixa de texto **Nome do arquivo** e selecione a unidade de disco e a pasta na qual deseja gravá-lo. Clique no botão **Criar**. Quando o programa cria o arquivo, ele exibe uma caixa de diálogo Banco de dados e, em seguida, a primeira caixa de diálogo do Assistente.
6. Leia as informações contidas na primeira caixa de diálogo do Assistente para descobrir o que será feito. Clique no botão **Avançar**. Uma lista das tabelas, que serão criadas para o banco de dados, e uma de campos em cada uma delas são exibidas.

7. Na lista **Tabelas no banco de dados**, clique sobre a tabela cujos campos deseja alterar (caso haja algum). A caixa da lista Campos na tabela exibe os campos disponíveis e os opcionais aparecem em itálico.
8. Clique sobre um nome de campo para ativá-lo ou desativá-lo. Uma marca na caixa de verificação próxima ao campo indica que ele será incluído na tabela. Repita os itens 7 e 8 para determinar os campos a serem incluídos em cada tabela.

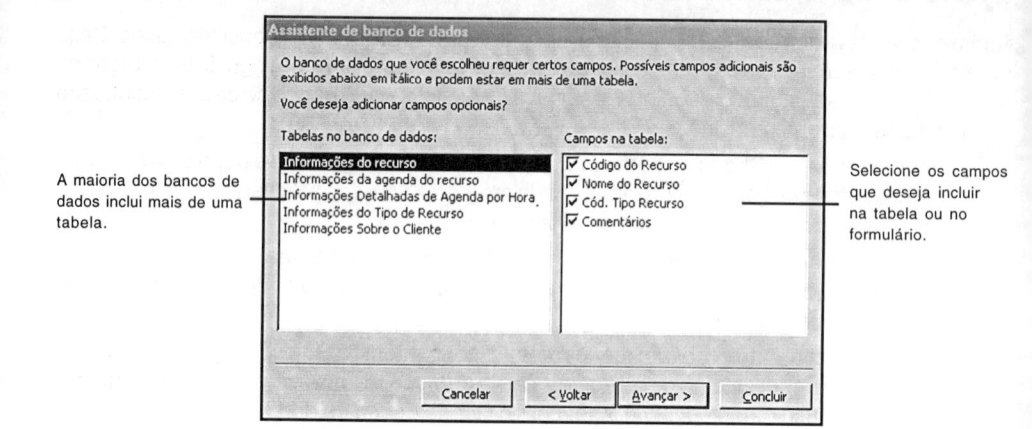

A maioria dos bancos de dados inclui mais de uma tabela.

Selecione os campos que deseja incluir na tabela ou no formulário.

O Assistente de banco de dados ajuda na criação de tabelas nas quais se introduzem dados.

9. Siga as demais instruções do assistente para completar o processo clicando em **Avançar** para passar à próxima caixa de diálogo.
10. Quando o assistente exibir a última caixa de diálogo, clique no botão **Concluir**. O programa cria o banco de dados e depois exibe a janela *Banco de Dados* que contém os ícones para os vários elementos que o constituem: Tabelas, Consultas, Formulários, Relatórios, Macros, Páginas e Módulos.

O Access exibe uma janela chamada Painel de controle principal a qual fornece botões para a execução das tarefas mais comuns relacionadas ao banco de dados. A fim de trabalhar nele, pode-se clicar um botão na janela mencionada ou minimizá-la e restaurar a janela Banco de dados (que fica minimizada no canto esquerdo inferior da tela). As instruções deste capítulo partem do princípio de que se esteja trabalhando na janela Banco de dados.

A janela Banco de dados proporciona acesso a formulários, tabelas e relatórios.

A barra de ferramentas próxima da parte de cima da janela Banco de dados contém botões destinados à inserção e controle de objetos na categoria selecionada. A fim de abrir um formulário para que se possa entrar com os dados, clique no ícone **Formulários** (localizado à esquerda na barra), marque o que deseja usar e clique sobre o botão **Abrir**. Pode-se clicar no botão **Desenho** para personalizar o formulário, a tabela, o relatório ou outro objeto. O botão **Novo** permite que se crie um novo objeto como uma tabela ou um formulário.

Criação e personalização de tabelas

O elemento principal de qualquer banco de dados é a *tabela*. Essa é a estrutura que armazena todos os dados introduzidos e os fornece a uma consulta ou relatório quando estes são criados, ou apresenta-os quando se opta por mover-se rapidamente pelos registros usando um formulário. Antes de se começar a introduzir os dados nas tabelas, certifique-se da presença de todas as tabelas necessárias de que cada uma contenha os campos destinados à entrada dos dados exigidos. As próximas seções ensinam como controlar tabelas já existentes e criar novas a partir do nada.

Configuração de tabelas: selecione um tipo de visualização

Pode-se exibir tabelas em dois modos de visualização para configurá-las: Folha de dados ou Estrutura. O primeiro exibe a tabela como se fosse uma planilha do Excel. O segundo mostra uma lista de todos os campos presentes nela e determina os tipos de dados de cada um deles. Para abrir uma tabela, clique no ícone **Tabelas** presente no lado esquerdo da janela Banco de dados e dê dois cliques sobre o nome da tabela desejada. A fim de alternar entre os modos de visualização, abra o menu **Exibir** e selecione **Modo estrutura** ou **Folha de dados**.

Em ambos os modos, é possível mover ou excluir campos ou inserir novos. A fim de selecionar um campo no modo de Folha de dados, clique no seu nome localizado no alto da coluna. A partir disso, as seguintes tarefas relativas ao campo podem ser realizadas:

➤ Para mover, arraste-o para a esquerda ou direita.

➤ Para aumentar sua largura, arraste a linha vertical do lado direito do nome dele para a direita. Para torná-lo mais estreito, arraste a mesma linha para a esquerda.

➤ A fim de excluir, posicione o cursor do mouse sobre ele, pressione o botão direito e escolha **Excluir coluna**.

➤ Para inserir, selecione a coluna à esquerda daquela onde deseja que a nova coluna (campo) seja inserida, abra o menu **Inserir** e clique em **Coluna**.

➤ A fim de lhe atribuir um novo nome, clique duas vezes no nome da coluna e digite o novo nome do campo.

Ao fazer toda essa edição, saiba que o recurso Desfazer é um pouco menos confiável em um programa de banco de dados. Devido ao fato de o Access salvar automaticamente os dados enquanto são introduzidos, o banco de dados tem um pouco de problema para se recuperar de algum acidente.

Clique no nome do campo para selecionar a coluna.

N	Nome	Cargo	Cidade	Es
1	Moraes	Editor	Rio de Janeiro	Rio de
2	Patrícia	Diagramadora	Rio de Janeiro	Rio de
3	Santos	Diretor	Rio de Janeiro	Rio de
4	Mirbel	Serviços Gerais	Rio de Janeiro	Rio de
5	Sampaio	Impressor	São Paulo	São Pa
6	Carla	Secretária	São Paulo	São Pa

No modo Folha de dados, uma tabela parece e se comporta como uma planilha do Excel.

É possível realizar as mesmas ações no modo Estrutura, porém o layout é um pouco diferente. Esse modo não exibe os dados na tabela. Em vez disso, mostra os nomes de campos e as configurações de controle de cada um. A figura a seguir demonstra como mover ou excluir campos no modo Estrutura. Para inserir uma nova linha (adicionar um novo campo), escolha o comando **Inserir, Linhas**.

Capítulo 18 ➤ *O primeiro banco de dados* 203

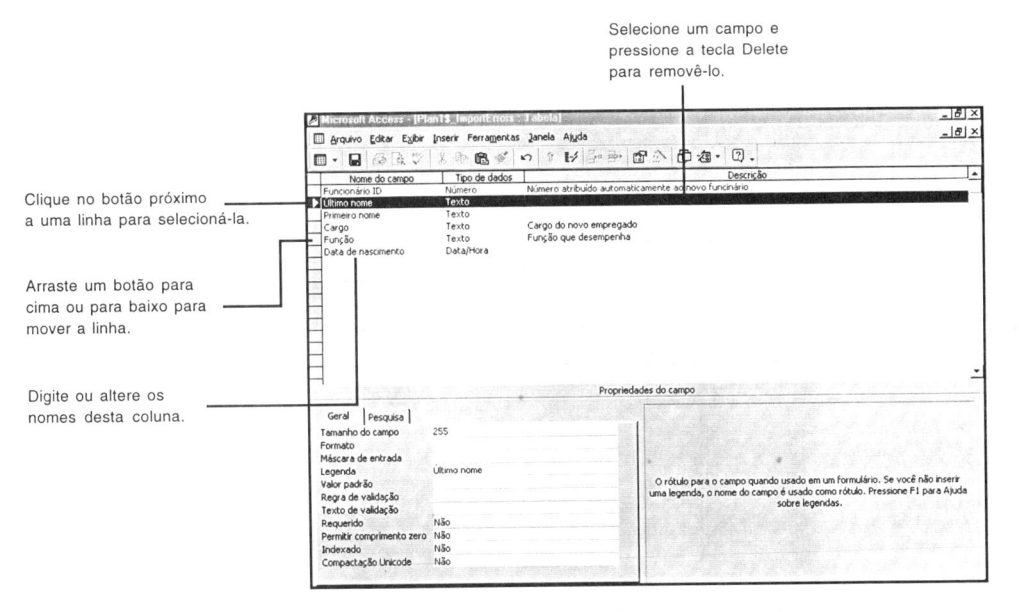

O modo Estrutura exibe uma lista de nomes de campo e seus tipos.

Inserção de campos que capturam dados de outras tabelas

A fim de inserir um campo que possa copiar dados de uma outra tabela para o banco de dados, deve-se criar um *Campo de pesquisa*. Ao invés de escolher **Inserir, Linhas**, escolha **Inserir, Campo de pesquisa...** Essa ação desencadeia o Assistente de consulta que o conduzirá durante o processo de conexão desse campo ao seu correspondente em outra tabela.

Alteração das propriedades de campo

Sempre que se cria um novo campo, deve-se digitar duas entradas para ele, a saber: o *nome do campo* e o *tipo de dados*. O primeiro aparece no alto da coluna dentro da tabela e informa o que está armazenado naquele campo. O segundo especifica o tipo de dados que se pode introduzir no campo. Por exemplo, caso se defina o tipo de dado do campo como Número, não será possível digitar uma entrada de texto naquele campo.

A fim de se alterar o tipo de dados para um campo, mude para o modo Estrutura. Clique na caixa **Tipo de dados** para o campo cujo tipo de dados se quer alterar. Um botão aparece dentro dela, clique-o para abrir a lista suspensa **Tipo de dados**. Selecione o tipo de dados desejado dentre os descritos na tabela 18.1.

Tabela 18.1 Tipos de dados do Access e sua finalidade

Tipo de dados	Finalidade
Texto	Texto ou combinações de texto e números: nomes, endereços, número de telefones, CEP, números de identidade e qualquer outro texto bem como números que não tenham de ser classificados numericamente e não exijam cálculos. (Campos de texto suportam até 255 caracteres.)
Memorando	Longos textos descritivos maiores que 65.000 caracteres.
Número	Quaisquer números exceto quantias que expressam valores monetários. Usa-se esse tipo para números que talvez se inclua em cálculos ou para aqueles que se deseja classificar tais como números de registro ou de peças. Não o utilize para números que se deseje tratar como texto, tais como: endereços e números de telefones.
Data/Hora	Datas do calendário ou hora.
Moeda	Valores monetários.
AutoNumeração	Campo onde automaticamente um número é inserido pelo programa. É ótimo para numeração de registros de maneira seqüencial.
Sim/Não	Valores Verdadeiro/Falso ou Sim/Não. Como, por exemplo: Recebemos um cartão de Natal deles ano passado? Sim/Não.
Objeto OLE	Uma figura, som, planilha, documento ou outro arquivo criado usando outro aplicativo. (É possível a inserção de um objeto de tamanho igual a 1 gigabyte!)
Hyperlink	Um vínculo para um outro arquivo presente no disco rígido, na rede ou em uma página Web.
Assistente de pesquisa	Valores oriundos de outras tabelas no banco de dados. Ao se clicar nessa opção o Assistente de pesquisa é iniciado o qual solicita a seleção da tabela da qual se deseja extrair dados. Caso se crie uma caixa de combinação (uma caixa de texto com um botão de seta que abre uma lista suspensa), pode-se escolher valores a partir da lista mencionada em vez de inseri-los na tabela.

Capítulo 18 ➤ *O primeiro banco de dados*

Na parte inferior da janela do modo Estrutura são encontradas opções adicionais referentes a alteração de propriedades dos campos. Para o tipo Moeda, por exemplo, pode-se determinar que nenhuma casa decimal seja usada de forma que as quantias sejam exibidas sem frações ou se especificar esse campo como requerido (assim o Access não aceitará o registro a menos que se digite um valor no campo requerido). Ao clicar em um nome de campo na metade superior da janela, as opções na metade inferior mostram as configurações para aquele campo. Pode-se, então, alterá-las. Quando se clica sobre uma delas, algumas exibirão um botão com uma seta que permite o acesso a uma lista suspensa. De qualquer maneira, observe a grande caixa à direita para detalhes e sugestões sobre o uso da configuração.

Ao trabalhar no modo Estrutura, grave as alterações a cada cinco minutos ou menos, usando o comando padrão Arquivo, Salvar. Afinal, depois de um dia inteiro gasto com as propriedades de campos, não se deseja perder todas elas caso o sistema trave.

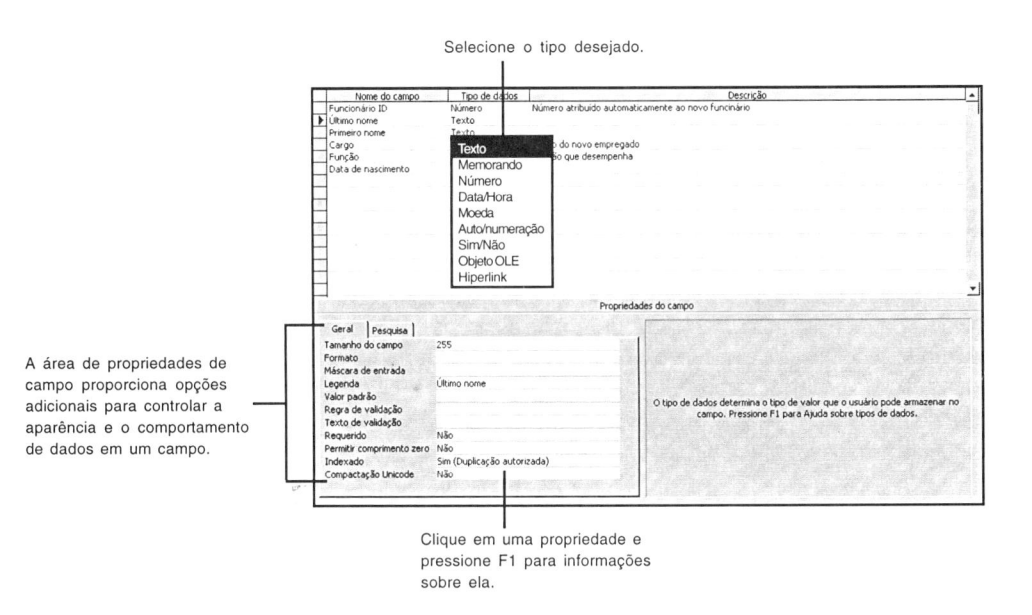

No modo Estrutura, pode-se alterar os tipos de dados e inserir propriedades de campo adicionais.

Criação de novas tabelas

Até o momento, estivemos arrumando novamente os campos e alterando os tipos de campo de dados de tabelas *existentes*. E se o banco de dados precisar de uma nova tabela? Como criá-la? Antes de tudo, retorne para a janela Banco de dados e clique sobre o ícone **Tabelas**. O painel direito da janela citada oferece três opções de criação de uma nova tabela:

➤ *Criação de tabela no modo Estrutura* que exibe uma tabela vazia nesse modo para que se tenha de começar do zero — essa não é a melhor opção para um novato.

➤ *Criação de uma tabela usando o Assistente* executa o Assistente de tabela que o conduz passo a passo pelo processo de criação de uma nova tabela usando campos de tabelas existentes.

➤ *Criação de tabela pela inserção de dados* exibe uma tabela vazia no modo Folha de dados de modo que se possa iniciar imediatamente a digitação das entradas. Antes de começar a entrada de dados, considere a possibilidade de atribuir novos nomes aos títulos das colunas (nomes de campos) como já explicado anteriormente neste capítulo.

Criação e personalização de formulários de entrada de dados

Caso se tenha criado um banco de dados usando o Assistente, alguns formulários que podem começar a ser usados já existem. Se, no entanto, a tabela foi alterada, seguindo-se as orientações da seção anterior ou uma nova foi criada, talvez seja necessário personalizar os formulários de entrada de dados ou criar um novo. As seções seguintes oferecem as instruções necessárias para se familiarizar.

Reestruturação de um formulário

Caso se abra um formulário e ache que ele não contém os campos desejados ou que os campos não estejam na ordem correta, existe a possibilidade de reestruturá-lo no modo Estrutura. Na janela Banco de dados, clique sobre o ícone **Formulários** e, em seguida, sobre o nome daquele a que se deseja dar uma nova estrutura. Clique no botão **Estrutura**. Ele aparece no modo escolhido exibindo os vários controles que o formam. Ao se clicar em um deles, surgem alças ao seu redor, indicando que ele está selecionado. Então, as seguintes tarefas poderão ser realizadas:

➤ Para mover um controle, arraste-o.

➤ Para redimensionar, arraste uma das alças do controle.

➤ A fim de alterar a aparência do texto dentro do controle, selecione-o e depois escolha uma fonte, seu tamanho ou atributo (negrito, itálico, sublinhado) a partir da barra de ferramentas.

➤ Para excluir um controle, selecione-o e pressione a tecla **Delete**. (Cuidado ao excluir controles. Eles fazem a ligação entre o formulário e a tabela. Caso se apague um controle, não será possível usar o formulário para introduzir aquele dado na tabela.)

➤ Para alterar um rótulo, arraste o texto existente para dentro da caixa de rótulo e digite um novo texto. (Esse rótulo deve coincidir com o nome do campo na tabela ou, pelo menos, assemelhar-se a ele.)

➤ A fim de alterar a Origem do controle (o campo no qual se digita as entradas), confira a próxima seção, sabiamente intitulada "Modificação da origem e outras propriedades de controle."

➤ Para adicionar um campo ou controle, leia "Inserção de controles em um formulário", adiante neste capítulo. (Pode-se também alterar o tipo de controle.)

➤ Pode-se alterar a aparência geral do formulário usando-se a AutoFormatação. Abra o menu **Formatar** e selecione **AutoFormatação** ou clique no botão de mesmo nome presente na barra de ferramentas Estrutura de formulário.

Capítulo 18 ➤ *O primeiro banco de dados*

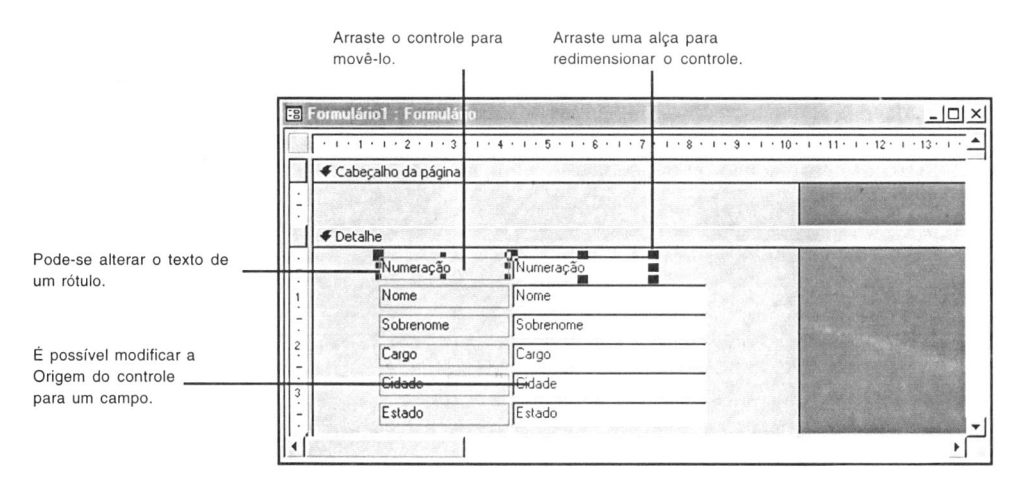

*No modo de visualização Estrutura de formulário
é possível alterar a aparência e a ordem dos controles.*

Modificação da origem e outras propriedades do controle

A *Origem do controle* vincula o campo no qual se digita as entradas à tabela na qual elas são inseridas. Digamos que o formulário possua caixas de texto na quais digita-se o último e o primeiro nome de um contato. As Origens do controle para essas caixas são os campos Nome e Sobrenome na tabela. Caso se tenha criado um banco de dados usando o Assistente, provavelmente não se deseja confusão nas configurações da propriedade Origem do controle. No entanto, se um novo formulário está sendo criado, talvez seja preciso especificar a Origem do controle para campo.

A fim de alterar uma Origem do controle, primeiro posicione o cursor do mouse sobre o campo cuja Origem do controle se deseja alterar, pressione o botão direito e clique em **Propriedades** (ou dê dois cliques no campo). Clique sobre a guia **Dados**, abra a lista suspensa **Origem do controle** e depois clique sobre o nome do campo no qual deseja ver inseridos os dados desse controle.

Adição de controles em um formulário

Caso se tenha adicionado quaisquer campos a uma tabela anteriormente neste capítulo, deve-se inserir controles ao formulário correspondente. Isso se faz usando a barra de ferramentas Caixa de ferramentas e "desenhando" os controles dentro do formulário no modo Estrutura. Pode-se inserir controles como caixas de texto, de seleção, botões de opções, listas suspensas e caixas de imagens ao formulário.

A fim de desenhar um controle, clique sobre o botão na barra de ferramentas em questão para o controle desejado. (Caso a Caixa de ferramentas não esteja à mostra, clique no botão Caixa de ferramentas.) Posicione o ponteiro do mouse sobre o formulário e arraste-o para desenhar uma caixa onde se deseja que o controle apareça. Ao soltar o botão do mouse, o controle aparece e é possível alterar suas propriedades como explicado na seção anterior. Com alguns controles, uma caixa de diálogo surge depois da criação do controle solicitando mais informações.

Na maioria dos casos, uma caixa que possibilita a digitação de um rótulo descritivo do controle o acompanha. Caso uma caixa de texto rótulo não apareça próxima ao controle, pode-se usar o botão **Rótulo** para adicionar um controle Rótulo ao formulário.

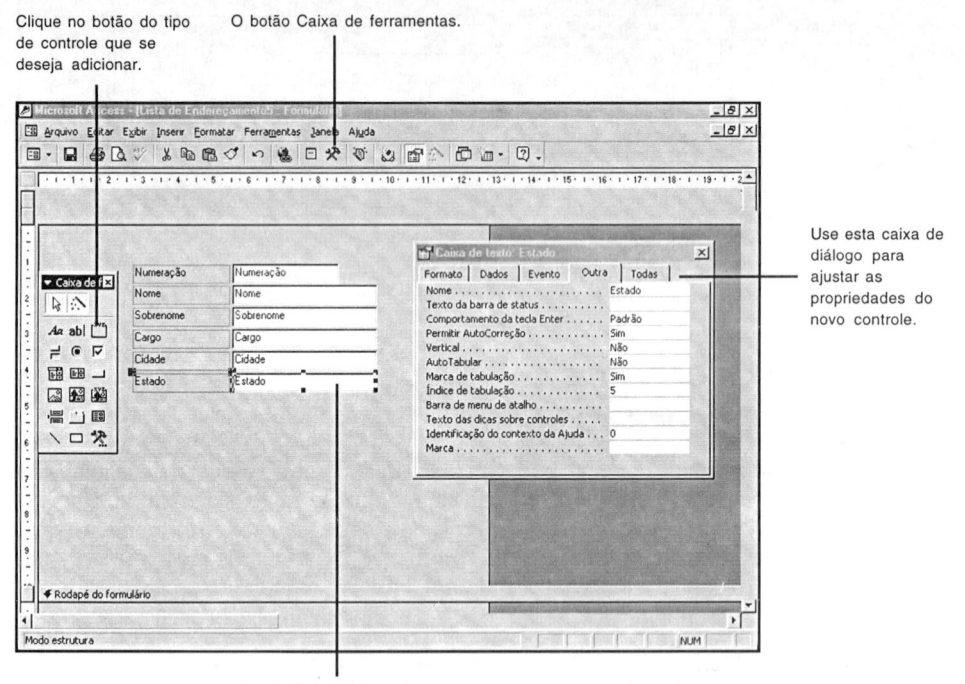

Clique no botão do tipo de controle que se deseja adicionar.

O botão Caixa de ferramentas.

Use esta caixa de diálogo para ajustar as propriedades do novo controle.

Arraste o ponteiro do mouse para desenhar uma caixa onde se deseja que o controle apareça no formulário.

Pode-se adicionar controles ao formulário que correspondam aos campos da tabela.

Criação de um novo formulário

Depois de se ter todas as tabelas necessárias para o banco de dados, criar formulários nelas é fácil. O Assistente de formulário pode guiá-lo passo a passo durante o processo. Tudo o que se tem de fazer é informar a ele quais campos de tabelas se deseja incluir no formulário e a ordem na qual se quer colocar os campos.

A fim de ativar o Assistente de formulário, clique no ícone **Formulários** presente na janela Banco de dados e dê dois cliques em **Criar formulário usando o Assistente**. A primeira caixa de diálogo do Assistente solicita a seleção de todos os campos que se deseja inclusos no formulário a partir de várias tabelas no banco de dados. Pode-se selecionar campos de mais de uma tabela. Tente inserir os campos na ordem nas quais se deseja que apareçam no formulário; mais tarde pode-se alterar a ordem, porém é mais fácil fazê-lo exatamente da primeira vez.

Após a seleção dos campos, clique sobre o botão **Avançar** e siga as instruções do Assistente para selecionar o layout e o estilo para o formulário e para dar um título a ele. Pressione o botão **Concluir** ao chegar na última caixa de diálogo. Parabéns, você é o orgulhoso pai de um novo formulário!

Capítulo 19

Entrada de dados: para o registro

Neste capítulo
- ➤ Preenchimento de formulários quando não se acha um digitador.
- ➤ Entrada de dados em uma tabela.
- ➤ Entenda um pouco mais sobre os relacionamentos entre tabelas.
- ➤ Seleção de entradas de dados a partir de listas suspensas.

Agora que todas as tabelas e formulários estão nos seus lugares, pode-se começar a digitar os dados e introduzir os registros que formam o banco de dados. Essa é a parte desagradável existente por trás da criação dos banco de dados, o tipo de trabalho que pode causar um sério caso de LER (lesão por esforço repetitivo) e fazer com que se deseje nunca ter deixado de ser uma criança.

O dados podem ser introduzidos de três maneiras: preenchendo páginas cheias de formulários, digitando entradas em um tabela ou introduzindo os dados em uma consulta. Este capítulo mostra como inserir dados usando um formulário e uma tabela. No Capítulo 20 ("Encontrar, classificar e selecionar registros") se aprenderá mais sobre consultas.

Diferença entre formulários, tabelas e folhas de dados

Antes de se começar a inserir dados em um banco de dados, deve-se entender as diferenças entre o modo de visualização Folha de dados, formulários e tabelas para que se possa fazer uma opção consciente de como inserir dados. A lista seguinte o ajudará a decidir.

➤ Caso se crie um formulário vazio que coincida com uma tabela também vazia, tanto fará usar um ou outro para inserir dados. As mesmas lacunas estão sendo preenchidas, portanto, realmente não há diferença.

➤ Um formulário pode conter lacunas que correspondam aos campos de mais de uma tabela. Nesse caso, há uma grande diferença entre digitar dados em um formulário ou usar uma tabela.

➤ A folha de dados é um modo de visualização disponível tanto para tabelas como para formulários. Uma tabela nesse modo é muito semelhante a um formulário também exibido do mesmo modo, porém suas funções são diferentes. Ainda que, no modo Folha de dados, esse último se *pareça* com uma tabela, lembre-se de ainda estar trabalhando com um formulário.

Preenchimento de formulários

Todos estamos acostumados a preencher formulários. Isso é feito com o talão de cheque, no DETRAN, quando nos candidatamos a um emprego e mesmo quando preenchemos uma ficha de solicitação de um cartão de crédito. Devido a essa prática, a maneira mais intuitiva de inserir dados no banco de dados é usar um formulário com lacunas para preenchimento.

A fim de completar um formulário, primeiro exiba o que se deseja preencher. Na janela Banco de dados, clique sobre o ícone **Formulários** e dê dois cliques sobre o nome do formulário que se quer usar. De qualquer maneira que se faça, ele aparecerá instantaneamente na tela.

Caso se tenha alguns registros no banco de dados, o formulário exibe os dados que constituem o primeiro deles. A fim de exibir um formulário em branco para a entrada de um novo registro, clique sobre o botão que possui o asterisco (*) sobre ele.

Capítulo 19 ➤ Entrada de dados: para o registro

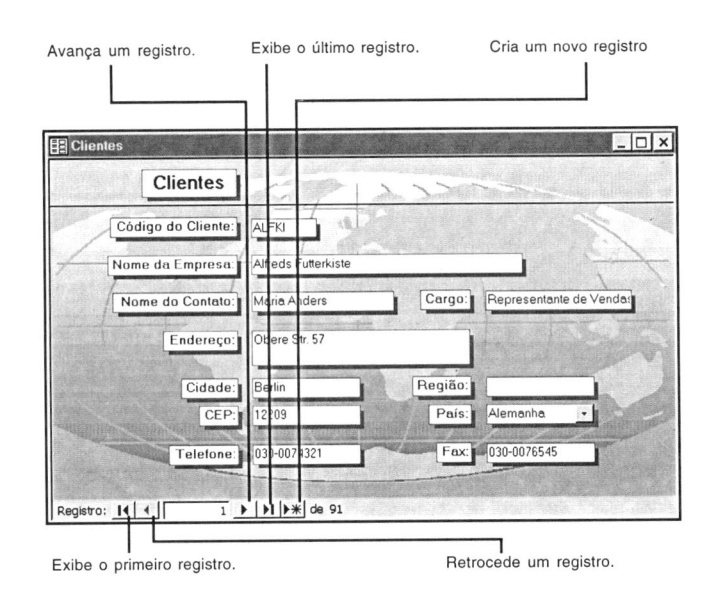

A janela Formulário exibe registros e permite sua edição ou a criação de novos.

Caso se decida pela criação de um novo registro, um formulário vazio aparece solicitando que as lacunas sejam preenchidas. A maneira como as preencherá depende das lacunas que estão sendo preenchidas. Algumas são do tipo listas suspensas que contém entradas de outras tabelas. A fim de inserir os dados, abre-se esse tipo de lista e seleciona-se a entrada desejada. Outras lacunas são caixas de texto, então, digite uma entrada dentro dela. Há algumas que podem exigir que se insira uma figura. Nesse caso, posicione o cursor do mouse sobre a lacuna, pressione o botão direito, selecione **Inserir objeto** e use a caixa de diálogo Inserir objeto para selecionar uma figura (ou outro objeto) que se deseje inserir.

A fim de mudar para a próxima lacuna, pressione a tecla **Tab** ou **Enter** ou aponte e clique. Para retroceder à lacuna anterior, pressione **Shift+Tab**. (Caso uma lacuna seja muito estreita para a entrada que se está digitando, pode-se exibir a caixa de diálogo Zoom pressionando-se **Shift+F2** e, em seguida, digitar parágrafos inteiros.) Algumas lacunas deslocam-se para a esquerda por conta própria. Caso o formulário tenha uma outra página, pode-se visualizar a página rolando-a para baixo ou clicando-se o botão da página desejada na parte inferior do formulário.

Depois de inserir todos os dados para um registro, clique no botão **Novo registro** (aquele com o asterisco). Isso transfere todos os dados introduzidos para a(s) tabela(s) correspondente(s) e exibe um registro vazio novo a ser preenchido. Pode-se também criar um novo registro pressionando-se **Ctrl** e o sinal de adição (**Ctrl++**).

Edição de registros

Segue-se a mesma rotina para editar os registros. No entanto, ao pressionar a tecla **Tab**, **Enter** ou uma tecla de seta, a fim de movimentar-se de uma lacuna para a seguinte, o Access realça a entrada completa presente na lacuna. Caso se queira substituir a entrada, continue e comece a digitar. Para editá-la, clique sobre ela a fim de deslocar o ponto de inserção para a posição onde deseja digitar a alteração. Uma vez tendo clicado no texto para editá-lo, pode-se usar as teclas de seta à esquerda e à direita para deslocar o ponto de inserção.

Inserção de dados em uma tabela

Embora os formulários proporcionem uma maneira mais intuitiva de inserir registros no banco de dados, uma tabela talvez seja mais eficiente. Ela também possibilita a concentração em uma série única de dados já que um formulário pode conter campos de dados de diversas tabelas.

A fim de introduzir registros em uma tabela, clique no ícone **Tabelas** na janela Banco de dados e, depois, clique duas vezes sobre o nome da tabela na qual se deseja inserir registros. Role para a parte inferior da tabela onde uma linha vazia será encontrada esperando ser preenchida com um novo registro. Simplesmente comece a digitar e pressione a tecla **Tab** para se deslocar de um campo para o próximo. Depois de digitar uma entrada no último campo da linha e pressionar a tecla **Tab**, o programa cria uma nova linha na qual é possível a digitação de entradas para o próximo registro.

A criação de um novo registro também é viável clicando-se sobre o botão **Novo registro** ou escolhendo-se **Inserir, Novo registro**. O Access sempre cria um registro novo como uma nova linha na parte inferior da tabela. Após se inserir o registro, o programa arruma novamente, de maneira automática, os registros de acordo com o campo chave. Para se deslocar ao primeiro registro, pressione **Ctrl+Home**. A fim de mover-se para o último registro, pressione **Ctrl+End**.

Capítulo 19 ➤ *Entrada de dados: para o registro*

Cada linha representa um registro.

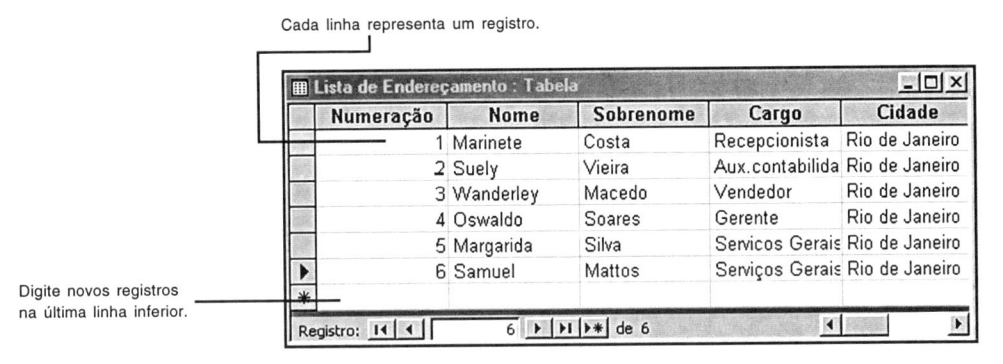

Numeração	Nome	Sobrenome	Cargo	Cidade
1	Marinete	Costa	Recepcionista	Rio de Janeiro
2	Suely	Vieira	Aux. contabilida	Rio de Janeiro
3	Wanderley	Macedo	Vendedor	Rio de Janeiro
4	Oswaldo	Soares	Gerente	Rio de Janeiro
5	Margarida	Silva	Serviços Gerais	Rio de Janeiro
6	Samuel	Mattos	Serviços Gerais	Rio de Janeiro

Digite novos registros na última linha inferior.

O modo de visualização Folha de dados permite que se digite registros em uma tabela.

Qual a utilidade dessas listas suspensas?

Enquanto se insere dados em tabelas e formulários, vai se percebendo que algumas das lacunas são, na realidade, listas suspensas das quais pode-se escolher uma entrada. Pode-se também observar que não se pode digitar quaisquer entradas nessas lacunas a menos que já constem da lista. Por quê? Porque tais campos, chamados de *chaves estrangeiras*, estão relacionados àqueles conhecidos como *chaves primárias* em outras tabelas.

A figura seguinte mostra um formulário de banco de dados de inventário doméstico destinado à entrada de um registro de bem possuído com finalidade de seguro. O campo Categorias permite a classificação dos bens que envolvem um prêmio como mobília, coleções, aplicações e outros. As entradas nessa tabela originam-se de uma outra tabela chamada Categorias. Caso se deseje inserir mais alguma categoria na tabela Inventário doméstico, deve-se primeiro inseri-la na tabela Categorias de forma que se possa acompanhar todas as categorias no banco de dados.

Criação de relacionamentos entre tabelas

A maneira mais fácil de se criar relacionamentos entre as tabelas é através do Assistente de Banco de dados para configuração das tabelas. Caso seja necessária uma outra tabela, use o Assistente de tabela para criar uma nova.

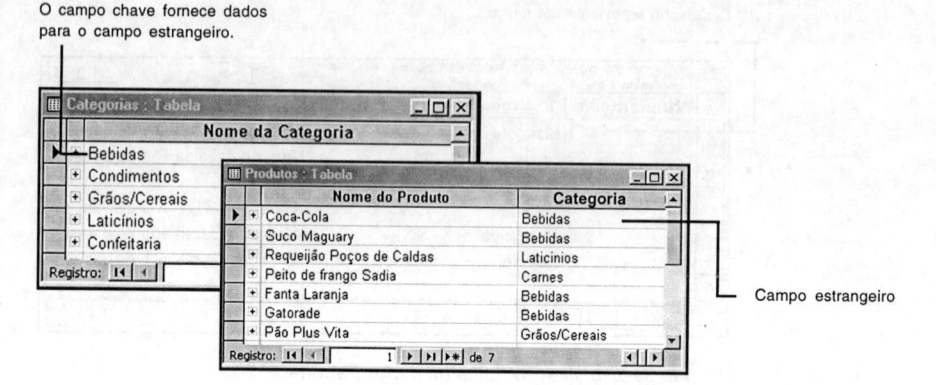

O campo chave fornece dados
para o campo estrangeiro.

*O Access relaciona dados em duas ou
mais tabelas usando campos coincidentes.*

Há uma exceção para essas listas suspensas. Caso se crie uma tabela Pesquisar dados (utilizando o Assistente de pesquisa), a segunda caixa de diálogo do Assistente permite que você mesmo crie a tabela (escolhendo **Eu digitarei os valores**). Caso se escolha essa opção, é possível digitar qualquer entrada; não se fica preso às entradas presentes na lista. Se a opção for por **Desejo que a coluna Pesquisa procure os valores em outra tabela ou consulta**, então uma outra tabela lhe limitará as entradas.

Capítulo 20

Encontrar, classificar e selecionar registros

Neste capítulo
- ➤ Controlando os registros.
- ➤ Classificação de registros por nome, data e outros critérios.
- ➤ Importando registros selecionados fora do banco de dados usando consultas.
- ➤ Facilitando com o Assistente de consulta.

Agora que esse imenso arquivo já se encontra no computador, como chegar aos registros? Todas aquelas informações introduzidas não foram apenas para dar trabalho ao computador. Agora é possível responder às perguntas urgentes da vida profissional como: "Quantos trecos vendemos no ano passado e para quais clientes? Vendeu-se mais depois da promoção de Natal ou houve apenas uma outra redução de impostos?

Existem pelo menos três opções: pode-se pesquisar todos os registros um de cada vez (o que já foi feito no capítulo anterior), listar as informações de cada registro de acordo com o nome de campo ou criar uma consulta que extraia aqueles que coincidem com certos critérios fora do banco de dados. Neste capítulo, mostraremos como usar a última opção para controlar os registros.

Classificação dos registros por número, nome ou data

O Access pode classificar registros baseado em qualquer entrada de campo neles. Por exemplo, seria possível uma lista de notas de fatura classificadas por data, nome da empresa, o valor do pedido, a data de pagamento atrasado ou mesmo pelo CEP. O programa oferece duas opções de classificação: crescente e decrescente que podem ser encontradas no submenu Registros, Classificação ou como botões presentes na barra de ferramentas. A primeira opção classifica de A a Z ou de 1 a 10. A segunda o faz de Z para A ou de 10 para 1.

É possível classificar registros tanto no modo Folha de dados como Formulário, embora o primeiro exiba os resultados da operação de classificação mais claramente. Siga uma das instruções seguintes:

➤ No modo Formulário, clique dentro do campo que se deseja usar para classificar os registros e depois sobre o botão **Classificação crescente** ou **decrescente**.

➤ No modo Folha de dados, clique a coluna cujas entradas se deseja usar para classificar os registros. Pressione o botão **Classificação crescente** ou **decrescente**.

Filtragem de registros para aliviar a carga

Algumas vezes deseja-se considerar um determinado grupo de registros. Talvez se trabalhe para alguma firma de cobrança e seja preciso fazer uma lista priorizando as pessoas que devem dinheiro a um de seus clientes e saber aqueles que devem mais dinheiro e por mais tempo. Para obter um grupo selecionado de registros, pode-se *filtrá-los*, como explicaremos a seguir.

Modo fácil de filtragem

A maneira mais fácil de filtrar registros no Access é usar uma técnica conhecida como *Filtrar por seleção*. A fim de usá-la, selecione a entrada em um formulário que deseje usar como filtro. Por exemplo, abra um registro que contenha "São Paulo" no campo Cidade (modo Formulário ou Folha de dados) e clique no campo **Cidade**. Em seguida, pressione o botão **Filtrar por seleção**. O programa exibe apenas aqueles registros que apresentem a entrada especificada no campo selecionado (no exemplo dado, somente aqueles registros que contenham São Paulo no campo Cidade). Esse recurso diferencia entre caracteres minúsculos e maiúsculos, portanto, ao introduzir entradas não se esqueça disso.

Caso a lista de registros ainda esteja muito longa, pode-se filtrá-la outra vez usando uma outra entrada de campo. Repita os passos usando uma entrada em um outro campo. A fim de remover o filtro e retomar uma lista completa de registros, clique sobre o botão **Remover filtro**.

Capítulo 20 ➤ *Encontrar, classificar e selecionar registros*

Necessidade de maior complexidade na filtragem

A filtragem por seleção é um espetáculo caso se tenha uma entrada específica no registro que possa ser usada pelo filtro e seja fácil de encontrar. No entanto, algumas vezes, é preciso especificar uma faixa de registros. Pode-se querer uma listagem de clientes para os quais se tenha ligado há mais de um mês ou uma de registros para pessoas cujo último nome esteja entre A e K. O recurso de filtragem por seleção não é capaz de realizar tarefa tão complicada.

Para criar um filtro mais complexo, utilize a técnica *Filtrar por formulário*. Através dela, digita-se os critérios em vários campos de um formulário vazio os quais instruirão o programa sobre quais registros extrair. Em um banco de dados de custos, por exemplo, é possível digitar <=#25/10/98# (menor que ou igual a 25/10/98) no campo Data a fim de localizar todas as notas emitidas nessa data ou antes dela. A tabela 20.1 exibe algumas amostras de expressões.

Tabela 20.1 **Expressões de critérios de filtro em ação**

Campo	Amostra de expressão	O filtro exibe
Cidade	"Brasília"	Apenas aqueles registros que tenham a palavra Brasília no campo Cidade.
Cidade	"Brasília" ou "São Paulo"	Registros que possuam uma das duas cidades no campo Cidade.
DataDeVencimento	Entre #10/1/97# e #7/10/98#	Registros que tenham uma entrada no campo DataDeVencimento entre as datas listadas.
ÚltimoNome	>= "K"	Todos os registros com uma entrada do último nome começando com K ou uma letra posterior do alfabeto.
ÚltimoNome	<= "J"	Todos os registros com uma entrada do último nome começando com J ou uma letra anterior do alfabeto.
ÚltimoNome	"K*"	Todos os registros cuja entrada do último nome comece com K.
ÚltimoNome	"*K"	Todos os registros cuja a entrada do último nome termine com K.
Estado	Não "RJ"	Apenas registros que tenham uma entrada Estado diferente de "RJ".
Cliente	Equivalente a "L*"	Registros para empresas cujos nomes comecem com L.

O Access é um banco de dados muito poderoso. Pode-se omitir as aspas e o programa filtrará os registros exatamente como se elas tivessem sido digitadas. Além disso, sempre que o asterisco for usado como no último exemplo, ele acrescenta a palavra "Equivalente". Por exemplo, caso se digite R*, o programa filtra os registros como se Equivalente "R*" tivesse sido digitado.

A fim de filtrar por formulário, abra a tabela que contenha os registros que se deseja filtrar e depois pressione o botão **Filtrar por formulário**. Uma folha de dados de linha única aparece exibindo os nomes de todos os campos na tabela ou formulário. Digite uma expressão de critério de filtro em cada campo onde queira usar para filtrar os registros. (A seta próxima a cada campo exibe uma lista de dados que permite realizar uma operação rápida com o recurso Filtrar por seleção.

Pode-se digitar uma expressão de critério em mais de um campo a fim de limitar mais o grupo de registros que será exibido pelo filtro. No fundo, o Access está sendo instruído a mostrar apenas aqueles registros que coincidam com a primeira condição e com a segunda. A fim de ampliar o filtro, pode-se clicar em uma ou mais guias denominadas **Ou** e dar entrada nas expressões. Por exemplo, pode-se querer uma lista de clientes devedores *ou* credores.

Após ter digitado as expressões de critério de filtros, pressione o botão **Aplicar filtro**. O Access filtra os registros e exibe uma lista apenas com aqueles registros que coincidam com os critérios especificados. A fim de cancelar o filtro e exibir todos os registros, abra o menu **Registros** e escolha **Remover filtro/classificação**.

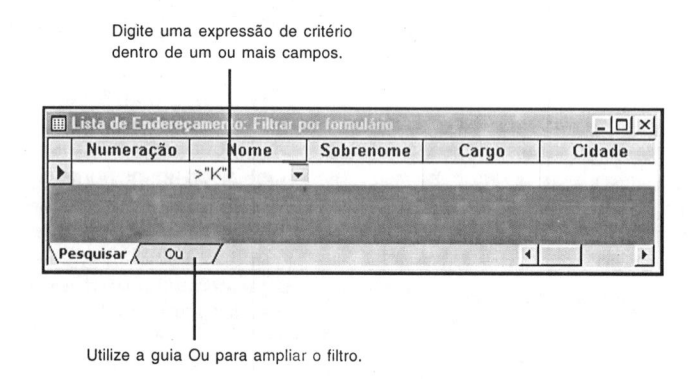

Filtrar por formulário fornece maior controle sobre a operação do filtro.

O uso de consultas para classificar, selecionar e calcular

Embora os filtros sejam ferramentas poderosas para a extração de registros de certas tabelas, de certo modo, são limitados. Na verdade, os filtros não fazem nada com os registros. Não permitem que se combinem informações de diferentes tabelas e não são capazes de extrair apenas os campos selecionados — exibem todos os registros.

Capítulo 20 ➤ *Encontrar, classificar e selecionar registros*   221

O Access proporciona uma ferramenta de gerenciamento de dados mais poderosa chamada *consulta*, que pode fazer tudo que um filtro faz e muito mais. As seções seguintes mostram duas formas de se criar e usar consultas em banco de dados.

Assistentes de consulta

Como todos os assistentes, aqueles relativos à consulta são projetados para simplificar a vida do usuário. Em vez de elaborar a própria consulta a partir do nada, pode-se usar os Assistentes de consulta para ser guiado durante o processo de criação dos quatro tipos de consultas a seguir:

➤ Consultas *simples* extraem dados de campos de várias tabelas, inserindo-os em uma tabela de consulta e (opcionalmente) classificando os registros. (Esse é o tipo mais comum de consulta.)

➤ Consultas de *tabelas de referências cruzadas* extraem dados, utilizam-nos para a construção de uma tabela estruturada como uma planilha do Excel e (opcionalmente) realizam cálculos usando os dados. A consulta de tabela de referência cruzada é excelente para determinar totais e subtotais.

➤ Consultas *localizar duplicatas* selecionam todos os registros que tenham a mesma entrada em um campo especificado. No banco de dados Inventário doméstico, por exemplo, poderia ser usado uma consulta desse tipo para encontrar todos os bens localizados na sala.

➤ Consultas *localizar não coincidentes* seleciona todos os registros que não tenham outros relacionados a eles em outra tabela. Esse tipo de consulta é útil para se encontrar registros com entradas perdidas. Depois que a consulta estiver pronta, pode-se inserir os dados perdidos.

As etapas seguintes orientam através do processo de criação de uma consulta simples. O procedimento para a criação de outros tipos podem ser diferentes.

1. Na janela Banco de dados, clique no ícone **Consultas**.

2. Dê dois cliques sobre a opção **Criar consulta usando um assistente**. A caixa de diálogo aparece listando os Assistentes de consulta. A primeira caixa de diálogo do Assistente de consulta simples surge solicitando que sejam selecionados os campos a serem incluídos na consulta.

3. Abra a lista suspensa **Tabelas/Consultas** e selecione uma das tabelas cujo campo se deseja incluir na consulta. A lista Campos disponíveis exibe os nomes de todos os campos da tabela selecionada.

4. Na lista Campos disponíveis, dê dois cliques no nome de um deles para deslocá-lo para a lista Campos selecionados a fim de inclui-lo na consulta. (Pode-se mover todos os campos da primeira lista para a segunda clicando-se sobre a seta dupla.)

5. Repita as etapas 3 e 4 para adicionar mais campos a uma consulta. (É possível adicionar campos oriundos de várias tabelas.) Ao terminar de adicionar campos, clique sobre o botão **Avançar**. Caso se tenha clicado sobre a seta dupla na etapa 4 a fim de incluir *todos* os campos, passe para a etapa 8. No caso de ter feito escolhas individuais, a próxima caixa de diálogo pede para que se escolha entre uma consulta detalhada ou resumida — siga para a etapa 6.

6. Selecione **Detalhe** para exibir informações completas para cada campo. (Caso deseje apenas um resumo, como uma média ou o total, clique em **Resumo** e entre com suas preferências relativas a ele.)
7. Clique sobre o botão **Avançar**. A próxima caixa de diálogo solicita a digitação de um título para a consulta ou aceita o que for sugerido e dá a opção de abrir a consulta ou modificar sua estrutura.
8. Caso deseje dar um título para a consulta, digite-o.
9. A fim de exibir os resultados da consulta, escolha **Abrir a consulta para visualizar informações**. Para alterar a estrutura da Consulta, clique em **Modificar a estrutura da consulta**.
10. Pressione o botão **Concluir**. O Assistente de consulta simples cria a consulta e a exibe na sua própria janela.

Caso se tenha escolhido visualizar as informações (os resultados da consulta), a consulta é exibida no modo Folha de Dados. Pode-se clicar em um título de coluna para selecioná-la e então movê-la arrastando-a. É possível também classificar a consulta ou filtrá-la como explicado antes dentro desse capítulo. (Quaisquer alterações feitas nas colunas presentes na tabela Consulta não afetarão as tabelas originais.)

Se a modificação da estrutura da consulta foi escolhida, ela aparecerá no modo Estrutura no qual será possível inserir instruções adicionais de classificação e filtragem dos dados. Ao terminar, mude para o modo Folha de dados para exibir os resultados.

Classificação de uma consulta no modo Estrutura

Em vez de usar os botões Classificação crescente ou decrescente para classificar os registros em uma consulta, mude para o modo de visualização Estrutura. Esse modo proporciona maior controle sobre a filtragem e a classificação dos registros. Em alguns bancos de dados grandes uma classificação de primeiro nível cria subgrupos enormes que são tão impossíveis de gerenciar quanto eram os registros antes dela. Esses subgrupos precisam de mais uma classificação. Assim, podem ser classificados por Estado, por Município e, finalmente, por Cidade.

Capítulo 20 ➤ *Encontrar, classificar e selecionar registros* 223

Criação de uma consulta sem um Assistente

Embora úteis, talvez os Assistentes de consulta não tenham criado o tipo de consulta necessário. A fim de criar uma personalizada, siga as seguintes instruções:

1. Na janela Banco de dados, clique sobre o ícone **Consultas**.
2. Clique duas vezes sobre **Criar consulta no modo Estrutura**. A caixa de diálogo Exibir tabela surge solicitando que se selecione as tabelas das quais deseja extrair os dados.
3. Dê um duplo clique sobre o nome de cada tabela da qual deseja extrair dados. Ao se clicar dessa forma, a tabela é adicionada à janela **Consulta#:Selecionar Consulta**.
4. Clique no botão **Fechar**. A janela Consulta exibe os nomes de todas as tabelas adicionadas bem como uma lista de campos em cada tabela.
5. Para cada campo que se queira adicionar à consulta, clique dentro da caixa Campo na parte inferior da janela e clique duas vezes no nome do campo em uma das tabelas na parte superior da janela. Os nomes dos campos são adicionados às caixas Campo. Os nomes de tabelas aparecem diretamente abaixo dos nomes dos campos. (Ou pode-se abrir a lista suspensa e selecionar o nome do campo. Cada um deles começa com o nome de sua tabela mais uma vírgula.)

Arrastar e soltar

Pode-se pressionar a tecla Shift e clicar sobre uma lista de campos, arrastando e soltando-os na linha de campos para adicioná-los como um grupo. É possível pressionar Ctrl e clicar para selecionar campos descontínuos.

2. Dê um clique duplo no nome do campo.

4. Clique aqui para executar a consulta.

3. Esses campos aparecerão na consulta.

1. Clique em uma caixa Campo.

Nomes de tabelas

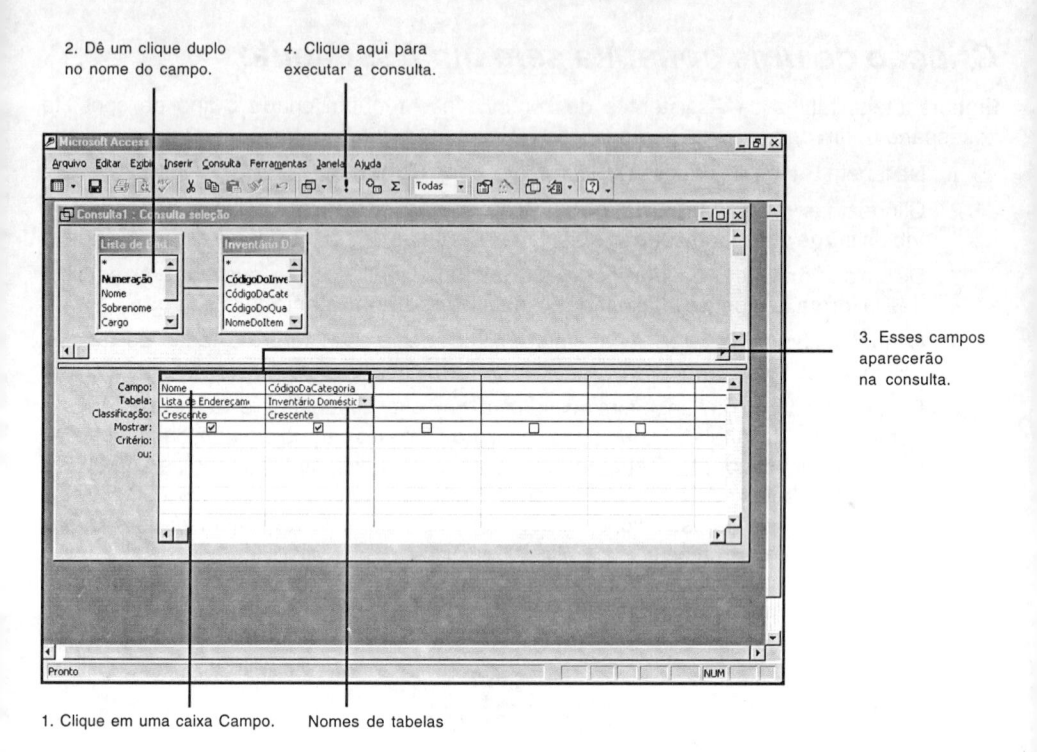

Adicione os campos das tabelas à sua consulta.

6. A fim de classificar os registros na consulta baseados nas entradas em um dos campos, clique na caixa **Classificação** para aquele campo, abra a lista suspensa e selecione **Crescente** ou **Decrescente**.

7. Para filtrar os registros baseados nas entradas de um campo, clique dentro da caixa **Critério** daquele campo e digite uma expressão de critério de filtro. Confira os detalhes em "Filtragem de registros para aliviar a carga" no início desse capítulo.

8. As caixas de verificação **Mostrar** permitem omitir ou exibir um campo em uma consulta. Remova a marcação da caixa para omitir o campo caso queira.

9. A fim de executar a consulta, clique no botão **Executar** (botão com um ponto de exclamação) na barra de ferramentas. O Access executa a consulta e exibe os resultados no modo Folha de dados.

Gravação, abertura e edição de consultas

O Access não grava consultas automaticamente. Para gravá-las, abra o menu **Arquivo** e selecione **Salvar**. Digite um nome para a consulta e depois clique em **OK**. As consultas são gravadas junto com o banco de dados. Caso queira abrir uma consulta gravada, abra primeiro o arquivo de banco de dados. Na janela Banco de dados, clique no ícone **Consultas** e clique duas vezes no nome da consulta que deseja abrir.

Sempre que se abre uma consulta, o programa a exibe no modo Folha de dados. Para editá-la, deve-se mudar para o modo Estrutura. Abra o menu **Exibir** e selecione **Modo estrutura** ou abra a lista suspensa **Exibir** (no lado esquerdo da barra de ferramentas) e clique no modo sugerido. Então, pode-se adicionar e excluir campos, ocultá-los, movê-los ou classificar e filtrar os registros.

Totalmente demais!

É possível adicionar uma linha Total à consulta para ajudar a agrupar registros e incluir somas, médias e outras operações nela. Para adicioná-la, posicione o cursor do mouse sobre a tabela consulta no modo Estrutura, clique no botão direito e depois escolha **Totais**.

Capítulo 21

Dando sentido aos dados através de relatórios

Neste capítulo
- ➤ A finalidade dos relatórios.
- ➤ Criação de relatórios usando o Assistente de relatórios.
- ➤ Mudança de toda a estrutura e aparência de um relatório.
- ➤ Impressão de relatórios.

Dados são como dinheiro: parado não serve para nada. Os relatórios trabalham com os dados. Pode-se usar um relatório para transformar um catálogo de associação em folhas de etiquetas de endereçamento ou em uma lista de telefone. É possível também usá-lo para organizar uma lista de contribuintes, a quantia com que cada pessoa contribuiu para um fundo anual e a soma total arrecadada pelo fundo. Os relatórios podem mesmo extrair dados de uma ou mais tabelas e representá-los graficamente.

Neste capítulo, serão mostradas várias maneiras de se criar, personalizar e imprimir relatórios após sua criação.

O relatório que se precisa pode já existir!

É possível poupar um pouco de tempo e trabalho verificando se o banco de dados já contém o relatório procurado. Se um dos Assistentes de banco de dados foi usado para criar um, sorte sua. O Assistente faz diversos relatórios que podem ser usados imediatamente.

Na janela Banco de dados, clique no ícone **Relatórios** para visualizar uma lista deles. Clique duas vezes sobre o nome daquele que se deseja visualizar.

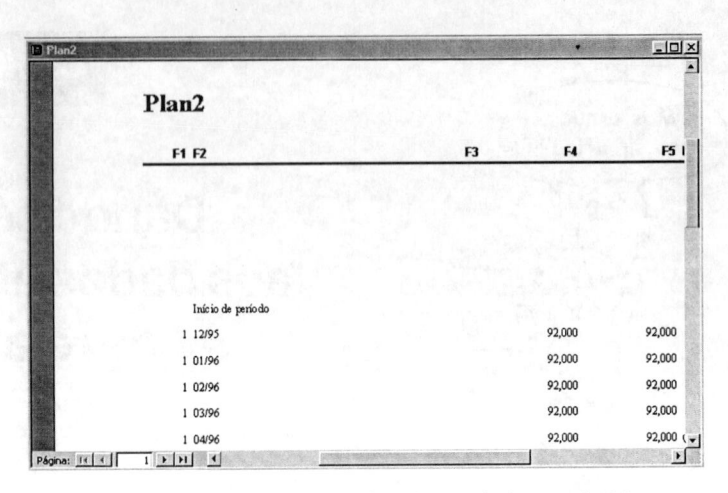

O Assistente de banco de dados já pode ter criado um relatório.

Personalize um relatório existente

Mesmo que um relatório já existente não contenha todos os dados de que se precisa, arrumados exatamente da maneira desejada, talvez se economize tempo personalizando um dos relatórios existentes ao invés de começar do zero. Verifique em "Personalização da aparência e do conteúdo do relatório" adiante neste capítulo para maiores detalhes.

Criação de relatórios usando o Assistente de relatórios

Não importa o tipo de tarefa que se tenha de realizar no Access, pode-se ter certeza de que há algum assistente caridoso à espreita para dar uma mão. E com os relatórios não podia ser diferente. As seguintes instruções conduzem o processo de criação de um relatório com a ajuda de um Assistente.

1. Abra o arquivo do banco de dados que contém os dados que deseja ver inclusos no relatório.
2. Na janela Banco de dados, clique no ícone **Relatórios**.

Capítulo 21 ➤ Dando sentido aos dados através de relatórios

3. Dê dois cliques em **Criar relatório usando um Assistente**. A primeira caixa de diálogo do Assistente de relatório aparece e solicita a escolha dos campos que se deseja incluir na consulta.
4. Abra a lista suspensa **Tabelas/Consultas** e selecione uma das tabelas ou consultas que contenham um campo que deseja incluir no relatório. A lista Campos disponíveis exibe o nome de todos os campos presentes na tabela selecionada. (Eles podem ser selecionados em mais de uma tabela.)
5. Na lista **Campos disponíveis**, dê um duplo clique no nome do campo para incluí-lo no relatório. Ele se desloca para a lista Campos selecionados. (É possível deslocar todos os campos da primeira lista para essa última clicando-se sobre o botão com uma seta dupla.).

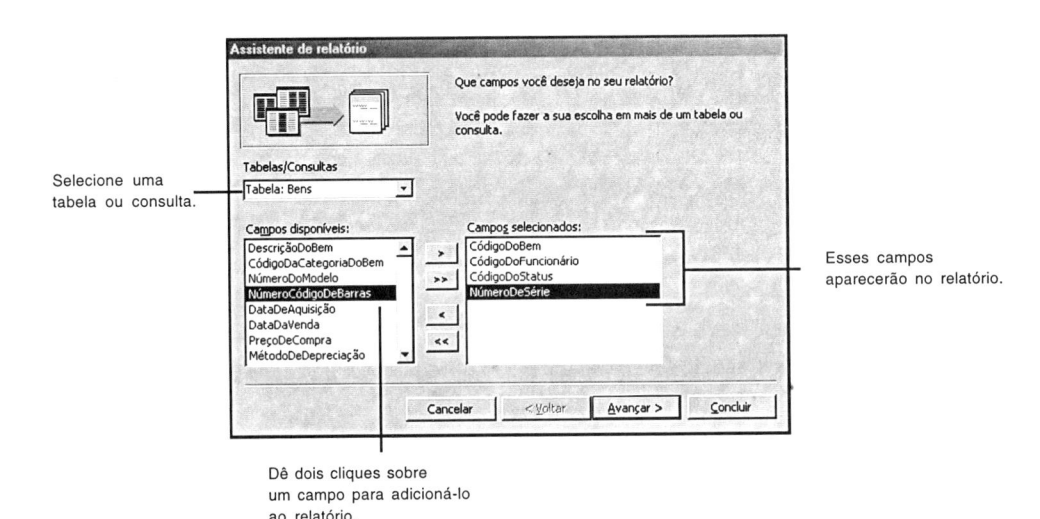

Selecione os campos desejados para o relatório.

6. Repita as etapas 4 e 5 para inserir mais campos ao relatório. Ao terminar, clique sobre o botão **Avançar**. Caso se tenha incluído campos oriundos de diversas tabelas, siga para o item 7; caso contrário, avance para o 8.
7. Clique na tabela desejada para usar seus campos para estruturar o relatório. Clique no botão **Avançar**. A próxima caixa de diálogo indaga sobre a sua vontade de usar alguns campos para agrupar os dados no relatório.
8. Clique duas vezes sobre um campo caso deseje usá-lo para agrupar registros. Caso se esteja criando um inventário de bens pessoais, por exemplo, talvez se queira agrupá-los por blocos. (Pode-se inserir campos adicionais como cabeçalhos de grupo clicando duas vezes sobre seus nomes.) Clique em **Avançar**. A próxima caixa de diálogo questiona sobre a vontade do usuário de classificar os registros usando alguns dos campos.

9. Use as listas suspensas como mostrado na figura seguinte para selecionar os campos que contenham as entradas que se deseja usar para classificar os registros. (Por exemplo, classificação pelo Sobrenome.) Clique no botão à direita da lista suspensa para mudar de crescente para decrescente ou vice-versa. Pressione o botão **Avançar**. O Assistente agora solicita que seja escolhido um layout para o relatório.

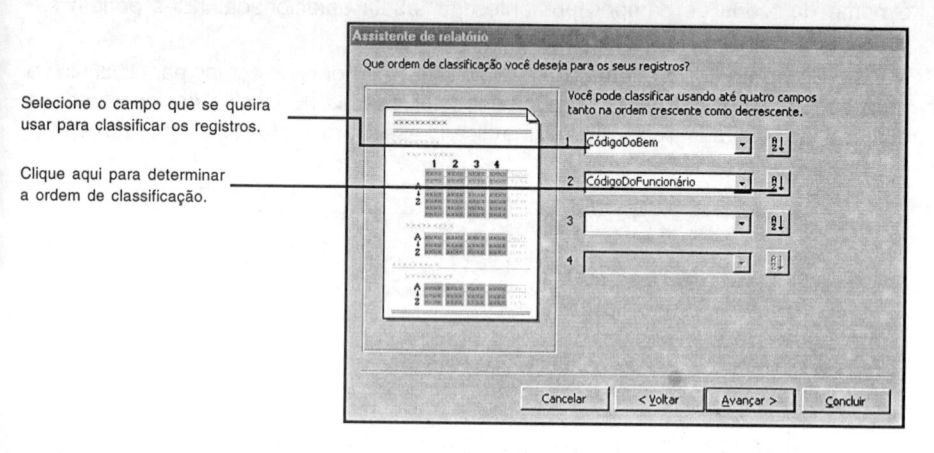

Selecione o campo que se queira usar para classificar os registros.

Clique aqui para determinar a ordem de classificação.

Pode-se classificar os relatórios usando-se um ou mais campos.

10. Clique no layout desejado e na orientação de impressão. Pressione o botão **Avançar**. O Assistente pede que se escolha um estilo de fonte para o relatório.
11. Clique no estilo desejado e, em seguida, em **Avançar**. A caixa de diálogo final permite que seja dado um título ao relatório ou alterada sua estrutura.
12. Digite um título para o relatório.
13. Escolha **Visualizar o relatório** (para exibi-lo) ou **Modificar a estrutura do relatório** (para visualizá-lo no modo Estrutura e modificá-lo). Pressione o botão **Concluir**. O Assistente cria o relatório e o exibe.

Personalização da aparência e conteúdo do relatório

Caso o Assistente tenha jogado a sua frente um relatório perfeito (sem chances), clique no botão **Imprimir** na barra de ferramentas — e fim. Todavia, é mais provável que ele precise de um pouco de ajuste antes de ser apresentado para o público em geral. Talvez sejam necessárias poucas coisas como uma alteração de fonte ou alguma reconstrução maior que exija movimentação de colunas ou a realização de outro trabalho pesado de reestruturação.

A fim de proceder a qualquer uma dessas alterações, exiba o relatório (na janela Banco de dados, clique no ícone Relatórios e clique duas vezes no relatório) e, então, abra o menu **Exibir** e selecione **Modo de estrutura**. O Access exibe a estrutura subjacente ao relatório. Nas próximas poucas seções, será mostrado como trabalhar no modo acima para modificar o relatório.

Trabalho com um relatório no modo Estrutura

No modo Estrutura, o relatório não se parece nem um pouco com o que se acabou de criar. Só por uma coisa, ele não tem aquelas barras cinzas que o separa em seções. A lista seguinte nos dá uma explicação sobre as várias seções do relatório e o que se encontra em cada uma delas:

- *Cabeçalhos* são impressos em cada página do relatório. O cabeçalho de relatório só aparece no alto da primeira página. Já o de cada página e quaisquer cabeçalhos adicionais aparecem no alto de todas as páginas. Além disso, a maioria deles usa um cabeçalho que contenha os nomes de campo oriundos de uma ou mais tabelas como cabeçalhos de coluna. Isso ajuda os espectadores a imaginarem que informações acompanham qual coluna.

- *Detalhe* é usado para os dados que se extraem das várias tabelas do banco de dados. Os controles na seção Detalhe normalmente são campos que puxam dados de uma ou mais tabelas e listam sob os títulos de coluna.

- *Rodapés* aparecem na parte inferior de cada página. O rodapé do Relatório aparece em sua última página e pode ser usado para calcular os totais gerais. O rodapé de página é útil para se incluir uma data ou número de página em cada uma página. Aquele que está justamente abaixo da seção Detalhe é útil para totais parciais.

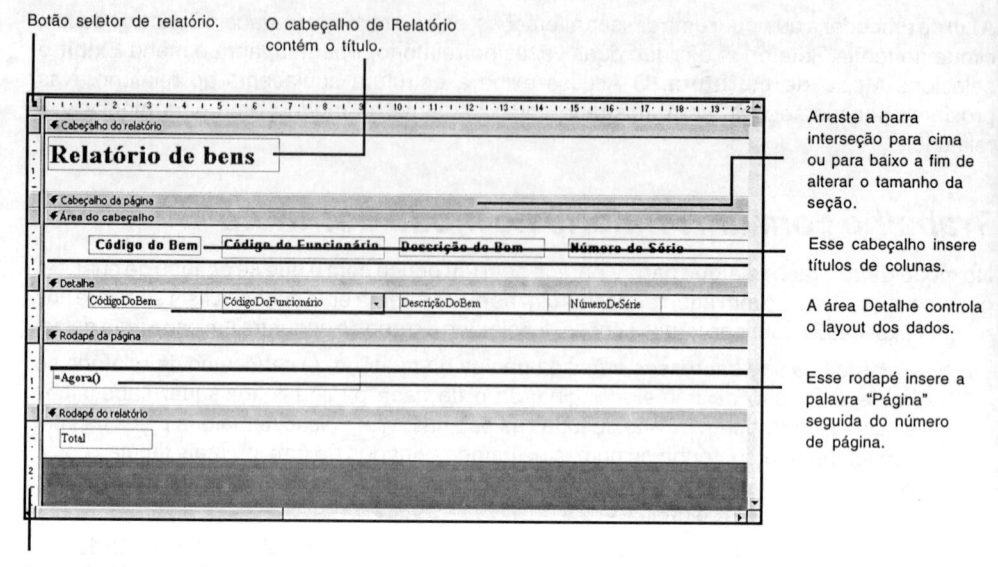

Um relatório no modo Estrutura.

Pode-se aumentar o espaço usado por uma determinada seção do relatório arrastando-se o topo da barra para cima ou para baixo. (Atenção: isso *afetará* as quebras de página no relatório.) Caso não haja qualquer espaço abaixo de uma barra de seção, clique duas vezes sobre ela e depois na guia **Formato** e digite uma medida dentro da caixa **Altura** (por exemplo, digite 1 para obter um espaço de 1,0 centímetro.)

As propriedades de uma seção podem ser alteradas clicando-se na sua barra e, em seguida, introduzindo suas preferências. A fim de determinar configurações que controlem todo o relatório, clique duas vezes o botão **Seletor de relatório** que aparece na interseção das duas réguas.

Alteração completa da aparência do relatório

A maneira mais fácil de alterar toda a aparência de um relatório é usar o recurso AutoFormatação. Clique no botão **Seletor de relatório** no canto superior esquerdo da janela (na interseção das réguas horizontais e verticais). Um quadrado preto aparece sobre ele indicando que está ativo.

Capítulo 21 ➤ *Dando sentido aos dados através de relatórios*   **233**

Pode-se também selecionar o relatório todo (ou objetos específicos dentro dele) selecionando Relatório (ou o nome do objeto) na lista Objeto localizada à esquerda da barra de ferramentas Formatação.

Abra o menu **Formatar** e selecione **AutoFormatação**. A caixa de diálogo correspondente aparece solicitando a seleção de um estilo para o relatório. Clique no estilo desejado e depois em **OK**. O estilo selecionado não aparece no modo Estrutura. Para visualizar o relatório com a nova estrutura, abra o menu **Exibir** e escolha **Visualizar impressão**.

AutoFormatação de objetos diferentes

O recurso de AutoFormatação pode ser usado para alterar a aparência de objetos diferentes (controles) no formulário selecionando-se o objeto antes de executar a AutoFormatação. No entanto, isso pode dar ao relatório um efeito indesejável de documento antigo.

Seleção, movimentação e alinhamento de controles

O modo Estrutura revela que o relatório não passa de uma coleção de caixas de texto e outros controles. O trabalho com esses objetos é muito semelhante ao realizado com objetos em programas de desenho. Para selecionar um controle, clique sobre ele. Pressione a tecla **Shift** e clique em controles adicionais para trabalhar em mais de um de cada vez. Ao se clicar sobre um controle, uma caixa e uma conjunto de alças aparecem ao redor dele. Pode-se então deslocar, redimensionar ou apagar o controle:

- ➤ A fim de deslocá-lo, repouse o ponteiro do mouse sobre o contorno da caixa que o define. Quando o ponteiro se transformar em uma mão, arraste a caixa.
- ➤ Para redimensionar o tamanho do controle, arraste uma de suas alças.
- ➤ A fim de excluir o controle selecionado, pressione a tecla **Delete**.

Ao deslocar controles, talvez se queira alinhá-los. O Access pode fazer isso. Antes de tudo, selecione os controles desejados, o que pode ser feito pressionando a tecla Shift e clicando-se nos controles ou arrastando-se uma caixa de seleção ao redor deles. Feito isso, abra o menu **Formatar**, aponte para o item **Alinhar** e selecione a opção de alinhamento desejada: **à esquerda, à direita, superior, inferior** ou **à grade** (essa última alinha um canto do controle a uma linha de grade invisível).

Alteração de estilos e tamanhos de fonte

Foi mostrado antes nesse capítulo como alterar os estilos de fonte para todo o relatório. É possível também alterar estilos e tamanho para determinados controles. Para tanto, antes de tudo selecione os controles que contenham o texto que se deseja formatar. Depois use as ferramentas presentes na barra de ferramentas Formatação para configurar a fonte desejada e seu tamanho, adicionar atributos como negrito e itálico e modificar a cor de segundo-plano e do texto. Pode-se também acrescentar uma borda, sombra inclinada ou outro efeito especial para dar ao controle uma outra dimensão.

Adição de controles ao relatório

No modo Estrutura, o Access exibe uma caixa de ferramentas contendo botões para o acréscimo de controles como Rótulos, Caixas de texto, Caixas de verificação e Linhas para o relatório. Caso ela não esteja à vista, clique em **Exibir**, **Caixa de ferramentas** ou no botão correspondente. A maneira mais fácil de se inserir um controle é usando o Assistente de controle. As instruções a seguir mostram como usá-lo:

1. Clique no botão **Assistentes de controle** para ativá-lo, caso deseje. (Eles não são de uso obrigatório, pode-se criar controles sem usá-los.)
2. Clique no botão correspondente ao controle que se deseja criar.
3. Desloque o ponteiro do mouse para cima do relatório no local desejado para inserir o controle. Arraste o mouse para criar uma caixa que defina o tamanho e localização do controle. Ao soltar o botão do mouse, o controle aparece e a caixa de diálogo Assistente de controle surge na tela oferecendo instruções sobre como proceder, caso o controle tenha um assistente.
4. Caso um assistente apareça, siga suas instruções de criação. Na maioria dos casos, é preciso fornecer um nome para o controle e dizer ao assistente a que campo vinculá-lo. Se não surgir nenhum, simplesmente complete o controle (o Rótulo de controle não possui um assistente, simplesmente digite o rótulo).

Inserção de campos

Caso se queira inserir um campo no relatório, há uma maneira mais fácil de fazê-lo do que através da Caixa de ferramentas. Abra o menu **Exibir** e selecione **Lista de campos**.

Uma lista de campos disponíveis aparece. Arraste um campo dessa lista para a localização desejada no relatório. O Access insere, na ocasião, uma caixa de rótulo e uma de texto para o campo. Clique na caixa e altere o rótulo, caso desejado.

Capítulo 21 ➤ Dando sentido aos dados através de relatórios   235

Cálculo de totais, subtotais e médias

Alguns relatórios simplesmente apresentam os dados em um formato fácil e de rápida digestão como uma listagem de telefone ou de endereço. Outros são projetados para ajudar a se tirar conclusões ou determinar resultados finais. Talvez se tenha um relatório que relacione receitas e despesas a fim de determinar o lucro. Caso ele simplesmente apresente uma lista de números, não vai servir muito. É preciso conhecer um número final — lucro ou prejuízo.

A fim de realizar essa tarefa, introduza uma fórmula no relatório. Ela efetua os cálculos usando os dados que o relatório extrai de várias tabelas. Normalmente, introduz-se uma fórmula dentro de uma caixa de texto na seção abaixo daquela que contém os números que se deseja somar (em outras palavras, abaixo da seção Detalhe). Antes de começar a digitar as expressões, determine em que seção se deseja vê-las:

➤ Para inserir um cálculo no final de uma linha, digite a fórmula no fim da linha que contém os números que ela usará para os cálculos. Por exemplo, um registro talvez inclua o número de itens solicitado e o preço de cada um. Seria possível inserir uma fórmula no final de uma linha que multiplicasse o número de itens pelo preço com a finalidade de determinar o custo total.

➤ Caso o relatório possua mais de uma seção Detalhe, pode-se introduzir expressões para executar subtotais em uma coluna de números na seção localizada exatamente abaixo da seção Detalhe.

➤ Para determinar o total final que aparece na parte inferior da última página do relatório, adicione a fórmula na seção Rodapé do relatório.

A fim de introduzir uma fórmula em uma caixa de texto, pressione o botão **Caixa de texto** na Caixa de ferramentas e arraste a caixa para onde se deseja inserir a fórmula. Digite o nome do resultado dentro dela (por exemplo, Total parcial, Total ou Média). Depois clique dentro da caixa de texto **Não acoplado** e digite a fórmula. Por exemplo, escreva **=SUM ([Receita])** para somar todos os valores dos campos Receita. A seguir apresentamos alguns exemplos de expressões que podem ser usadas:

=SUM ([Receita])-SUM ([Despesas]) determina o lucro total.

=[Quantidade]*[Preço] multiplica o custo total de um número de itens pelo preço de cada um.

=AVG ([Tipos]) determina a média de uma série de tipos.

=[Qtr1]+[Qtr2]+[Qtr3]+[Qtr4] calcula o lucro total dos últimos quatro trimestres.

=[Subtotal]*.05 multiplica o subtotal por .05 a fim de determinar um imposto de 5% sobre um pedido.

=[Subtotal]+[Imposto] determina o valor total somando o subtotal do pedido e o montante de imposto devido.

As expressões vistas aqui são muito semelhantes às fórmulas que usadas nas planilhas Excel (exceto pelos colchetes). A principal diferença está no fato de se usar nomes de campos para determinar valores em vez de endereços de células. Maiores detalhes sobre o uso de fórmulas em planilhas do Excel, consulte o capítulo 11, "cálculos com fórmulas."

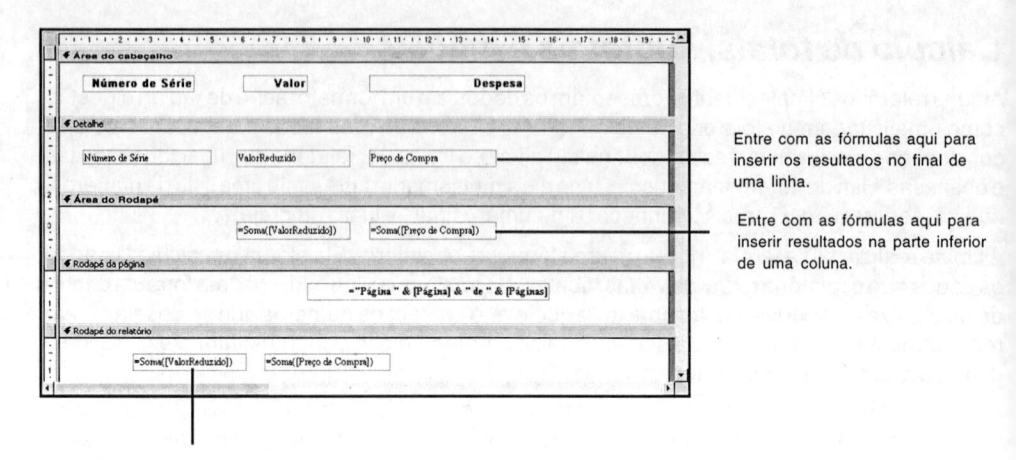

Amostras de fórmulas no modo Estrutura.

Depois de se inserir uma fórmula em uma caixa de texto, deve-se formatá-la. Se a fórmula entra com um valor monetário, por exemplo, deve-se alterar a propriedade **Formato** da caixa de texto para **Moeda**. A fim de modificar a propriedade de um controle, clique duas vezes sobre ele e depois determine suas preferências na caixa de diálogo Formato.

Salvar e imprimir relatórios

Depois de se ter passado uma boa parte do dia projetando um relatório, não se vai querer perdê-lo ao desligar o computador, assim, certifique-se de tê-lo salvo. Na verdade deve-se salvá-lo regularmente enquanto é construído para evitar a perda de qualquer parte do trabalho. Um pequeno erro pode destruir totalmente o relatório antes que se tenha tido chance de usá-lo. Abra o menu **Arquivo** e selecione **Salvar** ou pressione o botão **Salvar** presente na barra de ferramentas. Digite um nome para o relatório e clique em **OK**.

A fim de imprimir uma cópia do relatório rapidamente, certifique-se de que sua impressora esteja ligada e então clique no botão **Imprimir**. Caso se queira imprimir mais de uma cópia do relatório ou deseje alterar as configurações de impressão, abra o menu **Arquivo** e selecione **Imprimir**. Introduza suas preferências e clique em **OK**.

Produção na Web!

Talvez se queira publicar o relatório na internet para que se possa exibir orgulhosamente os lucros da empresa e tentar atrair investidores. Para gravar o relatório como um documento HTML (formato para a Web), acesse o menu **Arquivo, Salvar como/exportar...** e depois abra a lista suspensa ao lado de **Salvar como** e escolha **Documentos HTML**. Clique sobre o botão **Salvar**.

Parte VI

O uso do Outlook para gerenciar a própria vida

Sempre desejamos ter uma secretária particular que nos lembrasse de nossas próximas reuniões, datas importantes (como o dia da Secretária), estabelecesse prioridades nas atividades pendentes, separasse a correspondência e memorandos e basicamente administrasse o escritório enquanto estivéssemos jogando tênis com clientes potênciais. O Office 2000 nos oferece sua própria incansável secretária chamada Microsoft Outlook.

Não, o Outlook não toma providências em relação a viagens a serviço, encaminha depósitos para o banco ou nos coloca para dormir quando nosso cônjuge não está em casa, porém ele pode ajudar no registro de compromissos e datas, na organização do e-mail e mesmo lembrar aquelas idéias brilhantes que nos surgem durante o curso do dia. Nessa seção, mostra-se como usar o Outlook para fazer tudo isso e muito mais!

Capítulo 22

Manter-se a par de datas, colegas e tarefas a realizar

> **Neste capítulo**
> ➤ Comece o dia na companhia da barra do Outlook.
> ➤ Cronograma de compromissos.
> ➤ Deixe o Outlook avisá-lo de seus compromissos futuros.
> ➤ Nunca mais esqueça um aniversário ou outra data importante.
> ➤ Crie e use um catálogo de endereços eletrônico.

Um número indefinido de atividades extras tomam conta de nossas vidas. Uma mãe que ocupa sua hora de almoço dando uma ajuda no horário de atividades manuais da escola. Um pai que, chegando de um dia cheio de trabalho, organiza o time de futebol da vizinhança. Aquela senhora aposentada, do final da rua, que começa uma campanha de associação para uma organização filantrópica. Todos, em silêncio, nos forçam a encher nossos calendários de compromissos, vender rifas, doces e fazer mais do que qualquer outra geração já fez antes, conduzindo-nos mais cedo para o cemitério graças à hipertensão.

A fim de controlar essa loucura e preservar a saúde, deixe o Outlook ajudar na administração de sua vida. Neste capítulo mostraremos como ele pode te manter a par de seus compromissos, contatos e de todas as atividades que não se pode evitar.

Introdução ao Outlook

Antes de aproveitar o Outlook, deve-se executá-lo. Abra o menu **Iniciar**, aponte para **Programas** e clique em **Microsoft Outlook** (ou no seu botão presente na Área de trabalho do Windows).

Ao se iniciar o programa pela primeira vez, o Assistente de inicialização é executado e o conduz durante o processo de configuração do programa para acessar o correio eletrônico (e-mail). Siga as instruções dadas pelo assistente para completar a configuração. O programa de configuração do Outlook proporciona as seguintes opções:

- *Apenas Internet.* Caso pretenda usar o programa somente para o correio eletrônico da Internet, escolha essa opção. Se o fizer, o Assistente para conexão aparece, na primeira vez em que o Outlook é executado, para guiá-lo através do processo de configuração de uma conta de correio eletrônico.

- *Corporativo ou grupo de trabalho.* Estando conectado a uma rede e usando um servidor central de correio eletrônico para acessar o sistema de correio eletrônico da empresa, escolha essa opção. Se ela for escolhida e não houver uma rede, pode-se enfrentar problemas na execução do programa e no uso de seus recursos de e-mail. A fim de usar um serviço de correio eletrônico, deve-se configurá-lo como será explicado na seção "Adição de contas de e-mail", no Capítulo 23, "Administração do e-mail."

- *Sem e-mail.* E quem não usa e-mail hoje em dia?

Ao término da configuração, a janela do Microsoft Outlook aparece, como mostrado abaixo. A barra do Outlook (à esquerda) é a chave para os diversos recursos do programa. Nela pode-se alternar entre Caixa de entrada, Calendário, Contatos, Tarefas, Diário, Anotações ou uma lista de Itens excluídos. Basta clicar no ícone nessa barra para acessar a pasta desejada. O Visualizador de informações (à direita) exibe o conteúdo da pasta selecionada. Pode-se alterar as dimensões relativas da barra do Outlook e do Visualizador de informações arrastando a barra que os separa.

Capítulo 22 ➤ *Manter-se a par de datas, colegas e tarefas a realizar* 243

Clique aqui para exibir uma lista de pastas.

Clique em um atalho para ativá-lo.

Clique na barra de um grupo para visualizar seus atalhos.

Arraste essas barras para alterar as dimensões relativas dos painéis.

O Visualizador de Informações exibe o conteúdo da pasta.

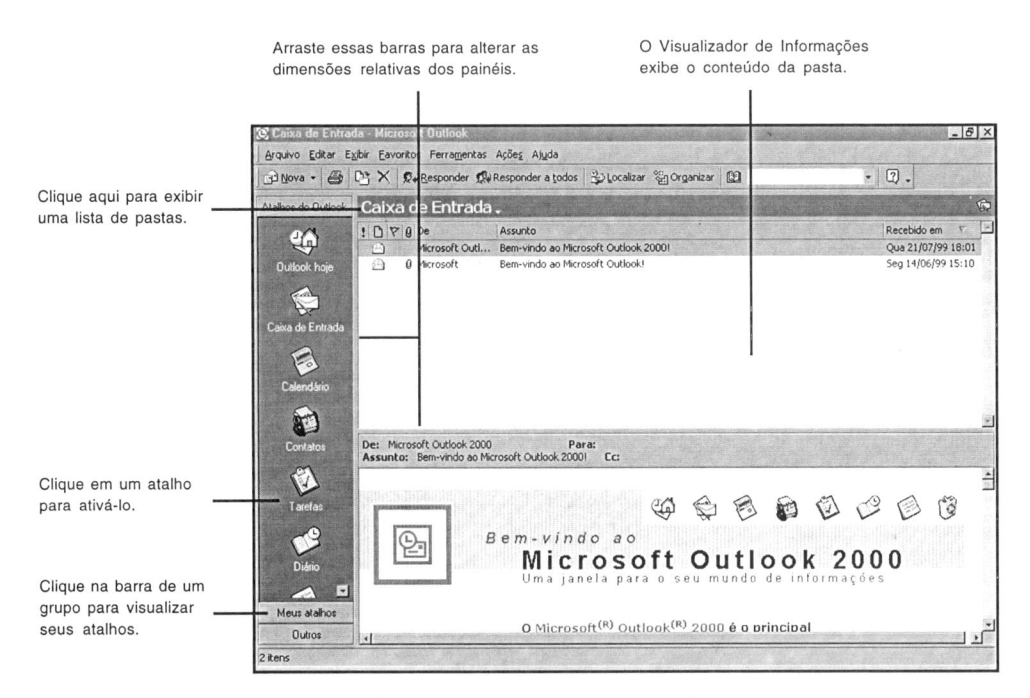

O Outlook facilita o acesso às informações.

Na parte inferior da barra do Outlook encontram-se pequenas barras cinzas que representam outros (ocultos) grupos de atalho. A fim de visualizar os ícones de atalho desses grupos, clique em um deles (como Meus atalhos ou Outros atalhos). Também observe que acima do Visualizador de informações encontra-se uma faixa que exibe o nome da pasta atual. Clique nesse nome para mostrar uma lista de pastas. Pode-se então selecionar uma pasta daí em vez de a partir da barra do Outlook para visualizar seu conteúdo.

A barra de ferramentas padrão

Como todas os outros aplicativos do Windows, o Outlook possui uma barra de ferramentas que possibilita o desvio do sistema de menus para os comandos freqüentemente acessados. Embora ela seja alterada de acordo com a atividade feita no momento (estabelecendo compromissos, verificando o correio eletrônico, introduzindo entradas no diário), é possível contar com algumas coisas. Primeiro, como todas as barras de ferramentas, a barra padrão do Outlook exibe uma dica de tela ao se descansar o ponteiro do mouse sobre um dos botões. Ela mostra o nome do botão para que se tenha idéia do que ele faz. Segundo, os próximos botões encontram-se normalmente na barra de ferramentas, não importa o que se esteja fazendo:

Nova mensagem eletrônica possibilita a criação de uma nova mensagem de correio eletrônico, uma nova anotação, um novo compromisso ou algum novo item dependendo da visualização atual. Na Caixa de entrada, por exemplo, este botão permite criar uma nova mensagem de correio eletrônico.

Imprimir imprime o item atualmente exibido. Caso se esteja trabalhando com o calendário e se clique no botão Imprimir, por exemplo, o programa o imprime.

Mover para a pasta exibe uma caixa de diálogo que contém uma lista das pastas do Outlook permitindo que se desloque itens de uma pasta para outra.

Excluir permite excluir rapidamente uma mensagem, anotação ou outro item.

Localizar itens exibe um novo painel na parte superior do Visualizador de informações que pode ajudá-lo a encontrar mensagens específicas.

Organizar exibe um novo painel no alto do Visualizador de informações que contém ferramentas para deslocamento de mensagens de uma pasta para uma outra e para permitir que o Outlook filtre mensagens recebidas automaticamente e as coloque na pasta especificada.

Outlook hoje

Através desse ícone tem-se uma rápida visão geral do inferno que será o dia. Ao se clicar nele, o Visualizador de informações exibe uma lista de compromissos, o número de mensagens de correio eletrônico recebidas e a lista de tarefas a fazer. A fim de ter o Outlook hoje na tela quando se iniciar o programa, clique em **Outlook hoje** e, em seguida, **Personalização do Outlook hoje** na área de visualização. Marque a caixa de verificação próxima de **Ir direto para o Outlook hoje ao iniciar** e depois clique em **Salvar mudanças** no canto superior direito da área de visualização.

Capítulo 22 ➤ *Manter-se a par de datas, colegas e tarefas a realizar* 245

Configuração da barra do Outlook

O Outlook foi projetado como uma alternativa à área de trabalho do Windows. Além de manter a par dos compromissos, datas e e-mail, ele pode ajudar na organização dos arquivos e a execução de aplicativos. Caso se clique no grupo **Outros atalhos** na barra do Outlook, ele exibe um ícone para Meu computador. Clique sobre esse para exibir uma lista de ícones pra unidades de disco e pastas. Pode-se usar a janela do Outlook exatamente como se usa a do Windows Explorer para copiar, excluir, mover e abrir arquivos.

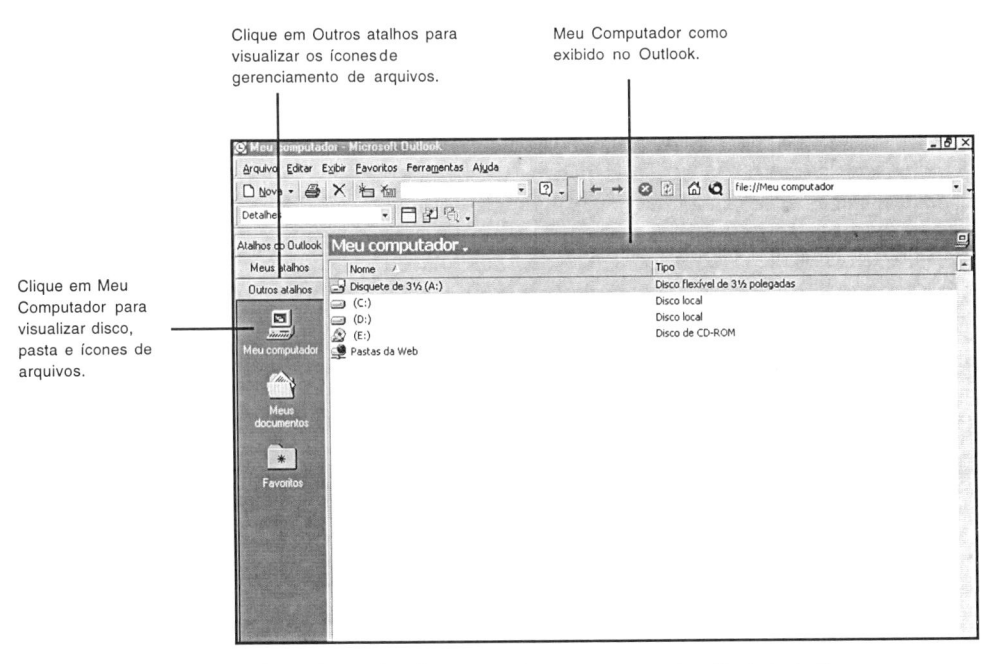

A barra do Outlook contém diversas pastas para a organização do trabalho.

Pode-se adicionar pastas à barra do Outlook, dentro dos grupos existentes ou em novos, para ter acesso rápido aos outros recursos no computador ou na rede. É possível também excluir ou dar um novo nome aos grupos existentes:

- ➤ A fim de se criar um novo grupo na barra do Outlook, posicione o cursor do mouse sobre uma área vazia dentro da barra, clique com o botão direito, selecione **Adicionar novo grupo** e digite um nome para o grupo.
- ➤ Para remover um grupo, posicione o cursor do mouse sobre ele, e clique **Remover grupo**.
- ➤ Para renomear um grupo, posicione o cursor do mouse sobre ele, selecione **Renomear atalho** e digite um novo nome para o grupo.
- ➤ A fim de adicionar uma pasta a um grupo da barra do Outlook, clique na barra do grupo. Posicione o cursor do mouse sobre uma área vazia dentro da barra do grupo, clique no botão direito e escolha **Atalho da barra do Outlook**. Abra a lista suspensa **Procurar** e

selecione **Outlook** (para incluir uma pasta do Outlook a um grupo) ou **Sistema do arquivo** (para acrescentar uma pasta oriunda do disco rígido ou da rede). Utilize a lista de nome de pasta para selecionar a pasta desejada e depois clique em **OK**.

➤ Para remover uma pasta de um grupo, clique com o botão direito do mouse sobre ele e selecione **Remover da barra do Outlook**. Não se preocupe, apenas um atalho está sendo excluído e não as coisas a que ele se refere no disco rígido ou no Outlook.

➤ A fim de dar um novo nome a uma pasta, clique com o botão direito do mouse sobre ela e selecione **Renomear atalho**. Depois, digite um novo nome para a pasta.

Manutenção de compromissos usando o Calendário

No Outlook encontra-se um Calendário que permite o registro de compromissos e o planejamento de dias e semanas. Ele pode até mesmo notificar seu usuário de compromissos futuros a fim de que não haja atrasos. Nas seções seguintes, mostraremos como trabalhar com o Calendário em vários modos de visualização (por dia, semana ou mês), como adicionar e excluir compromissos e também como configurar opções avançadas de agendamento.

Modos de visualização Diário, Semanal e Mensal

A fim de abrir o Calendário, clique no grupo **Atalhos do Outlook** na barra do Outlook e, em seguida, no atalho **Calendário**. Na primeira vez em que é aberto, ele exibe três itens: uma tabela diária mostrando as horas do dia; dois meses, o corrente e o seguinte e o Bloco de Tarefas exibindo os nomes de quaisquer tarefas que necessitam ser executadas (supondo-se que tenham sido digitadas).

Pode-se alterar as visualizações no Outlook para exibir diferentes objetos do Calendário ou qualquer outro plano. Use os seguintes controles presentes na barra de ferramentas Padrão para alterar a exibição:

| Ir para hoje | *Ir para hoje* ativa a data atual baseado nas informações obtidas do relógio interno do computador.

| 1 | *Dia* é o padrão. Essa opção exibe um resumo por hora do dia corrente do lado esquerdo da janela de Calendário.

| 5 | *Dias úteis* mostra um intervalo de cinco dias da tabela (segunda a sexta-feira). Esse modo não deixa muito espaço para intervalos por hora dos dias, porém revela apenas como será movimentada a sua agenda para a semana em curso.

| 7 | *Semana* substitui a lista diária por outra que mostra os sete dias da semana corrente. Nesse caso tem-se uma rápida visão do que vai acontecer durante uma determinada semana.

Capítulo 22 ➤ *Manter-se a par de datas, colegas e tarefas a realizar* 247

Mês exibe uma visualização em tela cheia do mês atualmente selecionado mostrando todos os compromissos agendados para cada dia. Fica parecido com aquele calendário que temos pendurado em casa ou no escritório.

Papo técnico

Compromissos, reuniões e eventos

O Outlook faz distinção entre compromissos, reuniões e eventos. Um *compromisso* é algo que você faz a seu tempo, que não requer o tempo de outra pessoa, tal como escovar os seus dentes. Uma *reunião* é algo que você faz com outra pessoa; requer que você coordene um espaço de tempo. Um *evento* é uma atividade que toma um ou mais dias, em vez de um espaço de tempo durante um dia. Um evento anual, tal como um aniversário, ocorre todos os anos.

Definição de datas e horários de compromissos

É possível introduzir rapidamente um compromisso no Calendário a fim de que ele o exiba e emita um alarme sonoro para lembrá-lo 15 minutos antes da hora marcada. Siga as instruções abaixo:

1. Clique sobre o botão **Dia** a fim de mudar para a visualização Dia (caso se esteja em outra).
2. Arraste o cursor do mouse sobre o compromisso agendado. Por exemplo, caso se tenha algo marcado para começar às 10 horas da manhã, marque a faixa de horário de 10 a 10h30min.
3. Digite uma descrição do compromisso. (Por exemplo, pode-se digitar "Reunião com Ned sobre os planos de construção.")
4. Pressione a tecla **Enter**. A descrição aparece na lista Dia e uma caixa azul mostra o tempo que será ocupado.

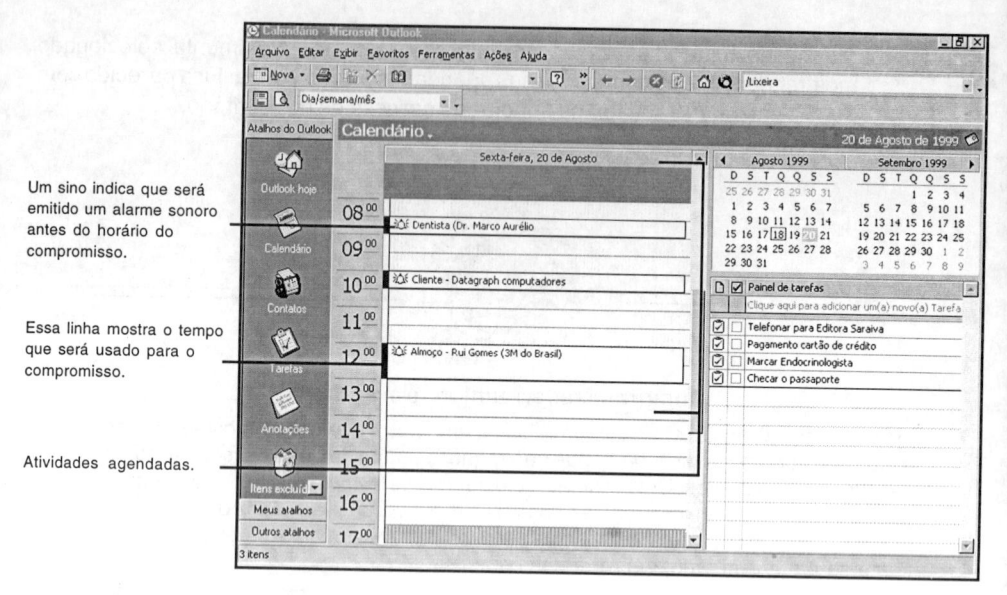

Parte VI ➤ O uso do Outlook para gerenciar a própria vida

Um sino indica que será emitido um alarme sonoro antes do horário do compromisso.

Essa linha mostra o tempo que será usado para o compromisso.

Atividades agendadas.

Ao se definir um compromisso, ele aparece no calendário diário, semanal ou mensal.

Definir um compromisso arrastando e digitando é rápido, porém não é possível a determinação de configurações especiais tais como a ativação ou desativação do alarme (por padrão, desativado) usando esse método. A fim de introduzir configurações adicionais, use a caixa de diálogo Compromisso para agendar uma nova atividade. Para exibir essa caixa, clique duas vezes em uma faixa de tempo na agenda diária ou clique no botão **Novo Compromisso** (localizado do lado esquerdo da barra de ferramentas Padrão). Use essa caixa, como mostrado na figura a seguir, para estabelecer configurações relativas a um compromisso.

Em dois lugares ao mesmo tempo?

O Outlook permitirá o agendamento de dois compromissos sobrepostos, porém empurra uma caixa de compromisso para a direita a fim de proporcionar uma insinuação visual de que a agenda pode estar um pouco apertada. Droga, eu sabia que não podia me dar bem naquela reunião trimestral, apesar de tudo!

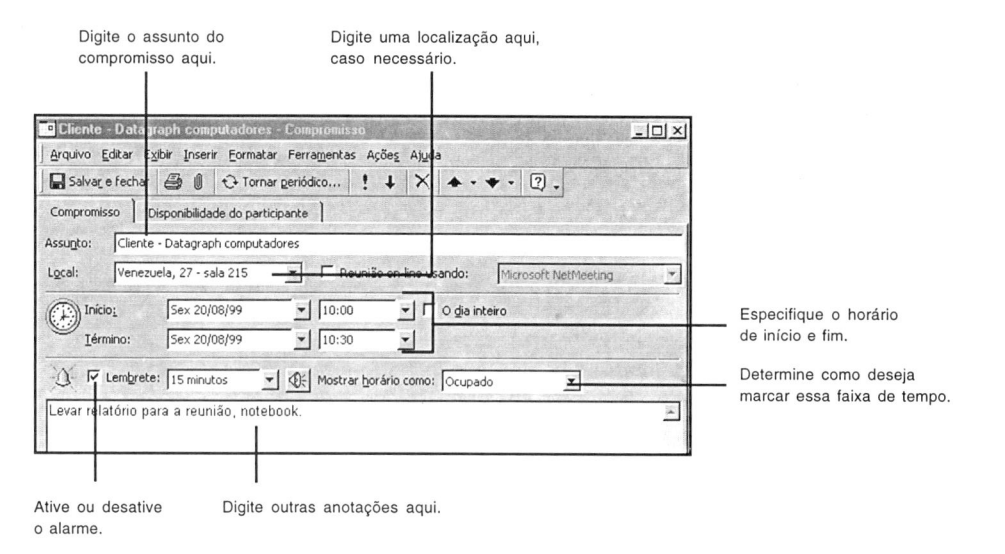

Capítulo 22 ➤ Manter-se a par de datas, colegas e tarefas a realizar   249

A caixa de diálogo Compromisso proporciona outras opções.

Ao terminar, clique no botão **Salvar e fechar**. O compromisso aparecerá então na agenda diária. Caso tenha clicado o botão Fechar (X) em vez do anterior, não se preocupe. Como uma boa secretária, o programa o lembrará de gravar o compromisso.

Se o alarme foi ativado, ele poderá causar uma pequena surpresa na primeira vez em que surgir na tela e começar a tocar. Caso se tenha cochilado, talvez a atitude instintiva seja tentar apertar o botão "Snooze". Bem, esse botão existe! Clique em **Snooze** para ser lembrado outra vez dentro de 15 minutos (ou seja qual for o tempo determinado). Ou pode-se clicar em **Rejeitar** para desativar o lembrete de uma vez.

Edição, movimentação e exclusão de compromissos

A menos que se tenha um compromisso permanente, pode-se contar com o fato de que ele será reagendado duas ou três vezes antes da data marcada. Esse é o motivo pelo qual há necessidade de reorganizar compromissos, excluir aqueles que foram cancelados e editar informações referente a outros. A lista a seguir fornece todas as instruções necessárias para executar essas tarefas:

➤ Dê dois cliques sobre o compromisso para exibir suas configurações na caixa de diálogo Compromisso e proceda às alterações.

➤ Caso o compromisso seja reagendado uma vez durante o mesmo dia, arraste-o para cima ou para baixo dentro da agenda diária para um novo horário.

➤ A fim de deslocar alguma atividade para um dia diferente, mude o modo de visualização de Semanal para Mensal e a arraste para o dia desejado. O horário permanecerá o mesmo, assim, talvez se tenha que ajustá-lo após a mudança para o dia correto.

➤ Também é possível aumentar ou diminuir o horário agendado. Arraste a linha superior ou inferior da faixa de tempo para cima ou para baixo.

➤ Caso o computador usado esteja em rede e não se queira que outras pessoas tomem conhecimento de um compromisso particular, posicione o cursor do mouse sobre ele, clique no botão direito e selecione **Particular**. Surge uma chave ao lado dele indicando que não pode ser visto na rede. Por exemplo, talvez se deseje manter em sigilo aquele compromisso com o promotor público.

➤ Pode-se arrastar um item da lista de Tarefas para o Calendário a fim de colocá-lo na agenda. Ao soltar o botão do mouse, a caixa de diálogo Compromisso aparece solicitando que sejam dados detalhes adicionais.

➤ Caso alguém cancele totalmente o compromisso, pode-se excluí-lo posicionando-se o cursor do mouse sobre ele, clicando-se no botão direito e escolhendo a opção **Excluir**.

Divida o dia em intervalos de tempo mais curtos

É possível alterar as configurações padrão para o Calendário a fim de modificar o horário de início e término do dia e ainda alterar os dias que compreendem uma semana de trabalho. Abra o menu **Ferramentas**, selecione **Opções** e clique no botão **Opções do calendário**. Introduza suas preferências e clique em **OK**. A fim de dividir o dia em intervalos de tempo diferentes, posicione o cursor do mouse dentro da área onde eles são exibidos, pressione o botão direito e clique no intervalo desejado: **60 minutos, 30 minutos, 15 minutos** etc.

Agendamento de compromisso semanal ou mensal periódico

Caso se tenha sempre um compromisso no mesmo horário de cada semana ou mês, não é preciso marcá-lo no calendário para cada semana ou mês. Deixe o Outlook fazer isso marcando-o como um *compromisso periódico*.

Antes de tudo, clique duas vezes sobre ele a fim de exibir sua caixa de diálogo. Feito isso, pressione o botão **Reincidência**. A caixa de diálogo referente a isso aparece na tela. Utilize-a para ajustar a freqüência do compromisso, sua duração e o número de vezes que se deseja que o Outlook o coloque no calendário. Clique em **OK** depois de entrar com as preferências e, em seguida, pressione o botão **Salvar e fechar** para estabelecê-lo.

Planejamento de reunião

Caso se esteja em rede, pode-se preparar uma reunião com os colegas usando o organizador de reunião do Outlook. Abra o menu **Ações** e clique em **Planejar uma reunião**. Depois clique no botão **Convidar outros**, escolha o nome das pessoas que devem participar da reunião e clique no botão **OK**. O programa exibe as faixas de tempo livre disponíveis para todos os participantes. Arraste as linhas verticais para marcar a hora de início e término da reunião e, em seguida, pressione o botão **Fazer a reunião** para enviar os convites aos escolhidos.

Não esqueça os aniversários, bodas e outros eventos importantes

Ei, você tem uma família grande? Já quase o rejeitaram porque esqueceu de lhes enviar a tempo cartões de aniversário natalício ou bodas? Sua esposa faz piada a respeito de seu esquecimento constante do aniversário de casamento de vocês? Bem, a agenda Evento pode ajudá-lo a lembrar desses grandes eventos a fim de evitar um constrangimento, salvar o casamento e restabelecer os laços familiares.

Não há diferença entre agendar um evento e um compromisso. Primeiro exiba o Calendário e depois abra o menu **Ações** e selecione **Evento novo todo dia**. A caixa de diálogo Evento aparece na tela como uma maldita irmã gêmea daquela dos compromissos. Na caixa de texto Assunto, digite uma breve descrição do evento. A fim de permitir que o Outlook o avise antes do grande dia, marque a caixa Lembrete. Caso queira que isso ocorra com alguns dias de antecedência para que se tenha tempo para comprar o presente e um cartão, marque a entrada presente na lista suspensa Lembrete e determine com quantos dias de antecedência se deseja ser avisado (por exemplo, 5 dias).

Caso deseje que o Outlook marque essa data como sendo um evento anual (então, o programa o recordará todos os anos), clique no botão **Reincidência**. Clique **Anual** e, em seguida, em **OK**. A caixa de diálogo Evento aparece. Clique **Salvar e fechar**.

Remoção de um evento anual

Finalmente você registrou a data do aniversário de casamento no calendário a fim de nunca mais esquecê-la. Está orgulhoso de si mesmo... Mas, de repente, dois meses depois sua mulher lhe diz que você é o único obstáculo à sua felicidade. Agora, você *quer* esquecer. A fim de remover os fatos periódicos, clique na entrada do feliz evento, pressione o botão **Delete**, escolha **Excluir todas as ocorrências** e, em seguida, clique em **OK**. Depois disso, está na hora de adicionar como periódico o pagamento de pensão alimentícia

Ih! Há um índice telefônico giratório na tela!

Agendas eletrônicas de endereços costumavam ser apenas ligeiramente melhor do que as versões correspondentes em papel. Tornavam possível a edição de entradas facilmente sem apagar e apresentavam, de modo característico, ferramentas de busca para ajudar na localização das pessoas. A família atual de agendas eletrônicas possibilita muito mais do que isso. Por exemplo, caso se tenha uma conexão de correio eletrônico, pode-se rapidamente endereçar mensagens de e-mail a partir do Catálogo de endereços. Se há um modem, ele poderá fazer as ligações telefônicas.

Nas seções seguintes, mostraremos como adicionar nomes, endereços, números de telefone e outras informações ao Catálogo de endereços e usá-las para simplificar a vida.

Acréscimo de cartões de visita à lista Contatos

Antes de se usar a lista Contatos, deve-se exibi-la. Na barra do Outlook, clique em **Contatos**. A fim de incluir o nome de uma pessoa e informações de contato ao Catálogo de endereços, clique no botão **Novo contato** na barra de ferramentas do programa (totalmente à esquerda). Surge na tela a caixa de diálogo Novo contato. Use-a para introduzir o nome, endereço, número de telefone, endereço eletrônico e outras informações de contato. Clique sobre o botão **Salvar e novo** para gravar o cartão e exibir um cartão novo vazio ou clique em Salvar e fechar para encerrar a janela.

Capítulo 22 ➤ *Manter-se a par de datas, colegas e tarefas a realizar* 253

Clique nesse botão para inserir o nome completo da pessoa.

Botão Salvar e fechar.

Botão Salvar e novo

Escreva aqui os números de telefone.

Digite aqui um endereço de correio eletrônico.

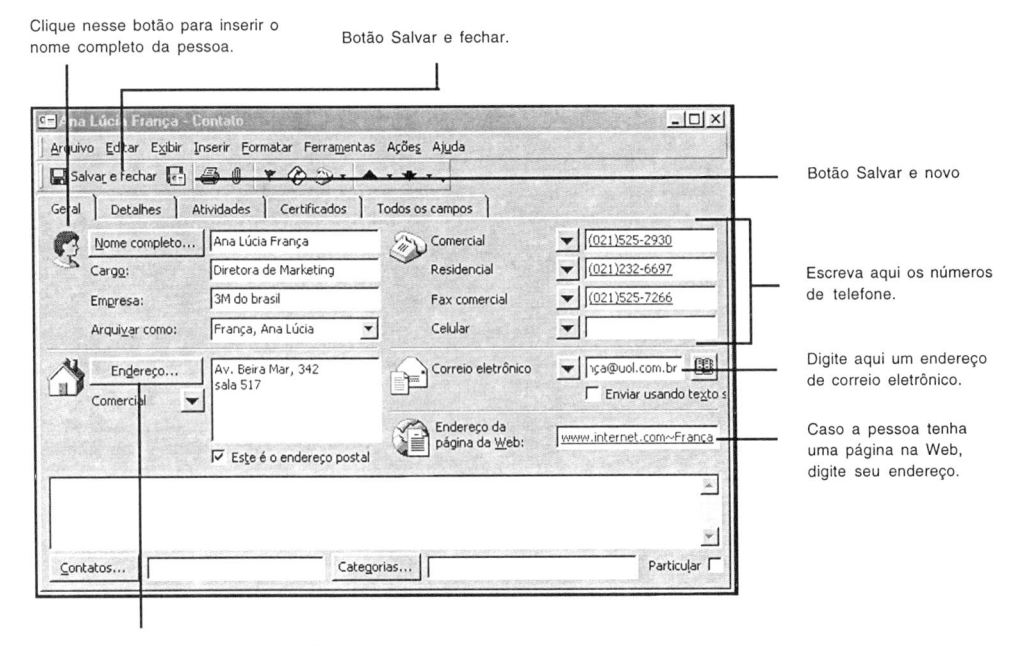

Caso a pessoa tenha uma página na Web, digite seu endereço.

Clique aqui para inserir o endereço da pessoa.

O Outlook permite inserir todo tipo de informações referentes a uma pessoa.

Ao se retornar para a tela principal do Outlook, ele exibe um pequeno cartão de visita para cada contato, organizados em ordem alfabética pelo último nome. Caso se tenha um bocado de cartões, é possível clicar em um botão do lado direito da tela para exibir um grupo em ordem alfabética de cartões. (É como as guias com letras nos índices impressos.) A fim de selecionar um cartão, clique sobre ele e para exibir todas as informações nele contidas ou editá-las, dê dois cliques nele.

Discagem de números de telefone usando um modem

Caso seu computador tenha um modem, é possível transformar o computador de três mil reais em um telefone programável de cem reais. O modem deve possuir duas entradas para plugues de fio de telefone: uma que o conecta à linha telefônica (para que ele seja capaz de discar e conversar com outros modems) e outra que permita ligar o telefone. Antes de tudo, conecte o modem ao plugue do telefone e, em seguida, ligue o telefone nele. Certifique-se de ter plugado os cabos corretos nas entradas certas. Pronto! Tudo está pronto para a chamada.

Para discar, clique no Catálogo de endereços para encontrar o nome da pessoa para a qual deseja telefonar. Depois disso, abra a lista suspensa **AutoDiscagem** na barra de ferramentas e clique no número que deseja discar. (Caso não se tenha digitado um número de telefone no cartão de visita da pessoa, ele não aparecerá na lista suspensa.) Surge na tela a caixa de diálogo Nova chamada. Clique no botão **Discar**. O Outlook disca o número do telefone (com a ajuda do modem). Pegue o telefone e comece a falar.

Como enviar mensagens de e-mail para os Contatos

Caso se tenha introduzido um endereço de correio eletrônico para um dos contatos, pode-se rapidamente enviar uma mensagem de e-mail para a pessoa. Clique no cartão de visitas dela e, em seguida, pressione o botão **Nova mensagem para o contato** presente na barra de ferramentas. Uma caixa de diálogo chamada Mensagem se abrirá com uma nova mensagem endereçada ao contato selecionado. Digite uma descrição da mensagem na caixa de texto **Assunto**; digite toda a mensagem na área grande a ela destinada na parte inferior da caixa de diálogo e depois clique no botão **Enviar**. Maiores informações podem ser obtidas no Capítulo 23: "Como administrar o correio eletrônico?"

O uso da Discagem rápida

A lista suspensa AutoDiscagem contém um submenu chamado Discagem rápida no qual é possível listar os números de telefone das pessoas para as quais se telefona com mais freqüência (ou números de emergência). A fim de adicionar um número a esse submenu, clique no cartão da pessoa, pressione o botão **AutoDiscagem**, clique em **Opções de discagem**, digite o nome dela e o número do telefone e clique em **Adicionar**. Ao terminar de adicionar os números, clique em **OK**. A fim de discar um número rapidamente, clique sobre a seta virada para baixo próxima ao botão **AutoDiscagem** e selecione o número a partir do submenu Discagem rápida.

O que se tem para fazer hoje?

Caso goste de ser lembrado contantemente do que deve fazer, case-se! Com exceção disso, pode-se usar o Bloco de tarefas do Outlook. Clique no atalho Tarefas na barra do Outlook. Na lista de tarefa, pode-se digitar as várias tarefas que se precisa realizar. Simplesmente clique na caixa de texto **Clique aqui para adicionar uma nova tarefa**, digite uma breve descrição dela e pressione **Enter**.

Para escrever maiores informações sobre a tarefa, dê dois cliques sobre ela. Uma caixa de diálogo chamada Tarefa é exibida a qual possibilita a modificação do nome da tarefa, determina uma data de início e de término e aciona um alarme que soará quando a data final chegar. Pode-se também acrescentar informações financeiras e outras notas que forneçam detalhes úteis sobre a tarefa.

Depois de ter completado um tarefa, clique na caixa de verificação próxima ao nome da tarefa. Um sinal de checagem aparece dentro da caixa e o programa traça uma linha sobre o título da tarefa para indicar que está concluída. Esse tipo de coisa é para os tipos "gerenciais" que precisam de uma recompensa para eles mesmos pelas suas pequenas realizações. Para o restante de nós, existe um botão chamado **Delete**. Clique sobre ele para remover a tarefa da lista.

Produção na Web!

Caso se tenha digitado um endereço de página da Internet para um contato pessoal ou uma página comercial, pode-se chegar rapidamente a ela (supondo-se que haja um navegador Web instalado) dando-se dois cliques sobre o cartão de visitas da pessoa e clicando no endereço da página da Internet digitado.

Capítulo 23

Como administrar o correio eletrônico?

Neste capítulo

- ➤ Criação de mensagens.
- ➤ Recebido! Verificação da caixa de correio.
- ➤ Disparando respostas.
- ➤ Arrumação das mensagens em pastas.
- ➤ Envie fax sem uma máquina de fax moderna.

Quando se está agendando compromissos, acompanhando contatos e aperfeiçoando as habilidades administrativas, não se deseja ter de mudar para outro programa a fim de gerenciar o correio eletrônico. Precisa-se de algo mais adequado como a Caixa de entrada do Outlook.

Neste capítulo, será mostrado como usar a Caixa de entrada para verificar a correspondência recebida e administrar as mensagens presentes na Caixa de entrada. Também se saberá como respondê-las, criar e enviar as próprias cartas e faxes.

Viagem barata pela Caixa de entrada

Para visualizar a Caixa de entrada, clique sobre o atalho **Caixa de entrada** localizado na barra do Outlook. Dois painéis aparecem na tela. O superior exibe uma lista de mensagens. Inicialmente, ele contém uma única mensagem da Microsoft lhe dando as boas vindas. O inferior mostra o conteúdo das mensagem selecionada (a mensagem em si). Caso a visualização de ambos os painéis não esteja ativa, abra o menu **Exibir** e clique em Painel de visualização. Exatamente acima da lista de mensagens, o programa exibe os títulos de Classificação por coluna a seguir:

- *Importância*. Exibe um ícone que mostra se o remetente marcou a mensagem como de alta ou baixa prioridade.
- *Ícone*. Mostra uma figura de um envelope selado. Depois que se clica duas vezes em uma mensagem para lê-la, o envelope aparece aberto.
- *Sinalizar*. Exibe uma bandeira caso se deseje sinalizar uma mensagem. Pode-se usar sinalizadores para marcar as mensagens que talvez se queira reler ou responder mais tarde.
- *Anexo*. Mostra se o remetente anexou um arquivo à mensagem. Caso um arquivo seja anexado, pode-se abri-lo ou salvá-lo no disco rígido.
- *De*. Exibe o nome do remetente.
- *Assunto*. Exibe uma breve descrição da mensagem.
- *Recebida em*. Mostra a data e a hora de recebimento da mensagem.

A fim de classificar as mensagens por entradas em uma das colunas, clique sobre o título da coluna. Por exemplo, pode-se classificar as mensagens por data e horário em que foram recebidas clicando em **Recebida em**. Quando se clica no mesmo botão outra vez o mesmo tipo de classificação é usado, porém em ordem inversa.

Personalização de colunas

Pode-se rearrumar ou redimensionar as colunas na Caixa de entrada arrastando-as. Arraste a barra da coluna para a esquerda ou direita para rearrumar. A fim de redimensionar uma coluna, posicione o ponteiro do mouse entre os botões até que ele exiba uma seta de cabeça dupla e, então, arraste para a esquerda ou direita. Para maior personalização da Caixa de entrada, escolha **Exibir, Modo de exibição atual, Personalizar modo de exibição atual** e introduza suas preferências.

Ao se exibir a Caixa de entrada, observe que a barra de ferramenta se altera para apresentar os botões e controles relativos ao correio eletrônico. Pode-se usar esses botões para responder mensagens, exibir o Catálogo de endereço ou enviar e receber mensagens como mostrado na figura a seguir:

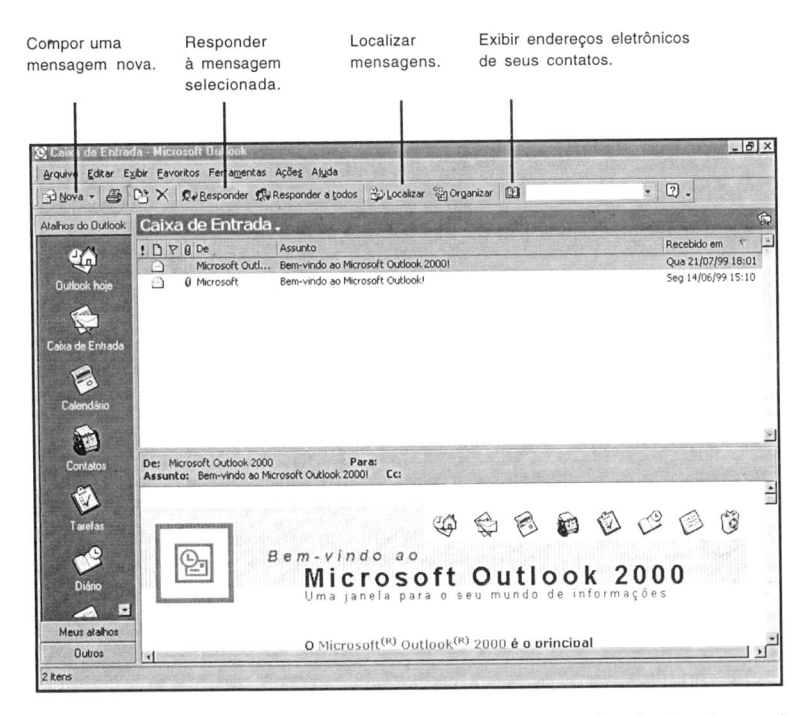

Capítulo 23 ➤ *Como administrar o correio eletrônico?* 259

A barra de ferramentas possibilita inserir rapidamente comandos simples de correio.

Clique no grupo **Meus atalhos** localizado na barra do Outlook para pastas de correio eletrônico e opções adicionais. Essa barra se altera para exibir atalhos para Rascunhos (são mensagens nas quais se está trabalhando e foram salvas como rascunho), Itens enviados (mensagens que já tenham sido enviadas), Caixa de saída (guarda mensagens que serão enviadas no futuro) e Itens excluídos (apenas se foi excluído um item).

Como adicionar contas de e-mail?

A fim de conferir a existência de mensagens ou enviá-las, o Outlook precisa saber que tipos de contas de correio eletrônico se está usando. O procedimento que deve ser tomado para se configurar uma conta dessas pode variar dependendo da opção que se selecionou quando se executou o Outlook pela primeira vez:

➤ Caso a opção tenha sido por Apenas Internet, é possível adicionar uma conta de correio eletrônico abrindo-se o menu **Ferramentas** e escolhendo **Contas...**

➤ Clique no botão **Adicionar**, **Correio...** e siga as instruções do Assistente para conexão com a internet para configurar a conta de correio eletrônico. O provedor de serviço de acesso à Internet deve ter fornecido as informações necessárias para o preenchimento das lacunas.

➤ Se a opção foi por Corporativo ou Grupo de trabalho, adicionam-se *serviços* ao Outlook que determinam o tipo de sistema de correio eletrônico a que se precisa ter acesso como o Microsoft Exchange ou Internet e-mail. A fim de adicionar uma conta, abra o menu **Ferramentas**, opte por **Serviços** e clique no botão **Adicionar**. Selecione o serviço desejado, clique em **OK** e siga as instruções na tela para introduzir as configurações necessárias.

Caso se tenha feito a opção errada na hora da instalação do programa, abra o menu **Ferramentas**, selecione **Opções** e clique na guia **Entrega**. Pressione o botão **Suporte de reconfiguração de correio** próximo ao botão da caixa de diálogo Opções e siga as instruções na tela.

Criação de uma nova mensagem de e-mail

Depois da configuração das contas de correio eletrônico, o envio de mensagens é bastante simples. Pressione o botão **Nova mensagem** (na extremidade esquerda da barra de ferramenta) para exibir a caixa de diálogo Mensagem. Na caixa de texto designada como **Para:**, digite o endereço eletrônico da pessoa para quem deseja enviar uma mensagem. Se o endereço já consta do cartão de visitas em Contatos, clique no botão **Para:** para selecionar o nome da pessoa de uma lista em vez de digitá-lo. Pode-se enviar uma cópia da mesma mensagem para outras pessoas digitando seus endereços eletrônicos na caixa de texto intitulada **Cc** (cópia). Caso digite mais de um endereço na caixa de texto, separe-os com ponto-e-vírgulas.

Clique na caixa de texto **Assunto** e digite uma breve descrição da mensagem. Depois clique na área destinada à mensagem na parte inferior da janela e digite o texto. Caso se queira enviar apenas uma mensagem, terminou. Clique no botão **Enviar**. Se é necessário anexar um arquivo, estabelecer a prioridade da mensagem ou outro feito extravagante, use a técnica apropriada descrita a seguir:

➤ Para anexar um arquivo a uma mensagem, abra o menu **Inserir** e escolha **Arquivo**. Mude para o disco e pasta no qual o arquivo se encontra e dê dois cliques sobre seu nome.

➤ Pode-se acrescentar formatação ornamental à mensagem. Abra o menu **Formatar** e escolha **Rich Text** ou **HTML**. Marque o texto que deseja formatar e utilize os botões da barra de ferramenta para selecionar a fonte, seu tamanho e adicionar atributos tais como negrito e itálico.

➤ A fim de usar os papéis de carta do Outlook para criar uma mensagem mais caprichada, abra o menu **Ações** (na tela principal do Outlook), aponte **Nova mensagem de correio usando** e clique em **Mais papéis de carta**. Escolha o desejado, clique em **OK** e depois escreva a mensagem.

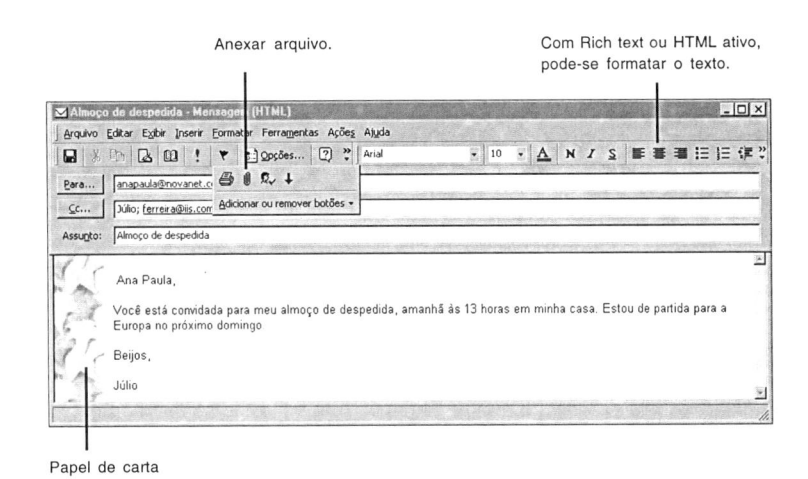

Capítulo 23 ➤ *Como administrar o correio eletrônico?* 261

Embora o envio de mensagens seja bastante fácil, o Outlook oferece diversas opções de personalização da mensagem.

Recuperação e leitura de mensagens recebidas

Sempre que alguém lhe envia uma mensagem de e-mail, ela fica em uma área especial do servidor de correio aguardando alguém para buscá-la. A fim de recuperar as mensagens, clique no botão **Enviar/receber**. O Outlook conecta-se a cada servidor que se tenha sido indicado previamente, recupera as mensagens (desde que se tenha alguma) e exibe uma lista delas na Caixa de entrada. Clique sobre uma no painel superior a fim de visualizar algumas linhas dela no painel inferior.

Pode-se rolar para baixo a tela da área inferior a fim de se ler o restante da mensagem e clicar no botão **Encaminhar** ou **Responder**, presentes na barra de ferramenta do Outlook, para encaminhar a mensagem para outra pessoa ou respondê-la.

A fim de exibir a mensagem em uma janela separada, dê dois cliques sobre ela. O programa a exibe em uma janela Mensagem especial onde se pode usar os botões a seguir:

➤ O botão **Responder** possibilita que se responda à pessoa que enviou a mensagem. Caso se clique nele, uma janela Mensagem aparece endereçando a mensagem para o remetente. O Outlook insere o texto da mensagem original com um sinal de maior (>) antes de cada linha citada para indicar ao remetente a que se refere a sua resposta. Há também um cabeçalho acima da mensagem original — Mensagem original — para que o destinatário saiba quando a mensagem termina.

➤ Clique em **Responder a todos** para enviar uma resposta ao remetente e para qualquer outra pessoa, diferente do próprio receptor, listada nas caixas Para, Cc ou Bcc da mensagem original.

➤ Clique em **Encaminhar** para enviar a mensagem para mais alguém sem necessariamente responder. Não é necessário redigitar uma mensagem quando se pode simplesmente encaminhá-la. Além disso, essa é uma grande ferramenta de delegação de trabalho para que se possa gastar mais tempo na gerência.

➤ Clique no botão **Voltar** ou **Avançar** para visualizar a mensagem anterior ou a posterior. Esses botões se desdobram como listas suspensas proporcionando opções adicionais como, por exemplo, ver a mensagem anterior ou a seguinte enviada pela mesma pessoa ou visualizar as concernentes a esse tópico.

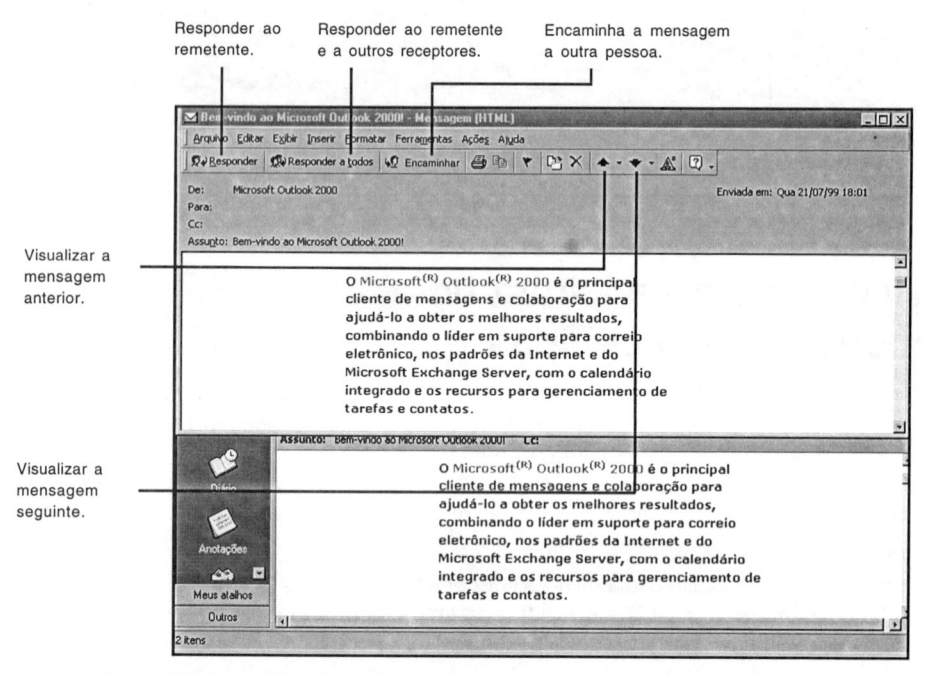

A janela Mensagem permite passar por novas mensagens e respondê-las.

Organização das mensagens em pastas

Uma caixa de e-mail é suficiente para a maioria das pessoas, porém se ela começa a ficar desorganizada e fazendo com que a correspondência pessoal e comercial se misturem, talvez seja preciso mais algumas caixas de correio (ou pastas) para mantê-la organizada. É lógico que se poderia simplesmente fazer uma faxina caseira um pouco maníaca e excluir tudo referente aos nove meses anteriores, mas quem pode se dar ao luxo de perder tantas mensagens? Criando pastas e organizando sua correspondência, obtém-se um abrangente, e até mesmo gerenciável, diário de mensagens.

Capítulo 23 ➤ *Como administrar o correio eletrônico?*

A fim de criar uma nova pasta, siga as instruções a seguir:
1. Abra o menu **Arquivo**, aponte o ponteiro do mouse para **Novo** e clique em **Pasta...** (ou pressione **Ctrl+Shift+E**). A caixa de diálogo Criar nova pasta surge na tela pedindo que se dê um nome à nova pasta.
2. Digite um nome para a pasta na caixa de texto **Nome**.
3. Abra a lista suspensa **Conteúdo da pasta** e clique em **Itens de correio**.
4. Sob **Selcionar onde situar a pasta:**, selecione a pasta sob a qual deseja que a nova subpasta seja criada (selecione **Pastas particulares** para posicionar a nova pasta no mesmo nível que as pastas Caixa de entrada e de Saída).
5. Clique em **OK**. A caixa de diálogo **Adicionar atalho à barra do Outlook?** aparece questionando sobre o desejo de adicionar a pasta à barra do Outlook.
6. Clique no botão **Sim**. O programa cria a nova pasta e exibe um ícone de atalho para ela no grupo Meus atalhos presente na barra do Outlook.

Pode-se deslocar mensagens arrastando-as de uma pasta (provavelmente a pasta Caixa de entrada) para a nova pasta presente na listagem de pastas. Uma outra maneira de reagrupar mensagens é clicando-se sobre o botão **Organizar** na barra do Outlook. Um painel é exibido na parte superior da tela com os controles necessários para a reorganização de pastas e mensagens.

Envio de fax

O Windows 95 vinha com um programa de fax que funcionava muito bem e podia ser acessado através do Outlook. Tudo funcionava às mil maravilhas. Então, veio o Windows 98 e o software de fax desapareceu. A Microsoft fez um negócio com a Symantec para incluir o seu software WinFax na última versão do Outlook.

Para usar os recursos de fax, deve-se ter o programa ajustado para a configuração de Apenas Internet, como explicado antes neste capítulo. Além disso, deve-se instalar o WinFax da Symantec a partir do CD do Office. A fim de executar a instalação do software mencionado, abra o menu **Ações** do Outlook e escolha **Nova mensagem de fax**. Siga as instruções que se apresentam na tela para completar a instalação. (Caso tenha escolhido a configuração Corporativa ou de Grupo de trabalho, pode-se usar o Microsoft At Work Fax, porém deve-se fazer um download do site da Microsoft na Web e instalá-lo: escolha **Ajuda, Office na Web**.)

Assistente de normas

Para permitir que o Outlook desloque automaticamente mensagens de uma pessoa específica ou mensagens que contenham um conteúdo único para uma pasta quando forem recebidas, utilize o Assistente de normas. Clique sobre seu *link* próximo ao alto do painel Organizar, depois em **Novo** e estabeleça as configurações para criar uma norma que instrua o Outlook como lidar com as mensagens recebidas.

Uma vez instalada a edição básica do WinFax da Symantec, o envio de um fax se torna tão fácil quanto enviar uma mensagem de e-mail. Siga as instruções a seguir:

1. Caso se esteja conectado à Internet, desconecte-se. (O Outlook não pode discar, caso o modem esteja sendo usado.)
2. Abra o menu **Ações** e escolha **Nova mensagem de fax**. A janela de fax surge na tela parecendo duvidosamente com a janela de mensagem de e-mail. (Caso necessário, siga as instruções na tela para instalar e configurar o WinFax.)
3. Se foi criada uma entrada para o destinatário no Catálogo de endereços e se dela consta o número de fax da pessoa, clique no botão **Para:** e selecione o nome da pessoa.

   A fim de introduzir um número de fax manualmente, digite **fax@555-555-5555**, substituindo os 5 pelo número de fax que se deseja discar. Caso esteja discando para um fax na mesma localidade (não interurbano), omita os três primeiros dígitos. Por exemplo, digite **fax@555-5555**.

   Caso precise discar um número para obter uma linha externa, digite **fax@9w555-555-5555**, onde o 9 é o número de acesso à rede externa.
4. Digite a mensagem de fax, como normalmente faria, dentro da área a ela destinada.
5. Clique sobre o botão **Enviar**. Caso se esteja enviando um fax para um contato que possua tanto um endereço de e-mail como um número de fax, clique na seta à direita do botão mencionado e selecione **Versão básica do Fax da Symantec**. Caso contrário, o Outlook pode enviar o fax como uma mensagem de e-mail usando sua conta na Internet. (Tente selecionar a mesma opção caso tenha problema no envio de qualquer fax.)

O programa mantém um cópia do fax na pasta Item enviados para que se tenha um registro do mesmo. Caso se esteja enviando o currículo a partir do escritório, talvez se queira excluir aquela cópia em vez de guardá-la.

Envio de faxes usando outros aplicativos do Office

Existe uma maneira mais fácil de enviar por fax um documento criado no Word ou no Excel. Abra o documento desejado e, em seguida, abra o menu Arquivo, aponte o ponteiro do mouse para Enviar para e depois clique em Destinatário do fax. Será iniciado o Assistente de fax que o guiará pelo processo de envio do documento por fax. Usando esse método, não será preciso preocupar-se em anexar arquivos ao fax.

Parte VII

Aumente sua produtividade com o Office 2000

Depois de dominar o básico sobre o Office 2000, talvez se esteja imaginando como usar os recursos avançados para aproveitar ao máximo o investimento feito, economizar tempo e tornar-se mais produtivo.

Nesta parte, usaremos os aplicativos do Office juntos e na Web para obter o máximo do pacote. Mostraremos como compartilhar dados de maneira dinâmica entre documentos criados nos diversos programas; criar suas próprias páginas Web e apresentações on-line; divulgar eletronicamente seus documentos na Internet e criar as próprias teclas de atalho e botões para automatização de tarefas.

Capítulo 24

Compartilhamento de dados entre aplicativos

Neste capítulo
- Troca de dados entre dois documentos em aplicativos diferentes.
- Inserção de partes de planilhas do Excel em documentos do Word.
- Como transformar um documento do Word em uma apresentação.
- Impressão de um banco de dados do Access a partir do Word.

Realmente os aplicativos Office *adoram* trocar informações e ajudar-se mutuamente. O Excel, por exemplo, quase salta da cadeira quando um documento Word lhe solicita que compartilhe dados de uma planilha ou gráfico. Quando aquele relatório do Access parece tão estúpido quanto um apresentador de telejornal, o Word, todo entusiasmado, dá uma mãozinha transformando aquela insossa coleção de dados do Access em um documento lindamente formatado.

Afinal de contas, o Microsoft Office é um *grupo* de programas. Embora tenham iniciativa e trabalhem independentes uns dos outros, também são projetados para trabalhar em conjunto — um por todos e todos por um! Este capítulo mostra várias técnicas de uso conjunto dos aplicativos do Office para se criar documentos mais dinâmicos e poupar tempo.

Compartilhamento dinâmico de dados com OLE

Normalmente se compartilham dados entre aplicativos simplesmente copiando-os de um documento para outro. Mas como exatamente estão relacionados os dados presentes neles?

Caso se alterem os dados contidos em um documento, serão alterados automaticamente no outro? A resposta é: depende, ou seja, isso dependerá de como os dois aplicativos estão configurados para compartilhar dados e também de como os dados copiados são inseridos. Pode-se usar uma das três maneiras abaixo para compartilhar dados:

➤ *Vincular*. Caso se esteja usando os aplicativos do Office ou qualquer aplicativo que suporte OLE (pronuncia-se "Olé" e é a abreviatura de *Object Linking and Embedding*), pode-se compartilhar dados criando-se um *vínculo*. Com ele, os dados colados conservam uma ligação com o documento de origem (aquele de onde eles foram copiados). Sempre que se editar o documento original, quaisquer mudanças realizadas nele aparecem no documento de destino (o que contém os dados colados). Por exemplo, vamos supor que se tenha inserido um gráfico do Excel em um documento do Word vinculado ao arquivo. Toda vez que se altere o gráfico no primeiro, as alterações se refletirão no segundo.

➤ *Incorporar*. Com o recurso OLE é possível também incorporar dados de um arquivo em outro. Embutindo, o arquivo colado torna-se parte daquele no qual ele foi colado. Caso se edite o documento original, as alterações não aparecerão dentro daquele documento que contém os dados colados. Contudo, esses dados conservam uma ligação com o programa usado para gera-los. Sendo assim, caso se dê dois cliques sobre eles, o Windows executa automaticamente a aplicativo para que se possa editá-los.

➤ *Colar*. É possível colar dados de várias maneiras incluindo-os como objetos embutidos ou vinculados, no entanto, nem todas os aplicativos suportam o recurso OLE. No que diz respeito a estes, ainda é possível compartilhar dados entre programas copiando e colando-os. Todavia, eles não possuem qualquer ligação com o documento original ou a aplicativo usada para criá-lo.

Compartilhamento de dados usando fragmentos

Ao se trabalhar com os aplicativos Office, não esqueça um dos grandes recursos do compartilhamento de dados presente dentro do Windows — fragmentos. Caso se selecione dados em um documento e depois os arraste para um local vazio dentro da Área de trabalho do Windows, esse criará um atalho para aqueles dados marcando-o como um fragmento. Pode-se então arrastar esse fragmento para inseri-lo dentro de um outro documento.

Como incorporar um objeto usando Copiar e Colar especial

Imagine o ato de incorporar como quando se usa uma máquina copiadora para produzir uma cópia. Com uma fotocópia, o original permanece intacto no seu local original e a pessoa fica com a cópia. Pode-se manipulá-la como quiser: editando, excluindo uma parte dela, destacando outra e assim por diante, tudo isso sem afetar a original. Essa incorporação de dados em um documento pode ser feita seguindo as instruções abaixo:

1. Selecione e copie os dados que deseja usar.
2. Mude para o documento no qual deseja localizar os dados copiados e posicione o ponto de inserção no local onde se quer colá-los.
3. Abra o menu **Editar** e selecione **Colar especial**.
4. A fim de preservar uma ligação entre os dados colados e o programa usado para criá-los, selecione a opção que possua a palavra "Objeto" no nome. Caso esteja copiando dados do Excel, por exemplo, opte por Objeto de planilha do Microsoft Excel.
5. Clique em **OK**. Os dados copiados são inseridos como objetos e ao seu redor aparecem alças. O Word alterna automaticamente para o modo de exibição de layout de impressão quando se insere um objeto, porque ele não aparece no modo Normal.

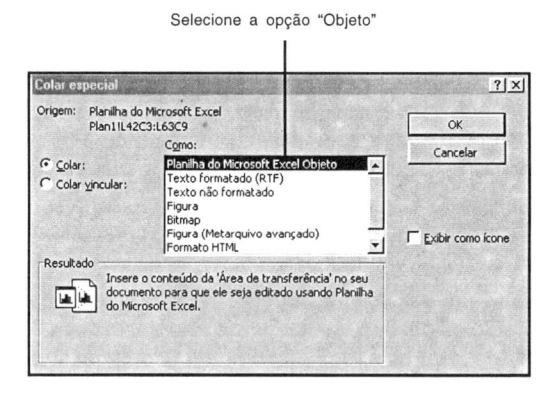

Pode-se colar dados copiados de modo que conservem uma ligação com o programa usado para cria-lo.

Com a intenção de editar um objeto incorporado, clique duas vezes sobre ele. As barras de ferramentas e menus se alteram fornecendo opções de edição e manipulação do objeto. Caso se clique duas vezes em um gráfico do Excel que esteja embutido em um documento do Word, por exemplo, a barra de ferramentas do Excel e os menus aparecem dentro da janela do Word. Esteja ciente de que o objeto original contido no documento de origem não está sendo editado — trata-se apenas de uma cópia. A vantagem desse método em oposição ao compartilhamento estático (descrito na próxima nota) consiste no fato de que a cópia vem acompanhada de suas próprias ferramentas de edição. Não é prático?

Compartilhamento estático

Caso se queira inserir dados de um documento em outro, sem manter uma ligação entre os dados colados e o programa usado para criá-los, escolha Editar, Colar para colá-los no documento de destino. Também é possível arrastar dados selecionados de um documento para outro.

Criação de um vínculo entre dois arquivos

Muitas vezes, cria-se um documento com dados originados de diversas fontes. Pode-se aguardar até que cada documento esteja absoluta e completamente terminado e, depois, copiar os dados apropriados dos documentos originais, porém as coisas podem — e normalmente acontece — mudar no último minuto. A fim de evitar a inclusão de informações ultrapassadas no documento final, pode-se criar um *vínculo* entre dois documentos. Assim, quando os dados copiados no documento original (conhecido como documento *fonte*) forem alterados, aqueles colados no outro (conhecido como *destinatário*) são também atualizados. Abaixo encontram-se os pontos principais que devem ser lembrados a respeito de vinculação de dados:

➤ Pode-se vincular dados entre Excel, Word, PowerPoint e qualquer outro aplicativo que suporte OLE usando o comando **Colar especial** presente no menu **Editar**. Caso um programa não suporte o recurso OLE, o comando mencionado não fica disponível.

➤ Ao vincular dados, tem-se dois documentos separados armazenados em dois arquivos diferentes. Caso se envie para alguém um arquivo que contenha um vínculo, deve-se também enviar o arquivo vinculado.

➤ O vínculo funciona em apenas uma direção. Caso se edite dados a partir do documento fonte no documento de destino, aquele não é alterado. (Na maioria dos casos, o Office não permite que se edite os dados de origem no documento de destino, mas caso se tenha colado o vínculo como HTML ou dados em formato RTF, talvez se possa editar os dados exatamente dentro desse.)

➤ O vínculo funciona melhor quando se usam os mesmos dados em diversos documentos. Pode-se manter o documento único de origem sem ter de se preocupar sobre a atualização dos documentos que usam informações provenientes do original.

A criação de um vínculo é quase tão fácil quanto embuti-lo. Caso se lembre do que foi dito na seção anterior, sinta-se à vontade para cantar:

1. Copie os dados.
2. Mude para o documento alvo e escolha **Editar, Colar especial**.
3. Clique no botão **Colar vincular**.

Capítulo 24 ➤ Compartilhamento de dados entre aplicativos 273

4. Selecione o formato que possui a palavra "Objeto" no nome.
5. Clique no botão **OK**. Olé!

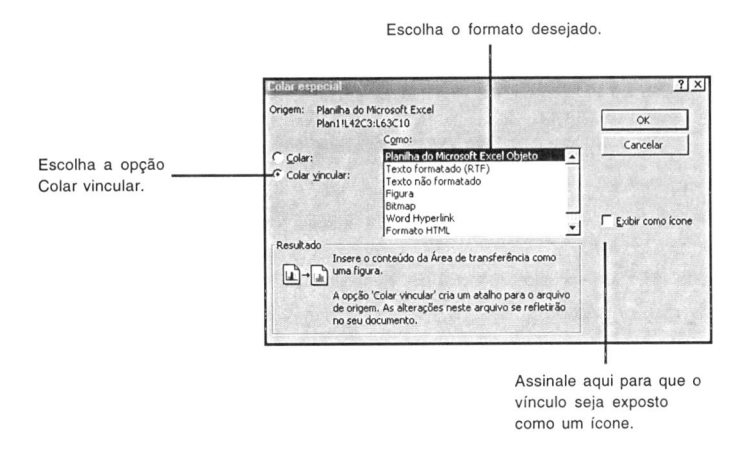

Escolha a opção Colar vincular.

Escolha o formato desejado.

Assinale aqui para que o vínculo seja exposto como um ícone.

Para criar um vínculo, deve-se determinar como se deseja que os dados sejam colados.

Caso se decida mais tarde romper o vínculo entre os dados colados e seus arquivos de origem ou se deseje alterar o modo pelo qual os vínculos são atualizados, abra o menu **Editar** e selecione **Vínculos**. A caixa de diálogo Vínculos surge na tela e relaciona todos os vínculos existentes no documento. Por padrão, a configuração de Atualizar é **Automática**. Pode-se alterá-la para Manual, mas então, sempre que se desejar ter os vínculos atualizados será necessário exibir essa caixa novamente, clicar no vínculo desejado e, em seguida, **Atualizar agora** (esse não é o método mais eficiente). Para romper os vínculos, clique sobre o desejado e, a seguir, em **Quebrar vínculo**.

Cuidado ao mover arquivos

Devido ao fato de um vínculo apontar para um outro arquivo em uma pasta no disco rígido ou na rede, deve-se ter cuidado ao mover, excluir ou atribuir novo nome aos arquivos ou pastas. Caso se mova arquivos e pastas desordenadamente, os programas do Office não serão capazes de encontrá-los.

Incorporar um novo objeto usando o recurso de Inserir objeto

É possível também vincular ou incorporar através do comando Inserir objeto. Usa-se esse comando quando se deseja vincular ou incorporar alguma coisa mas ainda não se criou o objeto no aplicativo de origem. Digamos que se esteja escrevendo uma carta comprando algumas plantas e se precise de uma planilha que relacione os itens que estão sendo comprados, quantidades, preços e totais. A planilha não foi criada e é necessária rapidamente. O que fazer nessa situação? Inserir objeto.

A fim de inserir um objeto, abra o menu **Inserir** e selecione **Objeto**. A caixa de diálogo Objeto aparece na tela. Pode-se observar duas guias nessa caixa. Utilize a intitulada Criar novo quando se precisar criar um objeto para vincular e incorporar (e ainda não se fez isso). A guia denominada Criar do arquivo oferece opções de vinculação e incorporação de um arquivo inteiro.

Para se criar um novo objeto, selecione o tipo de objeto que se deseje inserir (por exemplo, uma planilha do Excel ou um slide do PowerPoint). Introduza quaisquer preferências adicionais e clique em **OK**. O Windows insere um espaço reservado para o objeto selecionado e executa o aplicativo necessário para criar o objeto. Olhando-se na barra de título, pode-se não perceber que o Windows mudou os aplicativos mas, caso se confira as barras de ferramentas e menus, será notado que agora se tem opções que possibilitam a criação e manipulação do novo objeto. Ao terminar de criá-lo, clique em qualquer lugar fora dele para retornar ao documento.

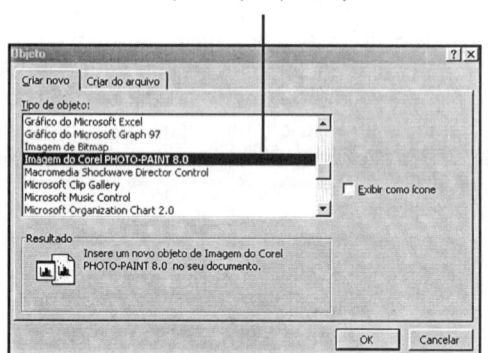

Pode-se criar um novo objeto e embuti-lo no documento.

A incorporação ou o vínculo de um arquivo inteiro criado em uma outra aplicativo também é possível. Para fazê-lo, clique na guia **Criar do arquivo** na caixa de diálogo Objeto. Clique no botão **Procurar**, use a caixa de diálogo Procurar para selecionar o arquivo que deseja inserir e, em seguida, em **OK**. Marque também quaisquer outras opções (como Vincular ao arquivo, Flutuar sobre o texto ou Exibir como ícone) e clique em **OK**.

Capítulo 24 ➤ *Compartilhamento de dados entre aplicativos* 275

Exibir como ícone

A opção Exibir como ícone pode ser uma mão na roda caso se esteja trabalhando com arquivos compartilhados em uma rede. Em vez de colar longas inserções em um documento, pode-se inserir um ícone sobre o qual o leitor pode clicar para exibir informações adicionais. Isso também é muito útil para o compartilhamento de arquivos via correio eletrônico.

Como transformar documentos do Word em apresentações e vice-versa

Embora os departamentos de marketing e vendas queiram passar a idéia de que apresentações são algum tipo de evento mágico de multimídia, muitas delas não passam de um esboço dos slides. Certo, o esboço talvez contenha alguns ornamentos gráficos e alguns clipes de áudio, mas continua sendo um esboço. Além disso, sabendo que se trata de um esboço, talvez seja necessário transformá-lo em um documento maduro do Word.

É necessário digitar novamente o esboço no Word? De jeito nenhum. Simplesmente abra a apresentação no PowerPoint, abra o menu **Arquivo**, aponte para **Enviar...** e clique em **Microsoft Word**. A caixa de diálogo apropriada surge na tela indagando sobre como se deseja que os slides e texto fiquem dispostos nas páginas do Word (ou se apenas o esboço é desejado). Clique sobre a opção escolhida e depois em **OK**.

Pode-se também transformar um esboço digitado em Word em uma apresentação do PowerPoint. Dentro do primeiro programa, abra o esboço criado. Abra o menu **arquivo**, aponte para **Enviar** e clique em **Microsoft PowerPoint**. O **Word** converte o esboço e o exibe no PowerPoint.

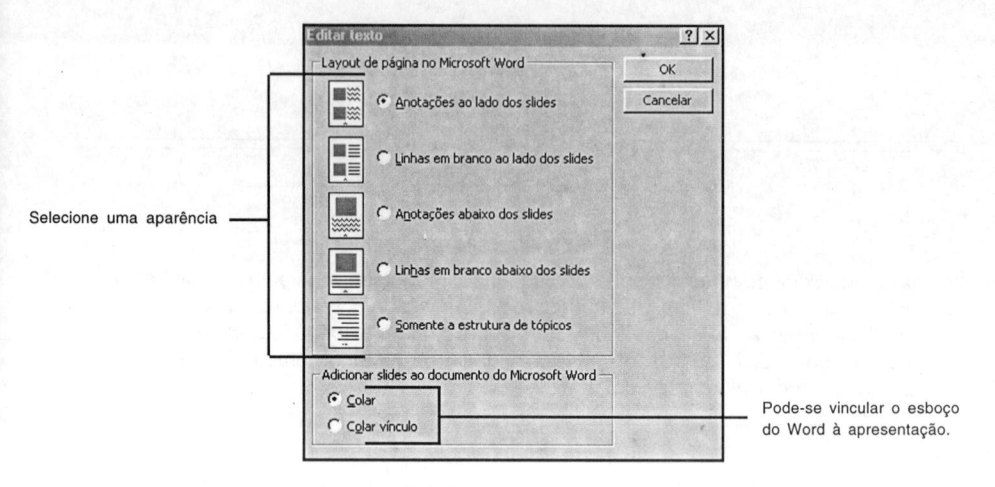

Determine como deseja que slides e texto apareçam no documento do Word.

(Selecione uma aparência)

Pode-se vincular o esboço do Word à apresentação.

Divulgação de relatórios do Access no Word

O Access é uma grande ferramenta para guardar e gerenciar dados, porém seus recursos de layout de página são totalmente inadequados. O programa é capaz de jogar um título no relatório e arrumar os dados em colunas e isso é tudo que ele pode fazer. A fim de se ter mais controle sobre a aparência e o formato dos relatórios, leve em conta a possibilidade de transformação de um relatório em um documento do Word.

Para converter um relatório do Access em um formato Word, antes de tudo abra-o naquele programa. Em seguida, abra o menu **Ferramentas**, aponte para **Vínculos do Office** e clique no item **Publicar com o MS Word**. O Access exporta o relatório para o formato Word criando um novo documento. Pode-se, então, formatá-lo usando as ferramentas de formatação avançadas do editor e inserir gráficos e outros objetos para realçá-lo.

Mesclagem de dados com documentos do Word

Pode-se também usar o Access e o Word juntos inserindo-se códigos de campo no documento Word que extrairão dados de um banco de dados Access. (Confira o Capítulo 8 ("Criação de etiquetas de endereçamento e cartas modelo") para obter maiores detalhes sobre como mesclar a partir do Word.)

Capítulo 24 ➤ Compartilhamento de dados entre aplicativos 277

Arrastar-e-soltar
Querendo-se copiar rapidamente os dados presentes em um banco de dados Access para uma planilha Excel, basta arrastar aqueles que foram selecionados em uma tabela, consulta, formulário ou relatório no Access e soltá-los na planilha.

Análise de um banco de dados do Access no Excel

Embora o Access seja o melhor recurso para guardar e extrair dados, o Excel proporciona ferramentas superiores para execução de cálculos e análises de dados. Caso já se tenha tentado entrar fórmulas em um relatório Access (como explicado no Capítulo 21), sabe-se como pode ser difícil entrar com a fórmula correta usando os códigos de campo certos. É muito mais fácil executar essa tarefa no Excel usando endereços de células e o método apontar-clicar (como já explanado no Capítulo 11).

Além disso, os Excel oferece os cenários que possibilitam a brincadeira de Previsão usando uma série de valores. Pode-se alterar um ou mais valores para verificar como essas alterações afetarão o resultado total e é possível a criação de diversos cenários para compará-los.

Para enviar uma tabela, um formulário ou relatório para o Excel, primeiro abra no Access. Depois abra o menu **Ferramentas**, aponte para **Vínculos do Office** e clique em **Analisar com o MS Excel**. O Access envia os dados para o Excel e cria uma nova planilha para os dados. Feito isso, pode-se inserir fórmulas, formatar os dados, criar gráficos e fazer tudo o mais que normalmente se faz com uma planilha do Excel.

Capítulo 25

Criação e publicação de páginas pessoais na Web

Neste capítulo
- Produção de páginas Web com modelos.
- Gravar documentos existentes como páginas Web.
- Inserção de vínculos para outros recursos intranet e Internet.
- Transformação de apresentações do PowerPoint em páginas Web.
- Publicação de páginas na Web.

Atualmente, se uma pessoa não está na Internet, está fora de moda. Empresas, universidades, cidades, igrejas e indivíduos estão se reunindo na grande rede para se expressar e atingir clientes, membros, cidadãos e qualquer outra pessoa que esteja vagando por ela. Usando ferramentas de edição Web, essas empresas e indivíduos estão começando a se afastar de material impresso e se aproximando de publicações eletrônicas mais interativas na própria rede.

Como se pode imaginar, os aplicativos do Microsoft Office também foram forçados a fazer a transição da impressão no papel para a publicação eletrônica na Web. O pacote dá às diversas ferramentas que trabalham em conjunto com o premiado navegador da Microsoft, Internet Explorer, para ajudar na criação de páginas próprias e na navegação pela Internet. Neste capítulo, será mostrado como usar essas ferramentas.

Criação de páginas Web no Word

Durante anos, programas de editoração eletrônica e processadores de texto têm sido usados para publicações impressas. No entanto, ao se precisar fazer a transição para divulgação na grande rede, talvez se pense que seja preciso aprender como usar todo um novo programa e arriscar-se com aqueles códigos de formatação complexos que controlam a aparência de uma página Web.

Felizmente, a Microsoft acrescentou algumas ferramentas de criação dessas páginas ao Word. Com elas, pode-se facilmente fazer a transição para o máximo de editoração Web sem ter de aprender um novo programa. O aplicativo oferece duas maneiras para criá-las: transformação de documentos existentes em páginas ou usar o Assistente de página Web para criá-la a partir do nada. Essas técnicas serão discutidas nas próximas seções.

Internet Explorer 5

O Office 2000 contém uma nova versão do navegador Internet da Microsoft, o Internet Explorer 5. A fim de executá-lo, clique no ícone correspondente a ele na Área de trabalho do Windows ou no ícone Iniciar o navegador Internet Explorer presente na barra de ferramentas Iniciar rapidamente.

Transformação de documentos existentes em páginas Web

Caso se tenha um documento que já contenha a maior parte do texto que se deseja na página Web, não recrie, apenas transforme-o. A fim de realizar essa transformação de um documento Word em uma página Web, antes de tudo, grave-o como um documento normal do editor de texto em questão para que não se desorganize o original. Depois, abra o menu **Arquivo** e selecione **Salvar como página da Web**. A caixa de diálogo Salvar como surge na tela.

Digite um nome de arquivo para o documento e, em seguida, selecione uma pasta na qual deseja guardá-lo. A fim de dar um título para a página diferente do nome do arquivo, clique no botão **Alterar título** e entre com o título de página desejado. (Ele aparecerá na barra de títulos do navegador quando a página for aberta por alguém.) Clique em **Salvar**. O programa salva o documento e converte quaisquer formatações do Word para códigos HTML. Avance para "Formatação de páginas Web" a fim de acrescentar um pequeno toque pessoal ao documento.

Capítulo 25 ➤ *Criação e publicação de páginas pessoais na Web*   281

Navegação Web no Office
Supondo-se que se tenha uma conexão com a Internet e se esteja usando o Internet Explorer da Microsoft como navegador padrão, é possível a abertura de páginas Web diretamente de dentro dos aplicativos do Office e usar a barra de ferramenta da Web para navegar nela. Para ativá-la, clique com o botão direito do mouse sobre qualquer barra de ferramentas e opte por Web. Contudo, a navegação a partir do Office é um pouco estúpida e normalmente abre a página no Internet Explorer. Muito mais útil é a sua capacidade de abrir documentos Office. Utilize-o para encontrar documentos no disco rígido ou na rede interna da empresa.

HTML: os códigos escondidos po trás do documento
HTML é o acrônimo de *Hypertext Markup Language* (Linguagem de marcação de hipertexto) que consiste em um sistema de codificação usado para formatar documentos na Web. Por exemplo, em HTML, pode-se tornar o texto negrito adicionando-se o código <b> (início do negrito) antes do texto e </b> (indica o final do negrito) depois dele. Naturalmente quando se está criando uma página Web no Word, tudo o que se tem a fazer é marcar o texto e clicar no botão Negrito presente na barra de ferramenta Formatação. O programa insere automaticamente os códigos HTML.

Criação de páginas Web a partir do nada usando o Assistente

A maneira mais fácil de criar uma página daWeb a partir do nada no Word é usando o Assistente de página Web. Ele exibe uma série de caixas de diálogo que orientam no processo de criação de um página personalizada na Internet consistindo em múltiplas páginas vinculadas entre si.

Para executar esse assistente, abra o menu **Arquivo** do Word e selecione **Novo**. Na caixa de diálogo correspondente que aparece na tela, clique na guia **Páginas da Web** e clique duas vezes sobre o ícone **Assistente de página da Web**. Ele o guiará durante o processo de criação de um documento Web de múltiplas páginas permitindo a inserção, exclusão ou reorganização de páginas. Siga suas instruções e clique em **Avançar** depois de estabelecer suas preferências em cada caixa de diálogo.

Naturalmente, a página resultante dependerá de como se orientou o assistente. A figura a seguir mostra uma página Web típica que consiste em duas molduras. À esquerda encontra-se o índice para a página e à direita encontra-se a página padrão. As seções seguintes mostram como modificar as páginas Web para personalizar a sua página.

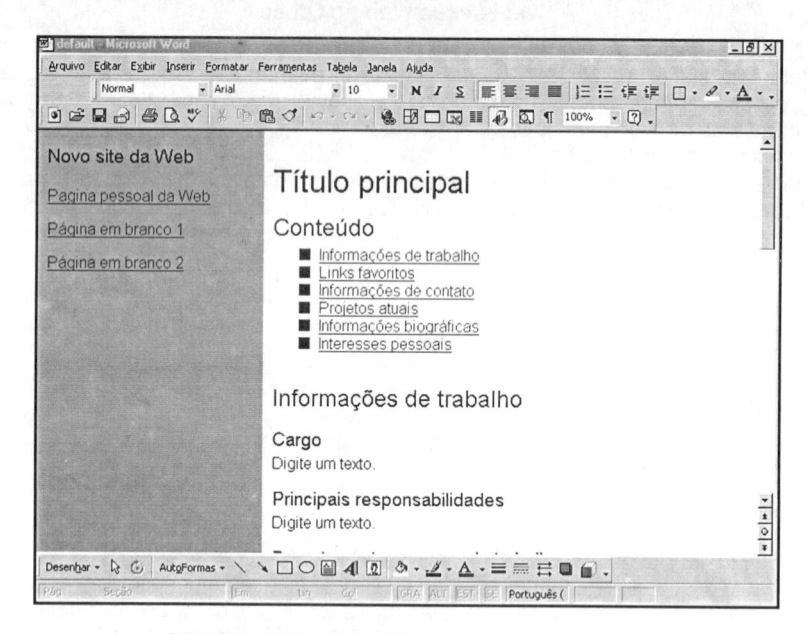

O Assistente de página Web proporciona a estrutura completa de que se precisa para começar.

Formatação de páginas Web

Na maioria das vezes, o texto será formatado como seria caso se estivesse trabalhando em um documento Word (confira o capítulo 4). Ao se aplicar formatação para um texto selecionado, o programa insere os códigos HTML apropriados. A lista a seguir apresenta um rápido resumo das opções de formatação extras mais algumas opções padrão que são fáceis de se negligenciar quando se cria páginas Web:

➤ Use a lista suspensa **Estilo** presente na barra de ferramenta Formatação para aplicar estilos comuns de página Web. Por exemplo, aplique o estilo **Título 1** para o título da página.

➤ Não se esqueça de usar tabelas para alinhar texto. É possível criar e editar tabelas na página Web exatamente como em qualquer documento do Word. O programa cuida de todos os códigos HTML complicados.

- O comando **Formatar, Tema**... exibe uma lista de estilos predesenhados para a página. O estilo controla o plano de fundo, fontes, marcadores gráficos, linhas horizontais e a aparência de outros objetos para dar à página uma aparência e sentido consistente. Pode-se também usar as opções de **Formatar, Plano de fundo** para personalizar o fundo da página.

- A fim de inserir uma linha horizontal para dividir o conteúdo da página, posicione o ponto de inserção onde deseja que ela seja inserida. Escolha **Formatar, Bordas e sombreamento...** e clique no botão **Linha horizontal**. Selecione o tipo de linha que deseja inserir e clique no botão **Inserir clipe**.

- Exiba a barra de ferramentas chamada Ferramentas da Web para ter acesso a botões extras para inserção de objetos em uma página Web incluindo filmes, um som ao fundo e texto de letreiro. A fim de tornar essa barra visível, posicione o cursor do mouse obre qualquer barra de ferramenta, clique no botão direito e escolha **Ferramentas da Web**.

Visualização da página no Internet Explorer

Supondo-se que se tenha um navegador Web instalado no computador, é possível se visualizar a página Web para verificar sua aparência em um navegador. (É um tipo de visualizar Impressão destinado à páginas Web). Algumas vezes o que se vê no aplicativo do Office não se parece em nada com o que se obtém na Internet. Abra o menu **Arquivo** e clique em **Visualização de página da Web**.

Associação de uma página a outras usando os hyperlinks

Nenhuma página Web está completa sem alguns links que apontem para uma outra parte dentro dela ou para uma outra página na Internet. Todas os aplicativos do Office possuem esse recurso que possibilita a inserção rápida de links para outros documentos, arquivos ou páginas.

A fim de transformar rapidamente um texto normal em um link, marque-o e clique no botão Inserir hyperlink presente na barra de ferramentas Padrão. A caixa de diálogo correspondente aparece na tela permitindo que se introduza preferências relativas ao link.

A Microsoft reformulou completamente a caixa de diálogo Inserir hyperlink no Office 2000. Agora, ao invés de simplesmente pedir que se especifique o endereço URL da página para a qual se deseja que o link aponte, ela oferece as seguintes opções de Vincular a:

- **Página da Web ou arquivo existente** permite apontar o link para um arquivo recentemente aberto, uma página recém visitada usando-se o Internet Explorer ou um endereço da Internet. Pode-se também adicionar uma Dica de tela ao link que exibe um descrição dele quando um visitante repousar o ponteiro do mouse sobre ele.

➤ **Colocar neste documento** insere um link que aponta para um título ou indicador que esteja na mesma página dele. Para usar essa opção, primeiro marque o ponto de destino dentro do documento aplicando-se um dos estilos de cabeçalhos do Word (Título 1, Título 2 e assim por diante) para um título ou inserindo um indicador. Para inserir esse último, posicione o ponto de inserção próximo ao destino, escolha **Inserir, Indicador** e digite um nome para ele.

➤ **Criar novo documento** insere um link que aponta para um documento que ainda não tenha sido criado. Digite um nome para o novo documento e escolha a pasta na qual deseja guardar o documento. O Word cria uma página Web nova vazia. Assim, é possível inserir texto, links e outros objetos para completá-la.

➤ **Endereço de correio eletrônico** insere um link que aponta para um endereço de correio eletrônico. Alguém que esteja visitando sua página pode clicar sobre ele para executar seu programa de correio e rapidamente enviar uma mensagem. Ela será automaticamente direcionada ao endereço especificado.

Após estabelecer as preferências relativas ao link, clique sobre **OK**. Ao fazer isso, o texto selecionado é transformado em link e aparece em azul (ou qualquer outra cor escolhida para exibir links). À medida que vão sendo criados, teste-os para certificar-se que estejam funcionando. Afinal, não se deseja indicar ao cliente uma rua sem saída.

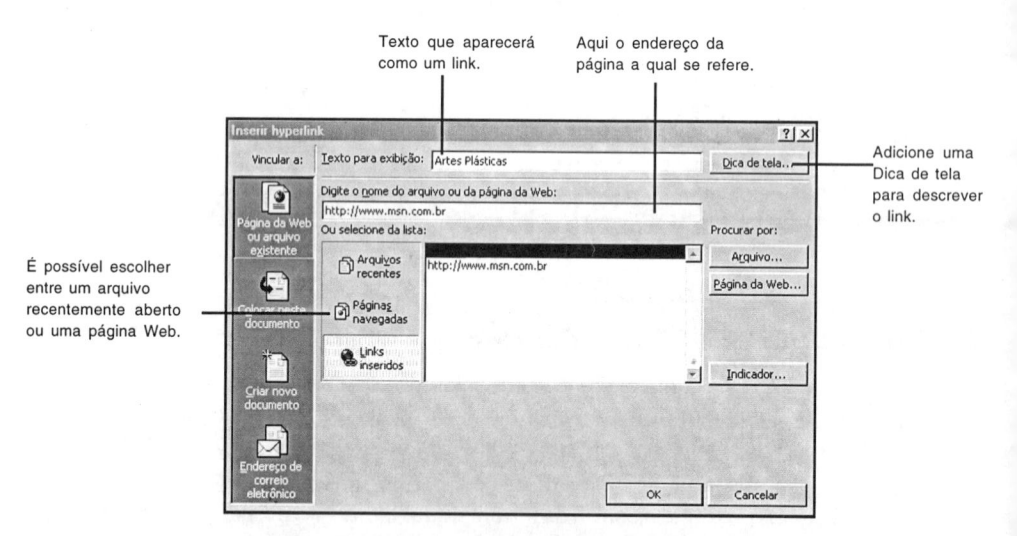

Pode-se criar links que apontem para diferentes áreas dentro da mesma página ou para páginas diferentes.

Retirada de um link

Caso decida remover o link da página, clique sobre ele usando o botão direito do mouse, aponte para Hyperlink e, em seguida, Remover hyperlink.

Trabalho com molduras

As molduras proporcionam uma estrutura que permite aos visitantes do site navegarem facilmente pelas páginas que o formam. A moldura da esquerda, por exemplo, contém links que apontam para outras páginas dentro do site. Quando alguém clica em um link, a página associada é exibida na moldura do lado direito, porém o índice da esquerda permanece na tela permitindo que se abram rapidamente outras páginas.

A fim de dar um novo tamanho à moldura, arraste a extremidade da barra que as separa. (Ao mover o ponteiro do mouse para cima da extremidade da barra mencionada, ele é exibido como uma seta dupla.) Para obter mais opções de molduras, exiba a barra de ferramentas Molduras através do acesso ao menu **Exibir, Barras de ferramentas, Molduras**. Use os botões a seguir presentes na barra de ferramentas mencionada para fazer alterações:

Índice analítico na moldura cria uma nova moldura com links para os títulos presentes na moldura atual. Para criá-lo, primeiro marque os títulos da página Web como Título1, Título2 e outros. Depois, clique Índice no botão Moldura para criar o novo.

Nova moldura à esquerda insere uma moldura vazia à esquerda da página atual ou moldura.

Nova moldura à direita insere uma moldura vazia à direita da página atual ou moldura.

Nova moldura acima insere uma moldura vazia acima da página atual ou moldura.

Nova moldura abaixo insere uma moldura vazia abaixo da página atual ou moldura.

Excluir moldura remove a moldura atual. Caso o Assistente de páginas Web o tenha enganado com uma moldura indesejada, talvez esse seja o único botão de que precisará.

Propriedades de moldura exibe uma caixa de diálogo que permite alterar o tamanho da moldura, especificar um documento diferente para exibição na moldura e adicionar bordas a ele.

Criação de uma apresentação on-line no PowerPoint

Embora o Word pareça a mais óbvia escolha para a editoração de páginas na Web, o PowerPoint oferece um modo mais gráfico possibilitando a transformação de uma apresentação em páginas individuais vinculadas. Os visitantes da página Web podem avançar pela apresentação clicando em botões ou outros tipos de hyperlinks. O PowerPoint apresenta uma série de maneiras de se criar apresentações para Internet:

➤ Caso já se tenha criado a apresentação que deseja usar, grave-a como um arquivo HTML. Abra a apresentação no PowerPoint, depois o menu **Arquivo** e selecione **Salvar como página da Web**. Na caixa de diálogo Salvar como, clique no botão **Publicar**. Estabeleça as preferências e clique em **Publicar**.

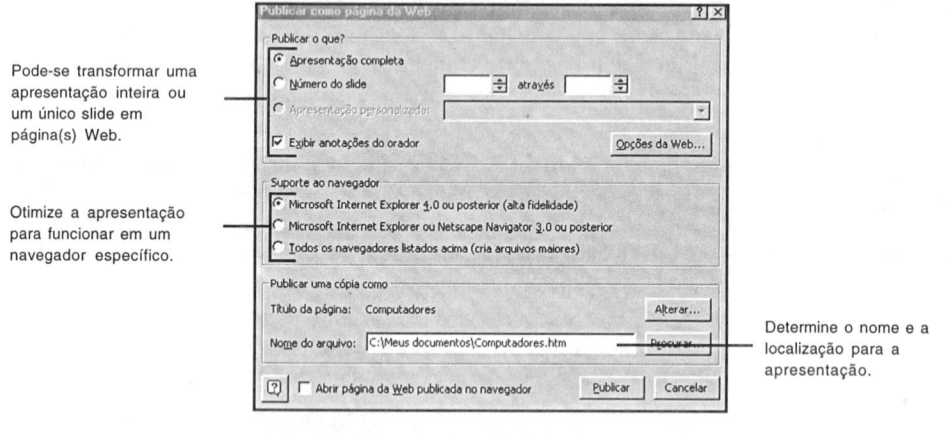

Pode-se transformar uma apresentação inteira ou um único slide em página(s) Web.

Otimize a apresentação para funcionar em um navegador específico.

Determine o nome e a localização para a apresentação.

O PowerPoint pode converter automaticamente uma apresentação em uma série de slides interligados.

➤ Utilize Assistente de AutoConteúdo quando iniciar o PowerPoint (como explicado no Capítulo 15). Na terceira caixa de diálogo do assistente, ele oferece cinco opções de saída para a apresentação. Opte por **Apresentação na Web**.

Após criar a apresentação Web, pode-se inserir links para outros slides dentro da apresentação usando a opção Configurações de animação. Selecione o objeto ou texto no qual deseja que o usuário clique para mover-se para um outro slide (o próximo ou qualquer outro). Posicione o ponteiro do mouse sobre o texto selecionado ou objeto, clique no botão direito e escolha **Configurações de ação**. A caixa de diálogo respectiva surge na tela. Clique sobre a guia intitulada **Selecionar com o mouse**, se já não estiver na frente. Clique na opção **Hyperlink para** a fim de ativá-la. Abra a lista suspensa **Hyperlink para** e selecione o slide para o qual se deseja que o texto ou objeto aponte. Pode-se selecionar o primeiro slide ou último, o próximo ou anterior ou clicar em **Slide** e escolher aquele específico para o qual deseja que esse link aponte. (E possível também apontar um link para um outro arquivo, uma página Web ou uma outra apresentação do PowerPoint.) Clique em **OK**. (A fim de saber mais sobre inserção de hyperlinks que apontem para outras páginas da Web, confira a seção "Conexão de uma página a outras usando os hyperlinks" anteriormente neste Capítulo.)

Publicação de páginas na Internet

Ao terminar de construir a página Web, ela deve ser hospedada em um servidor Web para que outras pessoas possam abri-la e vê-la em seus navegadores. No passado, a única maneira de se fazer isso era através de um programa separado chamado FTP (File Transport Protocol). Atualmente, o Office proporciona uma série de ferramentas que permitem a gravação das páginas Web diretamente em uma pasta a ela destinada ou em um servidor de FTP, simplesmente usando o comando Arquivo, Salvar como.

As seções a seguir nos conduzem pelo processo de encontro de uma hospedagem para a página e de configuração do Office para transferir a ela e quaisquer arquivos associados para a Web.

Como encontrar hospedagem para a página?

Caso se trabalhe em uma grande empresa ou instituição que possua o próprio servidor Web, sorte. Já se tem o servidor onde armazenar as páginas. Simplesmente pergunte ao administrador da Internet qual o caminho para o servidor e a transfira.

Para os menos afortunados, o melhor lugar para procurar um servidor Web é o próprio provedor de acesso. Muitos possuem espaço disponível em seus servidores Web para os assinantes hospedarem páginas pessoais. Ligue para o seu provedor e solicite as seguintes informações:

- Ele tem espaço disponível para hospedagem das páginas dos usuários? Caso negativo, talvez se deva mudar de provedor.
- Quanto espaço em disco se tem à disposição e quanto se paga por ele (caso se pague)? Alguns provedores oferecem um tamanho limitado de espaço em disco que normalmente é suficiente para uma ou duas páginas supondo-se que não se tenha incluído nelas grandes clipes de áudio ou vídeo.
- Pode-se salvar os arquivos diretamente no servidor ou será necessário transferir os arquivos para um servidor FTP?
- Qual o endereço URL (Uniform Resource Locator) do servidor para o qual se deve conectar para transferir arquivos? Anote.
- Qual o *username* e senha necessários para se ter acesso ao servidor? (Normalmente são os mesmos usados para a conexão ao provedor.)
- Em qual diretório (pasta) deve-se hospedar os arquivos? Anote.
- Que nome se deve dar para a página Web? Em muitos casos, o serviço permite o envio de uma única página e ela deve ser chamada de **index.html** ou **default.html**.
- Existe mais alguma instrução específica que se deva seguir para enviar a página?
- Depois do envio, qual será seu endereço (URL)? É aconselhável abri-la no Internet Explorer logo após a hospedagem para conferi-la.

Configuração de uma pasta Web

Caso um servidor Web seja disponível (na intranet de sua empresa) ou o provedor permita a publicação de páginas Web diretamente em uma pasta no servidor dele, deve-se antes configurar uma pasta em Meu computador. Siga as instruções abaixo:

1. Abra a pasta Meu computador, dê dois cliques sobre o ícone **Pastas da Web** e, em seguida, clique duas vezes sobre o ícone **Adicionar pasta da Web**.
2. Na caixa de texto **Digite o local que deseja adicionar**, digite o endereço do servidor Web complementado pelo caminho para o diretório no qual deseja criar a nova pasta (por exemplo, http://www.internet.com/public).
3. Clique no botão **Avançar**.
4. Digite um nome para a pasta na qual pretende publicar as páginas Web.
5. Clique no botão **Concluir**.

A fim de gravar a(s) página(s) na pasta Web, escolha o comando **Arquivo, Salvar como página da Web**. Então, clique sobre o ícone **Pastas da Web**, dê um duplo clique na pasta que se acabou de configurar e, em seguida, pressione o botão **Salvar**.

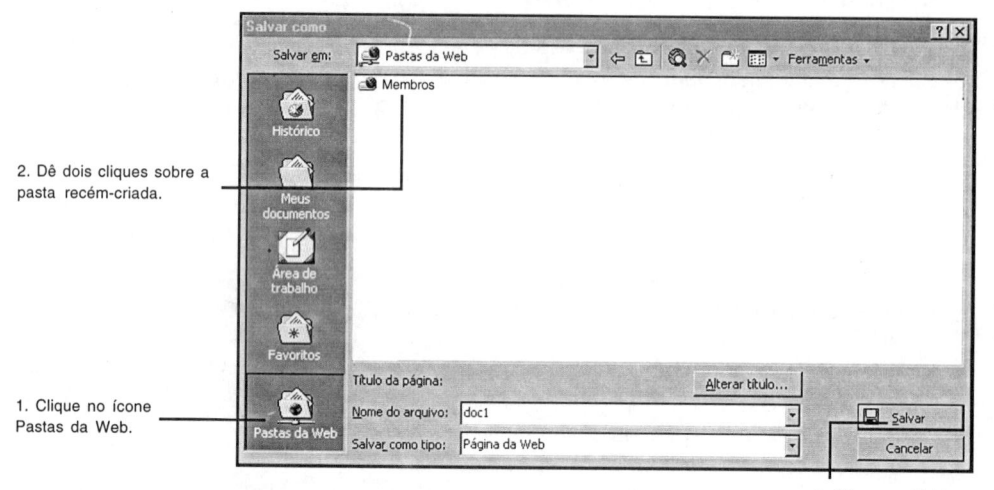

É possível gravar sua(s) página(s) diretamente em uma pasta no servidor Web.

Transferência de arquivos para um servidor FTP

Muitos provedores Internet ainda exigem que se transfiram páginas Web para um servidor FTP para publicá-las na grande rede. Felizmente, o Office simplifica o processo permitindo a execução de transferências por FTP usando o comando Arquivo, Salvar como página da Web. Siga as instruções abaixo:

1. Abra a página no aplicativo Office usado para criá-la.
2. Abra o menu **Arquivo** e selecione a opção **Salvar como página da Web**.
3. Na caixa de diálogo Salvar como, abra a lista suspensa **Salvar em** e clique em **Adicionar/modificar locais FTP**. Uma caixa de diálogo se abre e nela deve-se informar o endereço do site FTP, o *username* e a senha.
4. Digite a informação solicitada e clique em **Adicionar**. (Na caixa de texto Nome do site FTP, digite apenas o endereço do site FTP. Não inclua o caminho para a pasta.)
5. Clique em **OK**. A caixa de diálogo Salvar como retorna e nela pode-se encontrar, a partir disso, o endereço do site FTP.

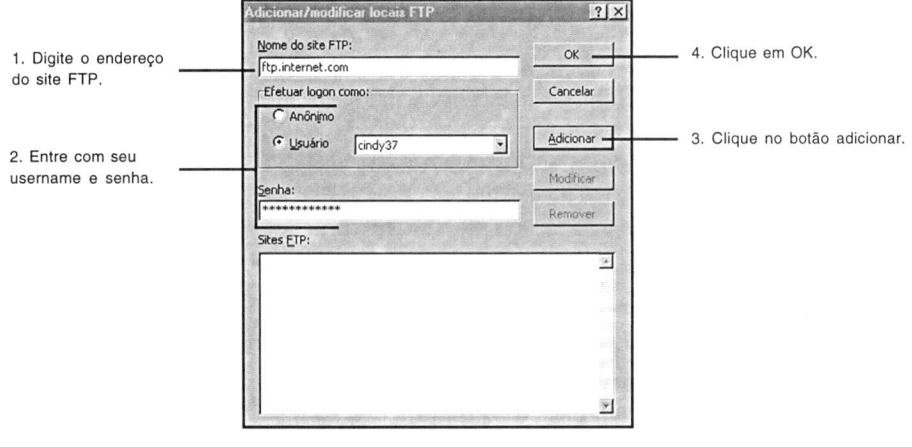

1. Digite o endereço do site FTP.

2. Entre com seu username e senha.

4. Clique em OK.

3. Clique no botão adicionar.

Pode-se configurar os aplicativos do Office para gravar páginas Web diretamente em um servidor FTP.

6. Clique no endereço e, em seguida, **Abrir**.
7. Caso não se esteja conectado à Internet, a caixa de diálogo Conectar surge na tela. Clique em **Conectar**. Uma vez conectado, a caixa Salvar como relaciona os diretórios (pastas) existentes no computador remoto.
8. Mude para a pasta indicada pelo provedor para a gravação do arquivo da página Web e depois clique no botão **Salvar**.

Edição de qualquer página

É possível abrir uma página Web no Internet Explorer e depois editá-la no Word. Antes de tudo, abra a página no navegador e escolha Arquivo, Editar com componente do Microsoft Office. A página será aberta como um documento somente-leitura. Use o comando Salvar como para gravar o documento em uma pasta presente no disco rígido para que nela possam ser gravadas quaisquer mudanças efetuadas.

Gerenciamento de um site na Web usando o FrontPage

Apesar de as ferramentas de criação e edição presentes no Word, Excel, PowerPoint e Access serem suficientes para a maioria dos usuários iniciantes, o Office 2000 inclui um programa de gerenciamento Web robusto conhecido como FrontPage. Com ele é possível uma maior personalização de páginas Web existentes, a criação de novas, modificação daquelas vinculadas e o controle da estrutura de um site complexo na Web (ao qual o programa se refere como um *web*).

Para executar o FrontPage, clique no botão **Iniciar**, aponte para **Programas** e clique em **Microsoft FrontPage**. A janela do programa surge na tela da forma mostrada na figura adiante. Como se pode ver, ela parece muito com a janela do Microsoft Word e contém alguns dos menus e botões da barra de ferramentas. A única diferença na janela do FrontPage é a presença de uma barra de Modos de exibição à esquerda. Esta apresenta os seguintes botões:

- ➤ **Página**. Exibe a página Web atual. Utilize esse modo de exibição para adicionar texto e objetos à página, formatá-la, inserir links e realizar outras tarefas relacionadas a ela. No modo visualização, três guias aparecem localizadas na parte inferior da área de trabalho: Normal (que mostra a página Web formatada), HTML (mostra as marcas HTML que controlam o layout e a formatação) e Visualização (exibe a página do modo como ela aparecerá em um navegador Web).

- ➤ **Pastas**. Mostra uma lista de pastas e arquivos que formam o site da Web permitindo que sejam reorganizados rapidamente como se o Windows Explorer estivesse sendo usado. Quando se arrastam páginas e outros arquivos de uma pasta para outra, o FrontPage ajusta automaticamente os hyperlinks a fim de que apontem para os arquivos corretos.

- ➤ **Relatórios**. Exibe um resumo do site que funciona como um inventário do conteúdo da página Web em questão, incluindo o número de arquivos e seus tamanhos, a quantidade e os tipos de hyperlinks, o número de tarefas incompletas e quaisquer problemas como hyperlinks que apontam para páginas não existentes ou outros arquivos.

Capítulo 25 ➤ Criação e publicação de páginas pessoais na Web

➤ **Navegação.** Apresenta uma representação gráfica da estrutura do site da Web apresentando um visão ampla dele e permitindo rapidamente sua reestruturação. Nesse modo, pode-se inclusive criar uma barra de navegação que ficará posicionada no alto de cada página contendo links que os usuários poderão clicar para páginas de abertura específicas.

➤ **Hyperlinks.** Mostra uma lista de páginas vinculadas à página Web atual para que se possa verificar se os links presentes em uma página estão funcionando de forma adequada.

➤ **Tarefas.** Age do mesmo modo que uma ferramenta de gerenciamento de projeto em relação ao site Web. Pode-se criar uma lista delas, designar tarefas para pessoas ou grupos de trabalho, verificar o estado de cada tarefa, associar cada uma a um arquivo e marcá-la como completa ao terminar.

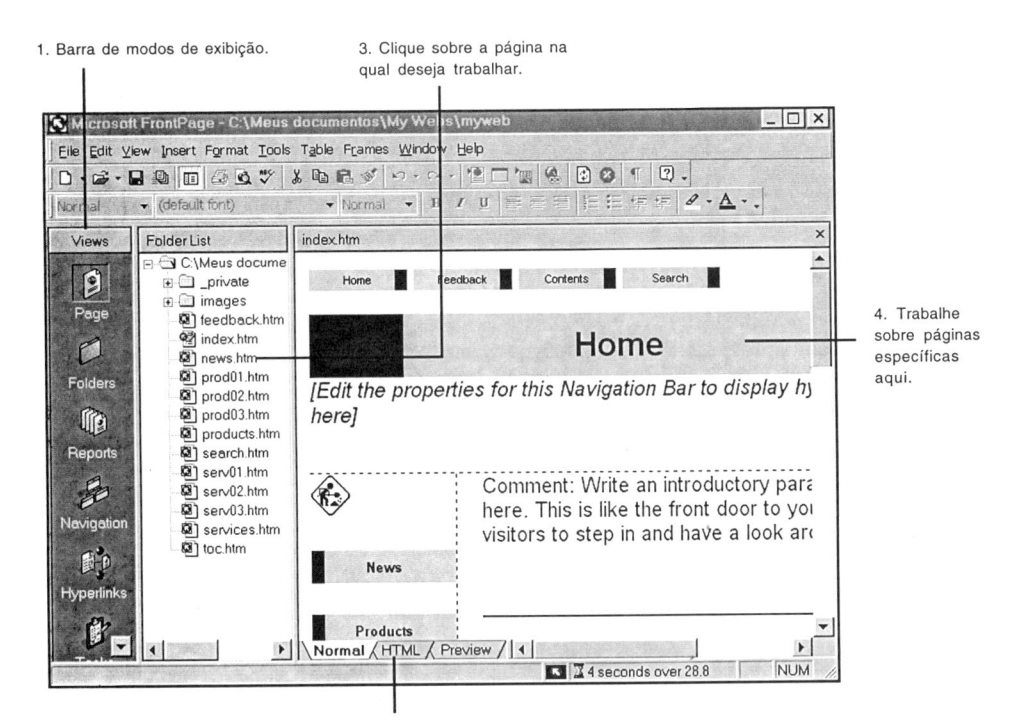

1. Barra de modos de exibição.

3. Clique sobre a página na qual deseja trabalhar.

4. Trabalhe sobre páginas específicas aqui.

2. No modo de exibição Página, clique em uma guia para especificar a exibição de página desejada.

Use o FrontPage para dar um ajuste fino às páginas Web e gerenciar o site.

Criação de um novo site da Web

Embora um site da Web possa consistir em uma única página, os mais complexos podem conter dezenas delas hospedadas nas pastas ou diretórios relacionados lo servidor. A fim de garantir um começo com uma estrutura sólida, use um dos modelos do FrontPage ou assistentes para criar toda a estrutura do site da Web:

1. Abra o menu **Arquivo**, aponte para **Novo** e, em seguida, clique em **Web**.
2. Clique sobre o ícone relativo ao tipo de Web que deseja criar e, depois, clique em **OK**. Caso se tenha clicado sobre um ícone de um modelo, o programa cria automaticamente a web. No caso do ícone do assistente, ele executará o assistente.
3. Se a opção foi por um ícone relacionado ao assistente Web, siga as instruções dele e digite as preferências.

Uma vez criada a web pelo FrontPage, clique no botão Página na barra Modos para começar a editar as páginas que compreendem a Web. Uma lista de pasta aparece à direita da barra mencionada exibindo uma lista de páginas. Clique no ícone que diz respeito à página que se deseja exibir, então, edite e formate-a no modo Página como mostrado na figura anterior.

Construção de páginas

Além de ajudar na administração da estrutura completa do site da Web, o FrontPage oferece recursos poderosos para criação de páginas pessoais e inclui uma seleção ampla de modelos à escolha. Para criar uma nova página usando um modelo, siga as instruções abaixo:

1. Abra o menu **Arquivo**, aponte para **Novo** e clique em **Página** (ou pressione **Ctrl+N**). A caixa de diálogo Nova aparece apresentando ícones para uma grande variedade de tipos de páginas.
2. Clique o ícone desejado e, em seguida, em **OK**. O programa cria a página e a exibe na janela de exibição Página.
3. Edite e formate a página da maneira desejada.
4. Para gravá-la como documento próprio, abra o menu **Arquivo** e clique em **salvar**.
5. Digite um nome para a página.
6. A fim de dar a ela um nome de arquivo diferente do seu título, clique no botão **Modificar**, digite um título para ela e clique em **OK**.
7. Clique no botão **Salvar**. O nome da nova página aparece na parte inferior da lista Pasta.

Formatação e edição de páginas

As ferramentas destinadas à formatação e edição de páginas do FrontPage são muito semelhantes àquelas usadas pelo Word. Proceda do mesmo modo explicado no início desse capítulo. A fim de inserir objetos mais complexos na página Web como um contador de acessos, um índice ou letreiros digitais, clique no botão Inserir, presente na barra de ferramentas Padrão, e escolha o componente desejado.

Verificação de hyperlinks

Ao se criar um site da Web que consiste de múltiplas páginas, é fácil de se perder o controle de toda sua estrutura e de como as páginas estão interligadas. Para ajudar, o FrontPage pode exibir o site no modo Hyperlinks conforme aparece na próxima figura. A fim de alternar para esse modo, clique no botão **Hyperlinks** na barra Modos. Nesse tipo de exibição, é possível realizar as seguintes tarefas:

> ➤ Clique no sinal de adição próximo a um ícone de página para exibir as páginas que estão conectadas a ela.

> ➤ Clique no sinal de subtração próximo ao ícone da página para inibir (ocultar) a lista de páginas que a ela se conectam.

> ➤ Para centralizar uma página e verificar mais claramente como as outras páginas conectam-se a ela, clique com o botão direito do mouse sobre o ícone da página e escolha **Mover para o centro**.

> ➤ A fim de excluir uma página e remover qualquer link direcionado a ela, posicione o cursor do mouse sobre ela, clique no botão direito e escolha **Excluir**.

> ➤ Para abrir uma página, dê um clique duplo sobre seu ícone ou posicione o cursor do mouse sobre ele, clique no botão direito e escolha **Abrir**.

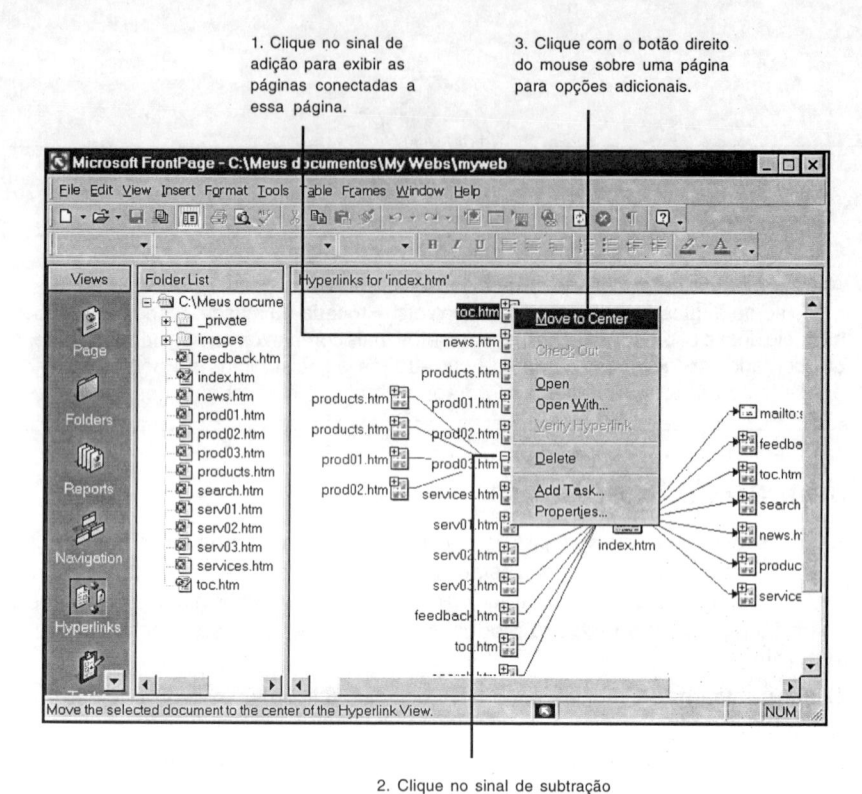

No modo de exibição Hyperlinks, o FrontPage oferece uma representação gráfica de como as páginas Web estão conectadas.

Publicação da Web

Talvez o melhor e mais útil recurso do FrontPage seja o que permite a transferência de um site da Web completo do disco rígido para o servidor como uma única unidade. Para publicar sua Web no servidor, faça o seguinte:

1. Abra o menu **Arquivo** e clique em **Publicar Web**. A caixa de diálogo correspondente surge na tela.
2. Digite o endereço da Web ou do servidor FTP no qual deseja hospedar sua Web. Caso esteja digitando o endereço de um servidor Web, comece com http://. Se for o endereço de um servidor de FTP, inicie com ftp://. (Caso não possua um provedor, pode-se clicar no botão do WPP e contratar um na Web.)
3. Clique no botão **Publicar**.
4. Digite seu *username* e senha, caso solicitado a conectar-se, e clique em **OK**. O FrontPage transfere todas as pastas e arquivos que formam o site para o servidor Web ou FTP designado.

Servidores Web possuem algumas limitações

Muitos provedores, que oferecem suporte à publicação Web, possuem regras rígidas relativas ao nome de arquivos e criação de pastas. Antes de prosseguir no trabalho com o FrontPage, procure conhecer as normas para poder considerá-las no trabalho.

Capítulo 26

Macros para simples mortais

Neste capítulo
- Definição de macros em 25 palavras ou menos.
- Grave macros para as tarefas que são realizadas com freqüência.
- Atribuição de teclas às macros.
- Costure alguns botões de macro nas barras de ferramentas do Office.

Provavelmente você deve ter algumas teclas de atalho favoritas. É possível desviar dos menus dos aplicativos Office pressionando Ctrl+B para gravar um documento, Ctrl+P para imprimir e Ctrl+N para texto em negrito. Contudo, secretamente se desejaria que a Microsoft tivesse embutido mais alguns atalhos relativos àquelas operações repetitivas e maçantes realizadas com freqüência.

Para tornar seus desejos uma realidade, é possível criar as próprias teclas de atalho e botões usando *macros*. Elas consistem em uma série de comandos que podem ser rodados em aplicativos do Office através da seleção do nome de uma macro a partir de uma lista, pressionando-se uma tecla ou clicando-se em um botão designado para ela. Neste capítulo, ensinaremos como gravar comandos usando o gravador de macro e como dar nome e rodar macros.

Precisa de uma macro?

O Office inclui teclas de atalho e botões para os comandos mais usados. Antes de criar sua própria macro para automatizar uma tarefa que se executa rotineiramente, verifique no sistema de ajuda se o pacote já oferece um atalho para ela. Pergunte-se também se é possível o uso de um recurso mais fácil como a AutoCorreção ou AutoTexto ao invés de usar uma macro.

Gravação de uma macro

A maneira mais fácil de se criar uma macro é usando o gravador que está disponível em todos os programas do pacote Office. As etapas de gravação de macros, no entanto, variam levemente entre eles. (No Access, por exemplo, o procedimento de gravação de macros é muito mais complexo. Confira o sistema de ajuda do programa para maiores detalhes ou peça ao Assistente do Office para dar uma mãozinha.)

O procedimento a seguir mostra como gravar uma macro no Microsoft Word:

1. Abra o menu **Ferramentas**, aponte para o item **Macro** e escolha **Gravar nova macro**. A caixa de diálogo Gravar macro surge na tela solicitando um nome para a macro.
2. Digite um nome de até 80 caracteres (sem espaços). Ele deve começar com uma letra — nunca com um número. O gravador de macro fornece um nome padrão — Macro1, Macro2 e assim por diante quando se está gravando macros — contudo, nomes não descritivos como esses não são úteis para lembrar qual é a função de cada macro.
3. Abra a lista suspensa **Armazenar macro em:** e opte por armazená-la no documento atual ou em **Todos os documentos (Normal.dot)** para torná-la disponível em todos os documentos. A essa altura, pode se atribuir uma tecla ou se criar um botão na barra de ferramenta relativo a ela. (Confira nas seções "Atribuição de teclas de atalho para uma rápida execução" e "Construção de botões para macros" adiante neste capítulo.)
4. Clique na caixa de texto **Descrição** e digite uma breve descrição da função macro (a tarefa que ela realiza).

Capítulo 26 ➤ *Macros para simples mortais*   299

Onde devo guardá-la?

Ao se gravar uma macro no Excel, uma boa idéia é guardá-la na Pasta de trabalho pessoal de macros. Ela mantém todas as macros em um único lugar e as torna disponíveis em todas as pastas de trabalho. No PowerPoint, pode-se gravar macros apenas para apresentações específicas (a apresentação deve ser aberta no PowerPoint ao se iniciar a gravação).

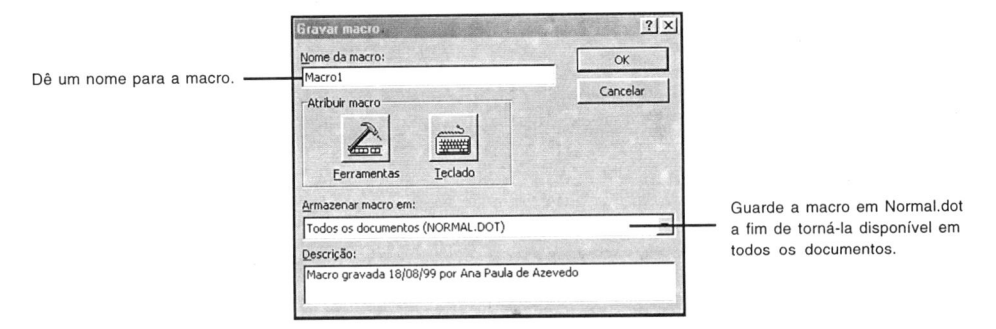

Dê um nome para a macro.

Guarde a macro em Normal.dot a fim de torná-la disponível em todos os documentos.

A caixa de diálogo Gravar macro presente no Word.

5. Clique no botão **OK**. Uma pequena barra de ferramenta aparece com botões destinados a parar e pausar a gravação (no Excel e no PowerPoint não se encontra um botão de pausa).

Por que pausar?

Use o botão Pausar gravação para testar os comandos antes de gravá-los. Caso não esteja certo do que um determinado comando fará, clique no botão **Pausar gravação**, entre com o comando para testá-lo e clique no botão **Desfazer**. Caso o comando tenha feito o que era esperado, clique no botão **Continuar** e entre novamente o comando para gravá-lo. É possível também pausar a gravação caso precise referir-se a um outro documento, verificar o nome de um arquivo ou executar alguma outra operação a qual não deseja que seja gravada como parte da macro.

6. Execute as tarefas cujas etapas deseja gravar. Pode-se escolher comandos do menu e teclas para inserir comandos, textos ou objetos. No entanto, não se pode mover o ponto de inserção ou selecionar o texto usando o mouse, deve-se usar as teclas de setas para mover-se e a combinação Shift mais teclas de setas para destacar o texto.
7. Ao terminar de executar esse procedimento, clique no botão **Parar gravação**.

Exceções no Excel

As macros do Excel gravam de maneira automática quaisquer seleções de célula usando referências absolutas. Caso deseje usar referências relativas, clique no botão **Referência relativa** na barra de ferramentas Parar gravação. Pode-se clicar sobre esse botão repetidamente a fim de alternar tanto para frente como para trás ou de referência absoluta para relativa.

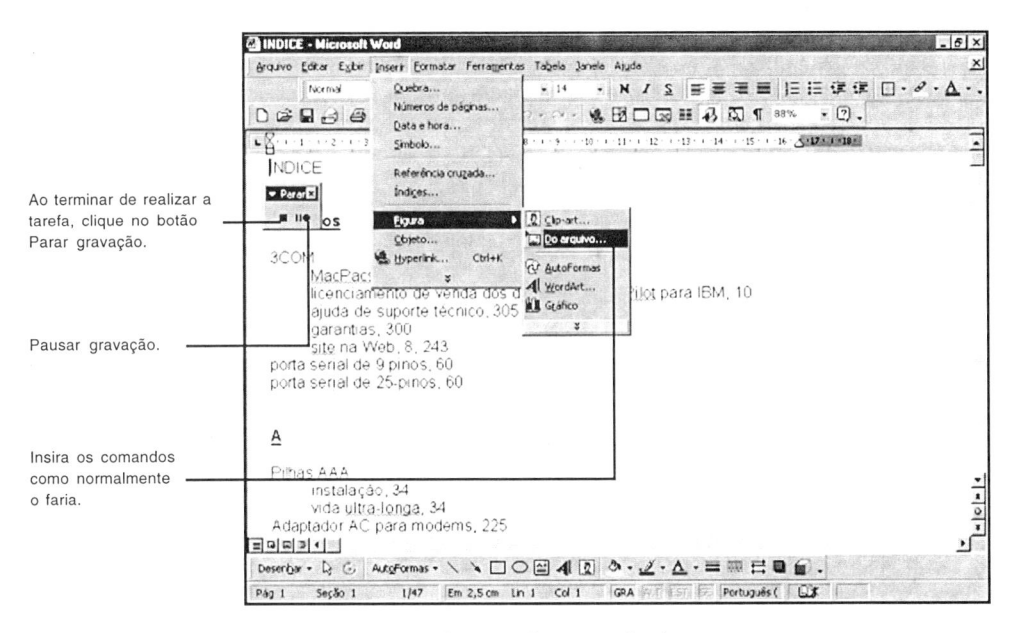

Capítulo 26 ➤ *Macros para simples mortais* 301

Ao terminar de realizar a tarefa, clique no botão Parar gravação.

Pausar gravação.

Insira os comandos como normalmente o faria.

Enquanto se realiza a tarefa, o gravador de macro grava os comandos que se introduziram.

Execução de uma macro gravada

Ao se gravar uma macro, seu nome é adicionado à lista de macros gravadas. Para executá-la (e realizar os procedimentos gravados nela), abra o menu **Ferramentas**, aponte para o item **Macro** e escolha **Macros**, ou, então, pressione **Alt+F8**. Uma lista de macros disponíveis aparece. Clique sobre o nome daquela que deseja executar e, em seguida, clique sobre o botão **Executar**.

Clique sobre o botão Executar.

Dê um clique sobre o nome da macro que deseja executar.

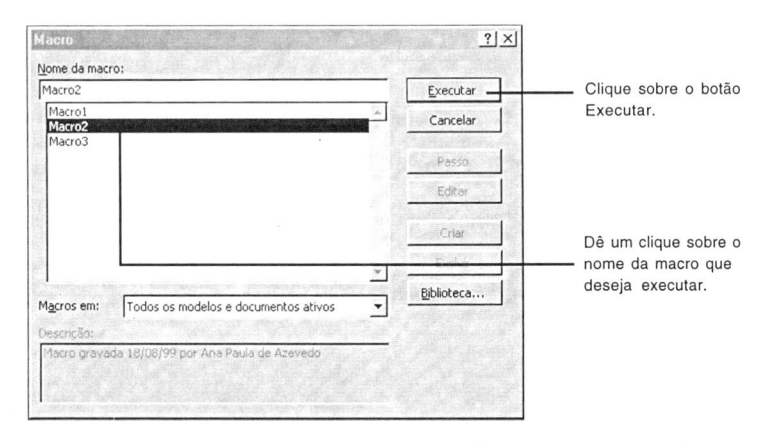

Pode-se escolher a macro que se deseja executar a partir de uma lista de macros gravadas.

Embora selecionar uma macro a partir de uma lista ampla de macros seja um método à prova de imbecis para se encontrar e executar uma delas, não é o mais eficiente. Caso perceba que uma macro é executada com muita freqüência, leve em conta a possibilidade de lhe atribuir uma tecla ou um botão em uma das barras de ferramentas. Nas próximas seções explicaremos exatamente o que fazer.

O que ela está fazendo ao documento?
Antes de executar a macro pela primeira vez, grave o documento. Caso a macro endoide e misture tudo no documento, feche-o sem gravar as alterações. A fim de parar uma macro antes de ela fazer muito estrago, pressione as teclas **Ctrl+Break** e, depois, use o recurso Desfazer para tentar se recuperar do desastre. Se, no entanto, ela incluir um comando Arquivo, Salvar, talvez seja um azar.

Atribuição de teclas de atalho para uma rápida execução

As combinações de tecla de atalho são de longe a maneira mais eficiente de se entrar comandos nos aplicativos do Office, porque não é necessário retirar os dedos do teclado para introduzi-los.

Ei, a combinação Ctrl+P não está imprimindo o documento!
Ao atribuir uma combinação de tecla de atalho, cuidado para não designar à macro uma combinação que o programa já usa, tais como Ctrl+P (para impressão) ou Ctrl+B (para salvar).

A fim de atribuir uma combinação de tecla de atalho para uma de suas macros no Word, realize o seguinte procedimento:

1. Abra o menu **Ferramentas** e escolha **Personalizar**.
2. Clique no botão **Teclado**.
3. Abaixo da palavra **Categorias**, clique em **Macros**. Uma relação de macros disponíveis surge na lista Macros.
4. Clique sobre aquela para a qual deseja atribuir uma combinação de teclas de atalho.
5. Clique na caixa de texto **Pressione nova tecla de atalho** e pressione uma combinação que deseja usar para essa macro.Uma mensagem aparece abaixo dessa caixa indicando se a tecla já está em uso. Caso positivo, pressione a tecla **Backspace** e use uma combinação diferente.
6. Clique no botão **Atribuir**.
7. Pressione o botão **Fechar**.

E o PowerPoint e o Excel?

O PowerPoint não aceita teclas de atalho para macros. O Excel possui um método diferente de atribuição de atalhos. Escolha **Ferramentas, Macro, Macros**, selecione a macro e clique em **Opções**. Na caixa Tecla de atalho, digite o caractere do teclado que será usado para o atalho. Pode-se usar **Ctrl+*caractere*** ou **Ctrl+Shift+*caractere***.

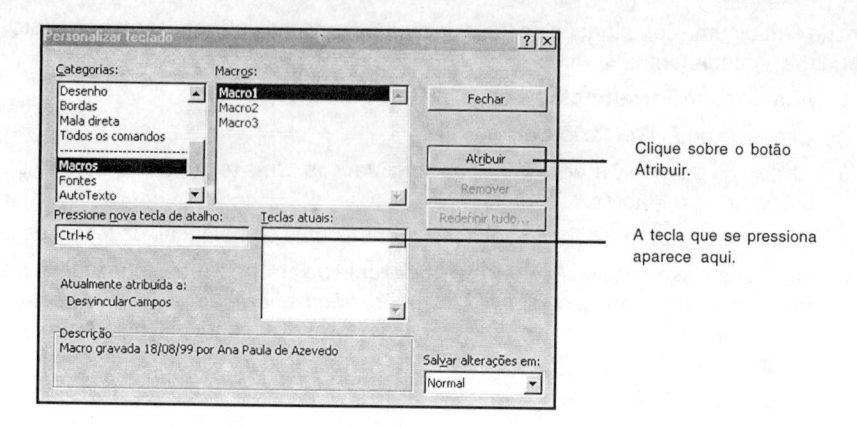

Pode-se atribuir uma combinação de teclas de atalho para a macro.

Construção de botões para macros

As barras de ferramentas do Office oferecem uma grande economia de tempo. Ao invés de passar por uma série de menus e submenus, pode-se simplesmente clicar um botão em uma delas ou escolher a opção desejada a partir de uma das listas suspensas. Essas barras também podem dar um rápido acesso às macros. Para adicionar uma macro a uma das barras de ferramentas, siga o procedimento abaixo:

1. Verifique se a barra de ferramentas na qual deseja por o botão da macro está visível. (Escolha **Exibir, Ferramentas** para exibir uma lista das barras de ferramentas disponíveis.)
2. Abra o menu **Ferramentas** e escolha **Personalizar**.
3. Clique na guia **Comandos**.
4. Na lista Categorias, clique em macros. Uma relação de macros disponíveis aparece na lista Comandos. (O Excel oferece apenas duas opções: Personalizar botão e Personalizar item de menu.)
5. Arraste a macro desejada (ou o botão Personalizar no Excel) da lista Comandos para a barra de ferramentas na qual deseja que ela apareça, arraste-a para a localização desejada (atente para um cursor escuro com o formato de um I, o qual mostra onde o botão aparecerá) e solte o botão do mouse. O botão aparece na barra. (Deixe a caixa de diálogo aberta para executar as próximas etapas.)

Capítulo 26 ➤ *Macros para simples mortais*   305

Teclas adicionais

Para mais opções de teclas, pressione uma combinação delas, solte-as e pressione uma outra tecla. Uma vírgula aparece após a primeira tecla e a segunda tecla que foi pressionada é incluída no final (por exemplo, Ctrl+Shift+X,L). A fim de introduzir essa tecla, pressione Ctrl+Shift+X, solte as teclas e, em seguida, pressione L.

Remoção de um botão da barra de ferramentas

Para remover um botão da barra de ferramentas, exiba a caixa de diálogo Personalizar e arraste-o para fora dela.

6. A fim de alterar o nome do botão, posicione o cursor do mouse sobre ele, clique no botão direito, marque a entrada na caixa de texto **Nome** e digite um novo nome para o botão.
7. Para adicionar uma imagem ao botão, aponte para **Alterar imagem do botão** e clique na imagem desejada. Caso queira exibir apenas a imagem, não o nome do botão, posicione o cursor do mouse sobre ele, clique no botão direito e escolha **Estilo padrão**.
8. Caso se esteja fazendo isso no Excel, posicione o cursor do mouse sobre o botão, clique no botão direito e escolha **Atribuir macro**. Selecione a macro desejada a partir da lista e clique em **OK**.
9. Ao terminar, clique no botão **Fechar** presente na caixa de diálogo Personalizar para fechá-la.

Gravação de macros

Ao se criar uma macro do Word, ela é gravada automaticamente quando se salva ou se fecha o documento no qual ela foi criada. Tranqüilo. No entanto, caso se crie a macro no modelo Normal.dot, para que esteja disponível a todos os documentos, ela não é salva com o comando Arquivo, Salvar. O que acontecerá se faltar luz antes de se fechar o Word e salvar aquelas macros preciosas? Lamento, serão perdidas. A fim de gravar o documento e a Normal.dot, pressione **Shift** e clique em **Arquivo** na barra de menus e escolha **Salvar tudo**. Essa ação salva todos os documentos abertos e também a Normal.dot.

Substituição de Shift por clique

Caso pretenda fazer muitas personalizações no Word, adicione o comando Salvar tudo ao menu Arquivo para que esteja lá mesmo quando o pressionamento da tecla Shift for esquecido enquanto se clica em Arquivo. Escolha **Ferramentas, Personalizar,** clique na guia **Comandos**, depois em **Arquivo** na lista **Categorias**, em seguida, clique em **Salvar tudo** na lista mencionada e o arraste para dentro do menu Arquivo. Ele se abre. Posicione o comando arrastado no local desejado e largue-o. Então, apenas escolha **Arquivo, Salvar tudo** quando quiser salvar todos os documentos abertos e a Normal.dot.

Encontra-se o mesmo problema quando se criam macros no Excel. Elas não são gravadas até que se salve a pasta de trabalho ou se saia do programa. Caso tenha criado suas macros na Pasta de trabalho pessoal de macros, escolha no menu **Janela, Reexibir** para exibir o arquivo Pessoal.xls novamente. Depois, escolha **Arquivo, Salvar** para gravar a pasta de trabalho de macros. Caso não se salve esse arquivo enquanto se trabalha, o Excel avisa para fazê-lo antes de sair.

Capítulo 27

Com o Microsoft Publisher, editoração é uma moleza

Neste capítulo
- ➤ Uma publicação em cinco segundos.
- ➤ Respostas às perguntas do Assistente de página.
- ➤ Um pouco de personalização ao longo do caminho.
- ➤ Algumas ferramentas básicas que se deve conhecer.
- ➤ Alguns truques deslumbrantes.

Embora uma gráfica local vá "preencher com prazer todas as suas necessidades de editoração", também vai lhe cobrar os olhos da cara para criar um material que não se adapta bem ao que se tinha em mente. Além disso, eles podem não ser capazes de cumprir prazos apertados — normalmente tem de "fazer um grande favor" o que se traduz por "talvez na próxima semana."

Para economizar dinheiro, receber o trabalho no prazo e deixar sua visão criativa conduzir suas publicações, use o Microsoft Publisher. Ele vem com uma convenção de Magos para criação de Relatórios informativos, brochuras, etiquetas de endereçamento, papéis timbrados, cartões de visita e mesmo currículos. Basta disparar um Assistente, responder algumas perguntas e se obtém uma publicação personalizada, cuidadosamente disposta em ordem. Neste capítulo, mostraremos como usar o Publisher para "preencher cada necessidade de editoração" no *seu* prazo e por apenas um nada de dinheiro pela impressão.

Faça surgir, como por encanto, rápidas publicações usando os Assistentes de página

Com o Microsoft Publisher, nunca se tem de começar a partir de uma página vazia. Ao iniciar, ele exibe uma coleção de Assistentes de página para criação de tudo, desde cartões de felicitações a currículos. Simplesmente clica-se na publicação desejada e em **OK**. Cada Assistente de página exibe uma série de caixas de diálogos que apresentam perguntas a respeito de como se deseja a disposição do texto e permite substituir o texto existente com as próprias mensagens. (A fim de acessá-lo mais tarde, escolha **Arquivo, Novo** ou pressione **Ctrl+N** e clique a guia **Publicações por assistente**.)

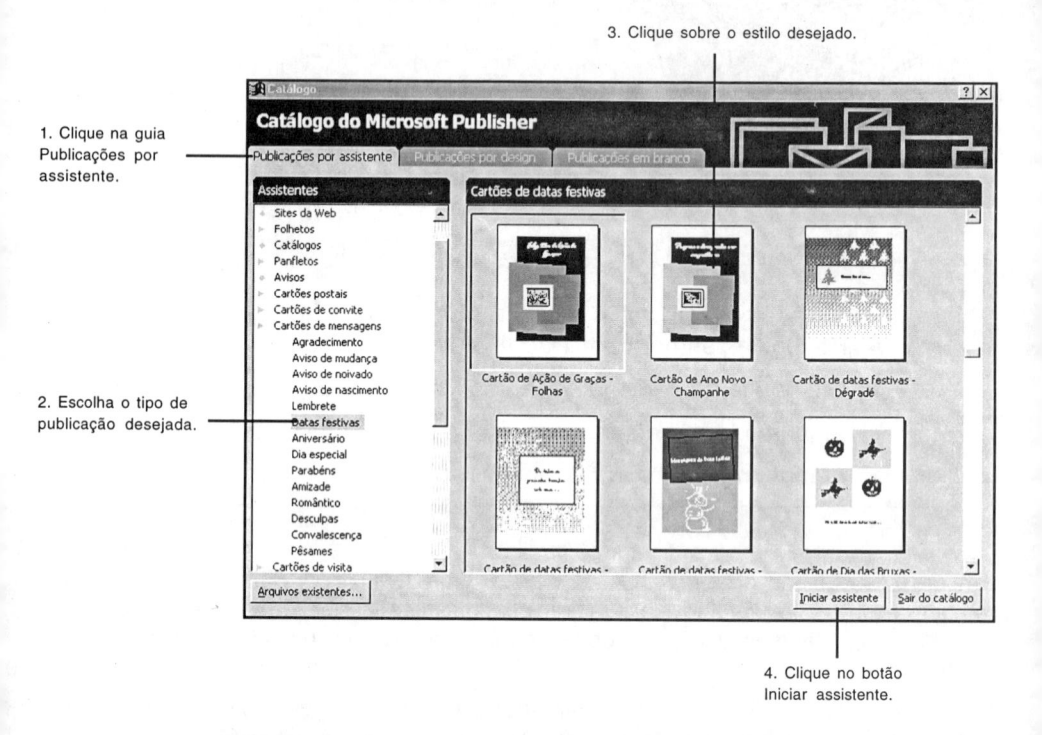

3. Clique sobre o estilo desejado.

1. Clique na guia Publicações por assistente.

2. Escolha o tipo de publicação desejada.

4. Clique no botão Iniciar assistente.

O Publisher oferece uma grande seleção de publicações prontas.

Caso já não se atrapalhe ao usar uma caixa de diálogo, o trabalho com um Assistente de página é fácil. Em cada caixa, entra-se com as preferências e clica-se em **Avançar**. Na última, clica-se em **Concluir**. O Assistente informa então que tudo o que era necessário já foi feito e se oferece para criar a publicação. Clique no botão **Criar** e, em seguida, relaxe e assista como o Assistente realiza a montagem do trabalho.

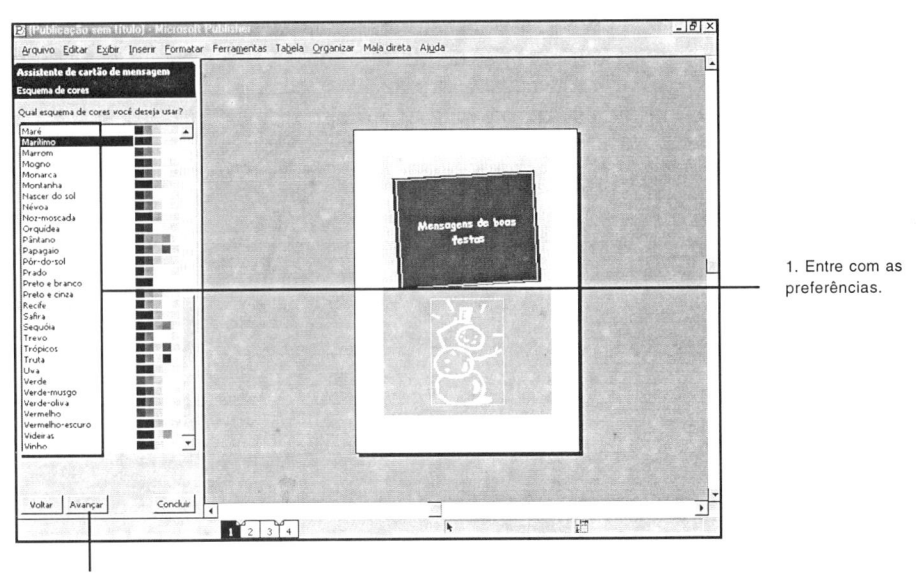

Capítulo 27 ➤ *Com o Microsoft Publisher, editoração é uma moleza* 309

1. Entre com as preferências.

2. Clique em Avançar.

Responda às perguntas do Assistente e introduza suas preferências.

A essa altura, tudo o que se tem a fazer é clicar no botão **Imprimir**. No entanto, talvez se queira substituir algum clip art, adicionar texto ou reorganizar itens antes de imprimir. As seções seguintes esclarecem sobre essas opções.

Produção na Web!

A fim de criar uma página na Internet, execute o Assistente de Sites da Web. Pode-se dar um ajuste fino às páginas Web exatamente como se faz com publicações padrão em papel. Todavia, o Publisher oferece algumas ferramentas adicionais para inserção de *hyperlinks* (que apontam para outras páginas Web e recursos), visualizando as páginas no navegador e publicando-as eletronicamente na Internet. Há também alguns senões relativos a *design* que se deve saber ao criar páginas Web. Confira o Capítulo 25 para maiores detalhes.

Ao terminar de dispor a publicação, o programa a exibe na área de trabalho à direita. A esquerda, encontra-se o painel do Assistente onde se pode alterar o design, layout, esquema de cores e outras configurações que controlam a publicação. Para fazer uma alteração, clique na categoria desejada na lista Assistente na parte superior e, depois, escolha a configuração desejada ou entre com a informação solicitada na parte inferior. É possível omitir o painel do Assistente a qualquer momento clicando-se no botão **Ocultar assistente** localizado abaixo dele.

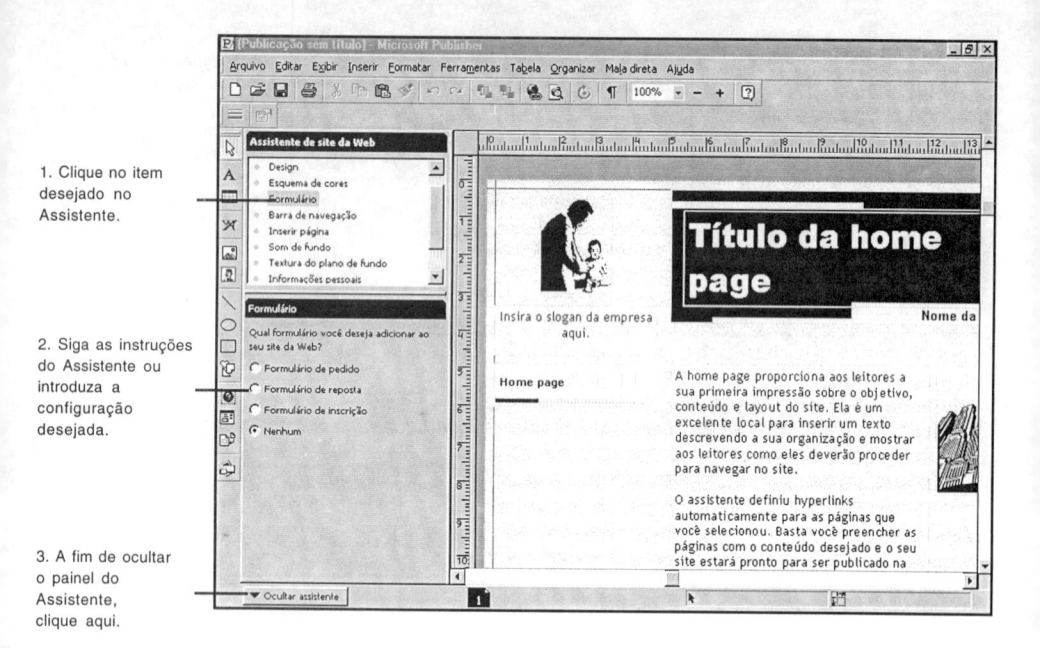

1. Clique no item desejado no Assistente.

2. Siga as instruções do Assistente ou introduza a configuração desejada.

3. A fim de ocultar o painel do Assistente, clique aqui.

O Assistente se mantém por perto para ajudar a dar um ajuste fino a todo o design e layout da publicação.

O básico a respeito do qual se deve saber

Um primeiro olhar de relance para a publicação criada pelo Assistente pode te paralisar. A página é pequenina, os gráficos parecem malfeitos e quanto ao texto, a impressão é de que o Assistente estava tentando passar um camelo pelo buraco de uma agulha. Antes de se fazer qualquer coisa, é necessário saber como aumentar e diminuir a visualização e mudar de uma página para outra.

Antes de tudo, amplie. Abra a lista suspensa **Zoom** na barra de ferramentas padrão e escolha a porcentagem de zoom desejada — 75% normalmente é suficiente. Logo abaixo da área de trabalho, encontra-se a navegação de páginas. Clique no ícone relativo à pagina desejada para exibi-la rapidamente. Já se sabe como usar as barras de rolagem, não? No Publisher, será necessário usar muito esse recurso.

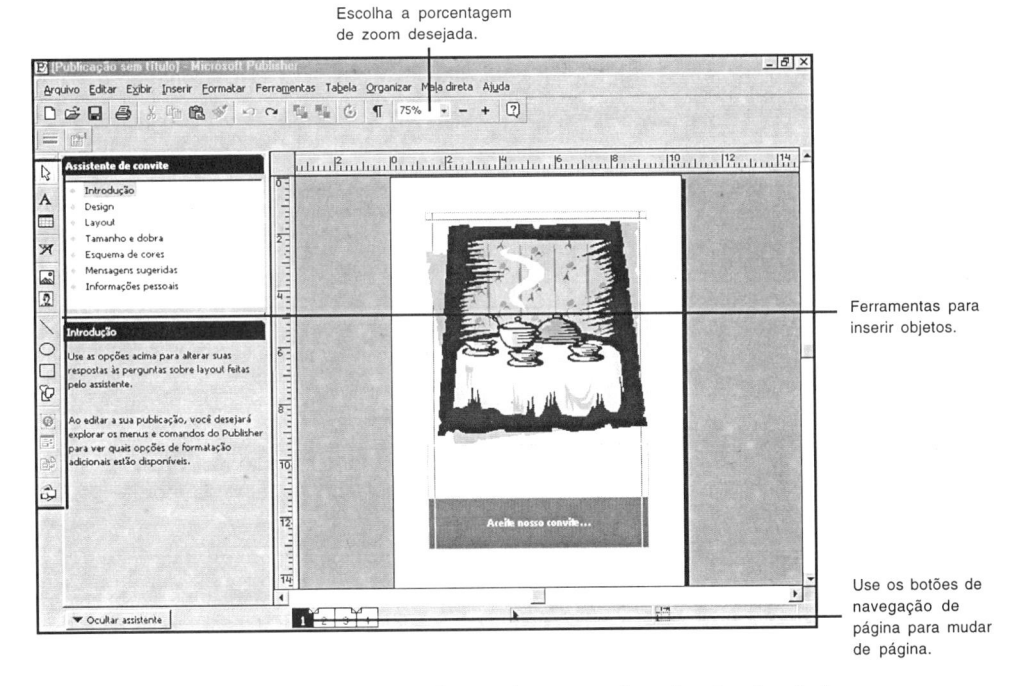

Capítulo 27 ➤ *Com o Microsoft Publisher, editoração é uma moleza* 311

Antes de começar a trabalhar, tenha certeza de poder visualizar tudo.

Uma vez tendo tudo bem à vista, já se está pronto para brincar com a publicação. Contudo, existem algumas coisas a mais que talvez não pareçam óbvias à primeira vista:

➤ A cada quinze minutos, uma caixa de diálogo aparece de maneira instantânea na tela lembrando-o de salvar o trabalho. Responda a primeira vez e grave o arquivo, porém se ela se tornar muito inconveniente, desative-a. Escolha **Ferramentas, Opções**, clique na guia **Assistência ao usuário** e desmarque a caixa de verificação ao lado de **Lembrar de salvar publicação**.

➤ O botão **Desfazer** não possui uma lista suspensa como no Word, porém é capaz de desfazer mais de uma ação (diferente das versões antigas do programa).

➤ Serão encontradas dois tipos de caixas de texto, normal e WordArt, que podem ter a mesma aparência. A fim de editar o texto em uma caixa normal, clique nela para posicionar o cursor do mouse e digite as alterações (basta fingir que está trabalhando no Word). Para "caixas de texto" WordArt, posicione o cursor do mouse sobre ela e clique duas vezes para exibir uma caixa de diálogo para edição de texto. Edite o texto e clique em **OK**.

➤ As linhas pontilhadas são guias de layout de página. Não aparecem na impressão. Consulte a seção "Ferramentas de layout de página sem as quais não se pode viver" ainda neste capítulo para maiores detalhes.

➤ Algumas publicações apresentam uma moldura de texto ao lado que exibe informações sobre elas que também não serão impressas. Na verdade, qualquer coisa localizada na área cinza fora da página não será impressa. Pode-se arrastar objetos para essa área de trabalho enquanto se trabalha nas páginas.

➤ Um cartão de felicitações pode conter uma figura na primeira página que pareça não caber na página. Não se preocupe. O Publisher realiza essa coisa de adaptar a figura de maneira que seja impressa tanto na frente como no verso do cartão. É realmente muito interessante.

Molduras
Cada objeto em uma página do Publisher é uma moldura. O texto encerra-se em uma moldura de texto, as imagens pendem em uma moldura de figura e os objetos WordArt são mantidos nas suas próprias. Elas tornam fácil o trabalho de reorganizar os objetos em uma página.

Construção de novas páginas

Caso se tenha criado um cartão de felicitações, provavelmente não se deseja adicionar mais páginas. Ele consiste de quatro páginas que se imprimem em uma única folha de papel. Contudo, quando se está trabalhando em um resumo informativo, um currículo ou algum outro documento que talvez precise se desdobrar em duas ou mais páginas, será necessário adicionar páginas à publicação.

Para realizar isso, navegue para a página após a qual deseja inserir uma nova página. Abra o menu **Inserir** e escolha **Página** ou pressione **Ctrl+Shift+N**. A caixa de diálogo Inserir página aparece. Digite o número de novas páginas desejadas, determine onde quer incluí-las (Antes ou Depois da página atual) e selecione a configuração desejada na caixa de Opções: **Inserir páginas em branco, Criar uma moldura de texto em cada página** ou **Duplicar todos os objetos na página:___**. Clique no botão **OK** e o programa introduz o número de páginas especificado.

Agilize o trabalho usando baixo nível de detalhamento (ou nenhuma) na figura

Nada pode diminuir tanto a velocidade do computador quanto o uso de imagens. Elas ocupam um grande espaço de memória, exigem grande poder de processamento para serem exibidas corretamente e tornarão o trabalho com molduras e de rolagem de página tão lento quanto engatinhar.

Para acelerar as coisas, pode-se ocultar figuras ou exibi-las em resolução baixa. Abra o menu **Exibir** e selecione **Exibir figura**. Na caixa de diálogo correspondente, marque a opção desejada: **Exibir detalhes** (alta qualidade, porém lenta), **Redimensionamento e zoom rápidos** (rápida exibição, mas baixa definição das imagens) ou **Ocultar figuras** (caixas brancas reservadas mas que não exibem a figura).

Capítulo 27 ➤ *Com o Microsoft Publisher, editoração é uma moleza* 313

Personalização de uma publicação já pronta

Uma agência de empregos acaba de telefonar informando a respeito de uma oferta de emprego irresistível — salário alto, excelente vantagens, férias anuais, carro da empresa. Precisa-se de um currículo apresentável e rápido. O Assistente de currículo é disparado e se respondem todas as suas perguntas. E agora, o que fazer? Segue-se uma lista básica do que é necessário saber:

➤ Clique em uma moldura (caixa) de texto a fim de posicionar o ponto de inserção e depois digitar algo mais. Pode-se arrastar o cursor sobre o texto para realçá-lo e depois digitar para substitui-lo.

➤ Para formatar texto, realce-o e use os botões localizados na barra de ferramentas Formatação ou as opções do menu Formatar da mesma forma como se faz no Word (embora as opções de formatação de parágrafo sejam limitadas). Consulte o Capítulo 4 para detalhes.

➤ A fim de selecionar uma moldura, clique sobre ela. Alças (pequenas caixas pretas) aparecem ao seu redor. Arraste uma delas para redimensionar a moldura. Movimente o canto da moldura para movê-la. Quando se movimenta o ponteiro do mouse sobre o canto de uma moldura, ele aparece como uma caminhonete em movimento. Engraçadinho, não?

➤ Caso se digite mais texto do que é possível dentro de uma moldura, um botão Indicador de texto excedente (com três pontos nele) aparece na parte inferior da moldura indicando que o texto não cabe dentro dela. Nesse caso, tem-se três opções: redimensionar a caixa de texto, diminuir o texto ou transbordá-lo para uma moldura vazia.

➤ Para substituir uma figura, clique duas vezes na existente e escolha uma figura diferente do clip art.

➤ A fim de inserir uma nova moldura de figura, texto, tabela ou WordArt, clique no botão relativo ao objeto desejado na barra de ferramentas à esquerda. Posicione o ponteiro do mouse sobre a página onde deseja posicionar o canto superior esquerdo do objeto e então arraste-o para baixo e para a direita. Solte o botão do mouse.

➤ Pode-se colocar molduras umas sobre as outras como uma pilha de panquecas. No entanto, selecionar a moldura inferior é tão difícil quanto comer a panqueca da parte de baixo da pilha. Para desencavar uma moldura enterrada, clique na que jaz acima dela e, em seguida, no botão **Enviar para trás**.

Desempilhando molduras

Uma outra maneira de retirar uma moldura de uma pilha é arrastando as outras para a área cinza ao redor da página. Ela é a sexta. Quando decidir onde deseja colocá-la, arraste e solte-a.

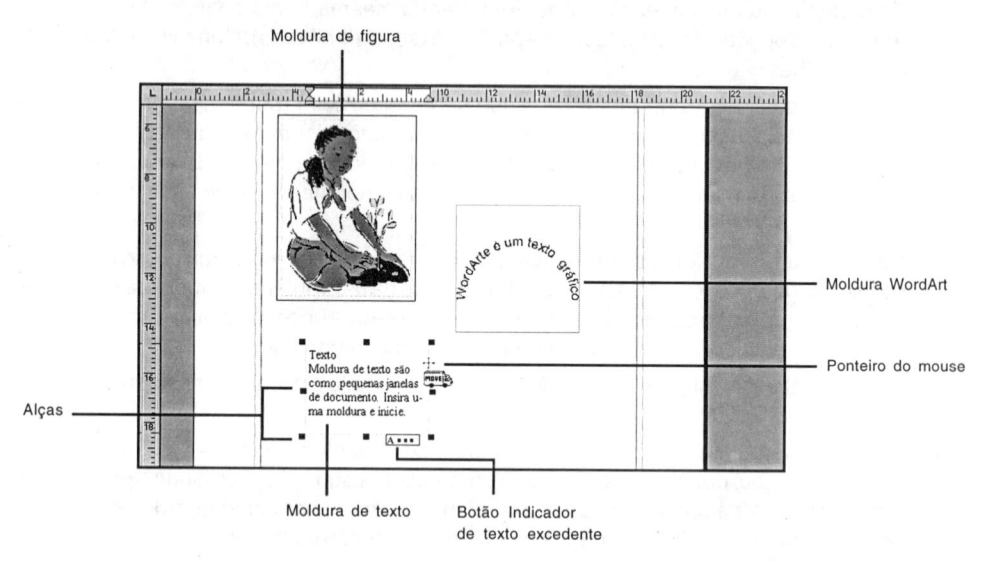

Caso seja capaz de lidar com molduras, já sabe muito do que precisa para personalizar a publicação.

Certo, ainda há muito mais a fazer para personalizar a publicação mas aquele currículo precisa sair rápido. Assegure-se de tê-lo revisado antes de enviar e boa sorte!

Ferramentas de layout de página sem as quais não se pode viver

Já mencionei antes neste capítulo as linhas pontilhadas azuis e rosas. Para que elas servem? A caixa rosa indica as margens da página. Tente permanecer dentro das margens para que os objetos não extrapolem para uma área que não é impressa. As linhas azuis são linhas de grade que ajudam a posicionar as molduras de maneira mais precisa em uma página. Ao arrastar o canto de um objeto para perto de uma linha de grade, ele cola-se a ela como a um ímã.

Capítulo 27 ➤ *Com o Microsoft Publisher, editoração é uma moleza* 315

Para ajustar as margens e ativar as linhas de grade, abra o menu **Organizar** e selecione **Guias de layout**. Digite as margens de página desejadas (em centímetros), selecione o número de colunas e linhas que deseja usar na grade e clique em **OK**.
A fim de mover uma linha de grade, abra o menu **Exibir** e escolha **Ir para plano de fundo** ou pressione **Ctrl+M**. Isso exibe as margens e linhas de grade. Pressione a tecla **Shift** e mova o ponteiro do mouse sobre uma linha de grade (ou de margem) até que ele exiba a palavra "Ajustar." Arraste a linha de grade para a posição desejada. Ao fazê-lo, uma linha levemente cinza aparece na régua no alto ou do lado esquerdo da área de visualização mostrando a posição exata da linha. Solte o botão do mouse e a tecla Shift. (A fim de retornar ao primeiro plano, pressione **Ctrl+M** ou escolha **Exibir, Ignorar plano de fundo**.)

Correio eletrônico direto do Publisher

Para enviar sua publicação para alguém por correio eletrônico, abra o menu **Arquivo**, escolha **Enviar** e siga as instruções apresentadas na tela. (Caso se esteja enviando uma publicação de diversas páginas que contenha um grande número de imagens, seu envio pode levar alguns minutos.) Caso tenha instalado o Symantec WinFax Starter Edition, como explicado em "Envio de fax" no Capítulo 23, pode-se enviá-la por fax. Quando a janela Mensagem surgir, abra a lista suspensa Enviar, escolha **Symantec Fax Starter Edition** e siga as instruções dadas no capítulo mencionado.

Pressione Shift+arraste um linha de grade ou de margem para a posição desejada.

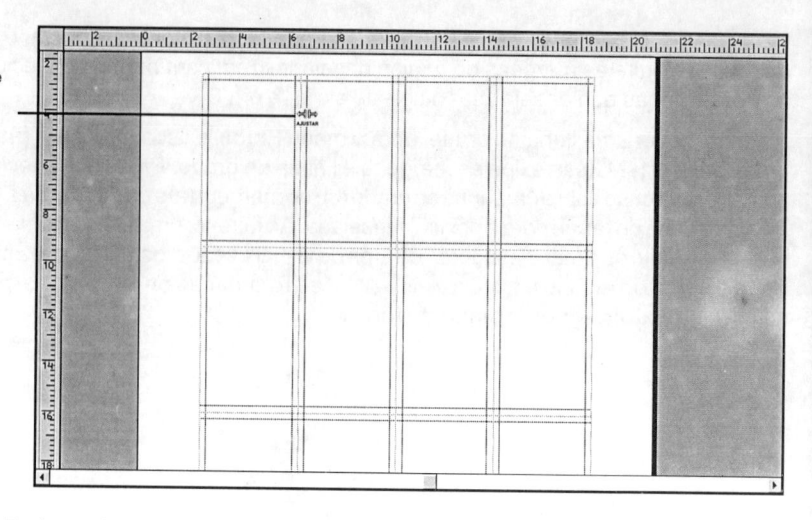

Pode-se ajustar as posições de linha de grade no plano de fundo.

Apesar de aquelas linhas de grade realmente ajudarem no alinhamento de objetos, elas podem também irritar o usuário. A fim de desativar o recurso de ajuste, abra o menu **Ferramentas** e escolha a opção de **Ajustar a** desejada: **Ajustar às marcas da régua, Ajustar às guias** ou **Ajustar a objetos**. (É possível alternar a opção Ajustar às guias pressionando-se **Ctrl+W**, onde não tenho idéia do que o W significa.)

Impressão de publicações de aparência profissional

As impressoras atuais são capazes de produzir publicações de alta-qualidade de maneira econômica e oferecem controle completo sobre a fila de impressão. Ao se precisar de alguma publicação com urgência, não existe melhor maneira de produzi-la do que imprimindo-a. Contudo, caso seja necessário imprimir grandes quantidades de catálogos coloridos, brochuras, cardápios de restaurante ou outras publicações profissionais, uma gráfica será mais bem equipada para realizar o trabalho.

Mas onde começar? Quais as opções? As seções seguintes proporcionam informação necessária para suas próprias impressões das publicações e prepará-las para serem impressas por um profissional.

Verificação das opções da impressora

Diante da decisão de como produzir as publicações em grande quantidade, deve-se considerar duas coisas — custo e qualidade — e tentar balanceá-las a fim de tomar a melhor decisão. Antes de decidir, leia a lista de opções de impressão abaixo:

Estritamente econômica: Vá de escala de cinza, resolução média (600 dpi). Essa escala é um tipo de TV preto e branco que usa o preto, o branco e vários matizes de sombra para exibir imagens. (Para acrescentar cor sem aumentar muito o custo, imprima em papel colorido.)

Colorido, mas um pouco caro: Opte por um impressão totalmente colorida e de mesma tonalidade em resolução baixa ou média (300 a 600 dpi) considerando que a gráfica oferece essa opção. Não é a melhor opção para a impressão de fotos totalmente coloridas, mas é ótima para imprimir texto e gráficos gerados pelo computador usando uma impressora de mesa.

Dinheiro não é o problema: Escolha uma impressão totalmente colorida usando uma resolução de 1200 dpi para clientes sofisticados e distintos. Caso a publicação inclua fotos de cores vivas e se necessite alta qualidade, esse tipo de impressão é única maneira de se obter o efeito desejado. Ela requer o envio da publicação para a gráfica em disquete ou modem.

Solução mediana: A fim de se manter dentro do orçamento e ainda assim criar publicações de alta qualidade, opte pela saída de *impressão por ponto* ou *duas cores*. Com a primeira, muitos textos e gráficos são impressos em escala de cinza, porém uma outra cor é usada para cabeçalhos ou outros objetos tais como barras laterais. Devido ao fato de se estar usando apenas uma cor adicional, esse método é muito mais barato do que uma impressão usando cor total.

Faça sozinho usando a impressora pessoal

Sua impressora é capaz de resolver a maioria de suas necessidades de publicação e deve produzir satisfatoriamente material impresso de alta qualidade, supondo-se que se esteja usando papel também de alta qualidade. Carregue-o na impressora, ligue-a e escolha **Arquivo, Imprimir**. Estabeleça suas preferências de impressão e clique no botão **OK**.

Impressão em duas cores para um orçamento planejado

Um método mais barato de se adicionar cor a um documento é o uso da cor especial (também conhecida como duas cores). Para imprimir uma publicação que usa esse método, a impressora deve criar duas séries de superfície de impressão para cada página. Uma imprime tudo que aparece em preto (normalmente o texto do momento) e a outra aplica a cor.

Na maioria dos casos, as fotos compositoras criarão separação reais de cor e as produzirão em filmes para aplicação para as superfícies de impressão. No entanto, deve-se formatar os objetos que se quer em uma segunda cor. Siga as instruções abaixo:

1. Abra a publicação.
2. Abra o menu **Ferramentas**, aponte para **Ferramentas de impressão comercial** e clique no item **Impressão em cores**.

3. Clique em **Cor(es) especial(is)** e, em seguida, no botão **Alterar cor especial**.
4. Abra a lista suspensa **Cor especial 1** e escolha a cor que deseja usar. (Pode-se especificar uma cor diferente na gráfica mas tente selecionar algo próximo)
5. A fim de usar uma outra cor, clique na caixa de verificação ao lado de **Cor especial 2** e escolha uma cor. (O uso de outra cor aumenta o preço da impressão, naturalmente). Clique em **OK** para retornar à caixa de diálogo Impressão a cores.
6. Clique em **OK** para gravar as alterações. O Publisher aplica de maneira automática a segunda cor para alguns dos objetos presentes na publicação.
7. Para obter uma impressão do plano de fundo da moldura na segunda cor, selecione-a, clique no botão **Cor de preenchimento** e escolha a cor ou uma tonalidade próxima à ela. (Em publicações de cor especial, as cores disponíveis estão limitadas a preto, matizes de cinza, a segunda cor especificada e suas nuances.)
8. A fim de imprimir uma figura, um texto ou objeto de WordArt na segunda cor, realize o procedimento a seguir:

   Figura: Posicione o cursor do mouse sobre a figura e clique no botão direito, aponte para **Alterar figura** e, em seguida, escolha o item **Recolorir figura**. Selecione a segunda cor e pressione o botão **OK**.

   WordArt: Proceda como no item anterior escolhendo **Alterar objeto** e depois **Recolorir objeto**. Selecione a segunda cor e clique em **OK**.

   Texto: Marque o texto, clique no botão **Cor da fonte** e escolha a segunda cor desejada ou uma tonalidade.

Para imprimir o documento, escolha **Arquivo, Imprimir**, selecione **Imprimir separações** e, então, clique em **OK**. O programa imprime duas páginas em uma: uma contendo todo o texto em escala cinza e a segunda com todo o texto colorido e objetos. Quando a gráfica devolver uma prova da publicação, compare-a com a sua para verificar as separações de cores.

Imprimir para arquivo para uma impressão externa

Caso esteja direcionando sua publicação para um arquivo a fim de enviá-la para uma gráfica em um disco flexível ou pelo modem, o processo é um pouco complicado. Primeiro, procure saber junto à gráfica que impressora deve ser usada. Talvez seja necessária a instalação de um outro *driver* de impressão do Windows (**Iniciar, Configurações, Impressoras**, ícone **Adicionar impressora**).

Quando a impressora correta estiver instalada, pode-se usar o Assistente para viagem a fim de imprimir a publicação para um arquivo dentro de seu disco rígido ou transferi-la para uma série de disquetes. Veja o que fazer:

1. Grave a publicação como normalmente faria com um documento.
2. Abra o menu **Arquivo**, aponte para Assistente de viagem e opte por **Levar para um serviço de impressão comercial...** A primeira caixa de diálogo relativa ao assistente aparece descrevendo o que ele é capaz de realizar.

3. Clique em **Avançar**.
4. Escolha a unidade de disco e a pasta na qual deseja guarda o produto. (Caso se esteja transferindo a publicação para uma série de disquetes, tenha em mãos vários deles formatados.) Clique em **Avançar**.
5. Escolha as opções desejadas para inclusão de fontes e elementos gráficos na publicação e clique em **Avançar**.
6. Pressione o botão **Concluir**. O Assistente de viagem transfere a publicação para dentro do arquivo ou uma série deles e inclui um outro chamado Unpack.exe que será executado para extrair o(s) arquivo(s) que a constituem.

Fale como um expert: vocabulário completo

Access: Aplicativo de banco de dados incluso no pacote Microsoft Office 97 Profissional. Permite que se crie formulários, entrada de dados neles e criação de relatórios utilizando dados armazenados.

agrupar: Selecionar e tratar um conjunto de objetos gráficos como único. Caso se tenha diversos objetos desenhados que componham um único, agrupar será útil para mover e redimensionar os objetos como uma unidade. (Confira também *desagrupar*.)

alça de preenchimento: Uma pequena caixa que aparece exatamente fora do canto inferior direito de uma célula de planilha Excel selecionada. Pode-se arrastar a alça para copiar a entrada da célula selecionada em uma cadeia de células adjacentes.

alças: Pequenos quadrados que envolvem um objeto gráfico selecionado ou uma caixa de texto. Pode-se facilmente alterar o tamanho ou as dimensões de um objeto arrastando uma de suas alças.

apresentação: Nome bonito para uma apresentação do PowerPoint.

área de impressão: Uma parte de uma planilha do Excel que se deseja imprimir. Devido ao fato de elas poderem se tornar bem longas e extensas, talvez se queira imprimir apenas uma parte dela.

área de trabalho: A área na tela do Windows a partir da qual é possível abrir programas, remover arquivos através da Lixeira, visualizar e administrar outros recursos.

Área de transferência: Uma área de armazenamento do Windows na qual os dados são temporariamente guardados quando os recortamos ou copiamos. Com a instalação do Office 2000, essa área pode armazenar uma série de pedaços de dados recortados ou copiados.

Argumento: Uma variável de uma função presente em uma planilha do Excel que instrui a função que valores usar no cálculo. Por exemplo, na expressão: =AVG(A1..K15), AVERAGE é a função e (A1..K15) é o argumento.

arquivo: Uma coleção de dados gravada no disco sob um nome específico. Sempre que se salva um documento, o aplicativo o armazena em um arquivo dentro de um disquete, um disco rígido ou uma unidade de rede.

arrastar-e-soltar: Método de cópia ou movimentação de dados simplesmente selecionando-os e arrastando-os de um lugar para outro usando o ponteiro do mouse dentro de um mesmo documento ou diferentes.

Assistente de AutoConteúdo: Uma série de caixas de diálogos dentro do PowerPoint que criam uma apresentação pronta para anúncio de um produto, divulgação de um lançamento comercial, treinamento de novos empregados etc.

Assistente do Office: Um personagem animado que surge instantaneamente na tela e oferece ajuda sempre que se inicia um aplicativo do Office ou se tenta realizar uma tarefa de alguma forma complexa.

assistente: Uma série de caixas de diálogo que conduzem o usuário através do processo de realização de uma tarefa complicada. Os aplicativos do Office oferecem assistentes como uma rápida maneira de se criar documentos. O Assistente de carta do Word, por exemplo, pode ajudar na criação de uma carta comercial formatada de modo adequado.

AutoAjuste: Recurso do Excel que ajusta a largura de uma coluna à maior entrada nela presente. Considere esse recurso como um tipo de lycra para planilhas eletrônicas.

AutoCorreção: Um recurso que automaticamente corrige erros de digitação e de ortografia enquanto se digita.

AutoFormatação: Um outro recurso do Excel que embeleza as pastas de trabalho sem dar muito trabalho ao usuário. Ele adiciona sombreamento, bordas de células e outras formatações bonitas à planilha. O Word também possui essa ferramenta para ser usada com tabelas.

AutoTexto: Uma ferramenta que possibilita a criação de entradas curtas para textos normalmente digitados. Por exemplo, é possível criar uma entrada de AutoTexto que insira a frase "Barra de atalho do Microsoft Office" sempre que se digitar as letras BAMS e se pressionar a tecla F3.

banco de dados: Um programa de computador usado para guardar, organizar e recuperar informações. O termo é usado também para descrever qualquer coleção de dados.

Barra de atalhos: Uma tira de botões que torna fácil o acesso aos aplicativos do Office e realiza tarefas específicas tais como a criação de um novo documento ou agendamento de um compromisso. Depois de se instalar o Office, a Barra de atalhos aparecerá sempre ao se iniciar o sistema.

barra de ferramentas: Uma faixa de botões que normalmente aparece no alto de uma janela de um aplicativo exatamente abaixo da barra de menu. Usando uma barra de ferramentas é possível desviar-se dos comandos suspensos de menu através de um clique em um botão.

barra de tarefas: Uma barra localizada na parte inferior da área de trabalho do Windows que permite alternar para frente e para trás entre aplicativos ou carregar novos programas a partir do botão Iniciar.

borda: Uma caixa ao redor de um texto, uma figura ou outro objeto. Pode-se alterar sua cor, espessura e estilo para lhes dar uma aparência diferente.

Botão de ação: Um botão que aparece em um slide do PowerPoint e possibilita ao usuário que está visualizando a apresentação a realizar algum tipo de ação como avançar para o próximo slide.

caixa de diálogo: Uma janela normalmente pequena que um aplicativo exibe quando necessita de mais informações para realizar uma tarefa solicitada.

caixa de seleção: Um contorno que aparece ao redor de uma célula ou bloco de células dentro de uma planilha Excel quando as célula(s) são selecionadas.

Fale como um expert: vocabulário completo

caixa de texto: 1. Um espaço vazio em uma caixa de diálogo na qual pode-se digitar um ajuste como a largura de uma margem. 2. Uma área retangular em uma página na qual se pode digitar texto. Elas são excelentes para resumos informativos e para inserção de barras laterais e outros pedaços de texto que não se encaixam no fluxo normal do documento.

campo: Em um formulário de preenchimento de lacunas, é a lacuna. No caso de um banco de dados, cria-se formulários para a entrada de dados. Cada formulário possui um ou mais campos nos quais os dados são digitados. Uma coleção de entradas de campo origina um registro.

Célula de referência absoluta: um endereço de célula presente em uma fórmula de uma planilha Excel que não se altera quando se move ou se copia a fórmula. (Veja também *célula de referência relativa*.)

célula: O retângulo formado pela interseção de uma coluna e uma linha em uma planilha do Excel. Digita-se rótulos de texto, valores e fórmulas nas células para criar uma planilha.

cenário: Uma série de valores no Excel que podem ser ligados a uma planilha para verificar como esses valores afetaram o resultado final. Ao se brincar com essas séries de valores dessa maneira, costuma-se dizer que se está brincando de *Advinha o que é*?

chart: gráfico, diagrama.

chave estrangeira: Um campo do Access que estabelece uma relação com outra tabela. Na maioria das vezes, as duas tabelas apresentam campos de mesmo nome. A *chave primária* de uma tabela fornece informações à estrangeira presente em outra tabela. Por exemplo, pode-se ter uma tabela Cliente que forneça a identificação do cliente para a tabela Pedidos. (Confira também em *chave primária*.)

chave primária: Um campo que fornece entradas para um outro correspondente dentro de uma outra tabela do Access. (Veja também *chave estrangeira*.)

cliente: Um programa que recebe dados copiados, vinculados ou incorporados de outros programas. O termo cliente é também usado para descrever seu computador quando está conectado a um servidor através de uma rede interna ou da Internet.

clip art: Uma coleção de imagens pré-desenhadas que podem ser usadas para decorar os documentos mesmo que não se tenha talento artístico.

código de campo: Marca inserida pelo Word em um documento para extrair dados de uma outra origem. Por exemplo, o código de campo data insere a data do relógio interno do computador. O Word também usa esses códigos para introduzir informações em um formulário, gerar uma tabela de itens e criar listas numeradas.

coluna: Arranjo vertical de dados em uma tabela ou planilha. Elas interceptam linhas para formar caixas chamadas de *células* nas quais digitam-se entradas. Veja também em *colunas de jornais*.

Colunas: Uma opção de formatação de texto que faz com que ele exiba duas ou mais colunas de texto em uma página. O texto se estende do início ao fim da primeira coluna e continua no alto da próxima como em um jornal ou revista.

Compromisso: No Outlook, trata-se de um horário agendado no qual se precisa fazer alguma coisa, mas que não envolve o tempo de um outro colega de trabalho (por exemplo, almoçar com a esposa, uma consulta ao dentista). Compare com *reunião*.

consulta: Uma série de instruções para orientar o Access quanto aos dados a extrair de um banco de dados, como classificá-los e como organizá-los. São usadas para se extrair dados de uma ou mais tabelas ou de vários bancos de dados para a criação de relatórios.

contíguo: Um termo elegante para *vizinhança*. Em uma planilha, por exemplo, todas as células que estão próximas umas às outras são chamadas de contíguas.

controle: Um objeto gráfico em um formulário ou relatório do Access que possibilita ao usuário a entrada de dados, execução de um comando ou exibição de dados. Controles ordinários incluem caixas de texto, botões de opção e caixas de verificação.

corretor gramatical: Uma ferramenta de edição embutida na maioria do processadores de texto, tendo raramente alguma utilidade para alguém. O Microsoft Word tem um corretor assim, então pode-se conferir de imediato o que quero dizer.

cronômetro: Uma ferramenta do PowerPoint que permite o controle de quanto tempo um slide permanece na tela durante uma apresentação on-line.

cursor: Outro nome dado à linha vertical que indica onde o texto é inserido quando se começa a digitar. O nome mais adequado é *ponto de inserção*.

dados: Informações armazenadas no computador e com as quais ele trabalha.

desagrupar: Separar diversos objetos de desenho que foram agrupados a fim de funcionarem como um único objeto. Antes de excluir ou modificar um objeto único, deve-se desagrupar os objetos. (Veja também *agrupar*.)

diário: No Outlook, trata-se de um diário que mantém registro do seu trabalho incluindo os documentos criados e as mensagens de correio eletrônico enviadas e recebidas. Pode-se também introduzir informações sobre chamadas telefônicas importantes (com propósitos legais) e inserir detalhes pessoais.

Dica de tela: Primeiramente conhecida como Dica de ferramenta, trata-se de uma breve descrição de um objeto, botão ou opção que surge instantaneamente sempre que se repousa o ponteiro do mouse sobre o objeto.

divisão de caixa: Uma barra pequena normalmente localizada no alto da barra de rolagem vertical ou na extremidade direita da barra de rolagem horizontal que possibilita a divisão de uma janela de documento em dois painéis. (Veja também *painel*.)

documento de destino: O arquivo no qual cola-se dados que foram recortados ou copiados de um outro documento.

documento de origem: O arquivo a partir do qual se copia ou se recorta dados para inserir em outro documento. Quando se copia dados de um documento de origem e se cola como um link em um outro (destino), sempre que o de origem for editado, as mudanças aparecerão no de destino.

documento principal: Documento principal de dois que se esteja mesclando. Em uma operação de mala direta a carta é o *documento principal* e o catálogo de endereços é a sua *origem de dados*. (Confira em *mala direta*.)

documento: O arquivo que se cria quando se trabalha em quaisquer aplicativos do Office. Esses arquivos incluem documentos Word, pastas de trabalho do Excel, apresentações do PowerPoint e banco de dados do Access.

e-mail: Abreviatura de correio eletrônico em inglês que constitui em um sistema que torna possível aos usuários a troca de mensagens e arquivos através de conexões com a rede interna, Internet ou modem.

Endereço: Uma combinação de uma letra de coluna e o número de uma linha que determina a localização de uma célula em uma planilha Excel. Assim, por exemplo, o endereço da célula presente no canto superior esquerdo da planilha é A1. Esses endereços são normalmente usados em fórmulas para introduzir valores no cálculo.

estilo: Um conjunto de configurações de formatação que se pode aplicar a um parágrafo ou a um texto selecionado. Caso se mude uma ou mais configurações de formato em um estilo, as alterações afetam todo o texto que se formatou usando aquele estilo.

evento: No Outlook, trata-se de uma atividade que dura um ou mais dias, ao contrário de uma faixa de tempo em um dia.

Excel: Programa de planilha eletrônica feito pela Microsoft. Ele pode ser usado para organizar números e outros dados; realizar operações matemáticas complexas e muito mais.

expandir: Uma ferramenta de contorno do Word que permite trazer um texto de volta à vista depois de se retirar um contorno.

faixa: Trata-se de um grupo de células adjacentes ou um conjunto de blocos de células.

favoritos: Uma lista de páginas Web de sua preferência. Adicionam-se favoritos ao menu de mesmo nome e, então, será possível retornar àquelas páginas mais tarde selecionando-as a partir do menu.

filtro: Utilizado para extrair registros de um banco de dados. Por exemplo, caso se possua um catálogo de telefones cheio de nomes e endereços, é possível usar um filtro para extrair os registros que estejam entre os nomes Smith até Smythe.

folha de dados: Uma mini planilha/tabela que facilita a entrada de dados que se deseja representar graficamente ou se incluir em um banco de dados. No Access, pode-se exibir uma tabela ou formulário no modo de visualização Folha de dados para um entrada de dados mais rápida.

folhetos: Páginas do PowerPoint que podem ser impressas para distribuição ao público.

fonte: Um conjunto de caracteres que partilham o mesmo desenho.

formatação condicional: Uma opção de formatação de célula no Excel que altera o modo de exibição de uma célula ou de seu conteúdo baseada em um valor dentro dela. Por exemplo, pode-se formatar uma célula para que mostre um valor, na cor preta, quando for positivo ou, vermelha, caso seja negativo.

formatar: Alterar a aparência ou layout de uma página ou de um texto selecionado. A formatação inclui alteração de margens e seleção de diferentes estilos de fonte.

Fórmula: Uma instrução matemática presente em uma tabela ou planilha que orienta o aplicativo como realizar cálculos sobre um conjunto de valores. As fórmulas consistem normalmente de endereços de célula que extrai valores de células específicas e operadores matemáticos que especificam as operações a realizar. Por exemplo, =(C1+C2+C3)/3 determina a média dos valores presentes entre as células C1 e C3.

formulário: Uma página de preenchimento de lacunas comum nas páginas Web, no Excel e em bancos de dados Access. Nesse último, preenche-se um formulário para inserir um registro. (Veja também *registro*.)

função: Uma fórmula pronta que realiza uma operação matemática sobre um conjunto de valores. A simples função SUM, por exemplo, determina o total de uma série de valores. Uma função mais complicada pode determinar o pagamento de um empréstimo fornecidos sua quantia, o prazo e a taxa de juros.

home page: 1. Página Web carregada pelo navegador sempre que é iniciado. 2. Página de abertura em um site da Web. Ela normalmente possui um breve introdução do site além de links para outras páginas dentro dele.

HTML: Acrônimo para *Hypertext Markup Language*, conjunto de códigos (conhecidos como *tags* (marcas) que inserem figuras, links, clipes de áudio e outros objetos em uma página Web e instrui o navegador sobre como exibir a página. Na verdade, esses códigos não são visualizados quando se vê uma página Web, exceto se o seu criador não sabia o que estava fazendo.

hyperlink: Conexão de texto, gráficos, ícones ou outros itens presentes em um documento a outras áreas dentro dele ou a páginas, arquivos e outros recursos fora dele. Os hyperlinks são usados normalmente em páginas Web para conectar uma página a outra.

incorporar: Destina-se à cópia de dados de um documento de um aplicativo e sua colagem em um documento criado por outro aplicativo, mantendo-se um vínculo para o aplicativo no qual eles foram criados. Caso se incorpore uma planilha do Excel em um documento Word, por exemplo, pode-se dar dois cliques sobre ela dentro do documento Word para executar o Excel e editar a planilha.

indicador: 1. Um recurso do Word que insere uma marca no documento para que se possa retornar rapidamente àquele ponto mais tarde. 2. Em uma página Web, um código que permite estabelecer um vínculo para uma localização específica na página.

Inserir: Um efeito de animação em uma apresentação que introduz elementos em um slide sendo um de cada vez. Pode-se criar uma inserção que pode reunir uma lista de marcadores um de cada vez.

Intelimouse: Um dispositivo apontador de três botões fabricado pela Microsoft. O botão do meio nesse mouse é uma pequena roda cinza que se pode girar para rolar um documento na tela. Pode-se usar esse botão para outras tarefas como explicado no capítulo 1.

Internet Explorer: Um navegador Web popular gratuitamente distribuído pela Microsoft. Eles são capazes de fazer isso? (Veja também em *Navegador Web*.)

Internet: Um sistema mundial de redes interligadas que torna possível para qualquer um que possua um computador e um modem ou outra conexão de rede abrir páginas multimídias, trocar mensagens de correio eletrônico, bater papo e muito mais.

intranet: Uma rede interna (em uma empresa, universidade ou outra instituição) que usa tecnologia da Internet para tornar mais fácil a navegação na rede.

legenda: Uma pequena caixa que exibe códigos coloridos para os gráficos. Em mapas rodoviários já viu, sem dúvida, legendas que mostram a escala de quilômetros e a diferença entre vias principais e secundárias.

linhas de grade: Linhas que não são impressas em um tabela ou planilha que mostra os limites das células. Não devem ser confundidas com as *bordas* que realmente aparecem na impressão.

link: 1. Destina-se à cópia de dados de um documento de origem e sua colagem em um documento de destino mantendo uma conexão ativa entre os dois documentos. Sempre que os dados forem editados no primeiro, as alterações aparecerão automaticamente no de destino. Assim, por exemplo, caso se tenha colado uma planilha do Excel, como um link, dentro de uma apresentação do PowerPoint, sempre que aquela for editada, as alterações aparecerão na apresentação. 2. Em uma página Web, destaca texto ou ícones nos quais se clica para abrir páginas associadas a ela (veja em *hyperlink*).

macro: Uma série de comandos gravados, teclas e/ou movimentos do mouse que se pode executar entrando o nome da macro, clicando-se um botão ou pressionando uma combinação de tecla específica.

mala direta: Uma ferramenta que extrai dados (tais como nomes e endereços) de um documento e automaticamente os insere em um outro (uma carta padronizada) a fim de criar um conjunto de documentos únicos.

maximizar: Significa expandir a janela do programa para o tamanho da tela ou pagar 70 centavos a mais para modificar o pedido para uma batata e um refrigerante grande.

memória: Área de armazenamento eletrônico do computador. A memória costumava ser medida em kilobytes, porém com os avanços relativos aos sistemas operacionais e aplicativos, é agora medida em megabytes e, caso deseje usar o Office, é melhor que seu computador tenha, no mínimo, 16 megabytes.

menu: Uma lista de comandos que podem ser acessados clicando-se neles com o ponteiro do mouse. Eles podem ficar suspensos de uma barra de menu ou surgir instantaneamente na tela quando se clica no botão direito do mouse. Pode-se fazer um menu desaparecer normalmente clicando-se em outra coisa diferente dele.

minimizar: Reduzir uma janela a um botão na barra de tarefas.

modelo: Um padrão relativo a um documento que controla fontes, tamanhos e outras configurações de formatação.

moldura: Uma caixa cinza clara que aparece ao redor de uma caixa de texto no PowerPoint ou Word e mantém qualquer texto ou objetos gráficos juntos.

mudança automática de linha: Um recurso presente em todos os processadores de textos que move automaticamente o ponto de inserção para a linha seguinte quando se chega ao final da linha atual, ao contrário de uma máquina de escrever onde se deve bater no braço de retorno para começar uma nova linha.

mudança automática: Veja a definição para *mudança automática de linha*.

narração: Uma gravação de voz que é executada durante uma apresentação no PowerPoint.

Navegador Web: Um aplicativo que abre e exibe páginas da World Wide Web. Além disso, para exibir o texto que forma essas páginas, muitos navegadores são capazes de mostrar objetos gráficos e executar clipes de áudio. O Internet Explorer da Microsoft é um navegador popular.

navegador: vide *Navegador Web*.

nível: Um recurso do Word que permite especificar como se deseja tratar os títulos no documento. Especificando um nível para cada título, é possível inibir o perfil para visualizar somente os títulos e então reestruturá-los o documento simplesmente mudando os títulos.

objetos gráficos: Figuras e arte digitais. Um objeto gráfico pode ser um desenho criado no computador, uma imagem escaneada para manipulação digital (clip art) ou várias formas, linhas e caixas criadas no computador.

OLE: Acrônimo de *object linking and embedding*. Tecnologia que permite o compartilhamento de dados livremente entre diferentes tipos de documentos.

online: Estar conectado a um outro computador ou rede.

ordem das operações: A seqüência na qual o Excel realiza uma série de cálculos também chamada *precedência*. O programa executa primeiro todas as operações que estão entre parênteses, depois as equações exponenciais, multiplicação, divisão e, finalmente, adição e subtração.

origem de controle: Campo a partir do qual um controle presente em um formulário ou relatório obtém entradas de dados. Por exemplo, é possível se colocar um campo denominado NomeProduto no relatório que extraia dados de uma origem como o campo de mesmo nome na tabela Produtos.

origem de dados: Um arquivo de onde se extrai entradas de dados. Caso se crie um formulário no Word que extraia nomes e endereços de um catálogo de endereços, por exemplo, esse é a origem de dados. (Veja também *documento principal*)

Outlook: Aplicativo de gerenciamento de informações pessoais e e-mail que está incluído no Office. Com ele, pode-se agendar os compromissos e datas importantes, atribuir prioridades às tarefas de sua lista de coisas a fazer, administrar o correio eletrônico, manter um catálogo de endereços, um diário e mesmo escrever um lembrete pessoal para si mesmo.

padrão: Um desenho tipicamente usado como fundo de uma página, gráfico, tabela ou célula.

painel: Uma parte de uma janela que exibe dados diferentes de um mesmo documento. Eles são úteis caso se esteja trabalhando em uma parte do documento e se precise referir-se a informações em diferentes partes dele.

pasta de trabalho: Uma coleção de planilhas Excel. Cada arquivo que se cria no Excel é uma pasta de trabalho.

planilha eletrônica: Um programa feito para imitar as linhas e colunas de um livro-contábil que se usa para organizar e exibir os dados. Elas podem ser usadas para a organização de dados em linhas e colunas, realização de cálculos baseados em entradas numéricas e análise de dados através de gráficos.

planilha: Uma página da pasta de trabalho do Excel na qual se inserem dados.

pontilhado: Uma seqüência de caracteres que conduzem ao próximo texto na parada de tabulação.

ponto de inserção: Uma linha vertical piscante que indica onde o texto aparecerá quando se começar a digitar ou onde um objeto será inserido.

PowerPoint: Programa de apresentação do Office. Com ele é possível criar apresentações na tela, transferi-las para slides de 35mm ou imprimi-las em papel ou transparências. Pode-se mesmo criar clipes gravando-se uma narração.

preenchimento: Trata-se da cor de fundo usada para uma célula em uma tabela do Word, planilha do Excel ou um objeto desenhado.

processador de texto: Um aplicativo que torna possível o fatiamento, o jogo e o corte em pedaços de palavras e expressões, inserção de objetos gráficos para as páginas e a realização de todas as outras tarefas exigidas pela criação de uma publicação impressa.

programa: Um conjunto especial de instruções escritas para o computador orientando-se como executar alguma tarefa útil. Encontra-se os termos *programa, software e aplicativo* usados um no lugar do outro, pois todos significam a mesma coisa.

Fale como um expert: vocabulário completo

quebra de página: Um código de impressão que indica onde uma página termina e outra começa. Os aplicativos do Office automaticamente inserem quebras de páginas baseadas nas margens e no tamanho do papel. No entanto, pode-se inserir quebras de página manuais para dividir páginas.

recálculo: Destina-se a executar as fórmulas em uma planilha outra vez depois de mudar um valor. Como padrão, o Excel recalcula automaticamente as fórmulas. Caso se desative o recurso de AutoRecalculo, pode-se fazer o Excel recalcular fórmulas pressionando-se F9.

recorte: Texto selecionado, objeto gráfico ou outro que se arrasta de um documento e se coloca na área de trabalho do Windows. Os recortes possibilitam uma rápida movimentação e cópia de um documento para outro.

rede: Um grupo de computadores conectados a cabos de transmissão de dados de alta velocidade com a intenção de compartilhar hardware, software, dados e comunicação.

Referência circular: Uma fórmula que referencia a mesma célula que a contém dentro de uma planilha. Isso resulta em um erro e o Excel lhe dá uma palmada na mão e exibe uma caixa de diálogo dizendo "Não é possível fazer isso."

referência de célula relativa: Um endereço de célula presente em uma fórmula de uma planilha do Excel que se altera ao se colá-la em uma célula diferente. A menos que seja determinado algo em contrário, o programa torna todas as referências de célula relativas para que quando se copiar uma fórmula para uma célula diferente, o endereço se ajuste automaticamente a fim de realizar os cálculos baseados em um conjunto de dados diferentes. Caso não se deseje que um endereço de célula mude, deve-se marcá-lo como uma *referência de célula absoluta*.

referência mista: Uma célula de referência absoluta em uma fórmula de uma planilha, como $A3, que instrui a fórmula para se referir sempre a uma célula na coluna A mas que, quando copiada a fórmula para uma outra célula, o número da linha seja alterado.

registro: Um conjunto de campos formando uma entrada completa em um banco de dados. Pense em um catálogo telefônico giratório de mesa como sendo um banco de dados. Cada cartão desse catálogo seria um registro.

régua: Uma fita. Característicamente exibida acima e/ou à esquerda da área de visualização do documento. É usada para se alterar margens, recuar parágrafos e estabelecer paradas de tabulação.

relatório: Um recurso do Excel e do Access que serve para extrair dados de um ou mais bancos de dados ou tabelas, organizar os dados de modo atraente dentro de uma página e (de modo opcional) realizar cálculos baseados nos dados. Normalmente, eles são usados para analisar dados e apresentá-los em um formato significativo.

reunião: Um evento realizado com outras pessoas que trabalham no mesmo local, excluindo-se reclamações sobre a chefia, apostas na loteria esportiva e uma escapada para fumar um cigarro. As reuniões requerem que se coordene uma quantidade de tempo com seus colegas zangões.

rótulos: Entradas em uma planilha Excel que são tipicamente usadas para indicar o sentido de outras entradas, como valores. Eles normalmente aparecem no alto das colunas e à esquerda das linhas.

seção: Dentro de um documento do Word, constitui uma parte dele que possui as mesmas configurações de formatação relativas aos cabeçalhos, rodapés e colunas. Como padrão, cada documento tem uma seção. Caso se altere a formatação de uma seção relativa a uma parte do documento, cria-se uma nova seção.

séries de preenchimento: Uma cadeia de valores relacionados que pode ser rapidamente inserida em células adjacentes de uma planilha do Excel. Por exemplo, o Excel possui uma série de preenchimento que consiste dos nomes dos dias da semana. A fim de inserir os nomes dentro de uma seqüência de células, tudo o que se tem a fazer é digitar segunda na primeira célula e, em seguida, arrastar a alça de preenchimento da célula sobre as próximas seis. Ao se soltar o botão do mouse, o programa insere os nomes do dias da semana restantes.

servidor: Dentro de uma rede ou da Internet é o computador com o qual o seu computador (o cliente) se conecta e usa para acessar informações, usar aplicativos ou compartilhar recursos.

sintaxe: A forma na qual se deve entrar uma fórmula ou função a fim de que funcione de modo adequado. Como se fosse gramática para sentenças numéricas.

slide mestre: Um slide do PowerPoint que funciona como nos bastidores controlando a cor e formatação para todos os slides de uma apresentação. Pode-se substituir as configurações do slide mestre nos individuais. (Veja também *título mestre*.)

spool: Uma tecnologia de impressão que envia instruções ao disco rígido e, então, alimenta a impressora com elas para que se possa continuar trabalhando enquanto o documento é impresso.

tabela: Uma estrutura que organiza dados em linhas e colunas. Elas são normalmente usadas em documentos do Word e páginas Web para ajudar no alinhamento do texto sem ter de entrar desagradáveis configurações de tabulação.

teclas de atalho: Combinações de pressionamento de teclas que possibilitam o desvio de um menu ou de uma seqüência de comando.

Título mestre: Um slide do PowerPoint que funciona nos bastidores para controlar a formatação relativa aos títulos e subtítulos de cada slide na apresentação. (Veja também *slide mestre*.)

valores: Entradas numéricas dentro de uma planilha [md] opostos aos *rótulos* que são entradas de texto.

Web: Abreviação de *World Wide Web* que significa um conjunto de páginas que são guardadas nos computadores ao redor do mundo e que estão ligadas umas às outras através de hyperlinks. Os aplicativos do Office oferecem muitos recursos novos que ajudam na criação de páginas próprias para publicação na Web, transferência de novas ferramentas ou atualizações on-line.

Word: Processador de texto do Office.

Índice

Símbolos

: (dois pontos), Excel, 115
* (asteriscos), filtro do Access, 219
+ (sinal de adição), índice, 18
- (sinal de subtração), índice, 18
_ (sublinhado), Excel, 115
2 páginas por folha (impressão de documentos Word), 94
Botão 3D (Barra de ferramentas Desenho), Word, 46, 71
Gráficos 3D (Excel), 150
Efeitos 3D (Word), 46-47
Caixa de diálogo de visualização 3D (Gráficos do Excel), 150
Slides de 35mm (PowerPoint), 167
= (sinal de igualdade), Excel, 120
? (ponto de interrogação) ícone, índice, 18

A

abrir
    documentos (Internet Explorer 5), 280
    arquivos, 10
    consultas (Access), 225
Access
    comandos
        Alinhamento (Menu Formatar), 233
        AutoFormatação (Menu Formatar), 206, 233
        Coluna (Menu Inserir), 202
        Modo de visualização Desenho (Menu Exibir), 225, 231
        Exportar (Menu Arquivo), 236
        Campo de localização (Menu Inserir), 203
        Novo (Menu Arquivo), 199
        Novo registro (Menu Inserir), 214
        Vínculos do Office (Menu Ferramentas), 276-277
        Imprimir (Menu Arquivo), 236
        Imprimir (Menu Exibir), 233
        Remover filtro/classificação (Menu Registro), 220
        Linhas (Menu Inserir), 203
        Salvar (Menu Arquivo), 225, 236
        Classificar (Menu Registros), 218
        Caixa de ferramentas (Menu Exibir), 234

entrada de dados, 211-212
    listas suspensas, 215-216
    formulários, 212-214
    tabelas, 214-215
Assistente de banco de dados, 199-200
bancos de dados, 197-199
campos
    tipos de dados, 204-205
    movimentação, 223
    nomes, 203
formulários, 206
    inserir controles, 207-208
    organizar controles, 206-207
    vínculos de Origem de controle, 207
    criação, 208-209
quantidade de correspondência, 86
consultas, 220-221
    alteração de desenho, 221
    personalização, 223-224
    exibição de resultados, 221
    editar, 225
    abrir, 225
    Assistente de consulta, 221-222
    salvar, 225
    linhas totais, 225
registros
    editar, 214
    filtrar, 217-220
    classificar, 217-218
relacionamentos, criar, 215
relatórios, 227
    conferir, 227-228
    controles, 233-234
    criar, 228-230
    personalizar, 228-230
    modo Desenho, 230-233
    formatar, 233
    fórmulas, 234-236
    conversão de HTML, 236
    imprimir, 236
    salvar, 236
compartilhamento de dados
    Excel, 277
    Word, 276
iniciar, 199
tabelas, 201-202
    criar, 205-206
    Modo Folhas de dados, 201-202
    Modo Desenho, 203-205

barras de ferramentas (Caixa de ferramentas), 207
Adicionar atalho à Barra do Outlook? caixa de diálogo (Outlook), 263
Adicionar botão (Gerenciador de Cenário, Excel), 130
agendar compromissos (Outlook), 246-248
    eventos anuais, 251
    compromissos periódicos, 249-250
    reagendamento, 249-250
agrupar figuras (Word), 72
ajuda
    Assistente de ajuda, 19
    Assistente do Office, 15-17
    índice, 17-19
    O que é isto?, 20
alarmes (Compromissos no Outlook), 247-249
alça de preenchimento (Excel), 113
alças (Word)
    dimensionar figuras, 66-67
    WordArt, 44
alinhamento vertical (documentos do Word), 95
Alinhar à direita (Barra de ferramentas Formatar; Word), 38
Alinhar à esquerda (Barra de ferramentas Formatar; Word), 38
alternar entre planilhas (Excel), 115-116
altura (Excel), dimensionar, 134-135
âncoras (faixas do Excel), 115
anexar arquivos (e-mail Outlook), 260
animação (PowerPoint), 188-189
    gráficos, 191
    objetos, 189-191
animação de texto (Word), 40
anotações (botão Nova anotação; barra de Atalho), 5
anotações adesivas (barra de Atalho), 5
apresentações (PowerPoint)
    estrutura de tópicos, 169-170
    executar, 191-192, 194
apresentações (PowerPoint), 165
apresentações da Web (PowerPoint), 166
apresentações na tela (PowerPoint), 166
área de trabalho alternativa, 243-245
área de trabalho
    Outlook, 243-245
    recortes, 270
    atalhos, criar, 3
Área de transferência, 35
argumentos (Excel), 123
arquivos
    anexar (correio eletrônico Outlook), 260
    criar, 9
    vincular, 272, 273
    nomear, 9
    abrir, 10

    salvar, 9-10
    veja também documentos
assistentes
    Access
        Assistente de banco de dados, 199-200
        Assistente de formulário, 209
        Assistente de localização, 203
        Assistente de consulta, 221-223
        Assistente de relatório, 228-230
        Assistente de tabela, 205-206
    Assistente de resposta, 19
    Excel (Assistente de gráfico), 144-146
    Outlook (Assistente de regras), 263
    PowerPoint
        Assistente de AutoConteúdo, 165-166
        Assistente de Projetor, 192
    Publisher (Assistente de página), 300-301
    Word, 25-27, 281-283
asteriscos, 219
atalho Conectar-se à Internet, 4
atalhos, criar, 3
atribuir tecla de atalho para macro, 303-304
aumentar recuos (Word), 38
AutoAjustar (barra de Atalho), 7
AutoOcultar (barra de Atalho), 7
AutoAjuste (entrada de dados do Excel), 110
AutoCalcular (Excel), 124
AutoCompletar (entrada de dados do Excel), 113-114
AutoCorreção (verificador ortográfico), 80-81
AutoForma (Word), 69, 71
AutoFormatação
    relatórios Access, 233
    planilhas Excel, 138-139
AutoPreenchimento (entrada de dados do Excel), 112-113
AutoSoma (Excel), 123-124
AutoTexto (Word), 29-81
banco de dados
    Access, 86, 197-198
    Excel, 116-117, 198
    campos, 198, 223
    formulários, 198
    consultas, 198
    registros, 198
    relacional, 198
    relatórios, 199
    tabelas, 198
    Word, 198

B

bancos de dados relacionais, 198
barra de Atalhos, 4-5
barra de ferramentas
    Access (caixa de ferramentas), 207
    Acessórios, 6
    Área de trabalho, 6
    Excel
        Gráfico, 147-148
        Formatação, 139
    FrontPage (Modos), 290-291
    Internet Explorer (Favoritos), 6
    botões de macro, 303-304
    novos recursos, 11
    Outlook
        barra do Outlook, 242
        barra de ferramentas Padrão, 242-243
    PowerPoint
        Efeitos de animação, 189-191
        Desenho, 180
        Formatação, 190
        Estrutura de tópicos, 170
        Classificação de slides, 187-189
        Padrão, 169
    Programas, 6-7
    barra de Atalhos, 4-5
        personalizar, 7-8
        ícones, 6
        dicas de tela, 6
    Word,
        Desenho, 46, 69-70
        Formatação, 37-39
        Molduras, 285
        Cabeçalho e rodapé, 98-99
        Figura, 68-69
        Visualizar impressão, 100
        Padrão, 31, 54, 94, 100
        Tabelas e bordas, 55, 61
        Caixa de texto, 46
        ferramentas Web, 283
        WordArt, 45
barra de fórmulas (Excel), 107
barra de Locais, 11
barra do Outlook, 241-242
barras de ferramentas
    barra do Outlook, 242
    barra de ferramentas Padrão, 242-243
blocos de texto, seleção de (Word), 33
bordas
    células do Excel, 140
    Word
        tabelas, 60-61
        texto, 38

C

cabeçalhos
    relatórios Access, 231
    Excel, imprimir, 157
    Word, 98
caixas de diálogo
    Access
        Novo arquivo, 199
        Inserir objeto, 213
        Microsoft Access, 199
        Novo, 199
        Nova consulta, 221
        Assistente de relatório, 228
        Exibir tabela, 223
    Conectar a, 289
    Personalizar, 7-8
    Excel
        Exibição 3D, 150
        Opções de gráfico, 148-149
        Assistente de gráfico, 145
        Recolher, 145
        Formatar células, 140-141
        Configurar página, 154
        Função colar, 124
    Vínculos, 272
    barra de atalhos do Microsoft Office, 4
    Objeto, 274
    Assistente do Office, 17
    Abrir, 10
    Outlook,
        Adicionar atalho à barra do Outlook?, 263
        Compromisso, 247
        Evento, 231
        Mensagem, 254
        Novo compromisso, 248
        Nova chamada, 253
        Novo contacto, 252
        Opções, 260
        Tarefa, 254
    PowerPoint
        Aplicar modelo de estrutura, 172
        Assistente de AutoConteúdo, 287
        Plano de fundo, 171
        Cores, 171
        Personalizar animação, 171
        Inserir ClipArt, 179
        Inserir filme, 184
        Nova apresentação, 167
        Novo slide, 171
        Opções de execução, 182
        Gravar som, 182
        Testar, 192
        Salvar como, 286
        Escrever, 275

Publisher,
    Imprimir cor, 318
    Exibir figura, 312
Word
    Layout avançado, 66
    AutoCorreção, 29-30
    AutoTexto, 29-30
    Bordas e sombreamento, 60
    Colunas, 52
    Converter texto em tabela, 56
    Editar texto do WordArt, 44
    Formatar objeto, 69
    Fonte, 39-40
    Inserir hyperlink, 283
    Inserir tabela, 55
    Opções de rótulo, 85
    Assistente de carta, 84
    Ajuda para mala direta, 87
    Microsoft Word, 88
    Novo, 26, 281
    Formatar número de página, 97, 99
    Números de páginas, 96
    Configurar página, 94
    Parágrafo, 40-41
    Imprimir, 101
    Gravar macro, 299
    Salvar como, 280
    Ortografia e gramática, 77
    Estilo, 49
    Tabulações, 43
caixas de texto
    slides do PowerPoint, 169, 178
    Publisher, 311
cálculos (relatórios Access), 234-236
calendário (Outlook), 246
    eventos anuais, 251
    compromissos
        periodicidade, 249-250
        reagendamento, 248-249
        agendamento, 247-248
    modos de exibição, 246
camadas (figuras), Word, 71
campo Cidade (Filtro do Access), 219
campo Cliente, filtro do Access, 219
campo DataDeVencimento (Filtro do Access), 219
campo Estado, filtro do Access, 219
campo UltimoNome (Filtro Access), 219
caracteres
    Assistente do Office, 17
    objetos WordArt, 45
cartas (Word), 84
    envelopes, 84-85
    etiquetas, 85, 90
    mala direta, 86-91

Catálogo de endereço (Outlook), 250-252
    contatos, adicionar, 252
    discagem de números de telefone, 252-253
    mala direta, 86
    envio de mensagens, 253-254
células
    Excel, 107
    Word, 54
cenários (Excel), 129
    criar, 129-130
    gerenciar, 130-131
Centralizar (barra de ferramentas Formatação; Word), 38
centralizar texto (Word), 38
chaves estrangeiras (Access), 215
chaves primárias (Access), 215
classificação
    Access
        consultas, 223
        registros, 217-218
    mensagens do Outlook, 258
    slides do PowerPoint, 185-186
    tabelas do Word, 61
clicar botão direito e arrastar (mouse), 12
clicar botão direito (mouse), 12
clip art
    transferir, 64
    inserir nos documentos, 63-64
Clique-e-digite (Word), 28
colar dados (OLE), 271
colunas (Word), 51-53
colunas
    Excel, 107
        ocultar enquanto imprime, 160
        selecionar, 114
        dimensionar, 134-135
    Word
        adicionar, 59
        excluir, 59
        jornal, 51-53
        tabelas, 55
comandos de Área de impressão (menu Arquivo; Excel), 159
comandos de coluna (menu Formatar; Excel), 159
comandos de Tabulação (menu Formatar; Word), 43
comandos do menu Ações (Outlook)
    Novo evento de dia inteiro, 251
    Nova mensagem de fax, 263
    Nova mensagem de correio usando, 260
    Planejar reunião, 249
comandos do menu Ajuda
    Office na Web, 19, 263
    O que é isto?, 20
comandos do menu Apresentação (PowerPoint)
    Botões de ação, 191-192

Índice

Gravar narração, 183
Configurar apresentação, 183
comandos do menu Arquivo
   Access
      Exportar, 236
      Novo, 199
      Imprimir, 236
      Salvar, 225-236
   Excel
      Configurar página, 154
      Imprimir, 159
      Área de impressão, 159
      Visualizar impressão, 146
      Enviar para, 264
   FrontPage
      Nova, 290
      Publicar na da Web, 294
   Internet Explorer 5, Editar com componente do Microsoft Office, 289
   Novo, 9
   Abrir, 10
   Outlook, Novo, 263
   PowerPoint
      Novo, 166
      Salvar como página da Web, 286
      Enviar para, 275
   Publisher
      Arquivo, 317
      Novo, 308
      Assistente para viagem, 318
      Enviar, 315
   Salvar, 9
   Word
      Novo, 26, 281
      Configurar página, 94
      Imprimir, 101
      Salvar tudo, 305
      Salvar como página da Web, 280
      Enviar para, 264, 276
      Visualizar página Web, 283
comandos do menu Desenhar (Word)
   Agrupar, 72
   Reagrupar, 72
   Desagrupar, 72
comandos do menu Editar
   Excel
      Excluir, 137
      Preencher, 112
      Ir para, 115
   Vínculos, 273
   Colar, 271
   Colar especial, 271
   PowerPoint, Excluir slide, 171
   Word
      Copiar, 34
      Recortar, 34
      Localizar, 35-36
      Refazer, 36
      Substituir, 35-36
      Desfazer, 36
comandos do menu Exibir
   Access
      Modo estrutura, 225, 231
      Impressão, 235
      Caixa de ferramenta, 234
   Excel
      Cabeçalho e rodapé, 157
      Normal, 155
      Visualização de quebra de página, 155
   Outlook (Painel de visualização), 258
   PowerPoint
      Preto e branco, 169
      Mestre, 174
      Página de anotação, 168
      Teste de intervalos, 192
      Apresentação, 192
   Publisher
      Ir para plano de fundo, 315
      Ignorar plano de fundo, 315
      Exibição de figura, 312
   Word
      Cabeçalho e rodapé, 97-98
      Normal, 32
      Estrutura de tópicos, 32
      Layout de impressão, 32
      régua, 42
      Layout da Web, 32
comandos do menu Ferramentas
   Access, Vínculos do Office, 276-277
   Excel
      Auditoria, 128
      Macro, 303
      Opções, 122
      Proteção, 140
      Cenários, 129
   Opções, 9
   Outlook
      Contas, 259
      Opções, 260
      Serviços, 259
   PowerPoint, Opções, 178
   Publisher
      ferramentas de Impressão comercial, 317
      Ajustar a, 316
   Word
      Personalização, 303
      Envelopes e etiquetas, 84-85
      Idioma, 82

Assistente de carta, 84
Macro, 298
Mala direta, 87
Opções, 49
Ortografia e gramática, 77-78
comandos do menu Formatar
  Access
    Alinhar, 233
    AutoFormatação, 206, 233
  Excel
    AutoFormatação, 138
    Células, 110, 135, 140
    Coluna, 110, 159-160
    Formatação condicional, 139
    Linha, 159
    Folha, 142
  Outlook
    HTML, 260
    Rich Text, 260
  PowerPoint
    Aplicar modelo de estrutura, 172
    Esquema de cores do slide, 173
  Word
    Bordas e sombreamento, 60
    Colunas, 52
    Fonte, 39
    Parágrafo, 40-41
    Estilo, 48
    Tabulações, 43
    Caixa de texto, 47
comandos do menu Hyperlink (Word), Remover hyperlink, 285
comandos do menu Inserir
  Access
    Coluna, 202
    Campo localizar, 203
    Novo registro, 214
    Linhas, 203
  Excel
    Função, 124-125
    Quebra de página, 154
    Remover quebra de página, 156
    planilha, 115
  Objeto, 274
  Outlook, Arquivo, 260
  PowerPoint
    Filmes e sons, 182, 184
    Novo slide, 171
    Figura, 179
    Caixa de texto, 178
  Publisher, página, 312
  Word
    AutoTexto, 29
    Indicador, 284
    Arquivo, 65

Objeto, 65
Números de páginas, 96
Figura, 44, 57, 64-65
Caixa de texto, 46
comandos do menu Janela
  Excel
    Congelar painéis, 110
    Descongelar painéis, 110
  Word, Organizar tudo, 35
comandos do menu Organizar (Publisher), 315
comandos do menu Registros (Access)
  Remover Filtro/Classificar, 220
  Classificar, 218
comandos do menu Tabela (Word)
  AutoAjuste, 59
  Converter texto em tabela, 56
  Desenhar tabela, 55
  Fórmula, 61
  Inserir, 54
  Mesclar células, 59
  Classificar, 61
  Dividir células, 59
  Dividir tabelas, 60
comandos Filmes e Sons (menu Inserir; PowerPoint), 182-183
comandos Normal (menu Exibir; Excel) 155
comandos Quebra de página (menu Inserir; Excel), 154
comandos visualização de quebra de página (menu Exibir; Excel), 155
compartilhamento de dados entre aplicações, 269-270
  incorporar, 270-271
  Excel/Access, 277
  inserir objetos, 274
  vincular, 272, 273
  compartilhamento estático, 272
  Word/Access, 276
  Word/PowerPoint, 275-276
compromissos (Calendário do Outlook), 246
  botão Novo compromisso (barra de atalhos), 5
  periodicidade, 249-250
  reagendamento, 248-249
  agendamento, 247-249
congelar células (Excel), 110
consultas (Access), 198, 221
  alterar estrutura, 222
  personalizar, 223-224
  exibir resultados, 221
  editar, 225
  abrir, 225
  Assistentes de consulta, 221-222
  relatórios, 228

Índice

salvar, 225
linhas totais, 225
Contas (Outlook), configurar, 259-260
contatos
    botão Novo contato (barra de atalhos), 5
    catálogo de endereços do Outlook, adicionar, 252
contatos, 32
controles
    Access, 233-234
        adicionar, 207-208, 234
        organizar, 206-207
        vínculos de Origem do controle, 207
        Tipografia, 234
    Excel, 105
converter texto em tabelas (Word), 56
cópia carbono (Outlook), 260
copiar
    dados entre aplicativos, 271
    Excel
        planilhas, 116
        fórmulas, 128-129
        funções, 124-125
    Word, 34-36
cor
    células do Excel, 140
    Word
        formatar texto, 38
        objetos gráficos, 69-70
correções (verificador ortográfico)
    AutoCorreção, 80-81
    substituir por, 78
    ignorar, 78
correio eletrônico
    contas
        criar, 259-260
        encaminhar, 261-262
        organizar, 262-263
        receber, 261-262
        responder, 261-262
        responder para todos, 262
        enviar, 260-261
    Caixa de entrada (Outlook), 257-259
    botão Novo contato (barra de Atalhos), 5
    botão Nova mensagem (barra de Atalhos), 5
    Catálogo de endereços do Outlook, 253-254
    enviar documentos do Publisher, 315
    inserir em páginas Web (Word), 283
correio
    Word
        envelopes, 84-85
        etiquetas, 85, 90

337

        cartas, 84
        mala direta, 86-90
cortar (Word), 34

D

dados do tipo AutoNumeração (Accesss), 204
dados do tipo horário (Access), 204
dados do tipo monetário (Access), 204
dados do tipo Sim/Não (Access), 204
dados do tipo texto (Access), 204
dados do tipo Verdadeiro/Falso (Access), 204
datas
    entrada de dados no Excel, 110-111
    inserir em um documento Word, 99
desfazer erros
    excluir slides do PowerPoint, 171
    Publisher, 311
detalhes (campos do Access), 222
Dicas de tela (barra de Atalhos), 5
dicionário (verificador ortográfico), adicionar palavras, 77
digitalizar imagens (Word), 65
digitar
    fórmulas do Excel, 121-122
    Word, 27-28
dimensionar
    tipo controle de relatório Access, 206, 230, 234
    planilhas Excel, 134-135, 158
    Word
        fontes, 38-40
        figuras, 67-68
        tabelas, 57-59
        documentos HTML do Word, 205
        WordArt, 44-45
diminuir recuos (Word), 38
discar números de telefone (catálogo de endereços do Outlook), 252-253
dividir
    planilhas do Excel, 111, 135
    tabelas do Word, 59-60
documentos, 77
    Internet Explorer 5, abrir, 280
    botão Novo documento do Office (barra de atalhos), 5
    botão Abrir documento do Office (barra de atalhos), 5
    Word
        AutoTexto, 81
        clip art, inserir, 63-64
        copiar texto, 34
        recortar texto, 34
        arrastar texto, 34
        envelopes, 84-85

Localizar, 34-36
rodapés, 98
forçar quebras de página, 97
formatar, 37-43
verificador gramatical, 81
figuras, 65-73
cabeçalhos, 98
conversão para HTML, 280-281
rótulos, 85-90
mala direta, 86-90
mover texto, 34-35
multimídia, 63-65
múltiplo, 35
numerar, 96-97
imprimir, 94-102
refazer alterações, 36
substituir, 35-36
rolar, 30
selecionar texto, 32-33
verificar ortografia, 76-81
estilos, 47-48
modelos, 25-27
caixas de texto, 46-47
dicionário de sinônimos, 82
digitar, 27-28
desfazer alterações, 36
modos de visualização, 31-32
assistentes, 25-27
WordArt, 44-46

E

editar
    Access
        registros, 213
        consultas, 225
    Word
        figura, 73
        objetos WordArt, 45
efeitos especiais (PowerPoint), 186-187
    botões de ação, 191
    animação, 188-190
efeitos tridimensionais (Word), 46-47, 71
e-mail
    redirecionar, 261-262
    organizar, 262-263
    receber, 261-262
    responder para, 261-262
    responder para todos, 262
    enviar, 260-261
encaminhamento de e-mail (Outlook), 261-262
endereços (Word)
    envelopes, 84-85
    rótulos, 85-90
    malas diretas, 86-90

entrada de dados
    Access, 211-212
    Excel, 109-110
entradas de tabelas de adição (Word), 61
envelopes (Word), 84-85
enviar
    correio eletrônico
        Outlook, 254, 260-261
        Publisher, 315
    faxes (Outlook), 264
erros (funções do Excel), 128
espaçamento (Word)
    parágrafos, 42
    objetos WordArt, 45
espaçamento de linha (Word), 41
esquema de cores (PowerPoint), 173
estatísticas de legibilidade (Word), 81
estilos de caracteres (Word), 47-48
estilos
    formatação HTML, 282-283
    Word, 38, 47-48
estruturas (PowerPoint), 172
estruturas de tópicos (PowerPoint), 170
etiquetas de endereçamento (Word), 87-90
eventos (Outlook), 246
eventos anuais (Outlook), 246, 251
Excel, 105
    referências absolutas, 129
    endereços, 107
    AutoSoma, 123-124
    células, 107
    gráficos, 144-145
    controles, 107
    copiar planilhas, 116
    entrada de dados, 109-110
    bancos de dados, 116-117, 198
    quantidade padrão de planilhas, 117
    excluir planilhas, 115
    caixas de diálogo
        Exibição 3D, 150
        Opções de gráfico, 148-149
        Assistente de gráfico, 145
        Recolher, 145
        Configurar página, 154
    faxes, 264
    formatação, 138
    barra de ferramentas Formatação
        botão Mesclar e centralizar, 135
        botão Mais botões, 135
    fórmulas, 108-120
    comando congelar Painéis (menu Janela), 110
    funções, 108, 123
    cabeçalhos, congelar, 110
    rótulos, 108

Índice

339

macros
    gravar, 298, 301
    salvar, 306
    teclas de atalho, 303
  malas diretas, 86
  mover planilhas, 116
  nomear planilhas, 116
  números, 108
  imprimir, 153, 159-160
  faixas, criar, 114-115
  linhas
    adicionar, 135-136
    excluir, 137
    cenários, 129
    criar, 129-130
    gerenciar, 130-131
  compartilhar dados (Access), 277
  dividir planilhas, 111
  iniciar, 106
  alternar entre planilhas, 115-118
  barras de ferramentas (Gráfico), 147-148
  comando Descongelar painéis (menu Janela), 110
excluir
  controles Access, 206
  planilhas do Excel, 115
  slides do PowerPoint, 171
executar macros, 301-302
executar
  Office 2000, 3-4
  barra de atalhos ao iniciar, 4
exibir layout de impressão
  Clicar e digitar (Word), 28
  números de página, 97
  rodapés, 98

F

faixas
  registros do Access, filtrar, 218-220
  Excel, criar, 114-115
faxes
  Excel, 264
  Outlook, 263-264
  Word, 264
faxes, 263-264
fechar Assistente do Office, 16
figuras
  clip art, transferência, 64
  Excel, 142
  PowerPoint
    galeria do Clip Art, 179
    barra de ferramentas Desenho, 180
    veja também gráficos
  Publisher, 313

Word
  barra de ferramentas Desenho, 69-71
  editar, 73
  agrupar, 72
  importar, 65
  inserir em documentos, 63-64
  camadas, 71
  barra de ferramentas Figura, 68-69
  posicionar, 65-66
  digitalizar, 65
  dimensionar, 66-67
  tabelas, 56
File Transfer Protocol, conferir FTP
filtrar por seleção (Access), 218
filtrar registros (Access), 219
folha de dados, *veja* planilhas eletrônicas (Excel)
folio (documentos Word), 96-97
fontes
  células Excel, 140
  Word, 38-40
forma de objetos WordArt, 45
formas (Word), 69-71
formatação negrito (Word), 38
Formatar pincel (Excel), 141
formatar
  relatórios Access, 233-234
  planilhas Excel, 134-135, 138
  correio eletrônico Outlook, 260
  publicar na Web (Word), 283
  Word (Texto)
    fontes, 39-40
    botão Formatar pincel, 39
    mouse, 39
    parágrafos, 40-41
    régua, 42
    estilos, 47-48
    paradas de tabulação, 43-44
    barra de ferramentas, 37-39
formulários (Access), 198-206
  adicionar controles, 207-208
  organizar controles, 206-207
  vínculos de Origem de controle, 207
  criar, 209
  entrada de dados, 212-213
  registros, filtrar por, 218-220
fórmulas
  relatórios Access, 234-236
  Excel, 108
  veja também funções
FrontPage, 290-291
  vínculos, 293-294
  botão Microsoft FrontPage (barra de atalhos), 5
  iniciar, 290

barras de ferramentas, 290
transferência de páginas, 294-295
páginas Web
    criar, 292
    modelos, 292
FTP (File Transfer Protocol), 287, 289
função FV (VF – valor futuro)
    Excel, 127-128
funções (Excel), 108, 123

G

Galeria ClipArt (PowerPoint), 179
Gerenciador de cenário (Excel), 130-131
girar (Word)
    figuras, 70
    objetos WordArt, 45
gráficos
    Excel, 144-146
    PowerPoint, 180-181, 197
gravar
    macros, 298-301
    som (PowerPoint), 182
grupos (Outlook)
    criar, 245
    excluir, 94
guias de layout (Publisher), 311

H

hierarquia (Excel), 119-121
Home pages (servidores Web), 286-287
horário
    entrada de dados do Excel, 111-112
    inserir nos documentos do Word, 99
HTML (HyperText Markup Language), 281
    conversões de relatório Access, 236
    FrontPage, 290-291
    PowerPoint, 286-287
    servidores, 287
    transferir páginas, 289
    pastas Web, 288
    Word
        formatar, 283
        molduras, 285
        vínculos, 283
        visualizar páginas Web, 283
hyperlinks, *veja* links
Hypertext Markup Language, *veja* HTML

I

ícone livro aberto (índice), 18
ícone livro fechado (índice), 18
ícone ponto de interrogação (?), 18

ícones
    Office 2000, 3
    compartilhamento de dados, 275
    barra de atalhos, 6
    índice, 18
ignorar correções do verificador ortográfico, 76
Ignorar todas (verificador ortográfico), 76
importar figuras (Word), 65
impressão em duas cores (Publisher), 317-318
impressões econômicas (Publisher), 284
impressoras (Publisher), 317
imprimir cor especial (Publisher), 317-318
imprimir
    relatórios do Access, 236
    Excel, 153, 159-160
    gráficos Excel, 146-147
    Publisher, 316
    documentos do Word, 94, 101-102
incorporar dados (OLE), 270
    Colar especial, 271
    compartilhamento estático, 272
índices (ajuda), 20-21
iniciar
    Access, 199
    Excel, 106
iniciar, 3-4
inserir
    slides do PowerPoint, 171
    Word
        colunas, 59
        linhas, 59
        tabelas, 55
        caixas de texto, 46
        objetos WordArt, 45
instalações
    novos recursos, 11
    Outlook, 241
interfaces
    novos recursos, 11-12
    Outlook, 243-245
Internet (atalho Conectar à Internet), 4
Internet Explorer 5, 1, 4

J

janelas
    Área de transferência, 35
    recortes, 270
    menu Iniciar programas, 3
justificar (barra de ferramentas Formatação; Word), 38

Índice

L

largura (Excel), dimensionar, 135
layout (Documentos do Word), imprimir, 95-96
legendas (gráficos Excel), 149
lembrete de salvar (Publisher), 311
letras padrão (Word), 86-90
linhas horizontais (formatação HTML), 283
linhas totais (consultas do Access), 225
linhas
    Access
        adicionar, 203
        totais de consulta, 225
    Excel, 107
        adicionar, 136
        excluir, 137
        ocultar enquanto imprime, 159
        selecionar, 114
        dimensionar, 134-135
    Word, 54
        adicionar, 59
        excluir, 59
linhas, selecionar (Word), 32
Lista de tarefas (Outlook), 254
listas (Word), 38
listas de distribuição (Word), 87
listas de marcadores (Word), 38
listas numeradas (Word), 38
listas suspensas (Access), 215-216

M

macros, 297-298
marcas (régua), Word, 42
margens
    Publisher, 314-316
    documentos do Word, imprimir, 94-95
marquee (AutoSoma do Excel), 123
medianiz (documentos Word),
menus instantâneos, 12
mesclar células (Excel), 135
Meu Computador (pastas Web), configurar, 288
modelos
    FrontPage, 292
    PowerPoint, 167-172
    Word, 25-26
molduras
    Publisher, 312
    publicar na Web (Word), 285
mouse
    Excel, formatar planilhas, 134
    novos recursos, 12-13
    recortes, 12
    seleções, 13
    Word
        desenhar tabelas, 55-56
        formatação, 39
        ponteiros, 28
        selecionar texto, 33
mover
    controles do Access, 206
    Excel
        gráficos, 146
        fórmulas, 128-129
        planilhas, 116
    barra de atalhos, 7
    Word, 34
multimídia
    PowerPoint
        botões de ação, 191
        animação, 188-192
        som, 182-183
        efeitos especiais, 187
        vídeo, 184

N

narrações (PowerPoint), 183
navegação
    Outlook, 243-246
    tabelas do Word, 58
navegadores Web, *veja* navegadores
nomear
    Access
        controles, 206
        banco de dados, 199
        campos, 203
    Excel
        funções, 122-123
        planilhas, 116
    arquivos, 9
novos recursos, 11-12
numerar (documentos Word), 96-97
números de telefone (Catálogo de endereços do Outlook), discar, 252-253
números
    Excel, 108
    documentos Word, imprimir, 96

O

Object Linking and Embedding, *veja* OLE
objeto geométrico (barra de ferramentas Desenho), Word, 69
objetos WordArt (Word), 45
objetos
    gráficos Excel, adicionar, 150
    PowerPoint, animação, 189-191
    WordArt, 44

Ocultar botão Assistente (Publisher), 310
Ocultar erros de ortografia neste documento (verificador ortográfico), 79
Ocultar erros gramaticais neste documento (verificador gramatical), 81
ocultar
    imagens(Publisher), 312
    Assistente do Office, 16
    barra de atalhos, 7
Office 2000
    Access, *veja* Access
    Excel, *veja* Excel
    arquivos
        criar, 8
        nomear, 9
        abrir, 10
        salvar, 9-10
    FrontPage, *veja* FrontPage, 3
    ícones,
OLE (object linking and embedding)
    incorporar dados, 271
    dados de vinculação, 270-273
    tipos de dados Objeto (Access), 204
    colagem de dados, 270
operações (Excel)
    entrar, 121-122
    hierarquia, 120-121
operações matemáticas (fórmulas), *veja* fórmulas
organizar correio (Outlook), 262-263
orientação (imprimir planilhas do Excel), 154
orientação Paisagem
    imprimir planilhas do Excel, 54
    documentos do Word, 95
orientação Retrato
    planilhas Excel, 154
    documentos Word, 95
Outlook
    contas, criar, 259-260
    Catálogo de endereços, 251

P

padrões (células do Excel), 140
paginação (documentos Word), 96-97
páginas (Publisher), inserir, 312
painéis (Excel), congelar, 110
painel Assistente (Publisher), 310
palavras, selecionar (Word), 32
papel (documentos do Word), imprimir, 95
paradas de tabulação (Word), 43-44
parágrafos (Word)
    formatar, 40-41
    selecionar, 32
    estilos, 48-49

pastas
    ferramentas do Office (barra de atalhos), 4
    Outlook
        criar, 243-245
        excluir, 243-245
        Web, configurar, 288
pausar gravação de macro, 300
personagens animados (Assistente do Office), 17
personalizar
    relatórios Access, 228, 230
    Assistente do Office, 17
    PowerPoint, 172
    Assistente de página do Publisher, 312-313
    barra de atalhos, 7-8
    verificador ortográfico, 79
planilhas (Excel), 105
    endereço, 107
    AutoSoma, 123-124
    células, 107
    copiar, 116
    entrada de dados, 109-110
    quantia padrão de, 117
    excluir, 115
    formatar, 138
    fórmulas, 108, 119-120
    funções, 108, 122-123
    rótulos, 108
    malas diretas, 86
    mover, 116
    nomear, 116
    números, 108
    imprimir, 153, 159-160
    faixas, criar, 114-115
    cenários, 129
    dividir, 111
    alternar entre, 115-116
planilhas de trabalho, *veja* planilhas
plano de fundos
    gráficos Excel, 150
    PowerPoint, 172-173
ponteiros do mouse, 28
ponto e vírgula (;), 115
pontos de inserção (Word), 27-28
posicionar
    figuras (Word), 65-66
    números de páginas (Word), 96
posições
    PowerPoint, 178
    modelos do Word, 27
posições de texto (PowerPoint), 178
PowerPoint, 165
    botões de ação, 191
    animação, 188-189
    Assistente de AutoConteúdo, 166-167

Índice

planos de fundo, 172-173
gráficos, 179-180
esquemas de cores, 173-174
personalizar, 172
estruturas, 172
Figuras
    galeria do ClipArt, 179-180
    barra de ferramentas Desenho, 180
macros
    gravar, 298
    teclas de atalho, 302
slide Mestre, 174-175
estrutura de tópicos, 170
compartilhamento de dados (Word), 275-276
apresentações, executar, 192, 194
modo de Classificação de slide, 185-186
slides
    excluir, 171
    inserir, 171
    caixas de texto, 169
som
    inserir, 182
    narração, 183
    gravação, 182
efeitos especiais, 187
iniciar, 165-166
modelos, 167-168
clipes de vídeo, 184
modos, 168-169
publicar na Web, 286-287
assistentes (Assistente de projetor), 193
PowerPoint, *veja* PowerPoint
preencher (Excel), 112-113
preenchimentos (paradas de tabulação), Word, 43
preferências (Assistente do Office), 17
procurar (Assistente de resposta), 20
proteção (Excel), 140
proteger (células do Excel), 140
Publicação na Web, 280-282
    FrontPage, 290-291
    PowerPoint, 286-287
    servidores, 287
    transferir páginas, 289
    pastas Web, 288
    Word
        converter documentos, 280-281
        formatar, 283
        molduras, 285
        vínculos, 283-284
        visualização, 283
Publisher, 307
    Assistente de Página, 308-310
    Imprimir, 316
    lembrete de salvar, 311

caixas de texto, 311
desfazer erros, 311
controles de zoom, 310-311

Q

qualidade de impressão (Publisher), 317
quebra de linha (Word), 27
quebras (Word), 97
quebras de página
    Excel, imprimir, 154, 156
    Word, 97
quebras de página definitivas (Word), 97
quebras de página suaves (Word), 97

R

realçar texto (Word), 38
receber e-mail (Outlook), 261-262
recortes, 12, 270
recuar texto (Word), 38
referências absolutas (Excel), 129
referências de célula (Excel)
    referências absolutas, 129
    copiar fórmulas, 128-129
    inserir fórmulas, 121-122
registros
    Access
        entrada de dados, *veja* entrada de dados
        editar, 214
    bancos de dados, 183
    Excel, 117
régua horizontal (Word), 42-43
régua
    colunas, 52
    Word, 42-44
relacionamentos (Access), criar, 215
relatórios (Access), 198-227
reorganizar slides (PowerPoint), 185-186
responder e-mail (Outlook), 261-262
retorno automático de linhas (Word), 27
retorno automático de texto
    Excel, 110
    Word, 45, 66
reuniões (Outlook) 246
rodapés
    relatórios Access, 231
    Excel, imprimir, 158
    Word, 98
rolagem (documentos do Word), 30-31
rótulos de dados (gráficos Excel), 149
rótulos/etiquetas
    Excel, 108
    Word

endereçamento, 85
mala direta, 90

S

salvar
    Access
        consultas, 225
        relatórios, 236
    arquivos, 9-10
    macros, 298, 305-306
    impressões do Publisher, 318-319
    documentos Word no formato HTML, 280-281
seção Detalhe (relatórios Access), 231
segurança (células do Excel), 140
selecionar caixa (Excel), 108
selecionar células do Excel, 114
selecionar texto (Word), 31-32
seleções
    registros Access, filtrar por, 218
    planilhas Excel, imprimir, 159
    mouse, 13
sentenças, selecionar (Word), 32
séries de preenchimento automático (Excel), 113
servidores (páginas Web), 287
sinais monetários (entrada de dados do Excel), 110
sinal de adição (+), 18
sinal de igualdade (=), 120
sinal de subtração(-), 18
sinônimos, 82
slides (PowerPoint), 165, 167
    figuras
        galeria do ClipArt, 178-179
        barra de ferramentas Desenho, 180
    inserir, 171
    slides mestres, 174-176
    reorganizar, 185-186
    som
        adicionar, 182
        narrações, 183
        gravar, 182
    efeitos especiais, 187
    caixas de texto, 169
    clipes de vídeo, 184
slide Mestre (PowerPoint), 174-175
sombreamento de tabelas (Word), 59-60
sublinhado (_), 115
sublinhar texto (Word), 28-29, 38, 76
sublinhado vermelho (Word), 28-29, 76
substituir texto (Word), 28
suporte de cor (PowerPoint), 167
suportes de preto e branco (PowerPoint), 167

T

tabela de dados (gráficos Excel), 149
tabelas
    Access, 201
    bancos de dados, 198
    gráficos do Excel, 149
    formatação HTML, 282
    Word, 53-54
tags (HTML), 281
tamanho do caractere (Word), 39-40
tarefas (barra de atalhos), 5
tecla de atalho N (PowerPoint), 194
tecla de atalho P (PowerPoint), 193
tecla de retorno (Word), 28
tecla Delete (Del), Word, 28
teclas de atalho
    Assistente do Office, 16
    PowerPoint, 193
    tabela de navegação, 58
    Word, 28
    veja também macros
texto em itálico (Word), 38
texto
    Excel
        números como texto, 111
        retorno automático, 110
    Word
        animado, 40
        converter em tabelas, 56
        copiar, 34
        recortar, 34
        excluir, 28
        arrastar, 34
        formatar, *veja* formatação
        mover, 34
        substituir, 28
        selecionar, 32-33
        retorno automático, 45
tipo de dados memorando (Access), 204
tipografia, *veja* formatação
tipos de dados (campos do Access), 204-205
tipos de dados data (Access), 204
tipos de dados hyperlinks (Access), 204
tipos de dados número (Access), 204
títulos (Excel), 110
títulos de eixo (gráficos Excel), 148-149
transferir clip art, 64
transferir páginas Web, 289-290, 294-295
transparências (PowerPoint), 166

U-V

unir células (tabelas do Word), 59-60
verificador ortográfico automático, 76-78
verificador ortográfico, 76
vídeo (PowerPoint), 184
vínculos (OLE), 271-273
vínculos rompidos, 273
visualização da Apresentação (PowerPoint), 168
visualização de Dias úteis (Calendário do Outlook), 246
visualização Diária (calendário do Outlook), 246
visualização Mensal (calendário do Outlook), 246
visualização Semanal (calendário do Outlook), 246
visualizar
    impressão de documentos do Word, 100-101
    páginas Web (Word), 283
Visualizar formulário (Access), 218
Visualizar impressão, números de página, 97

W

Word (Microsoft), 25
    texto animado, 40
    AutoTexto, 30, 81
    Clicar e digitar, 28
    clip art, inserir em documentos, 63, 64
    Área de transferência, 35
    copiar texto, 34-35
    recortar texto, 34
    bancos de dados, 198
    documentos, conversão HTML, 280-281
    arrastar texto, 34
    envelopes, endereçamento, 84-85
    faxes, 264
    Localizar, 35-36
    rodapés, 98
    forçar quebras de página, 97
    formatar texto
        fontes, 39-40
        Formatar botão pincel, 39
        mouse, 39
        parágrafos, 40-41
        régua, 41-42
        paradas de tabulação, 43-44
        barra de ferramentas, 37-38
    barra de ferramentas Formatação, 38-39
    verificador gramatical, 81
    figuras
        barra de ferramentas Desenho, 69-71
        editar, 73
        agrupar, 72
        importar, 65
        camadas, 71
    barra de ferramentas Figura, 68-69
        posicionar, 65-66
        digitalizar, 65
        dimensionar, 67
    cabeçalhos, 98
    rótulos
        endereçar, 83
        mala direta, 90-91
    macros
        executar, 301-302
        gravar, 298-301
        salvar, 305-306
        teclas de atalho, 302-304
        botões da barra de ferramentas, 304-305
    mala direta, 86
        dados, 86
        cartas padrão, 87
        mala direta, 87-90
    mover texto, 34-35
    multimídia, inserir em documentos, 63-64
    documentos múltiplos, 35
    caixa de diálogo Novo, 26
    novos recursos, 98
    colunas, 51-52
    numerar documentos, 96-97
    comando Parágrafo (menu Formatar), 40-41
    imprimir, 94
    refazer alterações, 36
    Substituir, 35-36
    rolar, 30-31
    selecionar texto, 13, 33
    compartilhar dados
        Access, 276
        PowerPoint, 276-277
    verificador ortográfico, 76
    estilos, 47-48
    tabelas, 53
    comando Tabulações (menu Formatar), 43
    modelos, 25-27
    caixas de texto, 46-47
    sinônimos, 82
    barra de ferramentas
        Molduras, 285
        Ferramentas Web, 283
    digitar, 27-28
WordArt, 44-45
WWW (World Wide Web)
    conversões HTML para relatório Access, 236
    navegadores, *veja* navegadores
    Internet Explorer 5, *veja* Internet Explorer 5

Impressão e acabamento
Editora Ciência Moderna Ltda.
Rua Alice Figueiredo, 46
CEP: 20950-150, Riachuelo – Rio de Janeiro – RJ
Tels: (021) 201-6662/201-6492/201-6511/201-6998
Fax: (021) 201-6896/281-5778
E-mail: lcm@novanet.com.br

ANOTAÇÕES

ANOTAÇÕES

ANOTAÇÕES

ANOTAÇÕES